Xpert.press

Springer
Berlin
Heidelberg
New York
Barcelona
Budapest
Hongkong
London
Mailand
Paris
Tokio

Die Reihe **Xpert.press** des Springer-Verlags vermittelt Professionals in den Bereichen Betriebs- und Informationssysteme, Software Engineering und Programmiersprachen aktuell und kompetent relevantes Fachwissen über Technologien und Produkte zur Entwicklung und Anwendung moderner Informationstechnologien.

Andreas Bertsch

Digitale Signaturen

Mit 26 Abbildungen
und 11 Tabellen

Springer

Andreas Bertsch
Im Buschgewann 40
69123 Heidelberg
E-mail: andreas.bertsch@iig.uni-freiburg.de

Die Deutsche Bibliothek – CIP-Einheitsaufnahme

Bertsch, Andreas:
Digitale Signaturen/Andreas Bertsch. – Berlin; Heidelberg; New York; Barcelona;
Hongkong; London; Mailand; Paris; Tokio: Springer,
2001
(Xpert.press)
ISBN 3-540-42351-6

ISSN 1439-5428
ISBN 3-540-42351-6 Springer-Verlag Berlin Heidelberg New York

Springer-Verlag Berlin Heidelberg New York
ein Unternehmen der BertelsmannSpringer Science+Business Media GmbH
http://www.springer.de

Umschlaggestaltung: KünkelLopka Werbeagentur, Heidelberg
Reproduktionsfähige Vorlagen durch den Autor
Gedruckt auf säurefreiem Papier SPIN 10843670 33/3142SR – 5 4 3 2 1 0

Vorwort

Zur sicheren Nutzung neuer Kommunikationsmedien wie dem Internet ist die Technik der digitalen Signatur essentiell, allerdings verbleiben mit den heutigen Verfahren zum Einsatz dieser Technik grundsätzliche Risiken für den Nutzer. Dies motivierte die Entwicklung ergänzender Lösungen und alternativer Konzepte zu „digitalen Signaturen". Die vorliegende Arbeit entstand zum größten Teil während meiner Zeit an der Abteilung Telematik des Instituts für Informatik und Gesellschaft der Albert-Ludwigs-Universität Freiburg im Breisgau. Dabei haben über die Jahre hinweg viele Personen in der ein oder anderen Art zum Gelingen beigetragen.

Mein besonderer Dank gilt meinem akademischen Lehrer, Herrn Prof. Dr. Günter Müller, der mein Vorhaben freundschaftlich unterstützte und der mir den für eine eigenständige Arbeit notwendigen Vertrauensvorschuß gab. In zahlreichen Gesprächen ging seine umfassende Betreuung weit über eine wissenschaftliche Ausbildung hinaus. Herrn Prof. Dr. Franz Schober möchte ich für die Übernahme des Koreferats und für seine unkomplizierte Unterstützung an der Wirtschaftswissenschaftlichen Faktultät der Universität Freiburg danken.

Allen Kollegen der Abteilung Telematik des Instituts für Informatik und Gesellschaft der Universität Freiburg gilt mein Dank, denn sie boten mir durch ihre Interdisziplinarität und Forschungskultur außergewöhnliche Rahmenbedingungen. Die Zusammenarbeit mit ihnen war eine wichtige Voraussetzung für das Entstehen und Gelingen meiner Arbeit. Mit Herrn Dr. Kai Rannenberg verbinden mich nicht nur Jahre der Zusammenarbeit sondern auch der Freundschaft. Ohne seine vielen wertvollen Ratschläge und fundierten Empfehlungen sowie seine stete Diskussionsbereitschaft wäre mir die Arbeit sicherlich schwerer gefallen. Herrn Dipl. Volkswirt Torsten Költzsch und Frau Dipl. Wirtschaftsingenieurin Daniela Gerd tom Markotten danke ich sowohl für die kritische Durchsicht meiner Arbeit als auch für ihre fachlichen Hinweise und persönlichen Beiträge.

Meinen Kollegen im Kolleg „Sicherheit in der Kommunikationstechnik" der Gottlieb Daimler- und Karl Benz-Stiftung in Ladenburg schulde ich ebenfalls Dank. Die auf zahlreichen Treffen – oft auch kontrovers – geführten Diskussionen waren mir eine hilfreiche Anregung für meine wissenschaftliche Arbeit, vor allem sind Herr Prof. Dr. Andreas Pfitzmann, Herr Dr. Hannes Federrath und Herr Dr. Ulrich Pordesch hervorzuheben.

Die IBM Informationssysteme GmbH hat diese Arbeit durch ihre finanzielle und materielle Unterstützung gefördert, insbesondere möchte ich dafür Herrn Dr. Rainer Janßen, seinerzeit Leiter des European Networking Centers der IBM in Heidelberg, persönlich danken. Herrn Dr. Herbert Bunz und Herrn Karl-Heinz Mohr bin ich für die anregenden Gespräche und ihre vielfältigen Hilfestellungen dankbar.

Meiner Mutter danke ich herzlich für ihre Unterstützung und Motivation während der Jahre des Studiums.

Heidelberg, im Februar 2001 *Andreas Bertsch*

Inhaltsverzeichnis

Abbildungsverzeichnis

Tabellenverzeichnis

Einführung

Hinter den Schlagworten Internet, E-Business, E-Commerce oder Online-Shopping stehen neue Kommunikationstechniken und Anwendungen, die den globalen Austausch beliebiger multimedialer Nachrichten aus privatem Anlaß aber auch zu geschäftlichen Zwecken ermöglichen. Das allgemeine Interesse an diesen neuen Techniken und Medien sowie an den darauf aufbauenden multimedialen Informationssystemen des World Wide Web ist ein Indikator für die Bedeutung von Informationen und Informationstechnologien in der heutigen Gesellschaft.

Mit jeder neuen Technologie sind neben neuen Chancen aber auch Risiken für die Anwender verbunden. Die Voraussetzung für eine Informationsgesellschaft ist jedoch der sichere Umgang mit Informationen. Die Technik der digitalen Signatur ist dabei eine Basistechnologie zur Authentifikation. Allerdings sind bisherige Konzepte und Regelungen zu deren Nutzung risikobehaftet. So ist weder die Unabhängigkeit der Gültigkeit einer digitalen Signatur vom Zeitpunkt der Gültigkeitsprüfung noch die stete Überprüfbarkeit einer digitalen Signatur gegeben. Vor allem aber konnte keine faire Teilung der Verantwortlichkeiten erreicht werden, und die Risiken beim Austausch digital signierter Nachrichten wurden nicht berücksichtigt, weshalb alternative und ergänzende Lösungskonzepte vorgestellt werden.

Mehrseitig sichere Kommunikation

In einem globalen Informationsverbund eröffnet sich den Nutzern eine Vielfalt unterschiedlicher und unabhängiger Informationsquellen. Wesentliche Impulse zur Entwicklung der dazu notwendigen Technologien kamen aus den Bereichen Forschung und Universitäten, da der schnelle und freie Austausch von Ideen und Daten an unterschiedlichen Orten bzw. Einrichtungen ein essentieller Bestandteil der wissenschaftlichen Arbeit ist. Offene Kommunikationsmedien – wie das Internet – sind dazu eine notwendige technische Voraussetzung. Der Erfolgsfaktor des Internet ist seine Einfachheit, da es jeder ohne viel Aufwand nutzen kann.

Die Möglichkeiten des Internet sind nicht nur für wissenschaftlich orientierte Anwender interessant. Vor allem die Reduktion von Transaktionszeiten und -kosten durch elektronische Kommunikationstechniken macht deren Einsatz auch für kommerzielle Anwender interessant. Konsequenterweise wird bereits heute in Unternehmen und Bereichen der öffentlichen Verwaltung die Technologie des Internet eingesetzt, etwa um innerhalb der Grenzen einer Organisation Geschäftsdaten zwischen Mitarbeitern mit Arbeitsplätzen an entfernten Lokationen auszutauschen oder um z.B. im Bereich des Gesundheitswesens Abrechnungsdaten zwischen den Leistungserbringern, den Krankenhäusern oder Arztpraxen, und den Kostenträgern, den Krankenversicherern, in elektronischer Form zu übertragen (vgl. [Jurečič 96]). Die Unterstützung von Informations-, Melde- oder Erklärungsprozessen durch Internet-Technologien abhängig vom Anwendungskontext wird als E-Business oder E-Commerce bezeichnet. Die Differenzierung der Leistungserbringer bzw. -nutzer in drei Gruppen – Consumer (Privatpersonen), Business (Unternehmen, Diensteanbieter etc.) und Administration (Kommunen, öffentliche Institutionen, Verwaltung etc.) – führt zu einer Segmentierung des E-Business (siehe Tabelle 0.1, vgl. [Hermanns, Sauter 99]).

Die Electronic Commerce Enquête (ECE) konnte in einer empirischen Erhebung darlegen, daß seitens der Unternehmen die Potentiale des E-Business erkannt werden. Jedoch herrscht momentan eine Diskrepanz zwischen den in dieses neue Medium gesetzten Erwartungen und den ökonomischen Ergebnissen. So konnten bei den befragten Unternehmen weder nennenswerte Kostenreduktionen noch Zuwächse bei den Marktanteilen, den Umsätzen oder

Anbieter der Leistung \ Nachfrager der Leistung	Consumer	Business	Administration
Consumer	**Consumer-to-Consumer** z.B. Internet-Kleinanzeigenmarkt	**Consumer-to-Business** z.B. Jobbörsen mit Stellengesuchen	**Consumer-to-Administration** z.B. Steuerabwicklung von Privatpersonen (Einkommensteuer etc.)
Business	**Business-to-Consumer** z.B. Angebote in Internet-Shopping Malls	**Business-to-Business** z.B. Geschäfte zwischen Zulieferern und Unternehmen per EDI	**Business-to-Administration** z.B. Steuerabwicklung von Unternehmen (Umsatzsteuer etc.)
Administration	**Administration-to-Consumer** z.B. Abwicklung von Unterstützungsleistungen (Sozialhilfe etc.)	**Administration-to-Business** z.B. Beschaffungsmaßnahmen öffentlicher Institutionen im Internet	**Administration-to-Administration** z.B. Inter-Transaktionen öffentlicher Institutionen im In- und Ausland

Tabelle 0.1. E-Business Segmente

den Gewinnmargen festgestellt werden. Als Ursache dafür wurden u.a. die folgenden Gründe aufgezeigt [ECE 98]:

- Es gibt noch regulatorische Defizite, z.B. bei digital signierten Verträgen.
- Es gibt noch keine allgemein üblichen Geschäftsgepflogenheiten.
- Es fehlt die Beweisbarkeit von Online-Transaktionen.

Teilweise sind diese Hindernisse darauf zurückzuführen, daß momentan sowohl praktische Erfahrungen als auch objektive Informationen über die Kommunikationsdienste und Schutzmaßnahmen – speziell über digitale Signaturen – fehlen. Noch sind die heute gebräuchlichen Kommunikationstechniken, wie E-Mail, Fax oder WWW, wenig vertrauenswürdig, da mit einfachsten Mitteln und technischem Wissen Absenderkennungen, Zeitangaben oder Inhalte von Nachrichten verändert werden können und das Mitlesen durch Dritte bzw. Manipulieren während der Übermittlung niemals ausgeschlossen werden kann. Die folgende Klassifikation der *Schutzziele der mehrseitigen Sicherheit* hilft, die Anforderungen an sichere Kommunikation auszudrücken [Rannenberg 98]:

- **Vertraulichkeit**
  Die Inhalte von Nachrichten sollen gegenüber allen Instanzen, außer dem vorgesehenen Empfänger, vertraulich bleiben.
- **Integrität**
  Manipulationen an Nachrichteninhalten sollen erkannt werden können.
- **Authentizität**
  Fälschung von Absenderangaben sollen erkannt werden können.
- **Verfügbarkeit**
  Das Kommunikationssystem soll den gewünschten Nachrichtenaustausch zwischen Absender und Empfänger ermöglichen.
- **Zurechenbarkeit**
  Das Absenden bzw. Empfangen einer Nachricht soll gegenüber Dritten nachgewiesen werden können.

Der Einsatz *kryptographischer Verfahren* ist eine wesentliche Maßnahme zum Schutz der Kommunikation. Die Technik der Verschlüsselung kann Daten vor unbefugter Kenntnisnahme schützen und ermöglicht so den Austausch sensibler Informationen auch über offene, potentiell unsichere Kommunikationsmedien. Die Technik der *digitalen Signatur* kann als *Basistechnologie* zum Schutz der Integrität und Authentizität von Informationen und Transaktionen eingesetzt werden.

Sicherheit ist bei allen im Internet angebotenen Dienstleistungen wesentlich, insbesondere bei Angeboten von Kommunen und der öffentlichen Verwaltung aus rechtlichen und organisatorischen Aspekten. Zwar verlangen auch

Unternehmen Sicherheit, vor allem aber Vertrauen. Nur in einem kalkulierten Umfeld sind wirtschaftliche Erfolge möglich. Ob eine Sicherheitsmaßnahme wie die digitale Signatur ihre Aufgabe erfüllen kann, hängt nicht allein von ihrer technischen Sicherheit ab. Maßgeblich wird die Akzeptanz digitaler Signaturen auch von Erfüllung der folgenden Kriterien abhängig sein [Müller 2000]:

- **Garantie**
  Mit der Signatur kann eine Person die Inhalte eines Dokuments autorisieren.
- **Identifizierung**
  Die Eigenschaften einer Signatur können die Person definieren.
- **Verpflichtung**
  Mit einer Signatur kann eine Person die Grenzen eines Dokuments und den Willen, sich an die Inhalte zu halten, definieren.
- **Warnung**
  Vor der Unterzeichnung kann durch eine Zeitverzögerung auf das Vorgehen hingewiesen werden.
- **Beweis**
  Mit einer Signatur kann die Echtheit eines Dokuments vor Gericht bewiesen werden.

Erst durch das Mitwirken vertrauenswürdiger Dritter werden sich kryptographische Techniken, wie das Verfahren der digitalen Signatur, zum Erreichen der Schutzziele der mehrseitigen Sicherheit eignen.

Risikopotentiale der Signatur-Regelungen

Die Intention nationaler Gesetze bzw. Gesetzesinitiativen und der europäischen Richtlinien ist die beweisrechtliche Gleichstellung von digitalen Signaturen mit eigenhändigen Unterschriften, damit in möglichst vielen Anwendungsszenarien elektronisch signierte Nachrichten statt handschriftlich unterschriebener Papierdokumente eingesetzt werden können.

In Deutschland ist am 1. August 1997 das Signaturgesetz in Kraft getreten, um die Rahmenbedingungen für fälschungssichere digitale Signaturen zu schaffen. Zur Durchsetzung der gesetzlichen Sicherheitsanforderungen dürfen beim Verfahren der digitalen Signatur nur technische Komponenten eingesetzt werden, die im voraus von einer unabhängigen anerkannten Institution auf die Einhaltung der gesetzlichen Sicherheitsanforderungen geprüft wurden. Der Betrieb einer signaturgesetzkonformen Zertifizierungsstelle bedarf der vorherigen Genehmigung durch die zuständige Behörde. Betriebsgenehmigungen werden erteilt, wenn das vorab geprüfte Sicherheitskonzept zur

Erfüllung der gesetzlichen Anforderungen geeignet ist, bzw. sie bleiben bestehen, wenn bei den regelmäßigen Kontrollen die Einhaltung der entsprechenden Sicherheitsmaßnahmen bestätigt wurde.

Mit dem Verfahren der digitalen Signatur sind dennoch *Unsicherheiten* verbunden, die das Vertrauen der Nutzer stören können. Etwa wenn dem Unterzeichner falsche Daten zum Signieren untergeschoben werden bzw. dem Prüfer das Ergebnis der Gültigkeitsprüfung einer digitalen Signatur falsch dargestellt wird oder wenn die Mitarbeiter einer Zertifizierungsstelle Anträge zur Erstellung bzw. Sperrung von Zertifikaten nicht ordnungsgemäß prüfen und unverzüglich bearbeiten. Zudem ist stets die Möglichkeit gegeben, daß geheime Signaturschlüssel kompromittiert, Zertifikate gesperrt und Signaturverfahren kryptographisch gebrochen werden.

Insgesamt beinhalten die bisherigen Konzepte und Dienste im Zusammenhang mit dem Verfahren der digitalen Signatur *Risikopotentiale*. Dadurch kann nicht gewährleistet werden, daß die Gültigkeitsprüfung einer digitalen Signatur unabhängig vom Zeitpunkt des Prüfens stets zum selben Ergebnis führt und daß digitale Signaturen zu einem beliebigen späteren Zeitpunkt überprüft werden können. Es kann nicht ohne weiteres angenommen werden, daß geprüfte technisch-organisatorische Prozesse und Systeme stets korrekt funktionieren. Des weiteren werden nicht nur die Laufzeiten von Prozessen vernachlässigt, sondern auch die Risiken beim Zugang einer digital signierten Nachricht nicht entsprechend den Eingriffsmöglichkeiten und der Verantwortungssphäre zwischen Absender und Empfänger verteilt. Daher benachteiligt das bisherige Modell des Wirksamwerdens einer digital signierten Nachricht allein den Empfänger.

In dieser Arbeit werden deshalb die prinzipiellen Probleme und zeitlichen Grenzen der Gültigkeit digitaler Signaturen analysiert. Es werden neue Lösungsansätze bzw. konzeptionelle Erweiterungen von Diensten einer Zertifizierungsstelle vorgestellt, damit digitale Signaturen eine nachhaltige Beweiskraft erlangen können. Drei Themenkomplexe werden dabei vorrangig verfolgt:

- ☐ **Stabilität digitaler Signaturen**
  Die Unabhängigkeit der Gültigkeit digitaler Signaturen vom Zeitpunkt des Prüfens

- ☐ **Nachhaltigkeit digitaler Signaturen**
  Die Gewährleistung der steten Überprüfbarkeit digitaler Signaturen

- ☐ **Faires Wirksamwerden digital signierter Nachrichten**
  Die faire Teilung der Verantwortlichkeiten bei Zugang digital signierter Nachrichten

Aufbau der Arbeit

In Kapitel 1 wird in die *Thematik der digitalen Signatur* eingeführt. Als erstes wird auf die technische Basis digitaler Signaturen – asymmetrische Authentikationssysteme – eingegangen. Im weiteren werden wesentliche gesetzliche Regelungen zur Nutzung dieser Technik erläutert und diskutiert: National das Gesetz zur digitalen Signatur bzw. auf europäischer Ebene die Richtlinie über gemeinsame Rahmenbedingungen für elektronische Signaturen.

In die Fragestellung der *Willenserklärungen über Kommunikationsmedien* wird in Kapitel 2 eingeführt, da diese die Grundlage aller Rechtsgeschäfte im E-Commerce bilden. Es folgt eine Darstellung der Systematik des Wirksamwerdens von Willenserklärungen – die Abgabe und insbesondere der Zugang einer Erklärung –, um die offenen Fragen und Probleme bei der Nutzung digitaler Techniken und die notwendigen Schutzmaßnahmen untersuchen zu können. Die Architektur *elektronischer Kommunikationssysteme* wird in Kapitel 3 untersucht. Der Schwerpunkt ist die Einordnung der am Transfer einer Nachricht beteiligten Personen und die Darstellung ihrer Möglichkeiten, in den Ablauf einzugreifen, ihn zu stören oder zu kontrollieren.

Der Begriff *Gültigkeit einer digitalen Signatur* wird in Kapitel 4 diskutiert, und da unterschiedliche Gültigkeitsmodelle etabliert sind, wird ein allgemeines Schema zur Klassifikation der Gültigkeitskriterien vorgeschlagen, um dann die verschiedenen Modelle vergleichen und bewerten zu können. Die Bedeutung und Funktion von *Zeitangaben zu digitalen Signaturen* werden in Kapitel 5 vorgestellt. Es beginnt mit der Differenzierung der unterschiedlichen Methoden zur Erstellung von Zeitangaben, danach folgt die Darstellung ihrer prinzipiellen Grenzen und endet mit einem Vergleich der Methoden nach den mehrseitigen Sicherheitskriterien.

Kapitel 6 dient der Untersuchung der Problematik der *Stabilität digitaler Signaturen*. Zu Anfang wird die Abhängigkeit des Ergebnisses einer Gültigkeitsprüfung digitaler Signaturen vom Zeitpunkt der Prüfung aufgezeigt, danach werden bestehende Verfahren und neue Lösungsansätze miteinander verglichen. Zur Bewertung dienen Kriterien, wie mehrseitige Sicherheit und Praktikabilität. Der Themenkomplex *Nachhaltigkeit digitaler Signaturen* wird in Kapitel 7 behandelt. Zunächst werden die zeitlichen Grenzen von Signaturprüfungen beschrieben und allgemein die Problematik der Überprüfbarkeit digitaler Signaturen vorgestellt. Anschließend werden verschiedene Konzepte zum langfristigen Schutz digitaler Signaturen einander gegenübergestellt und insbesondere nach den Kriterien der mehrseitigen Sicherheit und nach ökonomischen Kriterien bewertet.

In Kapitel 8 erfolgt zuerst eine Klassifikation der verschiedenen Formen elektronischer Willenserklärungen. Für die hier wesentliche Form – die elektronisch übermittelte und digital signierte Willenserklärung – werden dann die Prozesse bei Zugang und Überprüfung einer signierten Nachricht sowie deren mögliche Störungen untersucht. Als Lösung wird ein Modell der *fairen Kenntnisnahme digital signierter Nachrichten* vorgeschlagen.

1 Digitale Signaturen

Der Informationsaustausch über offene Kommunikationsinfrastrukturen ist im kommerziellen Umfeld nur dann akzeptabel, wenn die Sicherheit der Daten – ihre Integrität, Authentizität und Vertraulichkeit – gewährleistet ist. Diese Anforderungen an sichere Kommunikation können durch den Einsatz von asymmetrischen Authentikationssystemen, den *Public-Key-Verfahren*, erfüllt werden.

In diesem Kapitel werden zunächst das technische Konzept der Authentikationssysteme (Kapitel 1.1) sowie die Angriffsziele -und arten auf diese Systeme dargestellt (Kapitel 1.2). Im folgenden wird dann auf prinzipielle Anforderungen an digitale Signaturen (Kapitel 1.3) und das Verfahren der digitalen Signatur (Kapitel 1.4) eingegangen. Abschließend werden gesetzliche Rahmenbedingungen zum Einsatz digitaler Signaturen – speziell das deutsche Signaturgesetz sowie die europäische Richtlinie über elektronische Signaturen (Kapitel 1.5) – erläutert.

1.1 Technisches Konzept der Authentikationssysteme

Kryptosysteme, die zum Erreichen der Schutzziele Integrität, Authentizität und Verbindlichkeit geeignet sind, werden als Authentikationssysteme bezeichnet. Ein Kryptosystem wird dabei als Gesamtheit – bestehend aus einem Algorithmus, der Menge aller zu ihm passenden Schlüssel und der Menge aller Klar- und Chiffretexte – verstanden (vgl. [Schneier 96], S. 4). Im allgemeinen erfolgt eine Differenzierung der Authentikationssysteme danach, wie viele Schlüssel zur Erzeugung und Überprüfung des Authentikationsschutzes von Nachrichten verwendet werden und wer von ihnen Kenntnis hat. Es wird zwischen den folgenden beiden Arten von Authentikationssystemen unterschieden:

- □ **Symmetrische Authentikationssysteme**
  Erzeugung und Überprüfung der Authentikationsinformationen mit demselben Schlüssel

□ **Asymmetrische Authentikationssysteme**
Erzeugung und Überprüfung der Authentikationsinformationen mit unterschiedlichen Schlüsseln

Ihre Funktionsweise wird in den nächsten beiden Abschnitten dargestellt.

1.1.1 Symmetrische Authentikationssysteme

Bei symmetrischen Authentikationssystemen unterscheidet sich z.B. die Funktion zur Erstellung von Authentikationsinformationen nicht von der Funktion zu deren Überprüfung. Derselbe Schlüssel und der gleiche Algorithmus werden jedoch in umgekehrter Reihenfolge der einzelnen Schritte angewandt, d.h., der Kryptoalgorithmus ist schlüsselsymmetrisch (vgl. [Bauer 97], S. 170). Zwischen den Anwendern symmetrischer Authentikationssysteme ist deshalb zunächst ein gemeinsamer Schlüssel zu vereinbaren. Die Sicherheit symmetrischer Authentikationssysteme ist wesentlich davon abhängig, daß alle Teilnehmer, die Kenntnis des Schlüssels haben, die folgenden beiden Anforderungen erfüllen:

□ Geheimhaltung des Schlüssels

□ Korrekte Anwendung des Schlüssels:
– Nur ein Teilnehmer darf damit Authentikationsinformationen erstellen.
– Alle anderen dürfen ihn nur zur Überprüfung verwenden.

Aus diesen Anforderungen ergeben sich die praktischen Probleme beim Einsatz symmetrischer Authentikationssysteme. Die Schlüssel müssen grundsätzlich vor Beginn ihrer Nutzung über einen gesicherten vertraulichen Kommunikationskanal zwischen den Teilnehmern ausgetauscht werden (Abb. 1.1, vgl. [Pfitzmann 2000]). Prinzipiell schwierig, wenn nicht gar unmöglich ist es, einem Teilnehmer die Urheberschaft an bestimmten Authentikationsinformationen nachzuweisen, denn dies setzt voraus, daß alle anderen Teilnehmer den gemeinsamen Schlüssel korrekt, nur zur Überprüfung, jedoch nicht zur Erstellung dieser Informationen, anwenden. Infolgedessen werden symmetrische Authentikationssysteme nur in wenigen speziellen Anwendungsszenarien eingesetzt, in denen aufgrund von organisatorischen Rahmenbedingungen und technischen Maßnahmen, wie Speicherung und Verwendung der Schlüssel ausschließlich in einer gesicherten Kryptokomponente [IBM 97], bei allen Anwendern die korrekte Anwendung von Schlüsseln gewährleistet werden kann. Besonders populär sind diese Verfahren im Bankbereich zum Authentifizieren der Transaktionen von Geldausgabeautomaten. Sie basieren auf symmetrischen Kryptoalgorithmen wie dem Data Encryption Standard (DES) [FIPS 46-2 93].

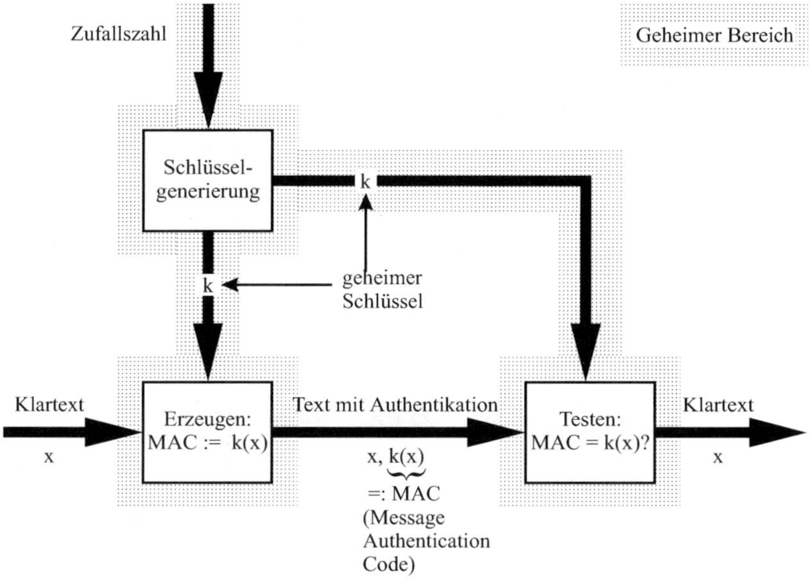

Abb. 1.1. Symmetrisches Authentikationssystem

1.1.2 Asymmetrische Authentikationssysteme

Das Verfahren der *digitalen Signatur* basiert auf asymmetrischen Authentikationssystemen. Das bekannteste asymmetrische Authentikationssystem ist das von Rivest, Shamir, Adleman [Rivest, Shamir, Adleman 78]. Jeder Teilnehmer an dieser Art der Kommunikation besitzt ein Schlüsselpaar, bestehend aus dem geheimen Schlüssel, *Secret Key*, und dem öffentlichen Schlüssel, *Public Key*. Eine allgemeine Eigenschaft asymmetrischer Schlüsselpaare ist, daß aus der alleinigen Kenntnis des einen Schlüssels nicht trivial auf den anderen geschlossen werden kann. Vorausgesetzt, der Teilnehmer hält nun den einen Schlüssel streng geheim, während er den anderen öffentlich bekannt gibt, ergeben sich durch die Eigenschaften der asymmetrischen Kryptosysteme die Möglichkeiten zur integritäts- und authentizitätsgeschützten sowie vertraulichen elektronischen Kommunikation über beliebige, auch unsichere, Medien.

Der Absender verschlüsselt die Nachricht mit seinem geheimen Schlüssel, und jeder, der diese Nachricht empfängt, kann sie mit dem öffentlichen Schlüssel des Absenders wieder entschlüsseln. Im allgemeinen wird der Absender aus Gründen der Effizienz nicht die gesamte Nachricht verschlüsseln, sondern wird aus der Nachricht zunächst eine Prüfsumme, den *Hash-Wert*, bilden, diesen dann verschlüsseln und der Originalnachricht beifügen. Der mit dem geheimen Schlüssel verschlüsselte Hash-Wert einer Nachricht wird dann als elektronische oder *digitale Signatur* bezeichnet (Abb. 1.1, vgl. [Pfitzmann 2000]). Der Empfänger seinerseits bildet nach demselben Verfahren ebenfalls eine Prüfsumme aus der Nachricht und vergleicht sie mit der des Absenders. Wenn die beiden Prüfsummen identisch sind, dann ist die übertragene Nachricht unverändert, denn nur wer im Besitz des geheimen Schlüssels ist, nämlich der Absender, kann die Prüfsumme derart verschlüsselt haben.

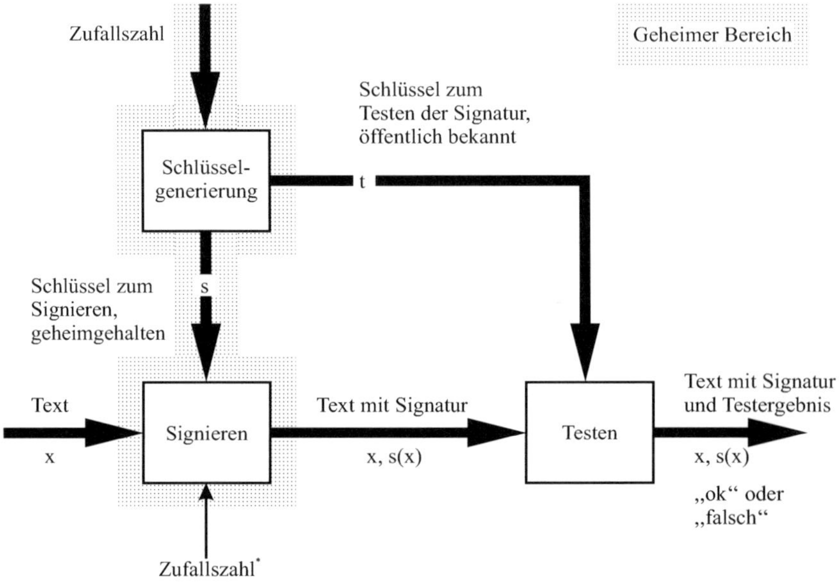

Abb. 1.2. Asymmetrisches Kryptosystem (Signatursystem)

Die Modifikation von Daten kann auch durch deren Verschlüsselung nicht verhindert werden. Für einen Angreifer ist es aber nahezu unmöglich, gezielt Änderungen an einer verschlüsselten Nachricht vorzunehmen, ohne daß es bei der Entschlüsselung zu einer Verstümmelung der Daten kommt, d.h., die Prüfsumme stimmt nicht mehr. So kann der Empfänger nachträglich Manipulationen an der übertragenen Nachricht detektieren und entsprechend reagieren, z.B. die Nachricht verwerfen und deren erneute Übertragung initiieren.

1.2 Kryptanalyse

Kryptographie bezeichnet die Wissenschaft vom Verbergen des Klartexts einer Nachricht vor Unbefugten mittels Verschlüsselung. Die Wissenschaft der

Kryptanalyse beschäftigt sich mit der Wiederherstellung des Klartexts einer Nachricht ohne Zugriff auf den Schlüssel (vgl. [Schneier 96] , S. 5ff). Im Rahmen der Kryptanalyse erfolgt die Untersuchung der möglichen Angriffe auf ein kryptographisches Verfahren sowie die Bewertung ihrer Chancen auf Erfolg. Der Versuch, aus einer verschlüsselten Nachricht den Klartext oder den Schlüssel zu ermitteln, wird als Angriff auf das Kryptosystem bezeichnet. Dagegen spricht man von einer Kompromittierung, wenn der Schlüssel oder der Klartext einer verschlüsselten Nachricht durch nicht-kryptanalytische Methoden ermittelt werden. Die Differenzierung von Angriffszielen und -arten wird in den beiden nächsten Kapiteln vorgestellt.

Die Sicherheit eines Kryptosystems, d.h., wie schwierig es für einen Angreifer ist, verschlüsselte Nachrichten wieder zu entschlüsseln, hängt primär von dem eingesetzten kryptographischen Verfahren ab. In die Bewertung der Sicherheit eines konkreten Systems gehen aber noch weitere Faktoren, wie die technische Realisierung, der Anwendungskontext und die Zuordnungsmöglichkeiten bzw. Geheimhaltung der verwendeten Schlüssel, ein.

Bereits im 19. Jahrhundert wurde von A. Kerckhoffs, flämischer Professor und Verfasser von „La cryptographie militaire“, kritisiert, daß die kryptanalytische Sicherheit eines Verfahrens nicht dadurch zu beweisen sei, indem man die Zeitspanne bestimmt, die nötig ist, alle möglichen Kombinationen von Parametern auszuprobieren. Er differenzierte erstmals zwischen dem Kryptosystem und dem eigentlichen Schlüssel und forderte, daß die Sicherheit eines Verschlüsselungsverfahrens nur von der Geheimhaltung des Schlüssels und nicht von der Geheimhaltung des Algorithmus' abhängen darf. Kerckhoffs' Maxime bilden die Grundregeln für die Entwicklung und Beurteilung von Kryptosystemen, die bis heute Bestand haben (siehe [Bauer 97]):

- *Nur der Kryptanalytiker, wenn überhaupt jemand, kann die Sicherheit eines Chiffrierverfahrens beurteilen.*
- *Bei der Beurteilung der kryptanalytischen Sicherheit eines Verfahrens muß man damit rechnen, daß dem Gegner die Verfahrensklasse bekannt ist: „Der Feind kennt das benutzte System“ (Shannon)*

Die Erfahrung, daß kryptographische Verfahren auf Dauer nicht geheim zu halten sind, mußten auch die Entwickler des RC4-Kryptalgorithmus' machen. Bis zu seiner Veröffentlichung im Internet im Jahre 1994 war er ein Firmengeheimnis der RSA Data Security Inc. (siehe [Schneier 96], S. 455). Ein Unbekannter hatte den Algorithmus jedoch durch Disassemblierung des Programm-Codes rekonstruiert und in den entsprechenden News-Groups veröffentlicht.

1.2.1 Angriffsziele

Ein Angriff auf ein Kryptosystem wird als erfolgreich bezeichnet, wenn mindestens eines der unten genannten Ziele erreicht wurde. Mit jedem Angriffsziel korrespondiert die Bedeutung, die einem erfolgreichen Angriff beizumessen ist. Die Angriffsziele bzw. -erfolge sind in absteigender Folge nach dem Schweregrad geordnet aufgeführt (siehe [Schneier 96], S. 9ff):

1. **Vollständiges Brechen**
   Der geheime Schlüssel wird gefunden. Zu allen mit diesem Schlüssel verschlüsselten Nachrichten läßt sich der Klartext ermitteln.
2. **Universelles Brechen – Globale Deduktion**
   Es wird ein äquivalentes Verfahren gefunden, um ohne Kenntnis des geheimen Schlüssels von allen mit ihm verschlüsselten Nachrichten den Klartext zu ermitteln.
3. **Nachrichtenbezogenes Brechen – Lokale Deduktion**
   Einzelne Nachrichten können ohne Kenntnis des geheimen Schlüssels entschlüsselt oder gefälscht werden. Erfolgreiche Angriffe werden nach dem Ursprung der Nachricht unterschieden:
   a) selektives Brechen
      Die Nachricht ist vom Angreifer selbst gewählt.
   b) existentielles Brechen
      Es handelt sich um irgendeine spezielle Nachricht.
4. **Informationsdeduktion**
   Der geheime Schlüssel bzw. der Klartext einer Nachricht wird einem Angreifer ohne Brechen des Kryptosystems selbst bekannt, z.B. durch Zugriff auf den geheimen Schlüssel aufgrund von Schwachstellen im Anwendungssystem oder durch Weitergabe der Informationen.

Im allgemeinen gelten Kryptosysteme als nicht akzeptabel, wenn erfolgreiche Angriffe im Sinne von 1., 2. und 3.a bekannt sind (siehe [Pfitzmann 94], S. 110). Die Möglichkeit zum existentiellen Brechen eines Kryptosystems (Punkt 3.b) kann dann ohne Folgen bleiben, vorausgesetzt, daß die Menge der brechbaren Nachrichten keine für einen speziellen Anwendungskontext sinnvollen Nachrichten enthält und im Verhältnis zur Menge aller möglichen Nachrichten sehr klein ist. Da eine vollständige Bestimmung der Menge aller brechbaren Nachrichten sehr schwer oder gar nicht möglich ist, werden existentiell brechbare Kryptosysteme selten akzeptiert. Erlangt ein Angreifer auf ein Kryptosystem Kenntnis eines geheimen Schlüssels durch Mithilfe der Anwender oder aufgrund einer unzureichenden bzw. fehlerhaften Implementierung der Zugriffskontrolle in einem Anwendungssystem, hat dies zwar dieselbe Wirkung wie das vollständige Brechen eines Kryptosystems, obwohl dadurch das Kryptosystem selbst nicht gebrochen wurde.

Ein erfolgreicher Angriff auf ein Kryptosystem im Sinne von Punkt 4 liefert deshalb keinen Beweis dafür, daß dieses System inakzeptabel ist, aber Indizien dafür, daß die technische oder organisatorische Umsetzung der Zugriffskontrollpolitik in Bezug auf die geheimzuhaltenden Informationen unzureichend ist.

1.2.2 Angriffsarten

Das Ziel, ein Kryptosystem zu brechen, kann auf unterschiedliche Arten erreicht werden. In Abhängigkeit von den Informationen, die einem Angreifer in seiner spezifischen Situation zur Verfügung stehen, werden mindestens die folgenden vier Angriffsarten unterschieden (vgl. [Pfitzmann 94], S. 111; [Schneier 96], S. 6). Gemäß der Maxime von Kerckhoffs wird stets davon ausgegangen, daß der kryptographische Algorithmus dem Angreifer vollständig bekannt ist:

1. **Ciphertext-Only Angriff**
   Der Angreifer verfügt nur über eine bestimmte Menge von verschlüsselten Daten, um das Kryptosystem zu brechen, d.h., um einige Klartexte oder den Schlüssel zu bestimmen – der „klassische" Angriff auf Konzelationssysteme.
2. **Known-Plaintext Angriff**
   Der Angreifer verfügt sowohl über eine bestimmte Menge von verschlüsselten Daten als auch über die dazugehörigen Klartexte.
3. **Chosen-Plaintext Angriff**
   Der Angreifer kann von ihm gewählte Klartexte verschlüsseln lassen, folglich hat er anschließend Zugriff auf die verschlüsselten Daten.
4. **Chosen-Ciphertext Angriff**
   Der Angreifer kann von ihm gewählte verschlüsselte Daten entschlüsseln lassen, folglich hat er anschließend Zugriff auf den Klartext.

Diese vier Angriffsarten können zusätzlich nach der Vorgehensweise des Angreifers kategorisiert werden. Die ersten beiden Angriffe erfolgen passiv, da der Angreifer durch Beobachtung von Kommunikationsflüssen und Analyse von Nachrichten in Besitz von verschlüsselten Daten, u.U. sogar von Klartexten gelangt. Dagegen wird bei aktiven Angriffen der Nutzer dazu veranlaßt, seinen Schlüssel auf bestimmte vom Angreifer ausgewählte Daten anzuwenden, wobei dem Angreifer anschließend das Ergebnis zugänglich ist. Bei asymmetrischen Authentikationssystemen ist der 4. Angriff nicht relevant (vgl. [Pfitzmann 2000], S. 43).

1.3 Voraussetzungen für digitale Signaturen

Aus dem Umfeld der asymmetrischen Authentikationssysteme sind die synonymen Begriffe *digitale Signatur* und *elektronische Unterschrift* entstanden. Die digitale Signatur einer Nachricht bezeichnet dabei lediglich die mit dem geheimen Schlüssel verschlüsselte Prüfsumme einer Nachricht, also das Ergebnis einer mathematischen Transformation, die auf elektronische Daten unter Zuhilfenahme eines nur dem Unterzeichner bekannten Parameters, dem geheimen Schlüssel, angewandt wurde. Das Überprüfen der digitalen Signatur einer Nachricht besteht im Entschlüsseln der verschlüsselten Prüfsumme mit Hilfe eines bekannten Parameters, dem öffentlichen Schlüssel des Unterzeichners, und im Vergleich der entschlüsselten mit der selbst berechneten Prüfsumme.

1.3.1 Voraussetzungen zur Anerkennung digitaler Signaturen

Die notwendigen Voraussetzungen zur Anerkennung digitaler Signaturen bzw. elektronischer Unterschriften[1] sind funktionale Parallelen zu den Eigenschaften der eigenhändigen Unterschrift (siehe [BNotK 95], [Eber-Faller 95]):

- **Unterzeichnerabhängigkeit**
  Die Unterschrift kann nur von einer Person erzeugt werden.
- **Erklärungsabhängigkeit**
  Die Unterschrift bezieht sich auf ein bestimmtes Dokument.
- **Überprüfbarkeit**
  Die Unterschrift kann dauerhaft wiedergegeben werden bzw. ist stets überprüfbar.
- **Fälschungssicherheit**
  Die Fälschung einer Unterschrift wird durch die eingesetzten technischen Verfahren und Komponenten verhindert.
- **Dokumentenechtheit**
  Nachträgliche Veränderungen an der Unterschrift bzw. dem Dokument müssen verläßlich erkannt werden können.

[1] Der Begriff „elektronische Unterschrift“ wird häufig im Zusammenhang juristischer Fragestellungen, Bewertungen und Anforderungen an die Technik digitaler Signaturen gewählt.

1.3.2 Schutzfunktionen der digitalen Signatur

Die Rechtslehre unterscheidet bei der eigenhändigen Unterschrift eine Vielzahl von Schutzfunktionen. Die elektronische Unterschrift muß dieselben Schutzfunktionen wie eine eigenhändige Unterschrift aufweisen, wenn sie als deren Äquivalent eingesetzt wird, wobei die folgenden für die elektronische Unterschrift besonders relevant sind:[2]

- **Echtheitsfunktion**
  Die Echtheit einer elektronischen Unterschrift ist dann sichergestellt, wenn diese nur vom Inhaber des Unterschriftsschlüssels erzeugt werden kann. Dies setzt voraus, daß einerseits der geheime Schlüssel stets unter der direkten Kontrolle des Eigentümers ist bzw. war. Andererseits darf es nicht trivial sein, sich die notwendigen Kenntnisse auf einem anderen Wege zu besorgen, beispielsweise aus dem öffentlichen den geheimen Schlüssel zu erzeugen.
  Im Unterschied zur eigenhändigen Unterschrift deckt die Echtheitsfunktion des Verfahrens der elektronischen Unterschrift nicht nur die eigentliche Unterschrift ab, sondern bezieht sich darüber hinaus auch auf das gesamte unterschriebene Dokument. Bei eigenhändig unterzeichneten Schriftdokumenten sind Verfälschungen prinzipiell immer möglich. Der Nachweis von Veränderungen am Schriftdokument kann mitunter nur sehr schwer erfolgen und ist gelegentlich sogar unmöglich. Veränderungen am Inhalt, z.B. Modifikation von Abschnitten, und am Umfang, z.B. Einfügen bzw. Austausch einzelner Seiten, sind im allgemeinen nicht auszuschließen.
  Die digitale Signatur ist dokumentenecht, das heißt aber nicht, daß Manipulationen am elektronisch signierten Dokument unmöglich sind. Es wird jedoch mit hoher Zuverlässigkeit erkannt, ob Veränderungen am Dokument oder der Signatur stattgefunden haben. Welche Modifikationen im Detail vorgenommen wurden, kann und muß später nicht im einzelnen bestimmt werden.

- **Abschlußfunktion**
  Die Abschlußfunktion besagt bei eigenhändigen Unterschriften, daß der darüber dargestellte Wille des Unterzeichners inhaltlich richtig und vollständig wiedergegeben ist. Bei Anwendung der elektronischen Unterschrift muß dem Unterzeichnenden vor dem digitalen Signieren das zu unterschreibende elektronische Dokument verläßlich in einer leicht verständlichen Darstellungsform präsentiert werden, damit er dessen Inhalt und Umfang verifizieren kann.
  Die Funktion soll den Unterzeichner beim Erkennen unzulässiger Modifikationen am elektronischen Dokument bereits vor dessen Unterzeichnung

[2] vgl. [Bizer, Hammer 93] [Pordesch 94] [Rihaczek 95] [Seidel 97] und allgemein zu eigenhändigen Unterschriften [Palandt 99] §125(1), §126(5ff)

unterstützen und ihn somit vor der Abgabe falscher Willenserklärungen schützen.

- **Warnfunktion**
  Der Zweck der Warnfunktion ist es, den Unterzeichner explizit zur Aktion des Unterschreibens eines Dokuments aufzufordern. Durch sie soll ihm bereits vor der Unterzeichnung die Bedeutung seines weiteren Handelns ins Bewußtsein gebracht werden und ihn so vor übereilten Aktionen schützen. Der Unterzeichnende hat noch einmal die Möglichkeit, die Folgen und Risiken, die mit seiner Unterschrift verbunden sind, abzuschätzen und trifft dann willentlich die Entscheidung, den Vorgang des Signierens fortzuführen bzw. zu unterlassen.
  Die Warnfunktion ist vor allem im Rechtsbereich des Verbraucherschutzes relevant, weshalb die Schriftform in diesen Zusammenhang häufig vom Gesetzgeber vorgeschrieben wird.

- **Identifikationsfunktion**
  Der Unterzeichner eines Dokuments kann auf Grund der Identifikationsfunktion seiner Unterschrift identifiziert werden. Im Gegensatz zur eigenhändigen kann bei der elektronischen Unterschrift ein Mehr an Sicherheit gegeben sein. Vordergründig wird bei der Überprüfung der elektronischen Unterschrift eine Person identifiziert, tatsächlich wird aber nur der passende Verifikationsschlüssel, der in einem öffentlichen Schlüsselverzeichnis geführt wird, ermittelt. Paßt dieser zur Signatur, so gilt die mit dem öffentlichen Verifikationsschlüssel assoziierte Person als Unterzeichner des Dokuments.
  Die Aussagekraft der Identifikationsfunktion wird direkt beeinflußt von der Art und Qualität der Identitätsangaben im Schlüsselregister. Welcher Aufwand während der Prüfung der Identität beim Einrichten der Einträge vom Verantwortlichen des Registers betrieben wurde, kann vom Nutzer der Identifikationsfunktion nicht beeinflußt, sondern nur zur Kenntnis genommen werden. Die Identifikationsfunktion ist folglich nur die Wiedergabe der Ergebnisse eines vorherigen Identitätsprüfungsprozesses durch einen Dritten, dem der Prüfer einer elektronischen Unterschrift vertraut.
  Wenn bei der Identitätsprüfung weitere Merkmale der Person, wie Angaben zu berufsrechtlichen Zulassungen, Arzt, Prokura etc., oder zur Solvenz, geprüft und in das Signaturschlüssel-Zertifikat mit aufgenommen wurden, liefert die Identifikationsfunktion der digitalen Signatur zusätzlich wichtige Informationen über den Signaturschlüssel-Inhaber und kann dadurch dem Empfänger einer digital signierten Nachricht mehr Sicherheit bieten.

- **Beweisfunktion**
  Die Aufgabe der Beweisfunktion einer eigenhändigen Unterschrift wird darin gesehen, klarzustellen, ob und mit welchem Inhalt der Wille durch den Unterzeichner geäußert wurde. Eigenhändig unterschriebene Dokumente können so eventuell späteren Streitigkeiten vorbeugen und zudem den Be-

weis erleichtern, da die Rechtsprechung bei schriftlichen Dokumenten von der Vermutung der Richtigkeit und Vollständigkeit ausgeht. Bei elektronischen Dokumenten mit digitalen Signaturen ist eine Änderung im Beweisrecht gemäß §§415-444 ZPO[3] notwendig, bis dahin können sie jedoch schon im Rahmen der freien Beweiswürdigung berücksichtigt werden.

Funktion	Subjekt	Ziel
Echtheitsfunktion	Unterzeichner	Dokumentenintegrität Authentizität
Abschlußfunktion	Unterzeichner	Darstellung der Willenserklärung
Warnfunktion	Unterzeichner	Signieren als willentliche Aktion
Identifikationsfunktion	Empfänger	Dokumentenintegrität Authentizität
Beweisfunktion	Empfänger Unterzeichner	Signieren als nachvollziehbare Aktion

Tabelle 1.1. Schutzfunktionen der Unterschrift

Das Gesetz kennt noch weitere Funktionen der Unterschrift, wie die Beratungsfunktion bei notariellen Beurkundungen, die Kontrollfunktion, um die behördliche Überwachung bzw. Kontrolle von Vorgängen zu gewährleisten, sowie die Transportfunktion in Zusammenhang mit Scheck und Wechsel. Da diese speziellen Funktionen nur in wenigen Rechtsbereichen genutzt werden, werden sie hier nicht weiter betrachtet. Zusammenfassend sind die wichtigsten Schutzfunktionen einer Unterschrift – unabhängig von der signierten Information –, deren Ziele und die davon betroffenen Subjekte in Tabelle 1.1 dargestellt.

[3] Zivilprozeßordnung

1.4 Verfahren der digitalen Signatur

Digital signierte Informationen besitzen auf Grund der mathematischen Eigenschaften der asymmetrischen Authentikationssysteme einen Selbstschutz gegen Modifikationen der Informationen sowie der digitalen Signatur. Jede Art der Modifikation führt dazu, daß sich die beiden Prüfsummen entweder unterscheiden und somit beim Verifizieren der digital signierten Informationen deren Vergleich scheitert oder die Originalnachricht verstümmelt und unbrauchbar wird. In jedem Fall sind Manipulationen an den digital signierten Nachrichten für die Verifizierenden im nachhinein erkennbar.

1.4.1 Sichere Zuordnung von Schlüsseln

Die Verfahren zur Erstellung digitaler Signaturen basieren auf asymmetrischen Authentikationssystemen. Die prinzipiellen Anwendungsprobleme dieser Verfahren resultieren aus der Erfüllung von zwei Voraussetzungen:

1. *Der öffentliche Schlüssel muß einer Person sicher und korrekt zugeordnet werden können.*
2. *Der dazugehörige Signaturschlüssel darf nur von der mit dem öffentlichen Schlüssel assoziierten Person, dem Signaturschlüssel-Inhaber, angewandt werden können. Der Signaturschlüssel-Inhaber kann jedoch weitere Personen zur Nutzung seines Signaturschlüssels autorisieren.*

Technisch gesehen läßt sich eine digitale Signatur nur mit dem zum Signaturschlüssel korrespondierenden öffentlichen Schlüssel kryptographisch verifizieren. Die Voraussetzung einer sicheren und korrekten Zuordnung von öffentlichen Schlüsseln zu Personen ist notwendig, da sonst die Gefahr besteht, daß eine digitale Signatur mit einem öffentlichen Schlüssel geprüft wird, der entweder nicht, wie vom Prüfer angenommen, der Person zugeordnet ist oder zwar die Zuordnung sicher ist, aber die Angaben zur Person falsch sind. Wenn aufgrund äußerer Rahmenbedingungen, u.a. auch organisatorischer Art, ein öffentlicher Schlüssel eindeutig mit einer Person in Verbindung gebracht werden kann, wird der Urheber der digitalen Signatur zu identifizieren sein.

Die zweite Voraussetzung, daß der Signaturschlüssel nur durch den Signaturschlüssel-Inhaber angewandt werden darf, ist ebenfalls nachvollziehbar. Jeder, der in Besitz des Signaturschlüssels ist oder eine Kopie davon bekommt bzw. Zugriff darauf erlangt, könnte sich gegenüber anderen als der eigentliche Signaturschlüssel-Inhaber ausgeben. Beim Verfahren der digitalen Signatur identifizieren sich Personen durch die Anwendungen des Signaturschlüssels, einer nur ihnen bekannten Information. In diesem Wissen besteht wie bei allen anderen Legitimationsdokumenten bzw. -informationen, z.B.

Personalausweis, EC-Karte mit PIN, auch bei Signaturschlüsseln die Gefahr des Mißbrauchs.

Diese Gefahren sind allerdings der Einflußsphäre des Signaturschlüssel-Inhabers zuzuordnen, weshalb sich die Frage stellt, ob Maßnahmen zum Schutz des Signaturschlüssels dem Inhaber zwingend vorgeschrieben werden müssen oder ob nicht Schadens- bzw. Haftungsregelungen ausreichend wären, falls der Signaturschlüssel-Inhaber die Erstellung einer digitalen Signatur bestreitet.

Die Technik der digitalen Signatur wird zur Authentikation und Autorisierung von Benutzern aber auch von technischen Komponenten, Systemen und Programmen eingesetzt. Verschiedene Anwendungsszenarien digitaler Signaturen unterscheiden sich vor allem durch die Verläßlichkeit der Zuordnung von Schlüsseln zu Personen, d.h., wie wurde die Person bei der Zertifikatsvergabe identifiziert und wie vertrauenswürdig sind die Zertifikate einer Zertifizierungsstelle sowie die Maßnahmen zum Schutz von Signaturschlüsseln seitens der Signaturschlüssel-Inhaber.

1.4.2 Interoperabilität digitaler Signaturen

Bei der Nutzung der asymmetrischen Kryptographie in Kommunikationssystemen ist es üblich und standardisiert, wegen der Vielfalt von Signieralgorithmen zusätzlich zur eigentlichen digitalen Signatur weitere Kontextangaben zur Signatur, wie eingesetzter Algorithmus, Parameter etc., mitzuliefern. Diese Informationen setzen den Empfänger einer elektronisch unterschriebenen Nachricht einerseits in Kenntnis der zur Überprüfung notwendigen kryptographischen Parameter des Unterzeichners, andererseits geben sie Auskunft über den Zeitpunkt der Unterschriftserzeugung. Die Angaben zum Signatur-Kontext können wie folgt aussehen:

- Identifikator der verwandten Algorithmen
- Identifikator des öffentlichen Schlüssels des Unterzeichners
- Angaben zum Zeitpunkt der Signaturerstellung
- Seriennummer der digitalen Signatur
- Zusätzliche Angaben seitens des Unterzeichners

Zur Kodierung digital signierter Datenobjekte während der Übermittlung gibt es verschiedene Möglichkeiten. Ein relevanter Internet-Standard ist die „Secure Multipurpose Internet Mail Extensions“ (S/MIME) Spezifikation [RFC-2311], die auf dem „Cryptographic Message Standard“ (CMS) [PKCS #7 98] beruht. Dieser Standard legt u.a. die Repräsentation der digitalen Signatur unter einem Datenobjekt sowie dessen Kontextangaben fest. Bei den Datenobjekten sind zwei Fälle zu unterscheiden: Entweder handelt es sich um ein Objekt mit einer definierten Inhaltsstruktur für einen speziellen

Anwendungsfall, wie die Anforderung eines Zertifikates, oder um ein beliebiges multimediales Objekt, beispielsweise ein elektronisches Dokument eines bestimmten Textverarbeitungsprogramms.

1.4.3 Sichere Darstellung digital signierter Daten

Durch die Verwendung eines Standards zur Kodierung digital signierter Daten beliebigen Inhalts ist jedoch nicht gewährleistet, daß das signierte Objekt stets eindeutig dargestellt wird. Grundsätzlich können digitale Signaturen nur die Integrität und Authentizität von Daten schützen, die eindeutige Interpretation signierter Daten ist aber von einem gemeinsamen Verständnis des Unterzeichners und Prüfers über deren Bedeutung abhängig.

Zusätzliche Angaben bei digital signierten Daten können Hinweise auf die Art des Objekts geben, dies führt jedoch nicht zwangsläufig zu einer einheitlichen und inhaltsgetreuen Darstellung der Objekte auf den unterschiedlichsten Systemen der Anwender.

Vor allem aufgrund der Komplexität moderner Anwendungsprogramme bzw. deren Datenformaten können geringfügige Unterschiede in den Implementierungen mehrerer Programmversionen zu verschiedenen Darstellungen der Objekte führen; d.h., die Darstellung von ein und demselben Dokument ist von dem verwendeten Programm, der Versionsnummer bzw. Version für ein bestimmtes Betriebssystem abhängig. Zudem verfügen Programme heute über verschiedene Betriebsmodi, in denen nur bestimmte Teile eines Dokuments sichtbar werden. So besteht die Möglichkeit, daß bei Programmen, bei denen ein anderer Betriebsmodus eingestellt ist, die entscheidenden Dokumentenabschnitte dem Anwender nicht angezeigt werden und er so über den Inhalt des vollständigen Dokuments getäuscht wird.[4]

---

[4] zur prinzipiellen Problematik der Mehrdeutigkeit der Darstellung elektronischer Daten siehe [Fox 98]

1.5 Rechtliche Rahmenbedingungen

Digital signierte Informationen führen im allgemeinen nur dann zu rechtswirksamen Erklärungen und Verträgen, wenn die gesetzlichen Rahmenbedingungen für den Einsatz digitaler Signaturen geregelt sind. Die Relevanz, welche der Aktion des elektronischen Signierens unter juristischen Aspekten beigemessen werden kann, hängt von den gegebenen Umständen, von multi- oder bilateralen Vereinbarungen zwischen den Anwendern, wie dem EDI-Rahmenvertrag [AWV 94], sowie von den rechtlichen Rahmenbedingungen, etwa dem deutschen Signaturgesetz ab.

Aufgrund der vergleichbaren Regelungen und Anforderungen kann der Utah Digital Signature Act (Kapitel 1.5.1) als Vorbild für das deutsche Gesetz zur digitalen Signatur (Kapitel 1.5.2) bezeichnet werden. Nach einer kritischen Kommentierung des Signaturgesetzes (Kapitel 1.5.3), wird auf dessen aktuelle Weiterentwicklung (Kapitel 1.5.4) und auf die Richtlinie der Europäischen Union zu elektronischen Signaturen (Kapitel 1.5.5) eingegangen.

1.5.1 Utah Digital Signature Act

Das weltweit erste Gesetz über digitale Unterschriften ist am 1. Mai 1995 im Bundesstaat Utah der USA in Kraft getreten – „Utah Digital Signature Act“ [Utah 97a]. Die Anforderungen an Zertifizierungsstellen werden durch die „Utah Digital Signature Administrative Rules“ spezifiziert [Utah 97b]. Die Entwicklung des Utah DSA wurde durch die „Digital Signature Guidelines“ der amerikanischen Anwaltskammer, American Bar Association (ABA), unterstützt. Vom Sachverständigenausschuß der ABA – Information Security Committee, Science and Technology Section of the ABA – wurde im Oktober 1995 der erste Entwurf der Richtlinien zum Umgang mit digitalen Unterschriften, die „Digital Signature Guidelines“, herausgegeben. Danach folgte die Phase öffentlicher Validierung und Kommentierung, die im Januar 1996 beendet wurde. Im August 1996 hat das Komitee die endgültige Fassung publiziert [ABA 96].

1.5.2 Signaturgesetz

In Deutschland begann die Entwicklung des Signaturgesetzes bereits im Jahr 1995 mit der Gründung einer Projektgruppe zur Untersuchung rechtlicher Fragestellungen beim elektronischen Rechtsverkehr durch die Bundesnotarkammer. Da Willenserklärungen zunehmend durch elektronische Kommunikationstechniken übermittelt werden, wurde die Einführung einer „*elektronischen Unterschrift*“ und deren Einbettung in die Systematik des *Bürgerliches*

Gesetzbuchs (BGB) von dieser Projektgruppe als besonders notwendig erachtet und führte zum Entwurf eines Gesetzes über den elektronischen Rechtsverkehr (siehe [Eber-Faller 96], [Bizer 95]). Diesem Entwurf folgten bis Oktober 1995 verschiedene Versionen des Vor-Entwurfs einer „Verordnung über die Anerkennung von Verfahren zur elektronischen Unterschrift“ (VEU) durch das Bundesministerium des Innern [BMI 95]. Aus der VEU entstand der Vor-Entwurf des Signaturgesetzes vom 19. August 1996 [BMI 96], der als Artikel in den Entwurf des „*Informations- und Kommunikationsdienste-Gesetzes*“ (IuKDG) eingegangen ist [BK 96].

Das Signaturgesetz[5] dient dazu,

> *Rahmenbedingungen für digitale Signaturen zu schaffen, unter denen diese als sicher gelten und Fälschungen digitaler Signaturen oder Verfälschungen von signierten Daten zuverlässig festgestellt werden können.*
> *§1 Abs. 1 Gesetz zur digitalen Signatur*

In der Signaturverordnung[6] sind die Anforderungen an Zertifizierungsstellen im Sinne des Signaturgesetzes, konkret deren Zulassung, Betrieb und Kontrolle, geregelt.

Zur Umsetzung der Anforderungen an signaturgesetzkonforme Zertifizierungsstellen sowie an die Anwender der elektronischen Unterschrift hat das *Bundesamt für Sicherheit in der Informationstechnik* (BSI) einen entsprechenden Maßnahmenkatalog [BSI 97a] zum Signaturgesetz in der ersten Version erarbeitet. Die für die Zulassung von Zertifizierungsstellen nach dem Signaturgesetz zuständige Behörde, Regulierungsbehörde für Telekommunikation und Post (RegTP), hat auf der Grundlage der BSI-Vorgabe die aktuell geltenden Maßnahmenkataloge nach §12 Abs. 2 SigV [RegTP 98a] bzw. §16 Abs. 6 SigV [RegTP 98b] erarbeitet und veröffentlicht. Schwerpunkt der Maßnahmenkataloge sind Empfehlungen an die technische Gestaltung der zum Einsatz kommenden Hard- und Software-Komponenten. Diese Empfehlungen sind ausgerichtet auf die Diensterbringer im Verfahren der elektronischen Unterschrift – die Zertifizierungstellen – sowie die Anwender – die Personen, die Daten elektronisch unterschreiben.

1.5.2.1 Konzeption des Signaturgesetzes

Der Gesetzgeber vertritt die Ansicht, daß nur durch eine gesetzliche Regelung die Rahmenbedingungen geschaffen werden können, welche die Fälschungssi-

---

5 Das Informations- und Kommunikationsdienste-Gesetz (IuKDG) [BT 97b] vom 22. Juli 1997 enthält in Artikel 3 das *Gesetz zur digitalen Signatur* (Signaturgesetz, SigG) und ist am 1. August 1997 in Kraft getreten.

6 Die zum Signaturgesetz gehörende *Signaturverordnung* (SigV) [Reg 97a] wurde am 8. Oktober 1997 von der deutschen Bundesregierung beschlossen, trat am 1. November 1997 in Kraft und wurde im Mai 2000 an die internationale Entwicklung der Sicherheitstechnologie angepaßt [Reg 2000a].

cherheit digital signierter Daten und ihre Urheberschaft in einem nachweislich hohen Maße gewährleisten. Das Signaturgesetz soll mit seinen Vorgaben an eine Public-Key-Infrastruktur (PKI), der staatlichen Lizenzierung und Kontrolle von Zertifizierungsstellen, vor allem der Vertrauensbildung bei der Nutzung neuer elektronischer Kommunikationstechniken zur Abgabe von rechtsverbindlichen Willenserklärungen und damit dem Verbraucherschutz dienen (vgl. [Bieser 96], S. 556). Die Konzeption des Signaturgesetzes ist es, durch Vorgabe von technischen und organisatorischen Anforderungen an Zertifizierungsstellen sowie an die Sicherheit technischer Komponenten, die beim Verfahren der digitalen Signatur von Zertifizierungsstellen und Personen eingesetzt werden, ein hohes Sicherheitsniveau zu bestimmen und dessen Einhaltung zu kontrollieren.

Die technischen und organisatorischen Anforderungen an den gesetzeskonformen Einsatz digitaler Signaturen werden durch das Signaturgesetz selbst, die Signaturverordnung, die Maßnahmenkataloge der Regulierungsbehörde für Telekommunikation und Post sowie die Beurteilung der Eignung von Kryptoalgorithmen bzw. Hashfunktionen durch das Bundesamt für Sicherheit in der Informationstechnik geregelt. Von besonderer Bedeutung sind, vor allem beim Vergleich mit anderen Signaturverfahren, die folgenden Aspekte:

1. Zertifikate

□ Zertifikate im Sinne des Signaturgesetzes
  - dürfen nur für natürliche Personen ausgestellt werden, §2 Abs. 3 SigG;
  - müssen inhaltlich die Anforderungen gemäß §7 SigG erfüllen;
  - dürfen maximal fünf Jahre gültig sein, §7 SigV;
  - müssen mindestens 35 Jahre lang nachprüfbar sein, §8 Abs. 3 SigV.

2. Institutionen

□ Der Betrieb einer Zertifizierungsstelle im Sinne des §2 Abs. 2 SigG setzt eine Genehmigung der zuständigen Behörde des Bundes gemäß §4 Abs. 1 SigG voraus. Die Regulierungsbehörde für Telekommunikation und Post ist nach §3 SigG für die Vergabe von Lizenzen zuständig.

□ Die Regulierungsbehörde ist für die Kontrolle von Zertifizierungsstellen und die Durchsetzung von Verpflichtungen der Betreiber zuständig, §13 SigG. In angemessenen Zeitabständen ist sie deshalb zur Überprüfung der Zertifizierungsstellen verpflichtet, §15 Abs. 2 SigV und kann bei Nicht-Einhaltung der Anforderungen deren Genehmigung widerrufen bzw. den Betrieb ganz oder teilweise untersagen, §13 SigG.

□ Die Regulierungsbehörde betreibt die einzige Wurzel-Instanz, die Zertifikate für alle anderen Zertifizierungsstellen ausstellt, §4 Abs. 5 SigG. Das Signaturgesetz gibt dadurch bundesweit eine zweistufige – flache, aber potentiell breite – Hierarchie von Zertifizierungsstellen vor.

□ Die Regulierungsbehörde veröffentlicht im Bundesanzeiger einen Maßnahmenkatalog für Zertifizierungsstellen, §12 Abs. 2 SigV. Diese Maßnahmen müssen vom Betreiber bei der Erstellung seines Sicherheitskonzepts berücksichtigt werden.

3. Einzusetzende Technik

□ Technische Komponenten beim Verfahren der digitalen Signatur müssen geprüft und die Erfüllung der Anforderungen des Signaturgesetzes durch eine von der Regulierungsbehörde anerkannte Prüfstelle bestätigt sein, §14 Abs. 4 SigG. Die Prüfstufen sind in §17 Abs. 1 SigV festgelegt, wobei die Stärke der Sicherheitsmechanismen jeweils als „Hoch“ bewertet sein muß:
– ITSEC E4 Hoch
  - Technische Komponenten zum Erzeugen, Speichern und Anwenden von Signaturschlüsseln
  - Technische Komponenten zur geschäftlichen Nutzung durch Dritte
– ITSEC E2 Hoch
  Alle sonstigen technischen Komponenten, z.B. zum Verifizieren, Darstellen von signierten Dokumenten

Die Regulierungsbehörde veröffentlicht im Bundesanzeiger einen Maßnahmenkatalog für technische Komponenten, §16 Abs. 6 SigV.

□ Technische Komponenten beim Verfahren der digitalen Signatur müssen die Anforderungen erfüllen, daß die Geheimhaltung der Signaturschlüssel stets gewährleistet ist und keine Duplikate erstellt werden können, §16 Abs. 1 SigV.

□ Beim Verfahren der digitalen Signatur dürfen nur als geeignet eingestufte Kryptoalgorithmen und Hashfunktionen verwandt werden, deren Eignung vom Bundesamt für Sicherheit in der Informationstechnik (BSI) unter Beteiligung von Experten aus Wirtschaft und Wissenschaft festgestellt wurde und mindestens die nächsten sechs Jahre Bestand hat. Die Eignung der Algorithmen ist jährlich sowie bei Bedarf erneut zu bestätigen.
Die Liste der als geeignet eingestuften Algorithmen sowie deren Parameter zum Erzeugen von Signaturschlüsseln, zum Erstellen bzw. Prüfen von digitalen Signaturen sowie zum Erstellen von Hash-Werten wird von der Regulierungsbehörde im Bundesanzeiger veröffentlicht, §17 Abs. 2 SigV.

4. Betrieb von Zertifizierungsstellen

□ Die Betreiber einer Zertifizierungsstelle müssen ihre Zuverlässigkeit und Fachkunde nachweisen sowie darlegen, wie die in Gesetz und Verordnung genannten Sicherheitsanforderungen erfüllt werden. Dazu ist nach §12 SigV ein Sicherheitskonzept vorzulegen mit:
– Darstellung der getroffenen Sicherheitsmaßnahmen
– Übersicht der eingesetzten technischen Komponenten
– Darstellung der Ablauforganisation

Das Sicherheitskonzept und dessen Umsetzung muß von einer durch die Regulierungsbehörde anerkannten Stelle geprüft und bestätigt werden.

□ Die Betreiber einer Zertifizierungsstelle sind zur Bereitstellung folgender Dienstleistungen verpflichtet:
- Vergabe von Zertifikaten, §5 SigG
- Bereitstellung von Zertifikaten, §5 Abs. 1 SigG
- Unterrichtung von Antragstellern, §6 SigG
- Sperrung von Zertifikaten, §8 SigG
- Zeitstempeldienst, §9 SigG

□ Die Betreiber einer Zertifizierungsstelle sind verpflichtet, den Teilnehmer bei der Antragstellung für ein Zertifikat an Hand von dessen Bundespersonalausweis, Reisepass oder auf andere geeignete Art und Weise zu identifizieren, §3 Abs. 1 SigG.

□ Die Betreiber einer Zertifizierungsstelle dürfen keine Signaturschlüssel von Teilnehmern speichern, §5 Abs. 2 SigG.

□ Die Betreiber einer Zertifizierungsstelle sind verpflichtet, den Teilnehmer bei der Antragstellung für ein Zertifikat über folgende Punkte zu unterrichten, §6 SigG durch §4 SigV konkretisiert:
- Datenträger mit Signaturschlüssel sind in persönlichem Gewahrsam zu halten.
- Persönliche Identifikationsdaten (PIN) sind geheim zu halten.
- Zur Erzeugung und Prüfung digitaler Signaturen sind geprüfte technische Komponenten einzusetzen.
- Nutzung von Zeitstempeln
- Erneuerung digitaler Signaturen gemäß §18 SigV

□ Die Betreiber einer Zertifizierungsstelle sind verpflichtet, Zertifikate jederzeit und für jeden über öffentlich erreichbare Telekommunikationsverbindungen nachprüfbar und mit Zustimmunng des Signaturschlüssel-Inhabers abrufbar zu halten, §5 Abs. 1 SigG.

□ Die Betreiber einer Zertifizierungsstelle sind verpflichtet, nach sicherheitsrelevanten Veränderungen sowie regelmäßig im Abstand von zwei Jahren eine erneute Prüfung ihres Sicherheitskonzepts zu veranlassen und dessen Bestätigung der Regulierungsbehörde vorzulegen, §15 Abs. 1 SigV.

Im weiteren wird auf die Rechtsfolgen digitaler Signaturen unter Einhaltung dieser gesetzlichen Rahmenbedingungen eingegangen, zuvor jedoch auf die Einordnung nicht-gesetzeskonformer Signaturen.

1.5.2.2 Einordnung anderer Signaturverfahren

Digitale Signaturen, oder allgemein die Technik asymmetrischer Authentikationssysteme, werden seit langem weltweit in den verschiedensten Anwendungen, Protokollen und Zusammenhängen eingesetzt, wobei die Anforderungen an Benutzer, Zertifizierungsstellen – soweit vorhanden – und die Sicherheit der technischen Komponenten stark variieren. Vor diesem Hintergrund ergibt sich die Frage, wie die Anwendung von anderen Signaturverfahren, welche nicht konform zum Signaturgesetz sind oder ausländische Signaturschlüssel-Zertifikate einsetzen, einzuordnen ist. Die Nutzung asymmetrischer Authentikationssysteme in nicht-signaturgesetzkonformen Verfahren ist wie folgt geregelt:

> *Die Anwendung anderer Verfahren für digitale Signaturen ist freigestellt, soweit nicht digitale Signaturen nach diesem Gesetz durch Rechtsvorschriften vorgeschrieben sind.*
> *§1 Abs. 2 SigG*

Auch nach dem Inkrafttreten des Signaturgesetzes [BT 97d] sind damit alle, auch ausländische Signaturverfahren, zulässig, und im Prinzip bleibt es jedem Anwender überlassen, sich mit seinen Kommunikationspartnern auf ein eigenes Verfahren zur Sicherung ihrer Kommunikation mittels Kryptographie, etwa „Pretty Good Privacy" (PGP), zu einigen. Realität ist heute, daß einzelne Unternehmen und Interessensverbände selbst als Zertifizierungsinstanzen agieren und ihren Kunden und Mitgliedern, also quasi allen, die Möglichkeit zur Sicherung ihrer Kommunikation mittels asymmetrischer Kryptographie eröffnen (vgl. [Luckhardt 97], [IN 97], [DFN 97]). Derartige Trust Center werden meist autonom betrieben, d.h., sie sind nicht einer übergeordneten Kontrollinstanz untergeordnet, dennoch kooperieren sie häufig mit anderen gleichberechtigten Zertifizierungsinstanzen, die aufgrund ihrer Sicherheitspolitik ein vergleichbares Sicherheitsniveau erreichen, in einem „Web-of-Trust" (vgl. [Luckhardt, Donnerhacke 97], [IN, DFN 97]).

Vom Standpunkt des Gesetzgebers aus ist die Sicherheit dieser Verfahren nur schwer einzuschätzen, was jedoch keinesfalls bedeutet, daß sie unsicherer sind als Verfahren gemäß dem SigG; im Gegenteil, die Sicherheit kann durch die freie Wahl der eingesetzten Lösung sogar höher sein. Dennoch wird vom Gesetzgeber das gesetzlich geregelte Verfahren der digitalen Signatur eindeutig präferiert, da er davon ausgeht, daß das Sicherheitsniveau nichtgesetzlicher Signaturverfahren erst noch durch eine Vielzahl gutachterlicher Untersuchungen in Gerichtsprozessen bestimmt werden muß, was mit einer starken Belastung der Gerichte verbunden sei. Der Gesetzgeber betrachtet sein Verfahren als notwendige Maßnahme, um dem „Wildwuchs" anderer Verfahren vorzubeugen (vgl. [BT 97a], „IV. Notwendigkeit gesetzlicher Regelungen").

Das Signaturgesetz mit seinen Sicherheitsanforderungen, Kontroll- und Überwachungsmechanismen ist dennoch lediglich ein Angebot des Gesetzgebers und gesteht bei Einhaltung der Anforderungen den Anwendern digitaler Signaturen die *Sicherheitsvermutung* nach §1 Abs. 1 SigG zu (vgl. [BT 99], [Roßnagel 99]). Zudem sieht es grundsätzlich die Gleichstellung von digitalen

Signaturen, die mit einem ausländischen Signaturschlüssel-Zertifikat überprüfbar sind, dann vor, wenn diese ein vergleichbares Sicherheitsniveau haben und sich die Zertifizierungsstelle in einem Mitgliedstaat der Europäischen Union befindet bzw. die Anerkennung von Zertifikaten durch überstaatliche oder zwischenstaatliche Vereinbarungen geregelt ist (§15 SigG). Die Regulierungsbehörde für Telekommunikation und Post (RegTP) hat die Aufgabe, die anerkannten Zertifikate ausländischer Zertifizierungsstellen zu bestätigen und in ihrem Verzeichnis zu führen (§8 Abs. 2 SigV). Das Signaturgesetz trennt damit die Menge aller Signaturverfahren in:

1. **Gesetzeskonforme Signaturverfahren**
   Verfahren nach dem deutschen Signaturgesetz bzw. mit von der Regulierungsbehörde bestätigten Zertifikaten ausländischer Zertifizierungsstellen
2. **Andere Signaturverfahren**
   Verfahren, deren Sicherheitsniveau nicht a-priori von einer staatlichen Institution festgestellt wurde

Die *Sicherheitsvermutung digitaler Signaturen als Rechtsfolge* ist zwar nur bei der Gruppe der gesetzeskonformen Verfahren gegeben. Die Entscheidung zum Einsatz anderer Verfahren hängt jedoch nicht zwangsläufig davon ab. Allerdings besteht in geschlossenen Benutzergruppen bzw. im privaten Umfeld das primäre Ziel in der authentischen und vertraulichen Nachrichtenübermittlung. Falls notwendig, kann Rechtssicherheit in geschlossenen Benutzergruppen auch auf andere Art und Weise erreicht werden, beispielsweise durch vertragliche Bindung zwischen den einzelnen Partnern.

1.5.2.3 Rechtsfolgen digitaler Signaturen

Die Schaffung von Rechtssicherheit für die Anwender des Verfahrens der digitalen Signatur ist die maßgebliche Intention aller Initiativen zur Regelung der Rechtsfolgen von digitalen Signaturen, auch der deutschen Gesetzgebung. Dabei zielen sowohl das deutsche Gesetz bzw. die Rechtsverordnung sowie die amerikanischen Gesetze bzw. die American Bar Association (ABA)-Richtlinien vorrangig auf die Belange der jeweiligen nationalen Anwenderkreise.

Digitale Dokumente können in verschiedenen Formen gleichzeitig existieren und deren Inhalte auf unterschiedliche Art dargestellt sein. So können sie in den flüchtigen Speichern eines IT-Systems oder auf den elektromagnetischen Datenträgern, wie Diskette, Festplatte, gespeichert sein; ihr Inhalt kann auf einem Bildschirm angezeigt oder als Computerausdruck zu Papier gebracht werden. Ein digital gespeichertes Dokument kann zwar die Erklärungen einer Person beinhalten, jedoch erfüllt es in keiner seiner Darstellungsformen die Erfordernisse einer Urkunde nach der Zivilprozeßordnung (ZPO), weshalb Gerichte seinen Inhalt nicht berücksichtigen müssen, und unterliegt als Objekt des Augenscheins stets der freien Beweiswürdigung. Werden jedoch Verfahren und Techniken zum Schutz vor Verfälschungen digitaler Daten eingesetzt, könnte es nach Meinung von Rechtsexperten sinnvoll sein, den mit diesen Maßnahmen geschützten Daten den gleichen Beweiswert wie schriftlichen Urkunden zuzubilligen (vgl. [Kuhn 91], S. 252).

Mit dem Signaturgesetz, der Signaturverordnung und den Maßnahmenkatalogen werden technisch-organisatorische Anforderungen an das Verfahren der digitalen Signatur geregelt und falls diese erfüllt werden,

> *belohnt §1 Abs. 1 SigG den Verwender digitaler Signaturen mit der derzeit einzigen Rechtsfolge der Einhaltung des Gesetzes, nämlich der Beweiserleichterung durch eine Sicherheitsvermutung für die gesetzliche digitale Signatur.*
> *[Roßnagel 99], S. 175*

Diese Sicherheitsvermutung digitaler Signaturen beruht auf dem Konzept des Signaturgesetzes, der Vorgabe und Kontrolle von hohen Sicherheitsanforderungen, und der damit erreichten faktischen Sicherheit des Verfahrens.

Der Gesetzgeber hat bis jetzt bewußt auf eine Regelung der Beweisfunktion digital signierter Dokumente im Signaturgesetz verzichtet. Der Beweiswert elektronischer Dokumente bei Verwendung der gesetzlichen digitalen Signatur im Rechtsverkehr bleibt damit offen. In der amtlichen Begründung des SigG wird die Haltung des Gesetzgebers deutlich:

> *Die Beweisfunktion signierter digitaler Daten soll über die faktische Sicherheit ereicht werden, da davon ausgegangen wird, daß Gerichte diese im Rahmen der freien Beweiswürdigung honorieren werden.*
> *III. Ziel des Gesetzes [BT 97a]*

Wird eine gesetzeskonforme digitale Signatur als Beweismittel bei Gericht vorgelegt, geht der Gesetzgeber aufgrund der Sicherheitsvermutung davon aus, daß es zu einer Erleichterung der Beweisführung im Rahmen der freien Beweiswürdigung kommt (vgl. [BT 97a]). Der Beweisführer kann sich auf die Vorabprüfung von Algorithmen, technischen Komponenten und Zertifizierungsstellen sowie deren Betriebskontrollen berufen und braucht den Nachweis der Einhaltung gesetzlicher Anforderungen im Detail nicht noch einmal führen. Falls jedoch der Beweisgegner Tatsachen darlegen kann, die diese Vermutung erschüttern, muß der Beweisführer diese Zweifel beseitigen können (siehe [Roßnagel 99]). Somit ist der Beweiswert von digital signierten Dokumenten weder durch das Signaturgesetz noch ein anderes präjudiziert, sondern muß sich erst vor Gericht erweisen.

Darüber, ob in der Praxis von der Rechtsprechung den Erwartungen des Gesetzgebers entsprochen wird und sich der Beweiswert digitaler Signaturen auf der Grundlage der Einschätzungen von gerichtlich bestellten Gutachtern in den nächsten Jahren etablieren wird, kann nur spekuliert werden. Eine richterliche Einschätzung der Zuverlässigkeit des Verfahrens kann nicht vorweggenommen werden, zumal auch beim gesetzlichen Verfahren das Ergebnis der Gültigkeitsprüfung zeitabhängig[7] und langfristig eine nachhaltige Überprüfbarkeit digitaler Signaturen nicht gegeben ist (siehe [Bertsch, Rannenberg 99] und Kapitel 7).

Die Verwendung digitaler Signaturen ist bei schriftformbedürftigen Rechtsgeschäften nicht möglich, da elektronische Dokumente mangels Verkörperung und einer eigenhändigen Unterschrift nicht den Erfordernissen der Schriftform gemäß §126 BGB genügen. In der amtlichen Begründung des Signaturgesetzes wurde ausgeführt, daß geprüft werden soll, ob und in welchen Fällen es zweckmäßig erscheint, neben der Schriftform auch die „digitale Form" mit digitaler Signatur zuzulassen [BT 97a]. Diese Fragen sollten gesondert in einem Gesetz über den elektronischen Rechtsverkehr geregelt werden [Bröhl 97]. Da weder Änderungen an den Formvorschriften noch dem Beweisrecht erfolgten, noch die Einordnung digitaler Signaturen neben der Schriftform im BGB vorgenommen wurde, haben digital signierte Dokumente noch nicht den Beweiswert handschriftlich unterschriebener Dokumente.[8] Die rechtliche Situation, zwei Jahre nach Inkrafttreten des Signaturgesetzes, stellt sich momentan wie folgt dar:

> *Das SigG will die digitale Signatur zwar fälschungssicher machen; es hat aber (noch) davon abgesehen, die digitale Signatur der eigenhändigen Unterschrift rechtlich gleichzustellen.*
> *§126(7) [Palandt 99]*

Zeitgleich mit der Entwicklung des Signaturgesetzes wurde auch ein „Entwurf eines Gesetzes über den elektronischen Rechtsverkehr" von der Bundesnotarkammer erarbeitet [BNotK 97] und erstmals bereits 1995 beim „Zweiten Forum Elektronischer Rechtsverkehr" vorgestellt. Im Ansatz ging der Entwurf davon aus, daß im Rechts- und Geschäftsverkehr für elektronisch abgegebene Willenserklärungen durch die Anerkennung einer „elektronischen Form" gesicherte rechtliche Rahmenbedingungen geschaffen werden. Voraussetzung einer elektronischen Form sei, daß bei der Erstellung von solchen Erklärungen zuverlässige Techniken zur Identifizierung des Urhebers der Erklärung und zum Erkennen von Veränderungen verwendet werden. Als wesentlichen Aspekt sah dieser Entwurf die Erweiterung des Bürgerliches Gesetzbuchs (BGB) um den Paragraphen §126a vor:

> *§126a BGB*
> *(1)Ist durch Gesetz die elektronische Form vorgeschrieben, so muß der Aussteller der Erklärung dem Text seinen Namen hinzusetzen und beides elektronisch unterzeichnen (elektronische Unterschrift). Die elektronische Unterschrift muß in einem als sicher anerkann-*

[7] zur Problematik der instabilen digitalen Signaturen siehe Kapitel 6

[8] zum Entwurf eines Gesetzes des Bundesministeriums der Justiz (BMJ) zur Anpassung der Formvorschriften des Privatrechts an den modernen Rechtsgeschäftsverkehr siehe [BMJ 99a], [BMJ 2000] und Kapitel 1.5.4

ten Verfahren erklärungsabhängig und unterzeichnerabhängig hergestellt werden. Erklärung und Unterschrift müssen dauerhaft und lesbar wiedergegeben werden können. Die elektronische Unterschrift muß auf eine Urkunde verweisen, in der der Aussteller die Zuordnung des verwendeten Unterschriftsschlüssels zu seiner Person erklärt hat, die Erklärung wiedergeben und die Stelle nennen, bei der der Unterschriftsschlüssel überprüft werden kann. Die Erklärung bedarf der notariellen Beurkundung.

(2) Für die Anerkennung von Verfahren nach Abs. 1 Satz 2 sowie für die Zulassung von Stellen, die für die Ausgabe, Verwaltung und Überprüfung von Unterschriftsschlüsseln zuständig sind, gilt das Signaturgesetz.

Erarbeitet von der Bundesnotarkammer – 29. April 1997 [BNotK 97]

Der Vorschlag der Bundesnotarkammer, neben der gesetzlichen Schriftform eine elektronische Form anzuerkennen, die in die Systematik eingebunden ist, wurde bis jetzt nicht umgesetzt. Eine mögliche Erklärung dieser Situation ist, daß der Gesetzgeber selbst das Signaturgesetz eher als gesetzgeberisches Experiment sieht (vgl. [BT 97a]). Es können zwar technisch-organisatorische Anforderungen an das Verfahren der digitalen Signatur vorgegeben werden, ob damit aber die angestrebte faktische Sicherheit erreicht und das Vertrauen der Anwender gewonnen wird, bleibt offen, da weder der Gesetzgeber noch die Anwender auf entsprechende Erfahrungen zurückgreifen können.

Zudem sieht der Entwurf der Bundesnotarkammer einen Verweis digitaler Signaturen auf eine notariell beurkundete Erklärung über die Zuordnung von Signaturschlüsseln zu Personen vor. Die Feststellung der Identität einer Person, eine Aufgabe bei der Bearbeitung eines Zertifikatsantrags, wäre folglich ausschließlich Notaren möglich. Da aus dem Prozeß „Zertifikatserstellung" die Aufgabe der Identitätsfeststellung technisch und organisatorisch nur schwer auszugliedern ist und zudem neue Sicherheitsrisiken birgt, wäre der Betrieb einer Zertifizierungsstelle nur Notaren vorbehalten. Der Betrieb einer Zertifizierungsstelle setzt jedoch hohe Anforderungen an das technische Wissen der Betreiber voraus, weshalb ein solches Modell nicht realistisch ist und außerdem zu Problemen bei europäischen Richtlinien zu digitalen Signaturen führen würde (vgl. [Roßnagel 97a]).

1.5.3 Kritische Kommentierung

Der Experimentiercharakter des Signaturgesetzes veranlaßte den Deutschen Bundestag zu seinem Beschluß, zwei Jahre nach dessen Inkrafttreten sowohl über die Erfahrungen mit dem Gesetz als auch über die Entwicklungen bei den neuen Diensten von der Bundesregierung informiert zu werden [BT 97b].

In ihrem Evaluierungsbericht kommt die Bundesregierung zu folgender Bewertung:

> *Nach den bisherigen Erfahrungen mit dem Signaturgesetz und der Signaturverordnung besteht keine Veranlassung zu grundlegenden Änderungen von Gesetz und Verordnung.*
> *S.33 [BT 99]*

Dieses Ergebnis legt jedoch den Schluß nahe, daß eine kritische Evaluierung von Gesetz und Verordnung nicht umfassend erfolgte. Das Gesetz zur digitalen Signatur ist zum 1. August 1997 in Kraft getreten, die Regulierungsbehörde für Telekommunikation und Post hat gut ein Jahr später, am 23. September 1998, den Betrieb der Wurzel-Zertifizierungsstelle aufgenommen, die erste Zertifizierungsstelle wurde im Dezember 1998 genehmigt,[9] und doch sind dort bis heute noch keine 200 Signaturschlüssel-Zertifikate ausgestellt worden.[10] Die Erfahrungen mit den gesetzlichen Rahmenbedingungen können sich also zwangsläufig nur auf Aufbau und Prüfung dieser beiden Zertifizierungsstellen beziehen. Erfahrungen aus dem Betrieb der Wurzel-Zertifizierungsstelle müssen sich auf die bei der Lizenzierung der bisher einzigen Zertifizierungsstelle gewonnenen Erkenntnisse beschränken, und die wenigen Besitzer von Signaturschlüssel-Zertifikaten dürften vor allem mangels Anwendungsmöglichkeiten kaum Erfahrungen mit digitalen Signaturen im Geschäftsverkehr aufweisen können. Zum jetzigen Zeitpunkt dürfte es daher noch verfrüht sein, über den Erfolg von Gesetz und Verordnung zu urteilen. Erfahrungen der Rechtsprechung, die das Konzept des Signaturgesetzes – speziell die Sicherheitsvermutung nach §1 Abs. 1 SigG – bestätigen würden, liegen noch nicht vor.

Vor diesem Hintergrund ist daher die Frage berechtigt, ob mit den gesetzlichen Anforderungen an das Verfahren der digitalen Signatur die vom Gesetzgeber in der amtlichen Begründung selbst genannten Ziele erreicht werden können (vgl. [BT 97a], „A. Allgemeiner Teil"), insbesondere:

- □ Akzeptanz digitaler Signaturen im Rechts- und Geschäftsverkehr
- □ Sichere digitale Signaturen
- □ Wirtschaftliche Rahmenbedingungen

---

[9] Bislang hat die Regulierungsbehörde für Telekommunikation und Post (RegTP) erst zwei Genehmigungen zum Betrieb einer Zertifizierungsstelle im Sinne des Signaturgesetzes erteilt.

[10] Das Land Niedersachsen hat mit der Deutschen Telekom AG einen Dienstleistungsvertrag geschlossen, um die Bediensteten mit Signatur-Chipkarten als digitalem Ausweis auszustatten. Nach der vollständigen Inbetriebnahme des Haushaltvollzugssystems im Jahr 2001 sollen die ca. 12.000 Bediensteten diese Technik sowohl für gesetzeskonforme digitale Signaturen als auch zur verschlüsselten Kommunikation (SSL) mit diesem System einsetzen (vgl. [SECUDE 2000], [NS 2000]).

Diese Punkte werden im weiteren detaillierter untersucht, vor allem unter dem Aspekt der Konkurrenz von gesetzeskonformen digitalen Signaturen mit anderen Signaturverfahren. Darüber hinaus ist die Betrachtung folgender Punkte hilfreich, da sie in direktem Zusammenhang mit der Akzeptanz und Zuverlässigkeit des gesetzlichen Verfahrens der digitalen Signatur stehen:

- □ Inkompatible Sicherheitsinfrastrukturen
- □ Beschränkung auf natürliche Personen
- □ Keine Haftung von Zertifizierungsstellen
- □ Identifikationsfunktion digitaler Signaturen

1.5.3.1 Akzeptanz digitaler Signaturen

In der amtlichen Begründung des Signaturgesetzes vertritt der Gesetzgeber die Ansicht, daß durch die Anforderungen des Signaturgesetzes ein ausreichend hohes Sicherheitsniveau gegeben sei, um Anwender vor gefälschten digitalen Signaturen bzw. verfälschten digital signierten Daten zu schützen und damit der zunehmenden Bedeutung von Kommunikations- und Sicherheitstechniken im Geschäftsverkehr entsprochen wird. Nur eine gesetzliche Regelung des Verfahrens der digitalen Signatur würde zu deren allgemeiner Anerkennung führen, da die Sicherheit digitaler Signaturen unter den gesetzlichen Voraussetzungen hoch sei, im Gegensatz zu anderen Verfahren, deren Sicherheitsniveau im Rahmen einer gutachterlichen Untersuchung vor Gericht zu evaluieren sei (vgl. [BT 97a], „Zu Artikel 3“).

Sollte der Erfolg des Signaturgesetzes an der Anzahl existierender Zertifizierungsstellen und Anwender mit gesetzeskonformen Signaturschlüssel-Zertifikaten gemessen werden, dann ist heute eine Akzeptanz der gesetzlichen digitalen Signatur nicht ersichtlich. Folgende Kritikpunkte werden insbesondere von potentiellen Betreibern der Zertifizierungsstellen gesehen:

- □ Die Anforderungen an globale Public-Key-Infrastrukturen und Sicherheitsinfrastrukturen nach dem Signaturgesetz sind zueinander inkompatibel.
- □ Die Einsatzmöglichkeiten digitaler Signaturen werden durch das Signaturgesetz beschränkt.

In der Praxis ist festzustellen, daß gerade im Bereich des elektronischen Geschäftsverkehrs zur Sicherung der Kommunikation zwischen Nutzer und Diensteanbieter auf etablierte „Internet-Standards“, wie S/MIME, PGP und SET, zurückgegriffen wird. Hierzulande wird diese Entwicklung zudem durch eine existierende Sicherungsinfrastruktur, aufgebaut und betrieben von Interessensverbänden, einzelnen Unternehmen und universitären Einrichtungen, unterstützt [Luckhardt 97]. Die Sicherheitsmaßnahmen entsprechen zwar nicht den Anforderungen des Signaturgesetzes, jedoch ist das erreichte Sicherheitsniveau ausreichend für den vertraulichen Austausch von Nachrichten über unsichere Kommunikationskanäle.

1.5.3.2 Inkompatible Sicherheitsinfrastrukturen

Die zunehmende Verbreitung des Kommunikationsmediums „Internet" ermöglicht die Etablierung von globalen Anwendungen. Die Zielgruppe der potentiellen Anwender ist nicht länger durch geographische Grenzen gekennzeichnet, sondern durch Zugehörigkeit zu einer Gruppe von Anwendern, z.B. Mitarbeiter oder Kunden einer Firma. Zur Sicherung der Kommunikation zwischen Benutzern und Diensteanbietern wird in solchen Anwendungsszenarien auch die Technik asymmetrischer Authentikationssysteme bzw. digitaler Signaturen verwendet. Die im Zusammenhang mit geschlossenen Benutzergruppen verwendeten oder aufzubauenden Public-Key-Infrastrukturen sind mit einer Sicherheitsinfrastruktur gemäß dem Signaturgesetz nicht vergleichbar, siehe etwa [Esslinger, Fox 99].

Erhebliche Unterschiede zwischen diesen Infrastrukturen sind sowohl bei den technischen Anforderungen, speziell bei denen an die Sicherheit von technischen Komponenten zur Erstellung und Überprüfung digitaler Signaturen, als auch bei den organisatorischen Anforderungen an den Betrieb einer Zertifizierungsstelle auszumachen. Die Dienstleistungen einer Zertifizierungsstelle sind ein weiteres Unterscheidungsmerkmal. Signaturgesetzkonforme Stellen sind zur Bereitstellung von bestimmten Diensten, wie Generierung von Signaturschlüsseln für Teilnehmer oder Erstellung von Zeitstempeln, verpflichtet, während in anderen Anwendungsszenarien die Erbringung solcher Dienste durch eine Zertifizierungsstelle optional oder nicht vorgesehen ist, da ihre Funktionalität aufgrund einer entsprechenden Realisierung der Prozesse nicht benötigt wird.

Ein Merkmal des Signaturgesetzes ist die fehlende Zielsetzung der Kompatibilität von Zertifikaten. Das Format der Zertifikate wird weder von Signaturgesetz, -verordnung noch den Maßnahmenkatalogen verbindlich vorgeschrieben. Zertifikate verschiedener Zertifizierungsstellen brauchen theoretisch nicht einmal kompatibel zueinander sein, sondern jede Zertifizierungsstelle könnte nach ihrer eigenen proprietären Spezifikation Zertifikate mit unterschiedlich umfangreichen Angaben zum Signaturschlüssel-Inhaber erstellen. In der Praxis dürfte zwar vorwiegend das international standardisierte Zertifikatsformat X.509v3 Verwendung finden [ISO/IEC 9594-8], jedoch ist schon jetzt abzusehen, daß die Darstellung von zusätzlichen Angaben – z.B. Nutzungsbeschränkungen, Vertretungsregeln oder berufsrechtliche Bezeichnungen – in Form von Zertifikatserweiterungen oder Attribut-Zertifikaten zu Inkompatibilitäten führen wird, da diese noch nicht international standardisiert ist.

Die Signatur-Interoperabilitätsspezifikation, erstellt im Auftrag des BSI [SigI 99] und ohne bindenden Charakter für Hersteller technischer Komponenten oder Zertifizierungsstellen, trägt insbesondere nicht zur Lösung des prinzipiellen Problems von proprietären, aber signaturgesetzkonformen Zertifikaten bei. Signaturgesetz Mit Blick auf globale Anwendungsszenarien dürfte die Verwendung dieser Zertifikate, speziell mit signaturgesetzspezifischen Erweiterungen, so lange problematisch sein, wie die Prozesse zur Prüfung zusätzlicher Angaben weder allgemein nachvollzogen noch akzeptiert werden können.

1.5.3.3 Beschränkung auf natürliche Personen

Die allgemeine Anwendbarkeit gesetzeskonformer digitaler Signaturen wird noch durch eine weitere gesetzliche Vorgabe beschränkt. So dürfen Zertifizierungsstellen nur für natürliche Personen Signaturschlüssel-Zertifikate ausstellen (vgl. §2 Abs. 3 SigG). Die Zertifizierung von Signaturschlüsseln für juristische Personen oder technische Systeme und Anwendungen, wie Web-Server, Buchungssysteme etc., ist nicht vorgesehen:

> *die Vertretungsmacht für juristische Personen ist an natürliche Personen gebunden. Ebenso werden Signaturschlüssel (und damit digitale Signaturen) an natürliche Personen gebunden.*
> *„Anwendung der digitalen Signatur durch juristische Personen" [BT 97a]*

Da selbst Zertifizierungsstellen nicht von dieser Regelung ausgenommen wurden, kann deren Umsetzung am Beispiel einer exisitierenden Zertifizierungsstelle betrachtet werden. Für den Betrieb einer Zertifizierungsstelle werden Signaturschlüssel zum Signieren von Zertifikaten, Zeitstempeln, Rückruflisten und Auskünften des Verzeichnisdienstes benötigt. Jeder dieser Schlüssel muß einer natürlichen Person, einem Mitarbeiter der Zertifizierungsstelle, zugeordnet sein, wobei nicht ausgeschlossen ist, daß einem Mitarbeiter auch mehrere Schlüssel zugeordnet werden. Die Folge der gesetzlichen Regelung ist, daß die für den Betrieb einer Zertifizierungsstelle benötigten Signaturschlüssel dann zurückzuziehen sind, wenn der Mitarbeiter, dessen Signaturschlüssel-Zertifikat die Vertretungsmacht für die juristische Person „Zertifizierungsstelle" enthält, aus dem Betrieb ausscheidet, etwa durch Kündigung bzw. Ruhestand, oder aufgrund von Krankheit, Urlaub etc. längere Zeit abwesend ist.

Das Signaturgesetz gibt mit dem Mechanismus der Pseudonyme jedem Anwender die Möglichkeit, seine informationelle Selbstbestimmung zu wahren, indem er im Rechts- und Geschäftsverkehr mit digital signierten Willenserklärungen unter einem frei wählbaren Pseudonym anstelle seines Namens handelt. Um in Fällen der Kündigung eines Mitarbeiters mit Vertretungsmacht für die Zertifizierungsstelle keinen aufwendigen Wechsel der Signaturschlüssel-Inhaber durchführen zu müssen, behilft man sich heute mit der Verwendung des Mechanismus' von Pseudonymen. Der einem Pseudonym zugeordnete Mitarbeiter kann wechseln, der Schlüssel bleibt jedoch erhalten (siehe [Fox 99]).

Die Frage, ob ein Wechsel der einem pseudonymen Signaturschlüssel-Zertifikat zugeordneten Person rechtlich zulässig ist oder nicht, da sich infolgedessen zwangsläufig auch die Identität des Signaturschlüssel-Inhabers ändert, ist zwar berechtigt, kann jedoch hier nicht abschließend geklärt werden. Diese Fragestellung verdeckt vor allem ein prinzipielles Problem. Im Signaturgesetz wird grundsätzlich davon ausgegangen, daß alle Funktionen mit einem Signaturschlüssel, wie Beantragung eines Signaturschlüssel-Zertifikates, Erzeugung, Besitz, Nutzung und Sperrung des Schlüssels, nur einer Person – dem Signaturschlüssel-Inhaber – möglich sind. Zulässige Ausnahmen von diesem Grundsatz werden lediglich im Zusammenhang mit den Prozessen „Erzeugung von Signaturschlüsseln durch Zertifizierungsstellen" und „Sperrung von Zertifikaten mit Angaben zu dritten Personen" gesehen.

Die Annahme, daß alle Funktionen mit einem Signaturschlüssel nur von einer einzigen Person initiiert bzw. durchgeführt werden, ist bei „normalen" Anwendern, die ihre persönlichen Daten oder Willenserklärungen digitial signieren, gerechtfertigt, nicht jedoch bei Anwendern, die im Rahmen ihrer betrieblichen Tätigkeiten elektronische Daten erstellen und diese vom System automatisch zum Schutz der Integrität und Authentizität mit digitalen Signaturen versehen lassen. In vielen Unternehmen werden seit langem die technischen Möglichkeiten, geschäftliche Daten, wie Angebote, Bestellungen, Rechnungen etc., untereinander elektronisch auszutauschen, genutzt und etwa durch bilaterale EDI-Rahmenverträge rechtlich abgesichert. Der Einsatz von Techniken zum Schutz von Geschäftsdaten, wie symmetrische Kryptoverfahren bzw. digitale Signaturen, ist üblich und wird speziell bei Transaktionen über offene Kommunikationsmedien zwischen den Unternehmen vertraglich vereinbart (vgl. [AWV 94], §2 Abs. 10).

Bei den IT-Systemen, die digital signierte Nachrichten verarbeiten, ist eine logisch getrennte Realisierung der Funktionen, Erfassung der Geschäftsdaten, Nachrichtenerstellung und -signierung, auszumachen; d.h., die Daten für einen Geschäftsvorfall werden durch Interaktion mit dem Mitarbeiter erfaßt, aber aus den Daten werden vom System selbst eine oder mehrere Nachrichten automatisch erstellt, signiert und transferiert. Vom technischen Ablauf her betrachtet besteht kein Unterschied zum Betrieb einer Zertifizierungsstelle. Vom Verzeichnis- und Zeitstempeldienst werden eine Vielzahl von elektronisch eingehenden Nachrichten automatisch erfaßt, bearbeitet, das Ergebnis mit einer digitalen Signatur versehen und an den Absender zurückgeschickt.

Die Zuordnung von Aufgaben und Verantwortlichkeiten zu einzelnen Personen im Rahmen der Aufbauorganisation wird auch durch die Trennung der Funktionen bei den Prozessen, dargestellt als Ablauforganisation, bestimmt. Die Trennung von operationalen, administrativen und kontrollierenden Funktionen ist üblich und wird zudem empfohlen.[11] So sind Mitarbeiter, die Geschäftsvorfälle erfassen und in die Anwendung eingeben, nicht für den korrekten Betrieb des Systems verantwortlich, und umgekehrt sind Admini-

---

[11] vgl. [BSI 98], „M 2.5 Aufgabenverteilung und Funktionstrennung"

stratoren zwar für den Systembetrieb zuständig, aber nicht verantwortlich für die inhaltlich korrekte Erfassung und Bearbeitung der Geschäftsvorfälle.

In der Sicherheitspolitik von Anwendungen finden sich häufig Verfahrensanweisungen, daß bestimmte sicherheitsrelevante Tätigkeiten oder Prozesse nur von zwei sich gegenseitig kontrollierenden Mitarbeitern – *4-Augen-Prinzip* – ausgeführt werden dürfen, um die Korrektheit des Handelns garantieren zu können. Diese Anweisungen werden durch die organisatorische Maßnahme der gemeinsamen Verantwortlichkeit von zwei Mitarbeitern realisiert und können zudem durch entsprechende technisch-unterstützte Maßnahmen sogar erzwungen werden. Z.B. kann eine Zertifizierungsstelle in ihrer Zertifizierungspolitik, „Certification Practice Statement" (CPS), festgelegt haben, daß die Zertifizierung von öffentlichen Schlüsseln ausschließlich nach dem 4-Augen-Prinzip erfolgt.

Die Anforderung des 4-Augen-Prinzips kann auf dem IT-System realisiert werden, indem der Prozeß der Zertifikatserstellung 2-stufig implementiert wird; d.h., der erste Mitarbeiter kann den Vorgang auf dem System initiieren, denn nur er hat die dazu notwendigen Systemprivilegien, während der zweite Mitarbeiter die Chipkarte mit dem Signaturschlüssel der Zertifizierungsstelle hat und für die Kontrolle der ordnungsgemäßen Bearbeitung des Vorgangs verantwortlich ist. Er gibt den Vorgang im System frei, indem er die Chipkarte durch Eingabe der PIN aktiviert. Die digitale Signatur unter dem Zertifikat ist also das Ergebnis eines von zwei Personen gemeinsam durchgeführten Prozesses und daher auch von beiden zu verantworten. Zudem kann es notwendig sein, daß die Nutzungsrechte am Signaturschlüssel auf andere Personen übertragbar sind, um den Anforderungen eines 365-Tage-Betriebs, Schicht- bzw. Vertretungsplans, zu entsprechen. Nach dem Signaturgesetz ist die Zertifizierung von Signaturschlüsseln, die nach einem definierten Zugriffsrechte-Modell von mehreren Personen gemeinsam genutzt werden, nicht möglich.[12] Die Zertifizierung von Signaturschlüsseln nach dem Signaturgesetz ist in Anwendungsszenarien, die stets den Einsatz desselben Schlüssels auch durch wechselnde Personen erfordern, um Daten für den gleichen bestimmten Zweck zu signieren, nicht möglich.

Nicht-korrekte Nachrichten können vielfältige Ursachen haben, menschliche Fehler bei der Bedienung, vor allem aber technische Fehler in den Anwendungsprogrammen bzw. Systemen, und können meist keiner individualisierbaren Person zugerechnet werden, weshalb dem EDI-Rahmenvertrag das Prinzip der *Sphärenhaftung* zugrunde liegt. Dabei werden für beide Vertragsparteien sog. Sicherungspflichten, als Tätigkeitsanforderungen spezifiziert, festgelegt, deren Einhaltung dem Sphärenverantwortlichen obliegt. Für den Fall, daß eine Partei ihre vereinbarten Pflichten nicht einhält, ist die Haftung für eventuelle Schäden, etwa durch falsche Nachrichten zwischen den Parteien, meist juristische Personen, geregelt (vgl. [AWV 94], §14). Die Ver-

[12] zu einem technisch-organisatorischen Konzept der Trennung von Tätigkeiten und Verantwortlichkeiten in einem Trust Center siehe [Bertsch 97]

antwortlichkeit der Parteien für ihre Nachrichten sollte auch aus den dabei verwandten digitalen Signaturen ersichtlich sein.

Der Einsatz gesetzeskonformer digitaler Signaturen vorwiegend im Bereich des Handels- und Geschäftsverkehrs und bei sicherheitssensitiven Anwendungsszenarien, die Signaturschlüssel nach dem 4-Augen-Prinzip nutzen, wird durch die fehlende Möglichkeit der Zertifizierung von Signaturschlüsseln für juristische Personen erschwert, wenn nicht gar verhindert.

1.5.3.4 Sichere digitale Signaturen

Der Ansatz des Signaturgesetzes ist es, ein Sicherheitsniveau für fälschungssichere digitale Signaturen durch die Vorgabe von technischen und organisatorischen Anforderungen zu definieren, dessen Einhaltung die Sicherheitsvermutung für gesetzliche digitale Signaturen nach §1 Abs. 1 SigG begründet. Die Sicherheitsvermutung soll eine vergleichbare Rechtssicherheit wie die herkömmliche Schrifturkunde bieten [BT 99]. Neben der Unsicherheit über den Beweiswert und die Rechtsfolgen von digitalen Signaturen (siehe Kapitel 1.5.2.3), wird selbst vom Gesetzgeber das Verbleiben von Restrisiken beim gesetzlichen Verfahren nicht grundsätzlich ausgeschlossen. Zwar hat der Gesetzgeber mit der Vorgabe, daß nur als geeignet eingestufte Kryptoalgorithmen und Hashfunktionen verwandt werden dürfen, zweifellos zur Sicherheit des Verfahrens der digitalen Signatur beigetragen, jedoch ist eine Bewertung der folgenden organisatorischen Risiken kritisch zu hinterfragen, zumal er diese verfahrensbedingten nicht-technischen Risiken nur bei der Erstellung von Zertifikaten und digitalen Signaturen betrachtet hat, jedoch nicht im Zusammenhang mit anderen Diensten einer Zertifizierungsstelle, z.B. der Sperrung von Zertifikaten (siehe Kapitel 4.7) oder der Erstellung von Zeitstempeln (vgl. [BT 97a]):

- Infolge einer mangelhaften Identitätsprüfung können Zertifikate falsche Angaben enthalten.
- Ungetreue Mitarbeiter einer Zertifizierungsstelle können gefälschte Zertifikate ausstellen.

Ein Signaturschlüssel-Zertifikat ist die Zuordnung eines öffentlichen Signaturschlüssels zu einer Person, um den Urheber von digital signierten Informationen zu identifizieren und ggf. zu autorisieren, deshalb können Zertifikate auch als elektronische Legitimationsinformationen bezeichnet werden. Die Risiken, daß Zertifikate falsche Angaben zu Personen enthalten oder gar auf nicht existente Personen ausgestellt werden, sind nicht spezifisch für das Verfahren der digitalen Signatur, sondern grundsätzlich bestehende Risiken bei der Ausstellung von Legitimationsdokumenten, wie Personalausweis oder Kreditkarte, die durch Sicherheitsmaßnahmen lediglich reduziert, aber nicht beseitigt werden können.

1.5.3.5 Haftung von Zertifizierungsstellen

Das grundsätzliche Problem bei Zertifikaten ist:

> *Wie wird sichergestellt, daß die Angaben zur Person in einem als gültig verifizierbaren Zertifikat korrekt sind?*

Dem Empfänger einer digital signierten Nachricht kann bei deren Gültigkeitsprüfung durch die Verwendung eines falschen Zertifikates ein Vertrauensschaden entstehen, weil er auf die Korrektheit der im Zertifikat bestätigten Angaben vertraut hat. Zudem können ihm weitere Schäden entstehen, wenn er die digitale Signatur als gültig ansieht und entsprechend der Nachricht agiert, etwa Vermögensschäden aufgrund einer Bestellung, die er sonst nicht akzeptiert hätte.

In der amtlichen Begründung zum Signaturgesetz wird die Ansicht vertreten, daß diese Risiken durch die Anforderungen an Zertifizierungsstellen weitgehend minimiert werden, zumal Fälschungen von Zertifikaten an Hand der vorgeschriebenen Dokumentation der Tätigkeiten einer Zertifizierungsstelle jederzeit nachweisbar seien [BT 97a]. Für den Fall der Nicht-Einhaltung der Anforderungen durch den Betreiber einer Zertifizierungsstelle werden die durch das Signaturgesetz gegebenen Sanktionsregelungen, Entzug der Genehmigung bzw. vollständige oder teilweise Untersagung des Betriebs, als ausreichend bezeichnet. Aufgrund des vertraglichen Verhältnisses zwischen Zertifizierungsstellen und den Signaturschlüssel-Inhabern komme eine quasivertragliche Haftung in Betracht. Auch sich eventuell ergebende Haftungslücken gegenüber Dritten rechtfertigen nach Auffassung des Bundesministeriums der Justiz keine gesonderte Haftungsregelung (vgl. [Bieser 97]), da das allgemeine Haftungsrecht ausreichend sei.

Dieser Meinung konnte sich der Bundesrat nicht anschließen und kritisierte in substantieller Art und Weise den Entwurf des Signaturgesetzes. Er hat dennoch davon abgesehen, den Vermittlungsausschuß einzuberufen, um so das Inkrafttreten zu verhindern, aber an seinen sachlichen Einwendungen u.a. zum Signaturgesetz hielt er fest:

> *Für Schäden, die Dritten durch die Tätigkeit der Zertifizierungsstelle entstehen, ist eine spezifische Haftungsregelung, erforderlichenfalls mit einer Beweiserleichertung, einzuführen. Außerdem ist eine ausreichende Deckungsvorsorge vorzuschreiben. Solange solche Regelungen fehlen, ist die Gefahr zu groß, daß Teilnehmer am Rechtsverkehr Schaden erleiden, und es kann deshalb nicht damit gerechnet werden, daß der digitalen Signatur das notwendige Vertrauen entgegengebracht wird.*
> *Beschluß des Bundesrats vom 4. Juli 1997, in: [CR 97]*

Die in der amtlichen Begründung aufgeführten Risiken (vgl. [BT 97a], „Hohe Fälschungssicherheit" Punkt 1 und 2) beziehen sich auf Signaturschlüssel-Zertifikate mit korrekter digitaler Signatur einer Zertifizierungsstelle, aber falschen Angaben zur Identität bzw. zu Merkmalen einer Person, wie berufsrechtliche Bezeichnung oder Bonität. Der Prozeß „Zertifikatserstellung" kann zu Beginn der Identitätsprüfung gestört werden, weshalb falsche Zertifikate zunächst einmal in die Liste aller ausgestellten Zertifikate aufgenommen werden und wie korrekte Zertifikate mittels des Verzeichnisdienstes abrufbar bzw. nachprüfbar sind. Der Angreifer verfügt über den dazugehörigen Signaturschlüssel, weshalb er digitale Signaturen unter falschem Namen oder falschen Zusatzangaben erstellen kann (Maskerade).

Die Möglichkeit, falsche Zertifikate an Hand der vorgeschriebenen Dokumentation der Zertifizierungsstelle jederzeit nachprüfen zu können, ist, wie in der amtlichen Begründung zum Signaturgesetz ausgeführt, zwar faktisch gegeben, jedoch für den Empfänger einer digital signierten Nachricht kaum praktikabel. Die Dokumentation aus dem Betrieb einer Zertifizierungsstelle dient vor allem zum Nachweis ihrer korrekten Arbeitsweise bei den Kontrollen durch die zuständige Behörde, ist jedoch auch zur Klärung bei Verdacht auf Fälschung von Zertifikaten notwendig. Prozesse zur Prüfung von Betriebsdokumentationen sind zeitaufwendig und erfordern spezielle Fachkenntnisse, denn sie umschließen auch die archivierten Dokumente auf Papier wie den eigenhändig unterschriebenen Zertifikatsantrag.

Es ist die Aufgabe einer Zertifizierungsstelle, einer vertrauenswürdigen dritten Instanz, Angaben des Antragstellers zu prüfen und in Form eines elektronischen Dokuments, eines Zertifikates, durch ihre digitale Signatur zu bestätigen. Die korrekte Prüfung der Identität sowie weiterer Angaben einer Person erfolgt ausschließlich im Einflußbereich einer Zertifizierungsstelle und liegt damit in deren alleiniger Verantwortungssphäre, weshalb man nur zu dem folgerichtigen Schluß kommen kann, daß vor allem der Empfänger digitaler Signaturen besonders schützenswert ist, denn

> *ihm bleibt nichts anderes übrig, als den Zusicherungen der Zertifizierungsstelle zu vertrauen. Verletzt sie ihre Pflichten und erleidet er einen Vermögensschaden, steht er ohne Anspruch auf Schadensersatz da.*
> *[Roßnagel 97b], S. 461*

Im allgemeinen erfolgt die Gültigkeitsprüfung digitaler Signaturen ausschließlich an Hand der online-verfügbaren Informationen, dem Signaturschlüssel-Zertifikat des Unterzeichners und dem der ausstellenden Zertifizierungsstelle sowie deren Statusangaben. Solange aber die Korrektheit eines gültigen Zertifikates von der ausstellenden Zertifizierungsstelle nicht garantiert wird bzw. sie für eventuelle Schäden eines Dritten, der auf das Zertifikat vertraut hat, nicht aufkommt und der Empfänger sich nur durch einen aufwendigen Prozeß der Dokumentationsprüfung Gewißheit von der Korrektheit eines Zertifikates verschaffen kann, werden digitale Signaturen zur Sicherung von elektronisch übermittelten Willenserklärungen im Bereich des E-Commerce kaum Akzeptanz finden.

Beim gesetzlichen Verfahren der digitalen Signatur entsteht durch fehlende Haftungsregelungen bei Pflichtverletzungen des Betreibers einer Zertifizierungsstelle eine Haftungslücke gegenüber Dritten – den Empfängern digitaler Signaturen, die im allgemeinen nicht Vertragspartner der Zertifizierungsstelle sein müssen –, da – so Roßnagel – weder das Produkthaftungsgesetz anwendbar sei, noch die Produzentenhaftung Verschmögensschäden ersetzt. Konsequent fordert er deshalb seit langem [Provet 96] eine spezielle gesetzliche Gefährdungshaftung für Zertifizierungsstellen, analog zu anderen deutschen Technikgesetzen und den amerikanischen Signaturgesetzen. Roßnagel geht sogar noch einen Schritt weiter. Vor allem die fehlende Haftung für Zertifikate und Sicherungszusagen sei der Grund, warum andere Signaturverfahren, wie PGP, für den professionellen elektronischen Rechtsverkehr weniger geeignet seien, obwohl unter Fachleuten nicht unumstritten ist, ob diese Verfahren nicht genauso sicher wie das gesetzliche Verfahren der digitalen Signatur oder gar noch sicherer sind.

1.5.3.6 Identifikationsfunktion digitaler Signaturen

Eine wesentliche Eigenschaft eigenhändiger Unterschriften ist, daß der Urheber eines unterschriebenen Dokuments verläßlich identifiziert werden kann, da die Unterschrift ein biometrisches Merkmal der Person darstellt. Beim Verfahren der digitalen Signatur beruht die Identifikationsfunktion auf einer verläßlichen Zuordnung des Signaturschlüsselpaares zu einer Person, die von einer vertrauenswürdigen dritten Instanz, einer Zertifizierungsstelle, in Form eines Signaturschlüssel-Zertifikat bestätigt ist. Die Aufgabe der Zertifizierungsstelle ist, bei der Erstellung eines Zertifikates die Identität des Signaturschlüssel-Inhabers sowie weitere Angaben zu seiner Person zu erfassen, zu prüfen und deren Korrektheit im Zertifikat zu bestätigen. Im allgemeinen enthält ein Zertifikat die Informationen, die der Prüfer eines digital signierten Dokuments braucht, um den Signierer eindeutig identifizieren zu können.

Aus diesem Grund ist im Signaturgesetz an den Vorgang der Zertifikatserstellung die Anforderung enthalten, daß der Antragsteller zuverlässig zu identifizieren sei (§5 Abs. 1 SigG), z.B. an Hand des Bundespersonalausweises. Des weiteren sind die inhaltlichen Mindestangaben von Signaturschlüssel-Zertifikaten gesetzlich vorgeschrieben (§7 SigG). Speziell wird darauf hingewiesen, daß der Name des Signaturschlüssel-Inhabers mit einem Zusatz zu versehen sei, falls dieser nicht eindeutig ist, um so die Möglichkeit der Verwechslung auszuschließen (§7 Abs. 1 Punkt 1 SigG). Die Anforderung des Signaturgesetzes zur eindeutigen Bezeichnung des Signaturschlüssel-Inhabers in einem Zertifikat ist nicht originär, sondern hat ihren Ursprung im internationalen X.509 Standard [ISO/IEC 9594-8], der u.a. die Struktur und das Format von Zertifikaten spezifiziert. In diesem Standard wird ausgeführt, daß ein Zertifikat den öffentlichen Schlüssel mit dem eindeutigen Namen – einem Distinguished Name –, der eine Person beschreibt, assoziiert und daß eine Certification Authority keine gleichlautenden Zertifikate für zwei Personen des gleichen Namens ausstellen soll[13].

Die Notwendigkeit, eindeutige Bezeichnungen für Personen in X.509 Zertifikaten zu verwenden, ist durch das diesem Standard zugrundeliegende objektorientierte und hierarchische X.500 Modell [ISO/IEC 9594-1] technisch bedingt, weshalb in diesem Zusammenhang der Name einer Person eher als eine systemtechnische Bezeichnung zur Differenzierung verschiedener Personen anzusehen ist und nicht als der bürgerliche Name einer natürlichen Person im Sinne des §12 BGB, der nach herrschender Meinung mindestens aus dem Familien- und dem Vornamen besteht (vgl. [Palandt 99], §12(4)). Dies wird vor allem dann offensichtlich, wenn man die zur Darstellung des Namens einer Person verwendete Struktur Distinguished Name und deren Definition betrachtet. Nach dem X.500 Modell besteht eine eins-zu-eins Beziehung zwischen Objekten und deren Einträgen in einem entsprechenden Verzeichnis, dem sogenannten Directory Information Tree (DIT), weshalb der Distinguished Name eines Objekteintrags auch gleichzeitig der Name des Objekts selbst ist. Ein Distinguished Name eines Objekts besteht aus einer Sequenz von „Relative Distinguished Names", die den Objekteintrag selbst sowie die ihm übergeordneten Einträge repräsentieren und in absteigender Folge sortiert sind. Das X.500 Namensschema ist auf Objekte unterschiedlichsten Typs, wie Personen, Gruppen, organisatorische Einheiten, aber auch Anwendungsprozesse und End-Geräte, anwendbar; zu Namensformen und der DIT Struktur (siehe [ISO/IEC 9594-7], speziell Abbildung B-1).

Die eindeutige Zuordnung eines Signaturschlüssel-Zertifikates zum Signaturschlüssel-Inhaber ist bei X.509-konformen Zertifikaten seitens der Spezifikation des Standards gewährleistet, folglich kann der Urheber digital signierter Daten bestimmt werden, da der Distinguished Name des Unterzeichners bzw. des Signaturschlüssel-Inhabers Bestandteil des zur Signaturprüfung verwandten Signaturschlüssel-Zertifikates ist. Die Bestimmung des Unterzeichners ist somit nur im technischen Sinne eindeutig, prinzipiell ist jedoch die Frage offen, ob vom Distinguished Name des Signaturschlüssel-Inhabers auch eindeutig auf dessen Person geschlossen werden kann. Grundsätzlich ist es nicht die Aufgabe eines Standards festzulegen, welche Angaben zu einer Person, etwa Familienname, Vorname, Adresse oder gar Personalausweisnummer, Bestandteil einer systemtechnischen Bezeichnung für Benutzer, speziell dem Distinguished Name, werden, um den Benutzer als Person eindeutig identifizieren zu können, zumal dies auch stets von der Anwendung und deren Kontext abhängig ist.

Die Anforderungen des Signaturgesetzes an die *Mindestangaben in Signaturschlüssel-Zertifikaten* (§7 SigG) gewährleisten, daß die Unterzeichner digital signierter Daten im technischen Sinne eindeutig identifiziert werden

[13] vgl. [ISO/IEC 9594-8], „11.2 Management of Certificate"

können, unabhängig davon, ob sie ein unverwechselbares Pseudonym gewählt haben oder nicht. Im allgemeinen wird davon ausgegangen, daß ein signaturgesetzkonformes Signaturschlüssel-Zertifikat lediglich den bürgerlichen Namen des Signaturschlüssel-Inhabers enthalten muß, sofern sich dieser nicht für die Nutzung eines Pseudonyms entschieden hat. Im Fall der Namensgleichheit von Signaturschlüssel-Inhabern, die bei derselben Zertifizierungsstelle ein Zertifikat beantragen, wird dieser Name zusätzlich durch Ziffern oder Buchstaben eindeutig ergänzt, soweit nicht aufgrund anderer Angaben neben dem Namen, etwa der Adresse, die Eindeutigkeit des Signaturschlüssel-Inhabers erreicht wird; d.h., Angaben, wie die Adresse, das Geburtsdatum etc., werden nicht als Bestandteil des Namens gemäß dem Signaturgesetz gesehen.[14]

Unabhängig vom Verfahren der digitalen Signatur ist es ein allgemeines Problem, daß in vielen Anwendungsszenarien die *Identifikation einer Person* allein an Hand des bürgerlichen Namens nicht möglich ist, weil dieser nicht eindeutig ist und daher stets die Möglichkeit der Verwechslung von namensgleichen Personen besteht, auch wenn der Name mittels Zusatzziffern technisch gesehen eindeutig wird. Folglich gewährleistet die Einhaltung der gesetzlichen Anforderungen nicht, daß der Signaturschlüssel-Inhaber als Person stets an Hand der Angaben in seinem Signaturschlüssel-Zertifikat identifiziert werden kann, selbst dann nicht, wenn kein Pseudonym verwandt wurde.

Der Prüfer einer digitalen Signatur hat in der Regel keine Möglichkeit, den Namen in einem Signaturschlüssel-Zertifikat eindeutig einer Person zuzuordnen, solange nicht weitere identifizierende Angaben darin enthalten sind, etwa deren Geburtsdatum, Adresse oder Kundennummer. Die Tatsache, daß nach dem Signaturgesetz außer dem bürgerlichen Namen keine weiteren Angaben zur Person in Signaturschlüssel-Zertifikaten zwingend forderlich sind, sondern solche Angaben als optional betrachtet werden und deren Aufnahme im Zertifikat sogar von der Einwilligung des Signaturschlüssel-Inhabers abhängig ist (§7 Abs. 3 SigG), wird als Versäumnis des Gesetzgebers betrachtet (vgl. [Baum 99b]). Gefordert wird deshalb die Einführung einer „elektronischen Identität" und die Aufnahme der Personalausweisnummer und die Angabe des ausstellenden Landes in Signaturschlüssel-Zertifikaten als wünschenswert erachtet. Begründet wird diese Forderung durch die eingeschränkte Möglichkeit zur Identifikation der Signaturschlüssel-Inhaber seitens des Prüfers einer digitalen Signatur. Als Beispiel wird angeführt, der Empfänger bzw. Prüfer eines digital signierten Vertrags habe auch vor Gericht keinen Anspruch auf Offenlegung der Identität des Signaturschlüssel-Inhabers durch die ausstellende Zertifizierungsstelle. Eventuelle Ansprüche gegenüber seinem Vertragspartner könne er deshalb nicht geltend machen, da er die Identität des Signaturschlüssel-Inhabers im Fall namensgleicher Personen an Hand des Zertifikates nicht eindeutig bestimmen kann. Als vorrangige Lösung wird die inhaltliche Er-

[14] vgl. [BT 97a], „Zu §7 (Inhalt von Zertifikaten) 3. Satz". Generell stellt das Signaturgesetz jedoch keine weitergehenden Forderungen hinsichtlich zusätzlicher identifizierender Angaben zu Personen in Signaturschlüssel-Zertifikaten.

weiterung von Signaturschlüssel-Zertifikaten um die Personalausweisnummer des Signaturschlüssel-Inhabers gesehen (vgl. [Baum 99b]).

Die Problematik, daß Personen nicht eindeutig an Hand ihres bürgerlichen Namens identifiziert werden können, besteht prinzipiell, und es ist richtig, daß beim gesetzlichen Verfahren der digitalen Signatur momentan nur die ausstellenden Zertifizierungsstellen die Möglichkeit zur eindeutigen Identifikation des Signaturschlüssel-Inhabers als Person haben, vorausgesetzt, es sind keine weiteren identifizierenden Angaben zur Person zusätzlich im Signaturschlüssel-Zertifikat enthalten, die den Prüfern digitaler Signaturen die zuverlässige Identifikation von Signaturschlüssel-Inhabern ermöglichen. In vielen Anwendungsszenarien ist die Angabe der Personalausweisnummer des Signaturschlüssel-Inhabers im Signaturschlüssel-Zertifikat weder geeignet noch ausreichend, um dem Prüfer einer digitalen Signatur die eindeutige Identifikation zu ermöglichen, denn im allgemeinen kann er die Personalausweisnummer nicht mit einer Person in Verbindung bringen. Somit kann diese Angabe im Zertifikat, wenn überhaupt, nur bedingt vor Verwechslungen namensgleicher Personen schützen. Für den Empfänger digital signierter Nachrichten besteht weiterhin das Risiko, aufgrund einer Verwechslung fälschlicherweise eine Nachricht zu akzeptieren. Allenfalls vor Gericht könnte eine von der Zertifizierungsstelle bestätigte Personalausweisnummer für den Prüfer vorteilhaft sein.

Es ist jedoch zu bedenken, daß die generelle Verwendung eines kontextunabhängigen Identifizierungsmerkmals, wie der Personalausweis- oder Sozialversicherungsnummer, in Signaturschlüssel- oder Attribut-Zertifikaten die informationelle Selbstbestimmung des Teilnehmers am Verfahren der digitalen Signatur in einem weitaus stärkeren Maße gefährdet als anwendungs- oder systemspezifische benutzerbezogene Kenndaten, wie etwa Cookies oder Prozessorseriennummern. Jede digitale Signatur würde dann zwangsläufig zur Bildung von lebenslang gültigen Nutzungsprofilen des Teilnehmers beitragen. Die Gestaltung eines technischen Systems oder Verfahrens sollte sich am *Grundsatz der Datenvermeidung*, der stärksten Maßnahme zum Schutz der Vertraulichkeit personenbezogener Daten, orientieren. Wenn Daten jedoch unvermeidlich sind, ist ihre Verwendungsmöglichkeit einzuschränken bzw. dem Betroffenen die Möglichkeit zur Kontrolle ihrer Verwendung zu geben [Pfitzmann 99]. Diesen Grundsatz berücksichtigend, ist nach dem Signaturgesetz die Verwendung von Pseudonymen anstelle des Namens in Signaturschlüssel-Zertifikaten ausdrücklich erlaubt, §5 Abs. 1 SigG, und in der amtlichen Begründung dazu folgendes ausgeführt:

> *Im übrigen kann der Träger eines Pseudonyms in einem (gegebenenfalls verschlüsselten) „digitalen Dokument" nach eigenem Ermessen seine Identität angeben.*
> *Zu §5 (Vergabe von Zertifikaten) Absatz 3 [BT 97a]*

Im allgemeinen ist kein Grund ersichtlich, warum dem Signaturschlüssel-Inhaber dieser Ermessensspielraum nicht auch bei Signaturschlüssel-Zertifikaten ohne Pseudonyme gegeben sein sollte. Nach dem Signaturgesetz gibt es alternativ die Möglichkeit der Nutzung von Attribut-Zertifikaten. So können zusätzliche identifizierende Angaben zu einer Person, z.B. berufsrechtliche Bezeichnung, die Darstellung der Vertretungsmacht für juristische Personen oder das Geburtsdatum, Adresse etc., in einem oder mehreren Attribut-Zertifikaten enthalten sein. Das Konzept der Attribut-Zertifikate kann beim Verfahren der digitalen Signatur die Aspekte des Datenschutzes der Teilnehmer wirkungsvoll unterstützen, denn es ermöglicht, daß die Menge aller identifizierenden Angaben zu einer Person nicht gemeinsam in einem einzigen Zertifikat enthalten sein muß, sondern daß jede einzelne Angabe, getrennt von den anderen, in einem spezifischen Attribut-Zertifikat aufgeführt werden kann.

Das *Ziel der Datensparsamkeit*, Reduktion der preiszugebenden personenbezogenen Daten auf das notwendige Minimum, wird erreicht, wenn der Teilnehmer in einer konkreten Situation selbst bestimmen kann, welche Angaben zu seiner Person er beifügen will, indem er neben seiner digital signierten Nachricht zusätzlich auch die entsprechenden Attribut-Zertifikate übermittelt. Bei bestimmten Transaktionen ist beispielsweise die Angabe des Geburtsdatums als Nachweis der Geschäftsfähigkeit notwendig, während Angaben wie Adresse, Konto- bzw. Personalausweisnummer nicht relevant sind. Jedoch kann umgekehrt bei anderen Anwendungen genau eine dieser Angaben entscheidend für die Identifizierung der Person sein, etwa die Kontonummer des Signaturschlüssel-Inhabers bei Banktransaktionen. Die Verteilung identifizierender Angaben auf mehrere – möglichst nur nachprüfbar gehaltene – Attribut-Zertifikate ist demzufolge eine Maßnahme zur Stärkung der informationellen Selbstbestimmung der Teilnehmer am Verfahren der digitalen Signatur, der nicht durch die Forderung von Zertifikaten mit über das notwendige Maß hinaus identifizierenden Angaben wie der Personalausweisnummer entgegengewirkt werden sollte.

Der Vorschlag, eine „elektronische Identität" – realisiert durch die Angabe der Personalausweisnummer des Signaturschlüssel-Inhabers im Signaturschlüssel-Zertifikat – einzuführen [Baum 99b], ist daher sehr kritisch zu bewerten und sollte vor allem aufgrund der daraus resultierenden Datenschutzprobleme bei der Verwendung digitaler Signaturen sowie des möglichen Verlusts der Vertraulichkeit personenbezogener Daten bei ihrer Übermittlung bzw. Verarbeitung prinzipiell abgelehnt werden. Der Gesetzgeber hat im Zusammenhang mit der Verwendung von Pseudonymen in Signaturschlüssel-Zertifikaten in §12 Abs. 2 SigG die Bedingungen vorgegeben, unter denen der Inhaber des Pseudonyms mit der Offenlegung seiner Identität zu rechnen hat, z.B. bei der Verfolgung von Straftaten oder Ordnungswidrigkeiten. Vor diesem Hintergrund stellt sich die Frage, ob das Verfahren zur Offenlegung von Pseudonymen nicht auch die Offenlegung der Identität des Signaturschlüssel-Inhabers im allgemeinen umschließt. Falls dies von der Rechtsprechung zukünftig verneint werden sollte, dann ist zu erwarten, daß der Gesetzgeber weitere Fälle spezifiziert, in denen ausstellende Zertifizierungsstellen zur Offenlegung der Identität eines nicht-pseudonymen Signaturschlüssel-Inhabers verpflichtet sind.

Aufgrund der mangelnden Erfahrungen mit digitalen Signaturen in der Praxis ist Kritik am Signaturgesetz zu diesem Punkt verfrüht, da nicht ausgeschlossen ist, daß von der Justiz Personen mit berechtigtem Interesse das Recht zur Offenlegung der Identität des Signaturschlüssel-Inhabers durch die ausstellende Zertifizierungsstelle zugestanden wird, etwa demjenigen, der vor Gericht seine Ansprüche aus einer digital signierten Nachricht geltend macht.

1.5.3.7 Wirtschaftliche Rahmenbedingungen

Aus der amtlichen Begründung des Informations- und Kommunikationsdienste-Gesetzes ist zu entnehmen, daß dieses Gesetz zur Beseitigung von Hemmnissen für die freie Entfaltung der Marktkräfte führen und einheitliche wirtschaftliche Rahmenbedingungen für das Angebot und die Nutzung neuer Informationsdienste gewährleisten soll.[15] Zwar ist das Signaturgesetz seit nunmehr zwei Jahren in Kraft, jedoch existieren bis heute lediglich zwei Zertifizierungsstellen. Die Wurzel-Instanz ist seit dem 23. September 1998 betriebsbereit [RegTP 98c], und die Zertifizierungsstelle der Deutschen Telekom hat am 22. Dezember 1998 ihre Genehmigung erteilt bekommen. Somit liegt der Schluß nahe, daß die gesetzlichen Anforderungen an das Verfahren der digitalen Signatur speziell bei Zertifizierungsstellen in Kosten resultieren, die nach Ansicht potentieller Anbieter von Zertifizierungsdiensten keinen wirtschaftlichen Betrieb ermöglichen.

Die Kosten für den Aufbau der Wurzel-Zertifizierungsstelle wurden von der Regulierungsbehörde für Telekommunikation und Post veröffentlicht (vgl. [RegTP 99]). Demnach betrugen die Kosten für den Umbau von Büroräumen zu den Betriebsräumen der Zertifizierungsstelle 680.000 DM und die für die benötigten IT-Systeme einschließlich Sicherheitskonzept 700.000 DM. In diesen Kosten sind die Prüfung und Bestätigung des Sicherheitskonzepts nicht enthalten, da sie durch Amtshilfe des Bundesamtes für Sicherheit in der Informationstechnik erfolgten.

Die Erfahrungen bei Aufbau und Inbetriebnahme der Wurzel-Zertifizierungsstelle, vor allem die dabei angefallenen Kosten, sind jedoch nur bedingt auf andere Zertifizierungsstellen übertragbar. Die Wurzel-Instanz zertifiziert Zertifizierungsstellen, während Zertifizierungsstellen Zertifikate für Teilnehmer ausstellen. Vorausgesetzt, die Zertifizierungsstelle will in der Nähe ihrer zukünftigen Teilnehmer präsent sein, dann entstehen wesentliche Kosten für den Aufbau von Außenstellen sowie die Kosten für die dortigen Mitarbeiter. Für einen potentiellen Betreiber einer Zertifizierungsstelle, der nicht bereits über ein enges Netz von zentral gelegenen Außenstellen verfügt, wie etwa

[15] vgl. [BT 97a], „A. Allgemeiner Teil – Ziel des Gesetzes“

die Deutsche Telekom mit ihren T-Punkt Filialen, wird sich der notwendige Aufbau finanziell nicht rechnen. Darüber hinaus dürfen die Kosten für die Schulung von Mitarbeitern in den Prozeß der „Identifizierung und Registrierung eines Teilnehmers“ und zur Einweisung von Teilnehmern in den Umgang mit Signaturkomponenten nicht vernachlässigt werden. All diese Kostenfaktoren sind bei der Wurzel-Zertifizierungsstelle nicht vorhanden, denn es kann allen potentiellen Betreibern – selbst bei optimistischer Schätzung sind nicht mehr als 30 zu erwarten – zugemutet werden, nach Terminvereinbarung zwecks Identifizierung zur RegTP nach Mainz anzureisen. Eine Einweisung in die Technik kann entfallen, da der Nachweis der Fachkunde des Betreibers Voraussetzung zur Lizenzerteilung ist.

Der wesentliche Kostenfaktor beim Aufbau und Betrieb einer Zertifizierungsstelle nach dem Signaturgesetz ist, daß die gesetzlichen Anforderungen nur mit einer speziellen, zu internationalen Standards nur bedingt kompatiblen, Implementierung einer Public-Key-Infrastruktur-Lösung realisiert werden können. Die Basistechnologie der digitalen Signaturen, asymmetrische Authentikationssysteme, wird jedoch schon heute in verschiedenen Anwendungen und Protokollen erfolgreich eingesetzt, etwa zum sicheren Datenaustausch im Gesundheitswesen nach §301 SGB V, weshalb in der Praxis bereits Public-Key-Infrastrukturen bzw. Zertifizierungsstellen existieren. Die Sicherheitsmaßnahmen bei existierenden Zertifizierungsstellen genügen zwar anwendungsspezifischen Anforderungen, die im allgemeinen jedoch nicht mit denen des Signaturgesetzes vereinbar sind.

Die Sicherheitsanforderungen sind in der Sicherheitspolitik der Zertifizierungsstelle spezifiziert, wobei ihr meist das Prinzip der Sphärenverantwortung bzw. -haftung zugrunde liegt; d.h., die funktionalen Eigenschaften der Dienste einer Zertifizierungsstelle, einschließlich die dabei entstehenden Daten, sind festgelegt und werden den Benutzern vom Dienstbetreiber auch zugesichert. Die konkreten technisch-organisatorischen Maßnahmen sind jedoch nicht festgeschrieben, sondern der Betreiber ist in der Wahl der entsprechenden Maßnahmen weitestgehend frei. Bestimmte signaturspezifische Anforderungen, wie ein Verzeichnis mit nachprüfbaren, aber selektiv nicht abrufbaren Zertifikaten oder die Nutzung spezieller ITSEC-evaluierter IT-Komponenten zur Erstellung digitaler Signaturen bzw. zur Erzeugung und Speicherung von Signaturschlüsseln, sind bei kommerziellen Zertifizierungsstellen meist nicht üblich.

Angenommen, der Betreiber einer existierenden Zertifizierungsstelle beabsichtigt, zukünftig auch Zertifizierungsdienste konform zum Signaturgesetz anzubieten, dann sieht er sich in der Situation zu entscheiden, ob der Aufbau und Betrieb einer zweiten signaturgesetzkonformen Zertifizierungsstelle neben der bisherigen PKI-Lösung wirtschaftlich sinnvoll ist oder nicht. Allgemein wird nicht als technisch-organisatorisch realisierbar erachtet, daß mit nur einem einzigen TrustCenter-System gleichzeitig signaturgesetzkonforme Zertifizierungsdienste und andere PKI-Dienste erbracht werden können, da die damit verbundenen Prozesse in der Zertifizierungsstelle zu verschieden sind. Außerdem erfüllen existierende Public-Key-Infrastrukturen nicht die funktionalen Anforderungen des Signaturgesetzes, konkret fehlt meist der *Zeitstempeldienst*, dessen Verfahren zudem noch patentgeschützt ist. Der Verzeichnisdienst ist zwar namensgleich mit dem des X.500 Standards [ISO/IEC 9594-1], jedoch funktionell nicht mit ihm vergleichbar, da er auf Anfragen mit digital signierten Antworten reagieren muß. Ein signaturgesetzkonformer Verzeichnisdienst kann beispielsweise mit dem „Online Certification Status Protocol" [OCSP 98] realisiert werden (vgl. [SigI-A5 99]).

Die Maßnahmen zum Schutz der Betriebsräume einer Zertifizierungsstelle resultieren normalerweise aus einer betreiberspezifischen Analyse der physikalisch-organisatorischen Gefahren und Bedrohungen. Falls jedoch die Entwicklung eines Sicherheitskonzepts auf der Basis eines generischen Maßnahmenkatalogs als zwingende Voraussetzung zur Prüfung und Lizenzerteilung einer Zertifizierungsstelle angesehen wird, dann ist der entsprechende Betrieb zwar sicher, aber nicht wirtschaftlich, weil die Umsetzung von Maßnahmen, auch ohne daß die korrespondierende Bedrohung real vorhanden ist, gefordert wird. So ist z.B. der Einbau einer Wasserstandsmeldeanlage in hochwassergefährdeten Räumen sinnvoll, jedoch kann die Notwendigkeit zu deren Einbau in Räumen auf der zweiten Etage nur schwer vermittelt werden.

Insgesamt ist es daher fraglich, ob ein bereits als Anbieter von Zertifizierungsdiensten tätiges Unternehmen beim Aufbau einer signaturgesetzkonformen Zertifizierungsstelle Einsparungen bei den Kosten im Vergleich zu denen der Wurzel-Instanz erwarten kann (vgl. [RegTP 99]) oder ob nicht vielmehr die Kosten unkalkulierbar sind, da bis heute die Kriterien zur Prüfung und Bestätigung des Sicherheitskonzepts einer Zertifizierungsstelle nicht öffentlich dargestellt wurden, etwa die, die seinerzeit vom BSI zur Prüfung der Wurzel-Zertifizierungsstelle der RegTP angewandt wurden.

1.5.4 Weiterentwicklung des Signaturgesetzes

Die technische Entwicklung neuer Informations- und Kommunikationsdienste, vor allem im Zusammenhang mit dem Verfahren der digitalen Signatur, ist für die Gesellschaft und das Wachstum der Wirtschaft bedeutend. Dies wurde vom Gesetzgeber mit der Verabschiedung des Informations- und Kommunikationsdienste-Gesetzes zum Ausdruck gebracht [BT 97b]. Mit der Gestaltung rechtlicher Rahmenbedingungen für digitale Signaturen hat der Gesetzgeber jedoch juristisches Neuland betreten, weshalb die Bundesregierung bei der Verabschiedung des Gesetzes vom Bundestag dazu aufgefordert wurde, die Entwicklung bei den neuen Diensten zu beobachten und spätestens nach Ablauf von zwei Jahren nach Inkrafttreten des IuKDG über die Erfahrungen mit diesen neuen Regelungen in der Praxis und über eventuellen Anpassungs- bzw. Ergänzungsbedarf des Gesetzes zu berichten [BT 97c].

Die zukünftige Entwicklung der gesetzlichen Rahmenbedingungen wird aus dem Evaluationsbericht, vor allem jedoch aus dem Gesetzesentwurf zur Anpassung der Formvorschriften des Privatrechts an den modernen Rechtsgeschäftsverkehr ersichtlich und in den nächsten beiden Kapiteln dargestellt.

1.5.4.1 Evaluierungsbericht

Die Bundesregierung ist mit dem Evaluierungsbericht ihrer Pflicht zur Unterrichtung des Bundestags nachgekommen [BT 99]. Nach einem kurzen Betrachtungs- und Evaluationszeitraum kommt sie in dem betreffenden Bericht zu der Einschätzung, daß keine Veranlassung zu grundlegenden Änderungen von Gesetz und Verordnung besteht, sondern daß sich nur punktueller Anpassungsbedarf vor allem in den folgenden drei Bereichen ergibt:

1. Legaldefinition von Zertifizierungsstellen
2. Zertifikate mit Angaben zu berufsrechtlichen Zulassungen
3. Haftungsregelungen von Zertifizierungsstellen

In der rechtswissenschaftlichen Diskussion wird entgegen der Auffassung der Bundesregierung die Ansicht vertreten, daß nach der Legaldefinition von Zertifizierungsstellen (§2 Abs. 2 SigG) keine Möglichkeit bestehe, um Zertifizierungsdienste zu verteilen und durch dritte Anbieter erbringen zu lassen. Die Verteilung von Zertifizierungsdiensten ist jedoch aufgrund mehrerer Aspekte notwendig. Im allgemeinen sind die Registrierungsstellen in der räumlichen Nähe zukünftiger Teilnehmer zu realisieren, um unnötige Wege bei der persönlichen Antragstellung zu vermeiden.

Jedoch nicht jeder potentielle Betreiber einer Zertifizierungsstelle verfügt über ein entsprechendes Netz von Filialen. Er ist daher auf die Möglichkeit angewiesen, einzelne Arbeitsschritte, die die persönliche Anwesenheit des Teilnehmers erfordern, etwa dessen Identifizierung und Unterrichtung, durch einen Dritten erbringen zu lassen, während er selbst nur die zentral realisierbaren Prozesse bearbeitet, z.B. die Generierung und Zertifizierung von Signaturschlüsseln, die Personalisierung von Chipkarten und die Bereitstellung von Zertifikaten. Aus Sicht eines Betreibers wäre es außerdem wünschenswert, wenn zur telefonischen Entgegennahme der Sperranträge von Teilnehmern das Callcenter eines in diesem Bereich tätigen Unternehmens mit genutzt werden könnte, um so die Investition in ein eigenes sparen zu können.

Nach dem Signaturgesetz ist es möglich, daß Signaturschlüssel-Zertifikate Angaben über berufsrechtliche Zulassungen enthalten. Dem Evaluierungsbericht ist zu entnehmen, daß einige Berufskammern, z.B. die Bundesärztekammer sich dafür ausgesprochen haben, die Ausstellung von Zertifikaten mit derartigen Angaben den berufsregisterführenden Stellen vorzubehalten und zudem den Standesorganisationen die Möglichkeit zur Sperrung von Zertifikaten zu geben, falls diese unzutreffende Angaben über berufsrechtliche Zulassungen enthalten (vgl. [BT 99], S. 18). Die Bundesregierung beabsichtigt, diesem Anliegen nach Möglichkeit zu entsprechen. Es umfaßt allerdings zwei Punkte, die grundsätzlich differenziert betrachtet werden sollten; denn nur dem letzteren – Sperrungsmöglichkeit durch berufsregisterführende Stellen – kann ohne Bedenken entsprochen werden. Jedoch sollte in diesem Zusammenhang auch über die Einführung eines mehrstufigen Modells zur Sperrung von Zertifikaten, die Angaben zur Vertretungsmacht für juristische Personen enthalten, diskutiert werden.[16]

Wäre dagegen die Ausstellung von Zertifikaten mit Angaben über berufsrechtliche Zulassungen ausschließlich den jeweils zuständigen berufsregisterführenden Stellen vorbehalten, würde ihnen de-jure eine Monopolstellung beim Verfahren der digitalen Signatur zukommen und jeden Wettbewerb von Zertifizierungsstellen untereinander ausschließen. Die Folge wäre, daß bestimmte Teilnehmer, wie z.B. Ärzte, Juristen etc., die ein Zertifikat mit berufsrechtlichen Angaben benötigen, dann nicht mehr die Zertifizierungsstelle ihrer Wahl nutzen könnten.

Dies ist insofern kritisch zu bewerten, als weder das Signaturgesetz noch die Verordnung bzw. Maßnahmenkataloge ein Format für Signatur- und Attribut-Zertifikate definieren oder die Einhaltung entsprechender internationaler Standards vorschreiben. Die Einhaltung der gesetzlichen Anforderungen gewährleistet somit nicht, daß die Kompatibilität von Zertifikaten verschiedener Zertifizierungsstellen bzw. Interoperabilität von Zertifizierungsdiensten verschiedener Betreiber gegeben ist.

Das bedeutet, der Teilnehmer am Verfahren der digitalen Signatur muß diejenige Zertifizierungsstelle wählen können, deren Zertifikate und Dienste in seinem konkreten Anwendungsumfeld interoperabel mit den Signaturprüfkomponenten seiner Kommunikationspartner sind. Falls jedoch Teilnehmern die Nutzung spezieller Zertifizierungsstellen vorgeschrieben wird, besteht grundsätzlich die Gefahr, daß ihre digital signierten Nachrichten aufgrund unterschiedlicher, zueinander inkompatibler technischer Lösungen keine Akzeptanz bei den Kommunikationspartnern finden und damit quasi vom sicheren, authentizitätsgeschützten Nachrichtenaustausch ausgeschlossen werden.

Seit Beginn der Entwicklung des Signaturgesetzes wurde die Frage einer Haftungsregelung für Zertifizierungsstellen kontrovers diskutiert. Der Bundesrat vertrat in seiner Stellungnahme zum Gesetzesentwurf die Ansicht, eine gesetzliche Regelung, die eine bestimmte berufliche Tätigkeit mit öffentlichen Wirkungen zuläßt, müsse Sorge dafür tragen, daß für berufliches Fehlverhalten eine angemessene Haftungsregelung zur Verfügung stehe und daß die Realisierbarkeit von Haftpflichtansprüchen hinreichend abgesichert werde. Dies sei im Signaturgesetz bisher nur unzulänglich berücksichtigt worden und Roßnagel kritisierte, daß das gesetzliche Verfahren der digitalen Signatur

[16] zur Problematik der willkürlichen Sperrung dieser Zertifikate durch den Signaturschlüssel-Inhaber und zum Vorschlag eines entsprechenden Sperrmodells siehe Kapitel 4.7.1

aufgrund der damit verbundenen Sicherheitsvermutung seitens des Gesetzgebers privilegiert werde, jedoch könnte dies nur dann gerechtfertigt werden,

> *wenn seiner Sicherheitsfiktion eine Haftungsregelung gegenüberstünde, die ein Verfehlen der versprochenen Sicherheit ausgleichen würde. So aber wird Sicherheit versprochen, ohne daß einer dafür einstehen muß.*
> *[Roßnagel 97b], S. 461*

Nach Planung des Gesetzgebers wird im Rahmen der Umsetzung der EU-Richtlinie zur elektronischen Signatur die Anpassung von Signaturgesetz und -verordnung erfolgen und eine Haftungsregelung für Zertifizierungsstellen eingeführt. Eine sinnvolle Vorgehensweise wäre, zunächst die Pflichten der Betreiber von Zertifizierungsstellen – getrennt nach den verschiedenen Diensten, wie Zertifikatserstellung, Verzeichnis- und Zeitstempeldienst – zu definieren und daraus die Regelung von Schäden aufgrund einer Nicht-Erfüllung dieser Pflichten abzuleiten. Der Gesetzesentwurf „Voraussetzung des elektronischen Rechtsverkehrs“ von Roßnagel [Provet 96] verfolgte diesbezüglich denselben konzeptionellen Ansatz, jedoch wurden auch in diesem Entwurf die Betreiberpflichten zu allgemein gehalten, bzw. der Betreiber nicht dazu aufgefordert, die funktionalen Eigenschaften der von ihm angebotenen Zertifizierungsdienste, etwa die maximale Bearbeitungsdauer der Sperranträge von Teilnehmern, zu benennen, daher kann er später nur schwer zu deren Einhaltung verpflichtet werden.[17]

1.5.4.2 Gesetzesentwurf für den modernen Geschäftsverkehr

Die rechtliche Gestaltung der Rahmenbedingungen ist die Voraussetzung zur Anwendung der Technik digitaler Signaturen außerhalb geschlossener Benutzergruppen, jedoch regelt das heute gültige Gesetz zur digitalen Signatur [BT 97d] weder das Verhältnis von digitalen Signaturen zur Schriftform des BGB, speziell dem §126, noch die Beweisfunktion von elektronischen Daten mit einer dazugehörigen digitalen Signatur. In der amtlichen Begründung wurde ausgeführt, daß diese Fragestellungen in einem gesonderten Schritt untersucht und geprüft werden, ob Änderungen am Beweisrecht geboten seien, bzw. ob und in welchen Fällen neben der Schriftform auch die „digitale Form“ mit digitaler Signatur zugelassen werde [BT 97a].

Bis heute erfolgte keine Gesetzesänderung, um die Beweiswirkung von digitalen Signaturen zu bestimmen, aber dem Evaluierungsbericht ist zu entnehmen, daß die Bundesregierung zur Zeit einen Gesetzesentwurf erarbeitet, der die Formbestimmungen des Privatrechts an die Erfordernisse des modernen Rechtsverkehrs anpassen soll. Einen entsprechenden Gesetzesentwurf

[17] zur daraus resultierenden Problematik der instabilen digitalen Signaturen siehe Kapitel 6

hat das Bundesministerium der Justiz bereits vorgelegt [BMJ 99a], dessen wesentliches Element die Einführung zweier neuer Formen für Willenserklärungen ist, die speziell auf die Anforderungen des Rechtsgeschäftsverkehrs mittels elektronischer Kommunikations- und Sicherungstechnik wie der digitalen Signatur abgestimmt sind:[18]

- □ **Textform**
  Im Vergleich zur Schriftform erfordert die Textform nur eine in lesbaren Schriftzeichen fixierte Erklärung und verzichtet auf die eigenhändige Unterschrift. Sie ist nicht an das Medium Papier gebunden, sondern kann auch mittels elektronischer Kommunikationssysteme erfüllt werden.

- □ **Elektronische Form**
  Die elektronische Form ist eine Option der Schriftform und verzichtet auf die Verkörperung der Erklärung, jedoch ist eine digitale Signatur gemäß dem Signaturgesetz erforderlich.

Die im Vergleich zur Schriftform erleicherte Textform soll vor allem in den Bereichen des Rechtsgeschäftsverkehrs zur Abgabe von Willenserklärungen verwandt werden, in denen die Erklärungen ohne erhebliche Beweiswirkung sind und die Rechtsfolgen entweder ebenfalls nicht erheblich oder leicht rückgängig zu machen sind. Als typische Anwendung der Textform für Erkärungen sieht die Begründung zu diesem Gesetzesentwurf Massenvorgänge mit sich wiederholenden, meist gleichlautenden Erklärungen, die dann auch mittels elektronischer IT-Systeme wirksam abgegeben werden können (vgl. [BMJ 99b]).

Der Gesetzesentwurf sieht des weiteren die Einführung einer neuen Form als Option zur Schriftform, die „elektronische Form" vor ([BMJ 99a], §126b). Nutzt der Erklärende die elektronische Form, so muß er dem Erklärungstext seinen Namen hinzufügen und das resultierende elektronische Dokument mit einer signaturgesetzkonformen digitalen Signatur ergänzen. Die elektronische Form soll jedoch nur dann als Option zur Schriftform eingesetzt werden können, wenn der Erklärungsempfänger zuvor deren Anwendung entweder ausdrücklich oder durch schlüssiges Handeln gebilligt hat. In der Begründung zum Gesetzesentwurf wird weiter ausgeführt, allein die Tatsache, daß der Erklärungsempfänger Inhaber eines Signaturschlüssels ist, sei dafür nicht ausreichend. Der Ansatz im Gesetzesentwurf, die Nutzung der elektronischen Form nicht vom Besitz eines Signaturschlüssels beim Erklärungsempfänger, sondern von dessen Einwilligung bzw. Handeln abhängig zu machen, ist richtig, jedoch ist die Begründung nicht nachvollziehbar; denn ob ein Erklärungsempfänger in der Lage ist, ein spezifisches elektronisches und digital signiertes Dokument

[18] Die geplanten Anpassungen der Formvorschriften betreffen im wesentlichen die Erweiterung des Bürgerliches Gesetzbuchs um den §126a – elektronische Form – und §126b – Textform –, die Änderung des Signaturgesetzes, speziell §6 Abs. 2 SigG – Unterrichtungspflicht der Zertifizierungsstelle – und §10a – Haftung der Zertifizierungsstelle – sowie die Anpassung weiterer Gesetze an die Textform.

zu verifizieren, ist technisch gesehen grundsätzlich unabhängig vom Besitz eines Signaturschlüssels, da dieser zum Überprüfen digitaler Signaturen keine zwingende verfahrenstechnische Voraussetzung ist. Somit ist der Besitz eines Signaturschlüssels seitens des Empfängers keinesfalls, wie in der Begründung zum Gesetzesentwurf dargestellt (vgl. [BMJ 99b], S. 6), ein Indiz dafür, ob er in der Lage ist, eine digital signierte Nachricht zu überprüfen. Darüber hinaus gibt es im allgemeinen für den Erklärenden überhaupt keine direkte Möglichkeit zu bestimmen, ob der Erklärungsempfänger in Besitz eines Signaturschlüssels ist. Vielmehr könnte er nur indirekt aus der Tatsache, daß ein Signaturschlüssel-Zertifikat auf den Namen des Erklärungsempfängers ausgestellt ist, darauf schließen, wobei noch zu bedenken ist, daß Signaturschlüssel-Zertifikate nicht unbedingt den Namen des jeweiligen Inhabers enthalten müssen, sondern daß auch die Verwendung von Pseudonymen zulässig ist.

Andererseits kann selbst aus der Tatsache, daß der Erklärungsempfänger Besitzer eines Signaturschlüssels ist und daher selbst digitale Signaturen erzeugen kann, nicht – wie in der Begründung behauptet (vgl. [BMJ 99b], S. 6) – geschlossen werden, daß er auch die Möglichkeit zur Überprüfung eines digital signierten elektronischen Dokuments hat. Zur Darstellung und Kodierung elektronischer Dokumente bzw. digitaler Signaturen ist eine Vielzahl von verschiedenen, untereinander inkompatiblen Formaten existent. Im allgemeinen kann es nicht die Aufgabe eines Gesetzes sein, die technischen Formate zur Darstellung elektronischer Dokumente und elektronischer Signaturen für den Rechtsgeschäftsverkehr vorzuschreiben. Ausnahmen sind allenfalls für bestimmte Erklärungen denkbar, etwa beim Dokumentenformat für Steuererklärungen in elektronischer Form.[19]

In der Praxis bedeutet dies, daß der Erklärende nur dann mit dem Zugang seiner Erklärung in elektronischer Form rechnen kann, wenn die Formate für elektronische Dokumente und digitale Signaturen entweder aufgrund eines konkreten Anwendungskontextes allen Beteiligten verbindlich vorgegeben sind oder zuvor mit dem Empfänger vereinbart wurden, bzw. sie sich durch schlüssiges Handeln ergeben, etwa wenn der Erklärende mit seiner Erklärung auf eine vorherige des Erklärungsempfängers reagiert und dabei dasselbe Format sowohl für das Dokument als auch die digitale Signatur verwendet.

Der Zugang einer Erklärung in elektronischer Form sollte jedoch keinesfalls an einer nicht genauer spezifizierten Möglichkeit seitens des Erklärungsempfängers, elektronische Dokumente zu lesen und angefügte digitale Signaturen zu überprüfen, festgemacht werden. Ob ein technisch lesbares elektronisches Dokument auch tatsächlich vom Empfänger gelesen werden kann, hängt von den verschiedensten Faktoren ab, neben dem Format und der Größe des Dokuments sowie der technischen Ausstattung des Empfängers, vor allem aber von seinem Wissen und der Erfahrung im Umgang mit seinem IT-System. Der Empfänger einer digital signierten Nachricht braucht im

[19] In einem Pilotversuch wird seit Anfang 1999 das Verfahren „Elektronische Steuererklärung“ (Elster) zur Abgabe per Internet erprobt (vgl. [Reg 99], 6.4).

allgemeinen zur Überprüfung der digitalen Signatur aktuelle Informationen durch den Verzeichnisdienst der ausstellenden Zertifizierungsstelle, um sich so über die Gültigkeit des Signaturschlüssel-Zertifikates des Erklärenden zu vergewissern.

Das Abrufen dieser Informationen, Zertifikate, Sperrlisten oder OCSP-Auskünfte, ist ein technischer Prozeß, allerdings können sämtliche daran beteiligte IT-Systeme auch gestört werden. So können Verzeichnisdienste etwa aufgrund von Systemüberlastung, Programmier- oder Netzwerkfehlern ausgefallen bzw. nicht erreichbar sein. Ob eine digitale Signatur überprüft werden kann, wird nicht nur von Faktoren innerhalb der Einflußsphäre des Empfängers bestimmt, sondern er ist von Diensten Dritter abhängig, deren jederzeitige Verfügbarkeit nicht, wie u.a. in der Begründung zum Gesetzesentwurf vorausgesetzt, ohne weiteres angenommen werden kann (vgl. [BMJ 99b], S. 20). Ein weiteres Problem ergibt sich heute aufgrund der üblicherweise verwandten komplexen Dokumentenformate mit eingebetteten ausführbaren Programmteilen, den Makros. Diese Erweiterungen können auch Computer-Viren enthalten, die auf dem IT-System des Empfängers potentiell Schäden verursachen können. Der Empfänger kann sich gegen virenbefallene elektronische Nachrichten mittels sog. Antivirus-Programme schützen, die ihn vor dem Öffnen solcher Nachrichten zunächst durch einen entsprechenden Hinweis warnen, dann versuchen, den Virus zu entfernen und falls dies nicht gelingt, das Öffnen eines möglicherweise schadenverursachenden Dokuments sich explizit vom Anwender bestätigen lassen. Derartige Dokumente sollten von Benutzern ohne weitergehende Kenntnisse nicht geöffnet werden, jedoch kann von Experten mit speziellen Programmen zumindest deren Inhalt gefahrlos gelesen werden.

Allgemein stellt sich daher die Frage, welche formalen Eigenschaften Erklärungen in elektronischer Form aufweisen müssen und welche Rahmenbedingungen bei Empfängern derartiger Erklärungen angenommen werden dürfen, damit der Erklärende mit dem Zugang seines digital signierten elektronischen Dokuments rechnen kann und nicht Gefahr läuft, daß der Empfänger stets das Scheitern des Zugangs einer Nachricht aufgrund von Unlesbarkeit auf seinem IT-System oder Nicht-Verfügbarkeit von notwendigen Prüfinformationen vorgeben kann. Der Gesetzesentwurf des Bundesministeriums verzichtet dagegen bewußt auf besondere Regelungen über die Anfechtung, den Zugang und Widerruf elektronischer Willenserklärungen und erachtet stattdessen in diesem Zusammenhang die allgemeinen Vorschriften im BGB sowie die in der Rechtsprechung bzw. -lehre entwickelten Auslegungskriterien für ausreichend (vgl. [BMJ 99b], S. 4).[20]

[20] Bis jetzt konnten jedoch noch keine ausreichenden Erfahrungen im Umgang mit digital signierten Nachrichten, insbesondere deren Überprüfung, gewonnen werden, weshalb in Kapitel 8.2 ein Modell des fairen Wirksamwerdens elektronischer Willenserklärungen vorgeschlagen wird.

1.5.5 EU-Richtlinie zu elektronischen Signaturen

In der Europäischen Union wird z.Zt. die Richtlinie über die gemeinschaftlichen Rahmenbedingungen für elektronische Signaturen in den Mitgliedstaaten umgesetzt. Sie soll sicherstellen, daß elektronische Signaturen nach den Grundsätzen des Binnenmarkts unionsweit einheitlich rechtliche Annerkennung finden werden.[21] In Kapitel 1.5.5.1 wird zunächst das Konzept der EU-Richtlinie vorgestellt und dann in Kapitel 1.5.5.2 auf deren Stufenmodell für elektronische Signaturen eingegangen.

1.5.5.1 Konzeption der EU-Richtlinie

Das Ziel der EU-Richtlinie über gemeinschaftliche Rahmenbedingungen für elektronische Signaturen ist es, durch die Festlegung angemessener harmonisierter Kriterien für die rechtliche Annerkennung elektronischer Signaturen und durch die Vorgabe von Anforderungen an Zertifizierungsdienste, den Einsatz elektronischer Signaturen innerhalb der Europäischen Gemeinschaft ohne interne Schranken zu ermöglichen.[22] Die folgenden Punkte sind dabei wesentliche Aspekte der beschlossenen EU-Richtlinie:

- Zweistufiges Modell für elektronische Signaturen und Zertifikate
- Rechtswirkung elektronischer Signaturen
  - Elektronische Signaturen erfüllen die Formerfordernisse wie handschriftliche Unterschriften
  - Elektronische Signaturen sind in Gerichtsverfahren zulässige Beweismittel
- Anforderungen an Zertifizierungsstellen
- Regelung des Betriebs und der Haftung von Zertifizierungsstellen

---

[21] Die zuständige Europäische Kommission hatte bereits am 13. Mai 1998 den Entwurf einer Richtlinie vorgelegt [EU Kom 98] und am 16. Juni 1998 dem Europäischen Parlament und Rat, dem Wirtschafts- und Sozialausschuß sowie dem Ausschuß der Regionen den Vorschlag offiziell zugestellt. Das Parlament befürwortete den Vorschlag in der ersten Lesung am 13. Januar 1999 und verabschiedete Änderungsvorschläge [EU Par 99a]. Der EU-Telekommunikationsrat einigte sich am 22. April 1999 auf einen gemeinsamen Standpunkt über den Entwurf dieser Richtlinie [EU Rat 99], ein entsprechend geänderter Vorschlag wurde von der EU-Kommission erarbeitet.

Am 30. November 1999 wurde vom Rat der Telekommunikationsminister der Vorschlag der EU-Richtlinie für elektronische Signaturen einstimmig beschlossen [EU Par 99b]. Mit der Veröffentlichung im Amtsblatt der Europäischen Gemeinschaften am 19. Januar 2000 trat diese EU-Richtlinie in Kraft. Nach deren Inkrafttreten haben die 15 Mitgliedstaaten der EU noch eineinhalb Jahre Zeit, sie in nationales Recht umzusetzen.

Die Konzeption der EU-Richtlinie ist es, sich auf die Vorgabe objektiver, transparenter, nichtdiskriminierender und verhältnismäßiger Kriterien für die rechtliche Anerkennung elektronischer Signaturen, auf die wesentlichen Anforderungen für Zertifizierungsdienste sowie auf eine Haftungsregelung zu beschränken. Die EU-Richtlinie regelt damit lediglich die Mindestanforderungen für die sichere Nutzung elektronischer Signaturen, wobei die Gesamtsicherheit des Verfahrens nicht nur auf technisch-organisatorischen Sicherheitsmaßnahmen, sondern vor allem auf der Haftung von Zertifizierungsstellen basiert. Die Haftungsregelung ist dabei der zentrale Faktor in der EU-Richtlinie zur Etablierung eines angemessenen Sicherheitsniveaus für Zertifizierungsdienste.

Konkret bestimmt die EU-Richtlinie eine Umkehr der Beweislast u.a. für die Korrektheit von Zertifikaten (vgl. Artikel 6 Abs. 1 EU-RelS); d.h., der Anbieter von Zertifizierungsdiensten muß nachweisen können, daß er nicht fahrlässig gehandelt hat, andernfalls haftet er für die Schäden Dritter, die auf das Zertifikat vertraut haben. Aufgrund dieser Haftungsregelung ist zu erwarten, daß Zertifizierungsdienstbetreiber freiwillig die entsprechenden Sicherheitsmaßnahmen treffen werden, um einerseits das Sicherheitsniveau ihrer Dienste zu erhöhen und andererseits ihr spezifisches Betreiberrisiko zu minimieren. Man kann sagen, daß der Betreiber einer Zertifizierungsstelle die Wahl hat, entweder in technisch-organisatorische Sicherheitsmaßnahmen zu investieren oder sich gegen Haftungsansprüche in eventuellen Schädensfällen zu versichern.

Die Sicherheitsanforderungen an elektronische Signaturen, Komponenten zu deren Erstellung bzw. Prüfung sowie an die Dienste einer Zertifizierungsstelle sind in der EU-Richtlinie funktional und technik-neutral festgelegt; d.h., im Gegensatz zum deutschen Signaturgesetz wird keine bestimmte kryptographische Technik für elektronische Signaturen und auch keine konkrete Ausprägung einer Public-Key-Infrastruktur vorgeschrieben, denn

> *die auf der Grundlage kryptographischer Technologien erstellten digitalen Signaturen gelten zwar derzeit als eine wichtige Form der elektronischen Signatur; europäische ordnungspolitische Rahmenbedingungen müssen jedoch flexibel genug sein, um auch andere Techniken der Authentifizierung zu umfassen.*
> *[EU Kom 98], „III. Ziel und Geltungsbereich der Richtlinie“*

[22] Der Bedarf zur Harmonisierung der Rahmenbedingungen für elektronische Signaturen ist gegeben, da der elektronische Rechts- und Geschäftsverkehr nicht an den Grenzen der jeweiligen Mitgliedstaaten endet, vor allem jedoch da unterschiedliche nationale Vorschriften für die Zulassung bzw. den Betrieb von Zertifizierungsdiensten und Regeln über die rechtliche Anerkennung von elektronischen Signaturen in den einzelnen Staaten der Europäischen Gemeinschaft die Nutzung neuer offener elektronischer Kommunikations- und Authentifizierungstechniken hemmen und somit für die Weiterentwicklung des elektronischen Geschäftsverkehrs und das Wirtschaftswachstum in der Gemeinschaft insgesamt von Nachteil sein könnten (vgl. [EU Kom 98], „II. Bedarf an Harmonisierung“).

Die Begriffsbestimmung „elektronische Signatur" nach Artikel 2 Abs. 1 der EU-Richtlinie verdeutlicht die Unterschiede in der Herangehensweise im Vergleich zum Signaturgesetz – digitale Signatur als ein mit einem privaten Signaturschlüssel erzeugtes Siegel zu digitalen Daten (§2 Abs. 1 [BT 97d]). Eine Konsequenz der Offenheit für verschiedene Techniken zur Erstellung elektronischer Signaturen ist, daß die zu erfüllenden Sicherheitsanforderungen nur abstrakt formuliert werden können (vgl. [EU Par 99b], Artikel 2), während im Kontext des Signaturgesetzes technikspezifische Sicherheitsmaßnahmen und konkrete Prüfkriterien wie ITSEC [EU Kom 91] vorgeschrieben sind (vgl. [Reg 97a], §17). Zudem wird in der EU-Richtlinie kein einheitliches Sicherheitsniveau für elektronisch signierte Daten definiert, sondern die Sicherheit einer elektronischen Signatur ist von mehreren Faktoren abhängig; d.h., sie ist prinzipiell skalierbar.

Artikel 3 der EU-Richtlinie regelt den Marktzugang von Zertifizierungsdienstanbietern. Für den Betrieb einer Zertifizierungsstelle ist danach weder eine vorherige Prüfung des Betreibers noch eine Lizenzerteilung durch eine staatliche Stelle erforderlich,

> *da die Lizenzierungspflicht für CAs nicht der einzige Weg ist zu einer Übereinstimmung zwischen den Aktivitäten der CA einerseits und den Vorstellungen der Öffentlichkeit, wie Vertrauen in digitale Signaturen gefördert werden kann, andererseits müßte ein Regulierungsrahmen auf EU-Ebene die Koexistenz sowohl lizenzierter als auch unlizenzierter CAs vorsehen.*
> *[EU Kom 97], „4. Regulungsansätze"*

Allerdings soll gemäß Artikel 3 Abs. 2 jedem Anbieter von Zertifizierungsdiensten die Möglichkeit gegeben werden, freiwillig an einem Akkreditierungsverfahren teilzunehmen. Prinzipiell wird die Akkreditierung als ein Angebot an die Betreiber von Zertifizierungsstellen gesehen, sich die Einhaltung der gemeinsamen Anforderungen an die Diensteanbieter bestätigen zu lassen. Dabei wurde jedoch nicht berücksichtigt, daß momentan weder allgemein anerkannte objektive, transparente, verhältnismäßige und nicht diskriminierende Richtlinien bzw. gemeinsame europäische Anforderungen zum sicheren Betrieb von Zertifizierungsstellen exisitieren noch daß die entsprechenden Akkreditierungsinstanzen etabliert sind; deshalb ist zu befürchten, daß bei Umsetzung der EU-Richtlinie in nationales Recht die einzelnen EU-Mitgliedstaaten ihre bereits etablierten nationalen Anforderungskataloge und Prüfstellen präferieren und daß es zu unterschiedlichen nationalen Interpretationen des Akkreditierungsverfahrens kommt.

Das freiwillige Akkreditierungsverfahren soll allgemein nicht dazu führen, daß nicht daran teilnehmende Zertifizierungsstellen zwangsläufig als weniger sicher zu betrachten sind. Gemäß Artikel 5 Abs. 2 darf einer elektronischen Signatur ihre Rechtsgültigkeit nicht deshalb abgesprochen werden, nur weil sie nicht auf einem qualifizierten Zertifikat eines akkreditierten Anbieters von

Zertifizierungsdiensten basiert. Im Gegensatz dazu wird im deutschen Signaturgesetz der Standpunkt vertreten, daß die Sicherheit beim Verfahren der digitalen Signatur nur dann gegeben ist, wenn u.a. die Einhaltung der Anforderungen an den Betrieb einer Zertifizierungsstelle zuvor von staatlich anerkannten Stellen geprüft und das Sicherheitskonzept bestätigt wurde.

In der EU-Richtlinie ist die Haftung von Zertifizierungsstellen ein wesentlicher Sicherheitsfaktor beim Verfahren der elektronischen Signatur. Nach Artikel 6 sind in den EU-Mitgliedstaaten nationale gesetzliche Mindestregelungen der Haftung öffentlicher Anbieter von Zertifizierungsdiensten zu treffen, um eventuelle Schäden Dritter, die vernünftigerweise auf die Korrektheit der Angaben in einem Zertifikat vertraut haben, zu kompensieren. Eine gemeinsame europäische Haftungsregelung kann das Vertrauen der Teilnehmer am Verfahren der elektronischen Signatur stärken. Die Europäische Kommission hat damit juristisches Neuland betreten, denn dies wurde bisher in keinem, auch nicht dem deutschen, Signaturgesetz geregelt, obwohl schon lange von deutschen Kritikern gefordert. Allerdings sind nach der EU-Richtlinie nur für die Schadensfälle, die auf falsche Angaben in Zertifikaten zurückzuführen sind, entsprechende nationale Regelungen der Haftung erforderlich. Prinzipiell sind aber noch weitere Schadensfälle Dritter real, etwa aufgrund nicht verfügbarer Zertifizierungsdienste, die zunächst zu temporär nicht überprüfbaren digitalen Signaturen führen, aber in letzter Konsequenz die Möglichkeit zur sicheren Kenntnisnahme digital signierter Nachrichten verzögern. Desweiteren können bei keinem technischen System Fehler und Störungen ausgeschlossen werden; d.h., Verzeichnisdienste können auf Anfragen nach Zertifikaten bzw. deren Gültigkeitsstatus auch mit falschen Angaben antworten. Ein Ziel der EU-Richtlinie, nämlich das Vertrauen in elektronische Signaturen zu fördern, wird mit ihrer Haftungsregelung zwar angestrebt, jedoch kann ohne eine umfassende Regelung aller nicht auszuschließenden Schadensfälle, die kausal mit der Verwendung dieser Technik oder der Nutzung zwingend erforderlicher Zertifizierungsdienste in Verbindung stehen, letztendlich kein Vertrauen in elektronische Signaturen geschaffen werden.

1.5.5.2 Stufenmodell elektronischer Signaturen

Die EU-Richtlinie für elektronische Signaturen differenziert konzeptionell zwischen zwei verschiedenen Arten von Zertifikaten bzw. Signaturen, die jeweils unterschiedliche Sicherheitsanforderungen erfüllen müssen, und macht die Rechtswirkung von digital signierten Dokumenten von der dabei verwandten Kombination von Signatur, Zertifikaten sowie den optionalen Sicherheitsmaßnahmen abhängig. Nach der EU-Richtlinie gibt es keine alleinige Art elektronischer Signaturen mit einem spezifischen Sicherheitsniveau sondern Variationen elektronischer Signaturen, die durch Kombination mit verschiedenen Arten von Zertifikaten bzw. Signaturerstellungseinheiten sowohl dem Unterzeichner als auch dem Prüfer eines elektronisch unterschriebenen Dokuments ein unterschiedliches Maß an Sicherheit gewähren, weshalb man in diesem Zusammenhang zu Recht von einem Stufenmodell für elektronische Signaturen sprechen kann. Im Vergleich dazu kennt das Deutsche Signaturgesetz lediglich ein Sicherheitsniveau. Das deutsche Verfahren zielt auf einen hohen Beweiswert von gesetzeskonformen digitalen Signaturen ab, der zu einer breiten Akzeptanz der Signaturtechnik führen soll. Der deutsche Gesetzgeber geht dabei implizit von dem Ansatz aus, daß Sicherheit in diesem Zusammenhang unteilbar und mit der Konzeption eines Stufenmodells für Signaturen mit skalierten Sicherheitsanforderungen unvereinbar ist.

Die Definition verschiedener *Sicherheitsstufen* ist jedoch sinnvoll, da in Abhängigkeit vom tatsächlich vorhandenen Bedrohungspotential pro Stufe nur die entsprechenden Sicherheitsmaßnahmen implementiert werden müssen, um ein bestimmtes ausreichendes Sicherheitsniveau zu erlangen. Die Vorgehensweise an Hand eines Stufenmodells gewährleistet im allgemeinen leichter realisierbare und kostengünstigere Lösungen. In der EU-Richtlinie wird gemäß der Begriffsbestimmung in Artikel 2 [EU Par 99b] zwischen den folgenden beiden Arten von elektronischen Signaturen unterschieden:

- □ **Elektronische Signaturen**
  Dies sind alle elektronischen Daten, die mit anderen elektronischen Daten verknüpft sind und zur Authentifizierung dienen (Artikel 2 Abs. 1 EU-RelS).

- □ **Fortgeschrittene elektronische Signaturen**
  Dies sind elektronische Signaturen, die die folgenden vier funktionalen Anforderungen erfüllen (Artikel 2 Abs. 2 EU-RelS):
  1. Die elektronische Signatur kann dem Unterzeichner eindeutig zugeordnet werden.
  2. Der Unterzeichner kann an Hand der elektronischen Signatur identifiziert werden.
  3. Die Erstellung elektronischer Signaturen kann stets vom Unterzeichner kontrolliert werden.
  4. Die elektronische Signatur schützt die Integrität der signierten Daten.

In der EU-Richtlinie werden elektronische Signaturen nicht technisch, sondern funktional beschrieben und weder Vorgaben an die einzusetzende Technik noch an kryptographische Verfahren gemacht. Der Ansatz der EU-Kommission ist, die Gültigkeit elektronischer Signaturen nicht von der Verwendung staatlich vorgeschriebener technischer Systeme abhängig zu machen, sondern zunächst von einem „Ausschuß für elektronische Signaturen" (vgl. [EU Par 99b], Artikel 9) die in den Anhängen der Richtlinie festgelegten Anforderungen an qualifizierte Zertifikate, Anbieter von Zertifizierungsdiensten sowie sichere Signaturerstellungseinheiten präzisieren und allgemein anerkannte Normen bzw. Prüfkriterien für technische Komponenten verabschieden zu lassen, die dann im Amtsblatt der Europäischen Gemeinschaften veröffentlicht werden. Anbieter von Zertifizierungsdiensten in den EU-

Mitgliedstaaten sollen dann davon ausgehen können, daß ihre Dienste die Anforderungen der Richtlinie erfüllen, wenn sie dazu Systeme und Produkte, die diesen Normen entsprechen, einsetzen (vgl. Artikel 3 Abs. 5. EU-RelS).[23]

Diese Vorgehensweise, um ein gemeinsames Verständnis der festgelegten Anforderungen zu finden, ist prinzipiell zu unterstützen, denn einerseits entspricht sie der Idee europäisch einheitlicher Rahmenbedingungen, und andererseits läßt sie Raum für die Entwicklung innovativer Lösungen, da sich momentan die Anforderungen an sichere technische Komponenten in den einzelnen EU-Mitgliedstaaten noch unterscheiden.[24] Uneinheitliche oder gar fehlende Empfehlungen für als sicher anzusehende kryptographische Verfahren und technische Komponenten werden auf die allgemeine Akzeptanz elektronischer Signaturen letztendlich hemmend wirken, denn ohne entsprechende Empfehlungen einer vertrauenswürdigen und kompetenten Instanz, ähnlich der Liste der als geeignet eingestuften Algorithmen des Bundesamtes für Sicherheit in der Informationstechnik [RegTP 98d], als Basis für einheitliche Randbedingungen, wird die Akzeptanz elektronischer Signaturen sowohl vom jeweiligen Prüfer und dessen individueller Einschätzung des vom Unterzeichner eingesetzten Verfahrens als auch von national-spezifischen Vorgaben einzelner Staaten abhängig sein. Derartige Akzeptanzprobleme können bei nationalen Regelungen wie dem deutschen Signaturgesetz theoretisch nicht auftreten, da die einzusetzenden Kryptoverfahren und deren Parameter geregelt sind.

Zertifikate sind zunächst die technische Verbindung eines öffentlichen Schlüssels mit einer bestimmten Person, Institution oder einem System, aber ihre Funktion, Relevanz und Vertrauenswürdigkeit hängt von der ausstellenden Zertifizierungsstelle, dem Anwendungsszenario oder zusätzlichen Angaben zum Signaturschlüssel-Inhaber ab. Die unterschiedlichen Varianten von Zertifikaten werden in der EU-Richtlinie bereits begrifflich differenziert, wobei

---

[23] Dies bedeutet u.a., daß die Erfüllung der Prüfkriterien des Artikel 9 Ausschusses zwar keine notwendige Voraussetzung, aber ein hinreichendes Merkmal ist, um technische Komponenten zur Erzeugung elektronischer Signaturen bzw. Generierung von Signaturschlüsseln als sichere Signaturerstellungseinheit im Sinne von Artikel 2 Abs. 6 klassifizieren zu können.

[24] So müssen technische Komponenten zur Speicherung von Signaturschlüsseln nach der deutschen Signaturverordnung entweder nach der Prüfstufe ITSEC E4 Hoch oder den CC EAL 5 (vgl. [Reg 2000a]), evaluiert sein, während sowohl nach dem österreichischen Signaturgesetz, [Ö NR 99], als auch nach der italienischen Signaturregelung, [I PD 97], lediglich die Prüfstufen ITSEC E3 Hoch erforderlich sind (vgl. §9 Abs. 2 [Ö BK 2000]). Allerdings hat der Artikel 9 Ausschuß die Erarbeitung der Anforderungen an bzw. der Prüfkriterien für technische Komponenten bis jetzt noch nicht abgeschlossen; mit den ersten Empfehlungen wird in der ersten Hälfte des Jahres 2001 gerechnet, und die dann geforderten Prüfstufen lassen sich nur schwer vorhersagen. Desweiteren wird erwartet, daß der Ausschuß neben den Prüfkriterien ITSEC [EU Kom 91] und CC [CCEB 96] auch die Federal Information Processing Standards Publication 140-1 [FIPS 140-1 94], die Kriterien des amerikanischen Department of Commerce und des NIST, als Alternative zuläßt.

der Fokus auf Zertifikate zur Integritäts- und Authentizitätsprüfung elektronischer Signaturen liegt:

- □ **Zertifikate**
  Dies sind elektronische Daten, mit denen Signaturprüfdaten wie öffentliche Schlüssel einer Person zugeordnet werden und die Identität der Person bestätigt wird (Artikel 2 Abs. 9 EU-RelS).
- □ **Qualifizierte Zertifikate**
  Dies sind Zertifikate, die zusätzlich die Anforderungen des Anhangs I erfüllen und von einem Zertifizierungsdiensteanbieter ausgestellt wurden, der die Anforderungen des Anhangs II erfüllt (Artikel 2 Abs. 10 EU-RelS). Wesentliche Anforderungen sind:
  1. Das Zertifikat enthält Angaben zum Unterzeichner, zur ausstellenden Zertifizierungsstelle, zum Gültigkeitszeitraum sowie ggf. zum Einsatzzweck bzw. zu bestehenden Nutzungsbeschränkungen.
  2. Das Zertifikat hat eine fortgeschrittene elektronische Signatur der ausstellenden Zertifizierungsstelle.
  3. Der Zertifizierungsdiensteanbieter setzt vertrauenswürdige IT-Systeme und Produkte zur Erstellung, Speicherung und zum Abrufen von Zertifikaten ein.

Zur Charakterisierung von elektronischen Signaturen, Zertifikaten und Zertifizierungsdiensten sind in der EU-Richtlinie somit vier Faktoren – jeweils Erfüllung der spezifischen Anforderungen sowie bei Zertifizierungsdiensten noch die freiwillige Akkreditierung – bekannt, die durch Kombination beim Verfahren der elektronischen Signatur zur stufenweisen Steigerung der Sicherheit beim Nachweis der Identität des Signaturschlüssel-Inhabers dienen. Da bei elektronischen Signaturen und Zertifikaten die Konformität zur EU-Richtlinie durch vorangestellte Adjektive wie „fortgeschritten" bzw. „qualifiziert" ausgedrückt ist, werden zur besseren Unterscheidung andere elektronische Signaturen bzw. Zertifikate ohne zusätzliche sicherheitssteigernde Faktoren häufig auch als „normal" oder „einfach" bezeichnet. Prinzipiell zu beachten ist, daß es einerseits orthogonale Faktoren, wie Verwendung „normaler"/sicherer Signaturerstellungseinheiten zu „normalen"/qualifizierten Zertifikaten, und andererseits aufeinander aufbauende Faktoren, wie „normale" Zertifizierungsdienste und EU-Richtlinie-konforme, die eventuell noch zusätzlich akkreditiert sind, gibt. Durch Kombination der sicherheitsrelevanten Faktoren sind daher realistischerweise insgesamt fünf Varianten elektronischer Signaturen zu unterscheiden (siehe Abb. 1.3).

Explizit aufgeführt wird in der EU-Richtlinie nur eine einzige Kombination sicherheitsrelevanter Faktoren, nämlich in Artikel 5 Abs. 1 die fortgeschrittene elektronische Signatur, die auf einem qualifizierten Zertifikat basiert und mit einer sicheren Signaturerstellungseinheit erzeugt wurde (siehe Variante 3 in Abb. 1.3). Ob die explizite Nennung dieser Kombination zu deren Favorisierung gegenüber anderen Varianten führt, und vor allem ob dies gerecht-

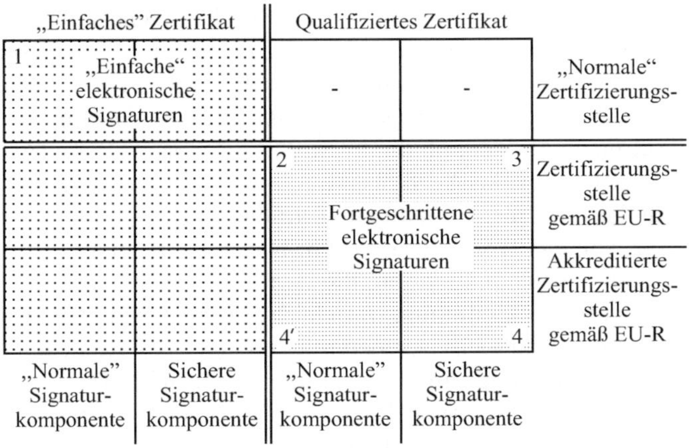

Abb. 1.3. Varianten elektronischer Signaturen

fertigt ist, wäre diskussionswürdig, zumal die EU-Mitgliedstaaten bei der Umsetzung der Richtlinie dieser Kombination die Erfüllung der rechtlichen Anforderungen an Unterschriften bei elektronischen Daten zugestehen und als Beweismittel in Gerichtsverfahren zulassen sollen. Allerdings wird bereits im nächsten Abschnitt implizit auf weitere mögliche Varianten hingewiesen, die sich von der zuvor genannten dadurch unterscheiden, daß einer der Sicherheitsfaktoren, etwa die sichere Signaturerstellungseinheit, nicht zum Einsatz kommt (vgl. Artikel 5 Abs. 2 Punkt 3–4 Eu-RelS). Somit ergeben sich fünf wesentliche Varianten elektronischer Signaturen:[25]

1. „Einfache" elektronische Signaturen
2. Fortgeschrittene elektronische Signaturen, die auf einem qualifizierten Zertifikat basieren
3. Fortgeschrittene elektronische Signaturen, die mit einer sicheren Signaturerstellungseinheit erzeugt wurden und auf einem qualifizierten Zertifikat basieren
4. Fortgeschrittene elektronische Signaturen, die mit einer sicheren Signaturerstellungseinheit erzeugt wurden und auf einem qualifizierten Zertifikat basieren, das von einer akkreditierten Zertifizierungsstelle ausgestellt wurde

4'. Fortgeschrittene elektronische Signaturen, die mit einer „normalen" Signaturerstellungseinheit erzeugt wurden und auf einem qualifizierten Zertifikat basieren, das von einer akkreditierten Zertifizierungsstelle ausgestellt wurde

Bei Betrachtung der Varianten fallen vor allem jene auf, bei denen zur Erstellung elektronischer Signaturen bzw. Speicherung von Signaturschlüsseln technische Komponenten eingesetzt werden, die den Anforderungen der EU-Richtlinie Anhang III entsprechen. Allerdings, auch ohne die Frage abschließend klären zu können, ob die Verwendung sicherer Signaturerstellungseinheiten wesentlich für das Verfahren der elektronischen Signatur gemäß der EU-Richtlinie ist oder nicht, bleibt die grundsätzliche Problematik bestehen, daß der Prüfer von elektronisch signierten Daten i.d.R. nicht feststellen kann, ob der Unterzeichner eine spezielle, die Anforderungen nach Artikel 9 erfüllende Komponente zur Erstellung der elektronischen Signatur eingesetzt hat oder nicht. Es kann zwar zwischen Zertifikaten eines EU-Richtlinie-konformen Zertifizierungsdienstes und einem zusätzlich noch akkreditierten unterschieden werden[26], im allgemeinen jedoch nicht zwischen den Signaturvarianten „normaler" bzw. sicherer Signaturkomponenten[27].

[25] Sofern bestimmte Kombinationen aufgrund theoretischer Unmöglichkeit oder mangelnder Relevanz von vornherein nicht weiter betrachtet werden, etwa qualifizierte Zertifikate, ausgestellt von einer Zertifizierungsstelle, die nicht die Anforderungen der EU-Richtlinie erfüllt, oder einfache elektronische Signaturen, die aber auf qualifizierten Zertifikaten basieren. Nicht übersehen werden darf, daß die EU-Mitgliedstaaten die Möglichkeit haben, erstens den Einsatz elektronischer Signaturen im öffentlichen Bereich weiteren einzelstaatlichen Anforderungen zu unterwerfen (vgl. Artikel 3 Abs. 7 EU-RelS), zweitens nationale Systeme zur freiwilligen Akkreditierung einzuführen bzw. beizubehalten, die jeweils eigene zusätzliche Anforderungen an Zertifizierungsdienste stellen (vgl. Artikel 3 Abs. 2 EU-RelS). In jedem EU-Mitgliedstaat können also für diese beiden Bereiche nationale Varianten definiert werden. Insgesamt können daher bis zu 30 weitere divergierende Varianten entstehen, ohne daß die Notwendigkeit ersichtlich wird, weshalb auf nationaler Ebene höhere Anforderungen an elektronische Signaturen als EU-weit zu stellen sind.

[26] vgl. Variante 3 und 4 bzgl. der Dienstanbieter in Abb. 1.3, S. 61

[27] vgl. Variantenpaare 3 und 2 sowie 4 und 4' in Abb. 1.3 und siehe Kapitel 4.5.5

1.5.5.3 Gegenüberstellung von EU-Richtlinie und Signaturgesetz

Eine Gegenüberstellung von nationalen rechtlichen Rahmenbedingungen für den Einsatz digitaler Signaturverfahren und der EU-Richtlinie kann sich zukünftig vielleicht erübrigen, weil die EU-Richtlinie in das jeweilige Recht der EU-Mitgliedstaaten umzusetzen ist. Jedoch ist die momentane Situation die, daß einige EU-Mitgliedstaaten, wie Deutschland, Österreich [Ö NR 99] und Italien [I PD 97], die bereits eigene Regelungen zum Verfahren der digitalen Signatur etabliert haben, ihre jeweiligen Gesetze, Vorschriften etc. den europäischen Vorgaben anzupassen haben. In der folgenden Gegenüberstellung des deutschem Signaturgesetzes (siehe Kapitel 1.5.2) und der EU-Richtlinie werden insbesondere Unterschiede in der Zielsetzung, dem zugrundeliegenden Konzept, den begrifflichen Definitionen und den Anforderungen an Betreiber von Zertifizierungsdiensten bzw. technischen Komponenten und Verfahren zusammengefaßt.

Signaturgesetz	**EU-Richtlinie**
□ 1. August 1997: in Kraft getreten	□ 19. Januar 2000: in Kraft getreten, ist von den EU-Mitgliedstaaten innerhalb von 18 Monaten in nationales Recht umzusetzen
Konzept	
□ Digitale Signatur „Authentizität mittels asymmetrischer Authentikationssysteme	□ Elektronische Signatur „Elektronische Daten, die zur Authentizität dienen“
→Festlegung auf eine bestimmte Technik	→Offen für technische Weiterentwicklungen
□ Juristisches Experiment Erfahrungen mit asymmetrischen Authentikationssystemen und Public-Key-Infrastrukturen	□ Gleichstellung von fortgeschrittenen elektronischen Signaturen und handschriftlichen Unterschriften
→BMJ-Entwurf: Gleicher Beweiswert	
□ Hohe Fälschungssicherheit digitaler Signaturen durch faktische Sicherheit	□ Sicherheit durch Haftung der Zertifizierungsstellen

Tabelle 1.2. Signaturgesetz – EU-Richtlinie für elektronische Signaturen

Digitale Signatur	Elektronische Signatur
□ Nur eine Art von Signaturen	□ Verschiedene Arten von elektronischer Signaturen, Sicherheitsstufenmodell 1. Elektronische Signatur
□ Digitale Signatur ≈	2. Fortgeschrittene Signatur + qualifiziertes Zertifikat + sichere Signaturkomponente + akkreditierter Anbieter von Zertifizierungsdiensten
Gültigkeitsmodell	
□ Signaturgesetz: Gültiges Zertifikat zum Zeitpunkt der Signaturerstellung	□ Prüfempfehlung: Gültiges Zertifikat zum Zeitpunkt der Signaturprüfung
□ BMJ-Entwurf: Gültiges Zertifikat zum Zeitpunkt des Zugangs, Vermutungsregel	
Zertifikate	
□ Max. 5 Jahre gültig	□ Maximum nicht spezifiziert
□ Abrufbar nur mit Zustimmung	□ Abrufbar nur mit Zustimmung
□ 35 Jahre nachprüfbar	□ Angemessener Zeitraum
Haftung	
□ Keine spezielle Regelung →BMJ-Entwurf: ja, aber keine Fälle spezifiziert	□ Mindestfälle spezifiziert z.B. Widerruf von Zertifikaten
Betrieb einer Zertifizierungsstelle	
□ Sicherheitskonzept □ Prüfung, Lizenzierung, Kontrolle, aber noch keine Prüfkriterien spezifiziert bzw. veröffentlicht	□ Keine vorherige Betriebsgenehmigung erforderlich □ Freiwillige Akkreditierung Idee: „Best Practice“

Tabelle 1.2: Signaturgesetz – EU-Richtlinie für elektronische Signaturen

Zertifizierungsstellendienste	
□ PKI-Basisdienste + weitere Pflichtdienstleistungen	□ Nur PKI-Basisdienste
□ Stets proprietäre Lösungen	□ Internationale Standards Modell: X.500 Protokoll: LDAP
□ Verzeichnisdienst mit der Historie von Zertifikaten	
□ Zeitstempeldienst, aber Konzept ist patentgeschützt	□ Optional
Signaturkomponente	**Signaturerstellungseinheit**
□ Konkrete Anforderungen	□ Funktionale Mindestanforderungen an sichere Einheiten
□ Schlüsselspeicher: ITSEC E4 Hoch evaluiert Heute nur Chipkarten möglich	□ Noch keine Prüfkriterien spezifiziert, „Artikel 9“ Ausschuß
□ Signier-/Prüfsoftware: ITSEC E2 Hoch evaluiert	□ Realisierung: Hard- oder Software
Signaturschlüssel	
□ Heutige Praxis: Signaturschlüssel werden von Zertifizierungsstellen generiert und in Chipkarten gespeichert	□ Teilnehmer kann Signaturschlüssel selbst generieren
→Akzeptanzprobleme	
□ Duplikate von Signaturschlüssel generell verboten	□ Sicherheitskopien von Signaturschlüsseln u.U. möglich

Tabelle 1.2: Signaturgesetz – EU-Richtlinie für elektronische Signaturen

2 Rechtsgeschäfte

Die elektronischen Formen der Kommunikation werden wirtschaftlich relevant, wenn Rechtsgeschäfte mittels dieser Technik sicher und wirksam abgeschlossen werden können.[1] Auf die Grundlagen aller Rechtsgeschäfte und deren Strukturierung wird in Kapitel 2.1 eingegangen. Das wichtigste Element der Rechtsgeschäfte – die Willenserklärung – wird anschließend in Kapitel 2.2 analysiert.

Der Schwerpunkt liegt in der Einführung in die Thematik der Willenserklärungen und der Darstellung des Wirksamwerdens von Willenserklärungen, um im weiteren offene Fragestellungen und Probleme bei Einsatz digitaler Kommunikationstechniken und Schutzmaßnahmen, speziell dem gesetzlichen Verfahren der digitalen Signatur, analysieren und alternative Lösungen diskutieren zu können.

2.1 Rechtsgeschäftslehre

Im Bürgerliches Gesetzbuch (BGB) werden grundsätzliche Fragestellungen zu Rechtsverhältnissen, die einer rechtlichen Ordnung unterliegen, geregelt. Zentrale Bedeutung hat dabei die Lehre von den Rechtsgeschäften im Allgemeinen Teil des BGB. Sie regelt, unter welchen Voraussetzungen Rechtsverhältnisse von den beteiligten Personen eigenverantwortlich und formfrei gestaltet werden können und in welchem Umfang Formvorschriften zu wahren sind.

Die Rechtsordnung sieht das Rechtsgeschäft als Mittel zur Erstellung, Veränderung und Beendigung von Rechtsverhältnissen für Personen im Rahmen ihrer Privatautonomie vor. Die Rechtsgeschäftslehre ist damit eine der wichtigsten Grundlagen des Privatrechts.

[1] Die weltweite Verbreitung des Internet kann in den nächsten Jahren zu einer Harmonisierung der nationalen Rechtsordnungen in den verschiedenen Ländern führen und in grenzüberschreitend einheitlichen Vorgaben für den elektronischen Abschluß von Rechtsgeschäften – die Grundlage des E-Commerce – resultieren.

Eine Definition des Rechtsgeschäftes fehlt im BGB, jedoch wird in der Rechtslehre folgendes darunter verstanden:

> *Das Rechtsgeschäft besteht aus einer oder mehreren Willenserklärungen, die allein oder in Verbindung mit anderen Tatbestandsmerkmalen eine Rechtsfolge herbeiführen, weil sie gewollt ist.*
> *Überblick vor §104(2) [Palandt 99]*

Die Willenserklärung ist ein notwendiger Bestandteil eines jeden Rechtsgeschäftes. Sie ist das Mittel für natürliche oder juristische Personen, um ihrem Willen rechtliche Geltung zu verschaffen. Für die Differenzierung von Rechtsgeschäften gibt es verschiedene Merkmale. Die beiden wichtigsten Kriterien sind:

1. Anzahl der erforderlichen Willenserklärungen
2. Wirkung des Rechtsgeschäftes

Die Unterscheidung der Rechtsgeschäfte nach der Anzahl der Willenserklärungen, die zum Zustandekommen erforderlich sind, führt zu folgenden Arten:

1. **Einseitige Rechtsgeschäfte**
   Sie basieren auf der Willenserklärung einer Person, z.B. Anfechtungserklärung §143, Rücktrittserklärung §349, Testament §2231 ff. BGB.
2. **Mehrseitige Rechtsgeschäfte**
   Sie basieren auf den Willenserklärungen mehrerer Personen, z.B. Kaufvertrag §433 BGB.

Aus dieser Unterscheidung wird ersichtlich, welche Elemente ein Rechtsgeschäft der Art Vertrag mindestens enthalten muß – zwei übereinstimmende Willenserklärungen (siehe Abb. 2.1). Rechtsgeschäfte können aber noch aus weiteren Elementen bestehen:

- **Im Regelfall**
  Der Realakt der Besitzübertragung, Übereignung beweglicher Sachen gemäß, §929
- **Im Sonderfall**
  Z.B. der behördliche Akt der Eintragung ins Grundbuch, Grundstücksübereignung gemäß §873

Das Kriterium – Wirkung des Rechtsgeschäftes – ist aus zivilrechtlicher Sicht von Bedeutung und basiert auf dem Trennungs- und Abstraktionsprinzip des BGB. Es differenziert Rechtsgeschäfte in das Verpflichtungsgeschäft – eine Person hat gegenüber einer anderen Person eine Leistungspflicht – und das Verfügungsgeschäft – es wird unmittelbar auf ein bestehendes Recht eingewirkt, um dieses Recht inhaltlich zu ändern, zu übertragen oder aufzuheben ([Larenz 97], §23). Das Verpflichtungsgeschäft wird auch als Grund-

bzw. Kausalgeschäft bezeichnet, da es ein Verfügungsgeschäft nach sich zieht. Dieses wird auch Erfüllungsgeschäft genannt, da mit diesem eine Person die gegenüber einer anderen Person eingegangene Verpflichtung erfüllt.

Für die Betrachtung von Rechtsgeschäften mittels elektronischer Kommunikationstechnik sind vor allem die Verpflichtungsgeschäfte relevant, da deren Elemente Willenserklärungen sind, die über elektronische Medien ausgestauscht werden können. Nach dem Grundsatz der Privatautonomie gilt für diese Gestaltungs- bzw. Formfreiheit.

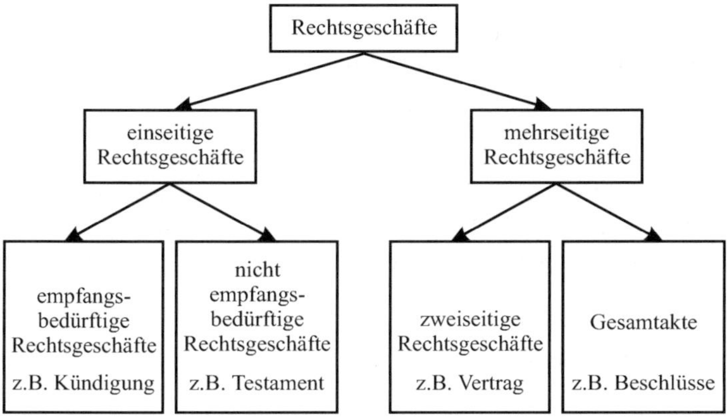

Abb. 2.1. Rechtsgeschäfte

Bei Willenserklärungen können demnach, von den Fällen mit gesetzlichen Formvorschriften abgesehen, prinzipiell auch elektronische Formen gewählt werden. Verfügungsgeschäfte und deren Elemente haben den Übergang von Eigentum, Rechten, etc. zur Folge. Erfüllungsgeschäfte werden im weiteren nur dann betrachtet, wenn es auch elektronische Formen zu deren Durchführung gibt.

2.2 Willenserklärungen

Die wesentlichen Elemente eines jeden Rechtsgeschäftes oder geschäftsähnlicher Handlungen sind die Willenserklärungen. Eine Willenserklärung läßt sich umschreiben als eine zur Kenntnisnahme durch andere bestimmte Äußerung, durch die der Erklärende zu erkennen gibt, daß eine bestimmte Rechtsfolge oder ein Komplex von Rechtsfolgen nach seinem Willen eintreten soll ([Larenz 97], §24).

In der Rechtslehre ist auch folgende Definition der Willenserklärung existent:

> *Die Willenserklärung ist eine Äußerung eines auf die Herbeiführung einer Rechtswirkung gerichteten Willens. Sie bringt einen Rechtsfolgewillen zum Ausdruck.*
> *[Palandt 99], „Einführung vor §116(1)"*

Im folgenden werden zunächst der Tatbestand der Willenserklärung (Kapitel 2.2.1) und die Anforderungen zum Wirksamwerden von Willenserklärungen dargestellt (Kapitel 2.2.2). Detailliert werden dann die Abgabe einer Willenserklärung (Kapitel 2.2.3) und deren Zugang (Kapitel 2.2.4).

2.2.1 Tatbestand der Willenserklärung

Schon aus dem Begriff *Willenserklärung* wird ersichtlich, daß sie aus zwei Elementen, dem subjektiven bzw. inneren Tatbestand des Willens und dem objektiven bzw. äußeren Tatbestand der Erklärung, besteht. In der Rechtslehre wird der subjektive Tatbestand einer Willenserklärung an den folgenden drei Aspekten festgemacht ([Larenz 97], §24(2)):

- Handlungswille
- Erklärungsbewußtsein
- Geschäftswille

Die notwendige Mindestvoraussetzung einer jeden Willenserklärung ist der Handlungswille des Erklärenden. Der Begriff *Handlungswille* umfaßt alle Formen des Tuns oder Unterlassens, die vom Willen bewußt gesteuert werden, z.B. Sprechen, Schweigen oder Zeichen geben, wie Nicken bzw. Kopfschütteln oder Heben einer Hand. Der Handlungswille des Erklärenden fehlt bei ungewolltem Verhalten, wie Äußerungen bzw. Bewegungen im Schlaf, unter Hypnose oder aufgrund von unmittelbarem körperlichen Zwang. Solche Handlungen führen nicht zu Willenserklärungen.

Das *Erklärungsbewußtsein* umfaßt den Willen, überhaupt am rechtsgeschäftlichen Verkehr teilzunehmen und das Bewußtsein, eine rechtsgeschäftliche Erklärung abzugeben. Es ist fraglich, ob Willenserklärungen das Erklärungsbewußtsein zwingend voraussetzen oder nicht. Heute wird in der Rechtslehre die Ansicht vertreten, daß eine Willenserklärung vorliegt, wenn aufgrund des objektiven äußeren Erscheinungsbildes andere auf das Vorhandensein des Erklärungsbewußtseins vertrauen ([Larenz 97], §24(8)).

Unter dem *Geschäftswillen* versteht man den Willen, der auf Herbeiführung eines bestimmten rechtsgeschäftlichen Erfolgs gerichtet ist. Er wird auch als Rechtsfolgewille bezeichnet, da er die Grundlage der Rechtsfolgen ist ([Larenz 97], §24(9)). Das Fehlen des Geschäftswillens wirkt sich allerdings nicht auf die Zurechenbarkeit der Willenserklärung aus. Auch ohne Geschäftswillen ist daher der Erklärende an seine Willenserklärung gebunden ([Palandt 99], „Einf. vor §116(19)"). In diesen Fällen kann daher eine

Anfechtung der Willenserklärung aufgrund eines Irrtums möglich sein (§§119 ff. BGB). Der Geschäftswille ist demnach keine notwendige Voraussetzung für eine Willenserklärung.

Der *objektive Tatbestand einer Willenserklärung* erfordert, daß der Erklärende seinen Willen, eine Rechtsfolge herbeizuführen, nach außen hin kenntlich macht. Dieser Kundgabeakt muß derart gestaltet sein, daß für einen objektiven Beobachter der innere Wille des Erklärenden, eine rechtliche Bindung eingehen zu wollen, erkennbar wird. Der Erklärende kann zur Kundgabe seines Rechtsbindungswillens eine der folgenden Formen nutzen:

1. Ausdrückliche Erklärung
2. Konkludentes Handeln
3. Schweigen als Erklärung

Der Rechtsbindungswille kommt bei einer ausdrücklichen Erklärung unmittelbar in Wort oder Schrift zum Ausdruck. Der Geschäftswille sowie die gewollten Rechtsfolgen werden allein durch den Sinngehalt der gebrauchten Worte nach dem üblichen Sprachverständnis ausgedrückt.

Der Ausdruck des Rechtsbindungswillens kann aber auch durch schlüssiges Verhalten des Erklärenden, eine sogenannte konkludente Willenserklärung, erfolgen ([Palandt 99], „Einf. vor §116(6)“). Die Bedeutung einer konkludenten Handlung wird im allgemeinen nur durch die Betrachtung und Verbindung mit anderen Umständen, d.h. vorhergegangenen Erklärungen, ersichtlich. Bei einer kontextlosen Betrachtung der Handlung kann in der Regel nicht eindeutig auf den Willen des Erklärenden geschlossen werden. Zum Beispiel kann die Annahme eines unmittelbar zuvor gemachten Vertragsangebots durch Nicken mit dem Kopf erfolgen, da in diesem Zusammenhang nach dem üblichen Verständnis eine klare Deutung des Geschäftswillens möglich ist, obwohl im allgemeinen Kopfnicken keinen eindeutigen Geschäftswillen zum Ausdruck bringt.

Die Kundgabe des Rechtsbindungswillens durch Schweigen ist nur in Sonderfällen möglich. Die Vertragsparteien können ausnahmsweise vereinbaren, daß das Schweigen einer Partei eine Erklärungshandlung darstellen soll ([Palandt 99], „Einf. vor §116(7)“). Der Rechtsbindungswille wird dann durch das beredte Schweigen, eine passive Art des konkludenten Handelns, zum Ausdruck gebracht. Das bloße Schweigen und sonstige Untätigkeiten sind, von diesen Ausnahmen abgesehen, keine Willenserklärungen und daher rechtlich unbeachtlich, denn sie enthalten grundsätzlich keine oder eine ablehnende negative Willenserklärung.

2.2.2 Wirksamwerden einer Willenserklärung

Willenserklärungen sind Entäußerungen, die zur Kenntnisnahme durch andere bestimmt sind und eine Rechtsfolge herbeiführen sollen ([Larenz 97],

§24(1)). Die Kenntnisnahme erfordert zunächst die Kundgabe des Willens seitens des Erklärenden. Bei der Betrachtung der verschiedenen Formen des Kundgabeaktes wird ersichtlich, daß die Entäußerung des Willens ein zeitlicher Prozeß ist. Im folgenden wird deshalb zunächst dargestellt, welche Zeitpunkte für die Gültigkeit und das rechtliche Wirksamwerden von Willenserklärungen relevant sind.

Im Bürgerlichen Gesetzbuch wird zwischen zwei Zeitpunkten differenziert:

- □ Zeitpunkt der Abgabe der Willenserklärung
- □ Zeitpunkt des Wirksamwerdens der Willenserklärung

Die erste Voraussetzung für das Wirksamwerden einer jeden Willenserklärung ist, daß sie abgegeben wurde. Wenn Willenserklärungen Rechtsfolgen erzeugen, die in die Rechtsverhältnisse eines anderen eingreifen, ist als zweite Voraussetzung für das Wirksamwerden zusätzlich der Zugang beim Erklärungsempfänger erforderlich ([Larenz 97], §26). Im BGB wird daher zwischen zwei prinzipiellen Arten von Willenserklärungen unterschieden:

- □ **Nicht empfangsbedürftige Willenserklärungen**
  werden unmittelbar nach Abschluß des Kundgabeaktes wirksam.
- □ **Empfangsbedürftige Willenserklärungen**
  werden erst mit Zugang der Erklärung beim Empfänger wirksam.

Im allgemeinen stellen nicht empfangsbedürftige Willenserklärungen, z.B. Testament, Auslobung, Sonderfälle dar. Auf sie wird im weiteren nicht eingegangen, da sie für die Betrachtung von Rechtsgeschäften mittels elektronischer Medien, den E-Commerce, nicht relevant sind. Ebenso wenig wird auf die Fragestellung eingegangen, inwieweit der Tod oder die Geschäftsunfähigkeit des Erklärenden Einfluß auf die Wirksamkeit seiner Willenserklärungen haben.

Bzgl. des Wirksamwerdens einer empfangsbedürftigen Willenserklärung ist die Unterscheidung zwischen dem Zeitpunkt der Abgabe bzw. des Zugangs aufgrund folgender Aspekte bedeutend, vor allem dann, wenn der Kundgabeakt und die Übermittlung durch elektronische Kommunikationstechniken erfolgten:

- □ Der Erklärende trägt bis zum Zugang das Risiko der Verfälschung, der Verzögerung und des Verlusts seiner Willenserklärung.
- □ Ab dem Zugang gehen diese Risiken auf den Erklärungsempfänger über.

Die Intention des Gesetzgebers ist, die Risiken bei der Übermittlung einer Willenserklärung angemessen zwischen dem Erklärenden und dem Erklärungsempfänger zu verteilen.

2.2.3
Abgabe einer Willenserklärung

Für die Beurteilung der Gültigkeit einer Willenserklärung, ob empfangsbedürftig oder nicht, ist der Zeitpunkt ihrer Abgabe relevant, da sie erst ab diesem Zeitpunkt rechtlich existent ist und die Rechts- bzw. Geschäftsfähigkeit des Erklärenden zu diesem Zeitpunkt zu betrachten ist.

Eine gesetzliche Definition des Abgabezeitpunkts einer Willenserklärung existiert nicht, obwohl im BGB im Zusammenhang von Willenserklärungen unter Abwesenden an etlichen Stellen, u.a. §§130, 131, auf diesen Zeitpunkt Bezug genommen wird.

In der Rechtslehre wird die Meinung vertreten, daß

> *eine Erklärung dann abgegeben ist, wenn der Erklärende alles bei ihm Liegende getan hat, um seinen rechtsgeschäftlichen Willen in einer solchen Weise zu äußern, daß an der Endgültigkeit dieses Willens kein Zweifel mehr sein kann.*
> *[Larenz 97], §26(3)*

Die Abgabe einer schriftlichen Willenserklärung unter Abwesenden, z.B. durch einen Brief, erfolgt in dem Moment, wenn dieser in den Briefkasten geworfen wird. Der Erklärende hat den Brief willentlich in Richtung des Empfängers losgeschickt, so daß er von dessen Übermittlung ausgehen kann. Eine mündliche Willenserklärung gilt dann als abgegeben, wenn sie in Richtung des Empfängers gesprochen wurde und dieser sie vernehmen kann.

2.2.4
Zugang einer Willenserklärung

Das Bürgerliche Gesetzbuch bestimmt, daß empfangsbedürftige Willenserklärungen erst dann wirksam werden können und Rechtsfolgen erzielen, wenn sie dem Empfänger zugegangen sind. Es stärkt mit diesem Grundsatz das Interesse des Empfängers an rechtzeitiger Information über eine kommende Veränderung seiner Rechtsverhältnisse, um sich hierauf einstellen zu können.

Empfangsbedürftige Willenserklärungen, z.B. Annahmeerklärungen, werden unmittelbar zum Zeitpunkt des Zugangs wirksam, und die erklärten Rechtsfolgen treten ein, z.B. Vertragsabschluß. Zwar können die Rechtsfolgen noch weitere gesetzlich vorgeschriebene Akte oder Tatbestandselemente erfordern, z.B. bei Grundstücksverkäufen den Akt der Eintragung ins Grundbuch, dennoch ist der Zeitpunkt des Zugangs einer Willenserklärung aus folgenden Gründen bedeutend:

1. Bis zum Zeitpunkt des Zugangs beim Empfänger kann die Willenserklärung vom Erklärenden widerrufen werden, d.h., sie bleibt rechtlich folgenlos.

2. Mit dem Zeitpunkt des Zugangs beim Empfänger wird die Willenserklärung für den Erklärenden bindend, d.h., sie kann nicht mehr widerrufen werden.
3. Wenn Fristen für die Willenserklärung bestimmt wurden, dann entscheidet der Zeitpunkt des Zugangs beim Empfänger darüber, ob sie rechtzeitig oder verspätet erfolgte.

Nach dem Gesetz ist grundsätzlich zwischen dem Zugang von empfangsbedürftigen Willenserklärungen gegenüber anwesenden bzw. abwesenden Personen zu differenzieren. Im §130 Abs. 1 BGB ist das Wirksamwerden von Willenserklärung bei Abwesenheit des Empfängers geregelt.[2]

□ **Anwesende Personen**
Bei der Abgabe der Willenserklärung ist die Möglichkeit zur zeitgleichen Kenntnisnahme gegeben, da ein unmittelbarer Verständigungskontakt, wie Sprech-, Sicht- und Schriftkontakt, zwischen Erklärendem und Empfänger besteht.

□ **Abwesende Personen**
Es besteht ein zeitlicher Abstand zwischen der Abgabe einer Willenserklärung und der Möglichkeit zu deren Kenntnisnahme.

Die Unterscheidung zwischen An- bzw. Abwesenheit erfolgt ausschließlich nach dem Kriterium, wie schnell der Erklärungsempfänger von der Willenserklärung Kenntnis nehmen und darauf reagieren kann. Für diese Unterscheidung ist daher nicht relevant, ob die Personen physikalisch am selben Ort anwesend sind oder nicht.

So ist von einem Zugang unter Anwesenden auszugehen, wenn die Willenserklärung telefonisch übermittelt wurde (§147 Abs. 1 BGB), aber von einem Zugang unter Abwesenden, wenn die Willenserklärung auf einen Anrufbeantworter gesprochen oder per Fax versendet wurde ([Larenz 97], §26(26)).

Im Gesetz, speziell §130 Abs. 1 BGB, erfolgt bei der Bestimmung des Zugangs von Willenserklärungen keine Unterscheidung zwischen verkörperten und nicht verkörperten, d.h. schriftlichen und mündlichen, Formen.

□ **Verkörperte Willenserklärungen**
Erklärung wird in einem Schriftstück dargestellt.

□ **Nicht verkörperte Willenserklärungen**
Äußerung des Willens erfolgt durch gesprochene Worte und/oder Gesten.

Der Unterschied zwischen schriftlichen – verkörperten – und mündlichen – nicht verkörperten – Willenserklärungen besteht darin, daß *mündliche Erklärungen, sobald sie ausgesprochen wurden, auch schon wieder vergangen sind* ([Larenz 97], §26(30)). Sie haben daher keinen objektiven Bestand und

[2] zu einer zusammenfassenden Darstellung siehe Tabelle 2.1, S. 78

bleiben nur in der Erinnerung des jeweiligen Empfängers an das von ihm subjektiv Vernommene erhalten.

Der Zugang empfangsbedürftiger Willenserklärungen gegenüber einem anwesenden Empfänger ist dagegen nicht gesetzlich geregelt. In der Rechtslehre wird die Ansicht vertreten, daß dem Grundgedanken des §130 BGB – die Verteilung der Übermittlungsrisiken von Willenserklärungen zwischen Erklärenden und Erklärungsempfängern – auch bei anwesenden Personen zu folgen und demnach zwischen den verschiedenen Formen der Willenserklärungen[3] zu unterscheiden ist.

Im allgemeinen werden Willenserklärungen nach der Empfangstheorie wirksam und im Sonderfall, der nicht verkörperten Willenserklärungen gegenüber einem anwesenden Empfänger, nach der Vernehmungstheorie.

2.2.4.1 Empfangstheorie

Im Gesetz wird der Begriff des Zugangs bzw. des Zugehens von Erklärungen, u.a. in §130 Abs. 1, §132, §149 BGB, benutzt, dennoch existiert dafür keine gesetzliche Definition. Im folgenden ist eine in der Rechtslehre anerkannte Definition des Zugangs aufgeführt:

> *Zugegangen ist die Willenserklärung, wenn sie so in den Machtbereich des Empfängers gelangt ist, daß dieser unter normalen Verhältnissen die Möglichkeit hat, vom Inhalt der Erklärung Kenntnis zu nehmen.*
> *[Palandt 99], §130(5)*

Der Zugang einer Willenserklärung beim Empfänger ist demnach ein Vorgang mit räumlichen und zeitlichen Aspekten, unterteilt in die beiden Zugangsvoraussetzungen der *Empfangstheorie*:

1. Eintritt in den Machtbereich des Empfängers
2. Möglichkeit zur Kenntnisnahme seitens des Empfängers

Danach gehen die Risiken verfälschter und verlorener Willenserklärungen vom Erklärenden auf den Empfänger über, sobald die Willenserklärung in dessen Machtbereich gelangt ist. Das Wirksamwerden von Willenserklärungen sowie Fragestellungen bezüglich ihres rechtzeitigen oder verspäteten Zugangs werden am Zeitpunkt der möglichen und zu erwartenden Kenntnisnahme festgemacht.

Der *Eintritt in den Machtbereich* des abwesenden Empfängers ist die erste Zugangsvoraussetzung. Sein Machtbereich umfaßt die nachfolgenden Möglichkeiten, um Willenserklärungen entgegenzunehmen:

□ Briefkasten, Postfach

[3] vgl. [Palandt 99], §130(1-3) und [Larenz 97], §26(4)

□ Telefax, Anrufbeantworter

□ Wohnung, Geschäftsräume

Der Zugang einer Willenserklärung kann auch durch Hilfspersonen erfolgen. Empfangsvertreter bzw. Empfangsboten, z.B. Familienangehörige, kaufmännische Angestellte im Betrieb des Empfängers, sind dem Machtbereich des Erklärungsempfängers zuzuordnen, deshalb trägt er das Risiko bei der Weiterleitung der Erklärung.Dagegen trägt der Erklärende die Risiken bei der Zustellung seiner Willenserklärung durch einen Erklärungsboten bis zum Zugang beim Empfänger.

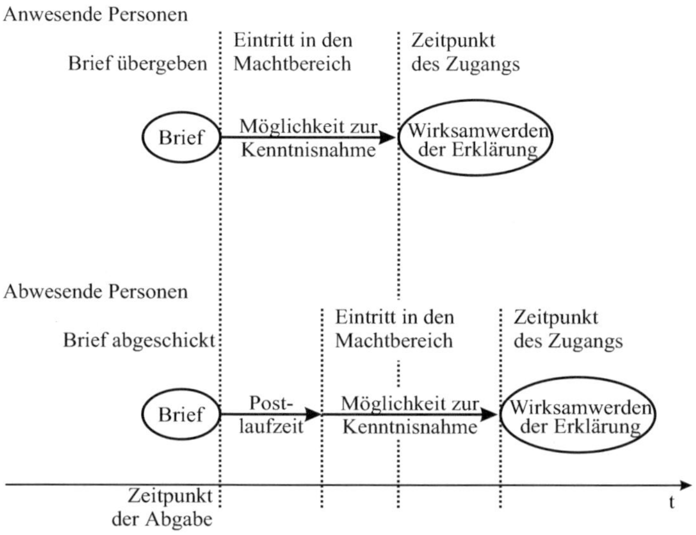

Abb. 2.2. Wirksamwerden verkörperter Willenserklärungen

Die zweite Zugangsvoraussetzung einer Willenserklärung ist die *Möglichkeit zur Kenntnisnahme* seitens des Empfängers. Es ist zu beachten, daß es nach herrschender Meinung nicht auf die tatsächliche Kenntnisnahme ankommt, sondern daß es ausreichend ist, wenn die reine Möglichkeit zur Kenntnisnahme besteht, wie sie bei Zugrundelegung normaler Umstände gegeben ist. In Abb. 2.2 ist das Wirksamwerden von verkörperten Willenserklärungen gemäß der Empfangstheorie dargestellt.

Bei der Bestimmung des Zeitpunkts der möglichen Kenntnisnahme sind die üblichen Gepflogenheiten des Geschäftsverkehrs bzw. normale Verhältnisse zu berücksichtigen, §130(6,7) [Palandt 99]. Wird z.B. ein Brief in den Briefkasten der Geschäftsräume eingeworfen, so ist er zwar in diesem Moment in den Machtbereich des Empfängers gelangt, aber der Erklärende kann mit dessen Kenntnisnahme erst zum Zeitpunkt der nächsten normalen Leerung des Briefkastens rechnen, auch wenn der Einwurf des Briefs zu den üblichen Geschäftszeiten erfolgte. In der Regel werden Briefkästen am nächsten Arbeitstag zu Beginn der üblichen Geschäftszeit geleert. Wird die Willenserklärung während der Geschäftszeiten jedoch per Fax übermittelt, so kann mit deren Kenntnisnahme noch am selben Tag gerechnet werden.

Mit dem Zeitpunkt der möglichen Kenntnisnahme soll jedoch nur der späteste Zeitpunkt des Wirksamwerdens einer Willenserklärung bestimmt werden. Erklärungen werden früher wirksam, sofern der Empfänger tatsächlich auch früher Kenntnis von ihnen erlangt hat, z.B. wenn der Brief mit der Erklärung dem Empfänger in den Geschäftsräumen direkt übergeben wird.

Der Empfänger trägt allein das Risiko, von einer ihm zugegangenen Willenserklärung nicht rechtzeitig Kenntnis genommen zu haben, auch wenn bei ihm besondere Umstände oder Hindernisse vorliegen, die der Erklärende nicht zu erwarten hatte. Kein Hindernis für die Kenntnisnahme ist die zeitweilige Abwesenheit des Empfängers aufgrund von Urlaub, Krankheit oder Haft. Unter Umständen gilt dies sogar, wenn dem Erklärenden die Abwesenheit des Empfängers bekannt ist ([Palandt 99], §130(5)). Da jede Person ein potentieller Empfänger von Willenserklärungen ist, muß sie deshalb bei Kenntnisnahmehindernissen im eigenen Machtbereich rechtzeitig entsprechende Maßnahmen ergreifen, um auch weiterhin von zugegangenen Willenserklärungen Kenntnis zu erlangen, z.B. Nachsendeantrag, Einsatz von Hilfpersonen.

2.2.4.2 Vernehmungstheorie

Im Fall der nicht verkörperten Willenserklärungen gegenüber Anwesenden erfolgt zeitgleich mit der Abgabe der Willenserklärung auch deren Wahrnehmung durch den Empfänger. Die Wahrnehmung der Willenserklärung ersetzt dabei deren Zugang ([Palandt 99], §130(2)).

Die herrschende Meinung in der Rechtslehre vertritt die Ansicht, daß diese Erklärungen durch Worte oder Gesten dann sofort wirksam werden, wenn sie vom Empfänger akustisch bzw. optisch richtig vernommen wurden. Andere vertreten sogar die Ansicht, daß der Erklärende schon von der vollständigen und richtigen Vernehmung seiner Erklärung ausgehen darf, wenn keine für ihn erkennbaren Umstände dagegen sprechen, auch wenn dies tatsächlich nicht so ist. Falls z.B. der Empfänger schwerhörig ist, hat er den Erklärenden darauf aufmerksam zu machen, andernfalls werden an ihn gerichtete mündliche Erklärungen auch dann wirksam, wenn er sie nur teilweise bzw. falsch vernommen hat, die sog. abgeschwächte Vernehmungstheorie, siehe §26(32) [Larenz 97], §130(14) [Palandt 99]. Das Wirksamwerden nicht verkörperter Willenserklärungen gemäß dieser Theorie ist in Abb. 2.3 dargestellt.

Sonderregelungen

Eine Sonderregelung besteht für den Zugang und die Kenntnisnahme von behördlichen Erklärungen mittels Brief. Diese Schriftstücke gelten nach §4

Abs. 1 Verwaltungszustellungsgesetz (VwZG) stets mit dem 3. Tag nach der Aufgabe bei der Post als zugestellt, sofern seitens des Empfängers nicht glaubhaft nachgewiesen werden kann, daß ihm das zuzustellende Schriftstück nicht oder erst zu einem späteren Zeitpunkt zugegangen ist. Das Bundesverwaltungsgericht vertritt zudem die Auffassung, die Kenntnisnahme des Inhalts behördlicher Schriftstücke gehöre grundsätzlich zu den Sorgfaltspflichten eines jeden Staatsbürgers.

Das Gesetz sieht die Möglichkeit vor, daß Willenserklärungen durch Gerichtsvollzieher gemäß der Zivilprozeßordnung zugestellt werden können, §132

	Abwesender Empfänger	Anwesender Empfänger
Verkörperte Willenserklärung, z.B. schriftliche Erklärung		
	Empfangstheorie, §130 Abs. 1 BGB	Empfangstheorie, in Analogie zu §130 Abs. 1 BGB
Zeitpunkt der Abgabe	Einwurf des Briefs in einen Postkasten	Übergabe des Schriftstücks an den Empfänger
Eintritt in den Machtbereich des Empfängers	Postbote wirft den Brief in den Briefkasten des Empfängers	Mit der Übergabe des Schriftstücks
Zeitpunkt des Zugangs	Bei tatsächlicher bzw. unter normalen Umständen zu erwartender Kenntnisnahme	
	Nach der Leerung des Briefkastens am nächsten Werktag	Unmittelbar nach der Übergabe des Schriftstücks
Nicht verkörperte Willenserklärung, z.B. mündliche Erklärung		
	Empfangstheorie, §130 Abs. 1 BGB	(abgeschwächte) Vernehmungstheorie
Zeitpunkt der Abgabe	Beendigung des Sprechens der Erklärung Abgabe und Wahrnehmung erfolgen gleichzeitig	
Eintritt in den Machtbereich des Empfängers	Erklärung ist auf dem Anrufbeantworter abrufbar	–
Zeitpunkt des Zugangs	Bei tatsächlicher bzw. unter normalen Umständen zu erwartender Kenntnisnahme, z.B. Abhören des Anrufbeantworters am nächsten Tag	Bei richtiger und vollständiger Vernehmung durch den Empfänger (wenn für den Erklärenden keine erkennbaren Umstände dagegen sprechen)

Tabelle 2.1. Wirksamwerden empfangsbedürftiger Willenserklärungen

Abs. 1 BGB. In diesem Sonderfall, der öffentlichen Ersatzzustellung, sichert sich der Erklärende den Beweis des Zugangs seiner Erklärung.

2.2.4.3 Zugangshindernisse

Das Wirksamwerden empfangsbedürftiger Willenserklärungen setzt deren Zugang beim Erklärungsempfänger voraus. Der Empfänger kann jedoch durch Maßnahmen in seinem Machtbereich den Zugang erschweren, verzögern oder gänzlich verhindern.

Die Problematik der Zugangsverhinderung ist gesetzlich nicht geregelt, jedoch werden in der Rechtslehre die folgenden Fälle getrennt betrachtet, um zu unterschieden, wem die Folgen der Zugangsverhinderung zuzurechnen sind und ob ein weiterer Versuch, die Willenserklärung zuzustellen, seitens des Erklärenden erforderlich ist oder nicht ([Larenz 97], §26(40)):

- □ Annahmeverweigerung
- □ Absichtliche Verhinderung des Zugangs
- □ Versäumnisse bei den Zugangsvorkehrungen

Diese Unterscheidung grenzt zunächst die Fälle, in denen zwar keine tatsächliche Kenntnisnahme der Willenserklärung erfolgte, aber diese wenigstens vorübergehend in den Machtbereich des Empfängers gelangt war und so Möglichkeit zu deren Kenntnisnahme bestand – Annahmeverweigerung –, von den anderen ab, in denen Willenserklärungen überhaupt nicht oder mit Verzögerung in den Machtbereich des Empfängers eintreten – absichtliche bzw. fahrlässige Zugangsverhinderung.

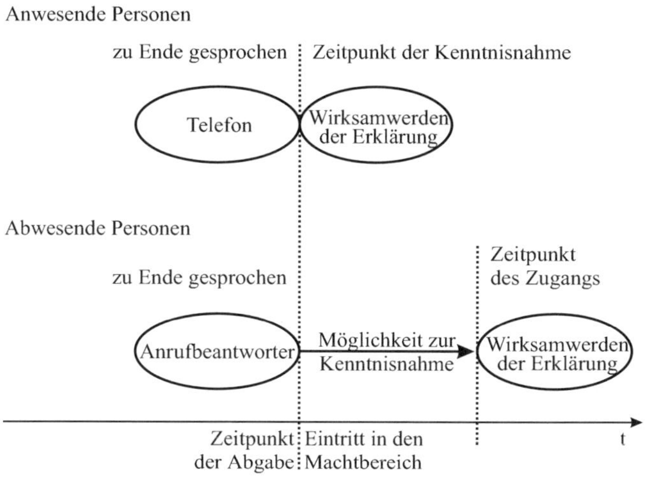

Abb. 2.3. Wirksamwerden nicht verkörperter Willenserklärungen

Annahmeverweigerung

Im Fall der Annahmeverweigerung, d.h., der Erklärungsempfänger verweigert die Entgegennahme einer schriftlichen Willenserklärung oder das Anhören einer mündlichen Erklärung von einer ihm gegenüberstehenden Person, ist aufgrund unterschiedlicher Rechtsfolgen zwischen der berechtigten bzw. unberechtigten Annahmeverweigerung zu differenzieren.

Der Empfänger kann die Annahme zu Recht verweigern, wenn z.B. der Brief unzureichend frankiert ist oder die mündliche Erklärung Beschimpfungen enthält, weshalb sich der Empfänger z.B. die Ohren zuhält oder den Telefonhörer auflegt. Die Folge ist, daß bei solchen Versuchen, Willenserklärungen zuzustellen, kein Zugang erfolgt ist. Der Erklärende muß erneut versuchen, seine Willenserklärung zuzustellen und trägt dabei das Risiko des verspäteten Zugangs.

Der Empfänger kann die Annahme einer Willenserklärung aber auch ohne berechtigte Gründe verweigern, z.B. verweigert er die Annahme des Kündigungsschreibens seines Vermieters, da er annimmt, so die Kündigung verhindern zu können. Die Erklärung ist jedoch zumindest kurzfristig in den Machtbereich des Empfängers gelangt, deshalb gilt nach herrschender Meinung deren Zugang zum Zeitpunkt des Zugangsversuchs als angenommen ([Palandt 99], §130(16)). Der Erklärende braucht keinen weiteren Versuch der Zustellung zu unternehmen, die Risiken durch die verspätete Kenntnisnahme trägt der Empfänger.

Absichtliche Verhinderung des Zugangs

Der Zugang einer Willenserklärung kann vom Empfänger durch aktive Maßnahmen auch absichtlich verhindert werden, z.B. indem er seinen Anrufbeantworter bzw. sein Faxgerät ausschaltet oder umzieht, ohne seine neue Adresse bekanntzugeben. In diesen Situationen wird der Zugang der Willenserklärung gemäß §242 BGB fingiert, der Empfänger wird nach Treu und Glauben so behandelt, als sei ihm die Erklärung zugegangen ([Palandt 99], §130(17)).

Der Erklärende muß dennoch einen erneuten Zustellungsversuch unternehmen, sobald für ihn erkennbar ist, daß seine Erklärung den Empfänger nicht erreicht hat. Bei mehreren erfolglosen Zustellversuchen ist eine Ersatzzustellung gemäß §132 Abs. 2 BGB möglich. Das Verzögerungsrisiko ist dabei vom Empfänger zu tragen.

Versäumnisse bei den Zugangsvorkehrungen

Der Zugang von Willenserklärungen in den Machtbereich des Empfängers kann vor allem durch Versäumnisse bei den Zugangsvorkehrungen verhindert werden; z.B. hat der Empfänger vergessen, genügend Papier in sein Faxgerät einzulegen, es einzuschalten oder kann ein persönlich vom Erklärenden überbrachtes Schriftstück nicht annehmen, da weder er noch ein Empfangsvertreter anwesend ist.

In der Rechtslehre wird die Meinung vertreten, daß in diesen Fällen zunächst kein Zugang erfolgt ist und der Erklärende einen erneuten Versuch der Zustellung seiner Erklärung unternehmen muß ([Palandt 99], §130(18)).

Falls der Empfänger jedoch mit dem Zugang von Willenserklärungen zu rechnen hat, muß er die notwendigen Maßnahmen – Ernennung eines Empfangsvertreters, Nachsendeauftrag bei der Post etc. – selbst rechtzeitig ergreifen, damit ihm die Erklärungen zugestellt werden können. Mit dem Zugang von Willenserklärungen haben Geschäftsleute im allgemeinen sowie andere Personen, beispielsweise nach vorheriger Ankündigung durch den Erklärenden oder aufgrund von Vertragsverhandlungen, jederzeit zu rechnen.

Versäumt der Empfänger, diese Maßnahmen einzuleiten, kann er bei Zugang der Willenserklärung aufgrund eines zwangsläufig erneuten Zustellungsversuchs nicht mit deren Verspätung argumentieren. Der erneute und erfolgreiche Zugangsversuch hat zur Folge, daß der Zeitpunkt des tatsächlichen Zugangs auf den Zeitpunkt des ersten Zugangsversuchs zurückgesetzt wird. Die Rechtzeitigkeit des Zugangs der Willenserklärung wird gemäß §242 fingiert.

3 Elektronische Kommunikationssysteme

Neue Kommunikationstechniken und Anwendungen ermöglichen den globalen Austausch beliebiger multimedialer Informationen aus privatem Anlaß aber auch zu geschäftlichen Zwecken. Die Bedeutung der Kommunikationstechnik in der heutigen Informationsgesellschaft ist treffend dargestellt:

> *Wenn keine Information vorliegt, ist Kommunikation nicht möglich, und eine Information, die nicht kommuniziert wird, ist wertlos. [Götzer 93], S. 436*

In diesem Kapitel werden zunächst die Architektur von Geschäftssystemen und die dabei verwandten Kommunikationstechniken dargestellt (Kapitel 3.1). Im weiteren werden dann die beiden Basistechnologien elektronischer Kommunikationssysteme – Request-Response und Store-and-Forward Technik (Kapitel 3.2 und 3.3) – vorgestellt und an Hand typischer Anwendungsszenarien vor allem die Einflußmöglichkeiten der Benutzer und Dienstbetreiber diskutiert.

3.1 Elektronische Geschäftssysteme

Zu Beginn der elektronischen Datenverarbeitung entstanden Systeme für wissenschaftliche und betriebswirtschaftliche Anwender zur Automatisierung und Unterstützung einzelner Funktionen bzw. Arbeitsvorgänge. Aus diesen Systemen entstanden die heutigen Lösungen zur Informationsbe- und -verarbeitung am Arbeitsplatz, wie etwa Textbearbeitung und Tabellenkalkulation. Die Ausrichtung der modernen Systeme auf ganze Arbeitsprozesse innerhalb einer Organisation war der nächste konsequente Schritt und wurde anfangs durch den Begriff „Office Automation“ erfaßt. Heute unterstützt die Informationstechnik betriebswirtschaftliche Prozesse vorrangig nach ablauforganisatorischen Aspekten, weshalb nunmehr die Stichworte „Workflow“ oder „Groupware“ zur Beschreibung dieser Systeme treffender sind.

Die Entwicklung von proprietären Anwendungen hin zu elektronischen Geschäftssystemen, die ganze Arbeitsabläufe nach den Vorgaben der Ablauforganisation durch Technik unterstützen, wurde durch die Standardisierung der Formate zur Darstellung von Informationen und Techniken zu deren Austausch zwischen den einzelnen Systemen vorangetrieben, wenn nicht gar erst ermöglicht. Diese Entwicklung wirkte sich auch auf die Architektur der IT-Systeme aus; zentrale Systeme wurden durch Client-Server Lösungen mit verteilten Anwendungsprogrammen und Datenhaltungskomponenten ersetzt.

Das grundsätzliche Prinzip einer verteilten bzw. Client-Server Systemarchitektur ist, daß eine Anwendung in zwei oder mehrere Teile strukturiert wird. Die einzelnen Anwendungsteile werden in der Regel getrennt auf unterschiedlichen Systemen realisiert, die über eine Kommunikationsinfrastruktur untereinander Daten austauschen können. Anwendungsfunktionen und Daten, die von mehreren Benutzern gemeinsam benötigt werden, sind im Server-System realisiert. Den Benutzern der Client-Systeme stehen diese Ressourcen der Server-Systeme zur Verfügung. Im Client-Teil sind daher nur lokale Funktionen wie die Benutzerschnittstelle realisiert sowie jene, um auf das Server-System zugreifen zu können.

Im allgemeinen besteht ein verteiltes System aus einer Menge von untereinander kommunizierenden Teilsystemen und Prozessen. Die Koordinierung der einzelnen Teilsysteme und Prozesse erfolgt mittels Hinterlegung von Nachrichten auf gemeinsam genutzten Datenspeichern oder durch Nachrichtenaustausch über gemeinsame Kommunikationskanäle. Hinsichtlich der Art nachrichtenorientierter Koordinierung sind zwei entgegengesetzte Modelle von Prozeßabläufen in verteilten Systemen zu unterscheiden, siehe Abb. 3.1.

1. **Synchrone Prozesse**
   Das absendende System versucht, die Nachricht direkt an das empfangende System zu übermitteln. Ist das empfangende System empfangsbereit, nimmt es die Nachricht entgegen und sendet eine allgemeine oder nachrichtenspezifische Bestätigung zurück. Andernfalls wartet das absendende System, bis das empfangende System bereit ist, d.h., Nachrichten werden durch blockierendes Senden übermittelt.

2. **Asynchrone Prozesse**
   Das absendende System legt die Nachricht auf einem gemeinsam genutzten Zwischenspeicher ab. Das empfangende System greift auf den Zwischenspeicher zu und holt dort abgelegte Nachrichten ab, d.h., Nachrichten werden durch nicht-blockierendes Senden übermittelt.

Beide Modelle zur Prozeßkommunikation in verteilten Systemen haben ihre spezifischen Vor- und Nachteile. Anwendungen auf verteilten Systemen sind mittels synchron ablaufender Prozesse relativ einfach zu strukturieren, jedoch ist bei dieser Art der Prozeßkommunikation das Ablaufmodell der Anwendung komplexer, da neben den Aktionen Senden und Empfangen von Nachrichten auch Zustände aufgrund von nicht übermittelbaren Nachrichten berücksichtigt werden müssen, da empfangende Systeme nicht jederzeit zur Annahme von Nachrichten bereit sein können bzw. sein müssen.

Bei asynchronen Prozessen wird vorausgesetzt, daß die betrachteten Systeme stets empfangsbereit sind und niemals die Annahme von Nachrichten verweigern, da sie über einen theoretisch unbegrenzten Puffer zur Zwischenspeicherung eingehender Nachrichten verfügen. Die Strukturierung von Prozeßabläufen in verteilten Anwendungen wird durch die ständige Empfangsbereitschaft der Systeme erleichtert, jedoch wird diese Voraussetzung nach einem Zwischenspeicher mit unbeschränkter Kapazität von realen Systemen nicht erfüllt. Die Möglichkeit der Nicht-Empfangsbereitschaft eines Systems muß auch weiterhin berücksichtigt werden, wird aber meist vom Kommunikationsdienst selbst behandelt und wirkt sich deshalb nicht auf das Prozeßmodell der Anwendung aus.

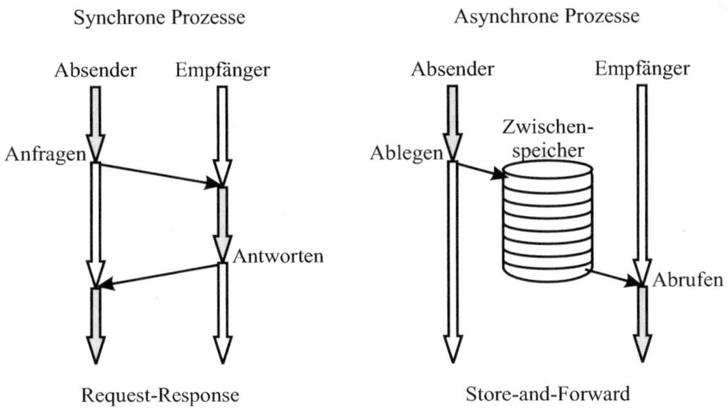

Abb. 3.1. Prozeßablauf in verteilten Systemen

Die zunehmende Verbreitung standardisierter Kommunikationstechniken bzw. offener Kommunikationsinfrastrukturen bei gewerblichen, vor allem aber privaten Nutzern ist die Grundlage für neue betriebswirtschaftliche Anwendungen, indem bisher nur intern genutzte Geschäftssysteme dediziert für externe Nutzer geöffnet werden.

Die externen Systeme bei Geschäftspartnern oder privaten Endkunden werden über die Kommunikationsschnittstellen mit bisherigen Anwendungen verbunden und in den Ablauf der Geschäftsanwendungen integriert. Somit wird der ganze betriebswirtschaftliche Prozeß komplett durch die Technik unterstützt. Man spricht auch von „Business-to-Consumer“ Kommunikation, wenn Systeme von privaten Benutzern mit Geschäftsanwendungen, wie Online-Shops, elektronisch Informationen austauschen, bzw. von „Business-to-Business“ Kommunikation bei der Koppelung von geschäftlich genutzten Systemen zur Fertigung, Logistik und Verwaltung.

Die Art der Kommunikation in verteilten Systemen hängt von der Verteilung der Funktionalität sowie den Daten zwischen Client und Server, also generell dem Ablauf der Anwendungsprozesse ab. Die Technik der Request-Response Kommunikation wird vor allem dann eingesetzt, wenn von anderen Systemen Informationen für Kontrollentscheidungen in zeitkritischen Prozessen benötigt werden, d.h., bis zur Bereitstellung dieser Information kann der Prozeß nicht weitergeführt werden und ist blockiert.

Ein typisches Beispiel für Request-Response Kommunikation ist der Dialog zwischen einem zentralen Anwendungsserver und einem Client-System, das vorwiegend der Darstellung der Benutzeroberfläche dient. Der Prozeßablauf wird durch die Eingaben des Benutzers bzw. den daraus resultierenden Anfragen des Clients und den Antworten des Servers bestimmt. Eine effiziente Arbeitsweise mit Auskunftsdiensten oder Dialog-Systemen ist dann gegeben, wenn die Antwortzeiten des Anwendungsservers im Sekundenbereich liegen.

- □ **Request-Response Kommunikationstechnik**
  Synchrone Kommunikation zwischen Prozessen – Dialog-Systeme oder Auskunftsdienste, z.B. Web-Systeme, Point-of-Sale

- □ **Store-and-Forward Kommunikationstechnik**
  Asynchrone Kommunikation zwischen Prozessen – Zwischenspeicherung von Nachrichten, z.B. E-Mail

Bei der Realisierung von arbeitsteiligen Prozessen mittels verteilter Systeme wird vor allem die Ablauforganisation abgebildet. Für diese Arbeitsabläufe, beispielsweise im Anwendungsumfeld „Büro“, ist kennzeichnend, daß der gesamte Ablauf in einzelne sequentiell aufeinander folgende Teilaufgaben unterteilt ist. Jede Teilaufgabe, wie Erstellung bzw. Bearbeitung eines Dokuments, Datensatzes o.ä., ist einer organisatorischen Einheit zugeordnet und wird entweder interaktiv durch einen Mitarbeiter oder automatisch von einem System durchgeführt. Anschließend wird die Information der nächsten Einheit zur Weiterbearbeitung an einem zuvor definierten Platz, dem Postfach, -mappe etc. des nächsten Bearbeiters, abgelegt. Die Informationen verbleiben so lange in diesen Ablagen, bis der zuständige Mitarbeiter Zeit für deren Bearbeitung hat. Dieses Prinzip des Austragens und Selbstabholens von Informationen zur Koordination von arbeitsteiligen Prozessen wird in verteilten Systemen mittels der Technik der Store-and-Forward Kommunikation nachgebildet.

3.2 Request-Response Technik

Die Request-Response Kommunikationstechnik ist für den direkten Nachrichtenaustausch zwischen verschiedenen Benutzern untereinander oder mit Anwendungen ausgelegt. Sie wird auch als Online-Technik bezeichnet, da die Kommunikationspartner bzw. deren Systeme während der Nachrichtenübermittlung direkt über eine Kommunikationsverbindung miteinander verbunden sind. Der Absender übermittelt eine Nachricht an den Empfänger, der sie je nach Anwendungsszenario und Nachrichteninhalt unmittelbar nach Erhalt bestätigt oder bearbeitet und dem Absender entsprechend antwortet.

Auf der Request-Response Technik basieren alle verteilten Anwendungen, Client-Server Systeme, mit der Anforderung, daß Nachrichten des anfragenden Systems (Client) vom angefragten System (Server) schnellstmöglich bzw. in Echtzeit beantwortet werden. Typische Anwendungen und Protokolle, die diese Technik nutzen, sind u.a. das Hypertext Transfer Protocol (HTTP) zum Abruf multimedialer Dokumente von Web Servern, das File Transfer Protocol (FTP) zur interaktiven Übertragung von Dateien sowie im Kontext der digitalen Signatur das Lightweight Directory Access Protocol (LDAP) [RFC-1777] zur Abfrage von Zertifikaten und Sperrlisten.

Die direkte Kommunikation zwischen zwei oder mehreren Benutzern untereinander vernetzter Systeme ist etwa mit dem Unix-Programm „talk" oder Internet Relay Chat (IRC) Anwendungen möglich [RFC-1459]. Diese Anwendungen sind hinsichtlich Konzept und Nutzungsweise mit Kommunikation per Telefon vergleichbar, wenn auch statt Sprache Zeichen übertragen werden. Nachrichten eines Benutzers werden bei der Eingabe sofort zeichenweise übermittelt und den anderen Benutzern dargestellt.

Die Request-Response Technik setzt konzeptionell die gleichzeitige Verfügbarkeit von Absender und Empfänger voraus. Ist das empfangende System zum Zeitpunkt, an dem das absendende System die Nachrichtenübermittlung beginnt, ausgeschaltet, überlastet, nicht funktionsfähig oder ist keine direkte Netzverbindung aufzubauen, ist auch keine Übermittlung möglich, und der Absender ist zunächst einmal blockiert. Das Risiko, daß der Absender durch einen nicht erreichbaren Empfänger blockiert wird, kann durch Maßnahmen seitens des Empfängers, wie Vergrößerung von Systemressourcen oder Redundanz in der Netzinfrastruktur minimiert, aber nicht grundsätzlich ausgeschlossen werden.

Jedoch gibt es verschiedene Strategien, darauf zu reagieren, beispielsweise können anwendungskritische Dienste auf mehreren unabhängigen Server-Systemen parallel betrieben werden. Absendende Systeme werden durch den Ausfall eines Servers nur noch kurzzeitig in ihren Arbeitsprozessen blockiert, da sie Nachrichten an das sekundäre System senden können, falls sie vom primären Server innerhalb einer bestimmten zeitlichen Frist keine Antworten erhalten haben. Diese architekturellen Maßnahmen sind bei Planung, Aufbau und Betrieb von verfügbarkeitskritischen Diensten einer Zertifizierungsstelle – Zeitstempel- und Verzeichnisdienst – zu berücksichtigen.

3.2.1 Synchrone Bearbeitung

Das Hauptmerkmal der Request-Response Systeme ist, daß der Prozeß, Übermittlung einer elektronischen Nachricht, aus drei zeitlich unmittelbar aufeinanderfolgenden Teilprozessen, der Übermittlung einer Anfrage des Absenders an den Empfänger, der Erstellung der Antwort auf die Anfrage durch den Empfänger und der Übermittlung der Antwort des Empfängers an den Absender, besteht. Nach dem Absenden seiner Anfrage wartet der Absender, bis er die Antwort des Empfängers erhalten hat, erst dann ist der gesamte Prozeß der Nachrichtenübermittlung abgeschlossen. Bei dieser Technik können protokollunabhängig folgende Einzelschritte im Prozeßablauf differenziert werden:[1]

1. Der Absender erstellt eine Nachricht.
2. Der Absender baut eine Kommunikationsverbindung zwischen seinem System und dem des Empfängers auf.
3. Der Absender übermittelt die Nachricht an das System des Empfängers und wartet auf dessen Antwort.
4. Der Empfänger bearbeitet die Nachricht.
5. Der Empfänger erstellt eine Antwort zur Nachricht.
6. Der Empfänger übermittelt die Antwort an das System des Absenders.
7. Der Absender erstellt entweder eine weitere Nachricht und setzt die Kommunikation fort (3. Punkt), oder
   er beendet die Kommunikationsverbindung.

Aus dem oben dargestellten Ablauf wird ersichtlich, daß ein abgeschaltetes oder funktionsgestörtes Empfangssystem nicht die einzig mögliche Ursache ist, woran die Nachrichtenübermittlung scheitern kann. Da die Systeme des Absenders und des Empfängers ab dem zweiten Schritt bis zum Ende des Prozesses miteinander verbunden sind, sind vor allem folgende Störungen zu berücksichtigen:

- Der Absender kann den Empfänger nicht erreichen.
- Der Empfänger kann die Nachricht inhaltlich nicht interpretieren bzw., sie wird ihm inhaltlich manipuliert dargestellt.
- Der Empfänger beantwortet die Nachricht nicht.
- Der Absender beendet die Kommunikationsverbindung vorzeitig.
- Der Absender kann die Antwort inhaltlich nicht interpretieren bzw., sie wird ihm inhaltlich manipuliert dargestellt.
- Die Kommunikationsverbindung wird unterbrochen bzw. gestört.

Zusätzlich zu den oben genannten Störungen sind, abhängig von der Art der Kommunikationsverbindung, noch weitere Bedrohungen existent. Wird

[1] Diese Einzelschritte sind auch beim Abruf von Zertifikaten mittels „Lightweight Directory Access Protocol“ (LDAP) zu identifizieren [RFC-1777].

beispielsweise über das Internet miteinander kommuniziert, ist die Authentizität und Vertraulichkeit von Nachrichten gefährdet, solange keine kryptographischen Schutzmaßnahmen getroffen werden. Prinzipiell können Verbindungen im Internet durch Dritte beobachtet werden, weshalb die Gefahr besteht, daß sie von ihnen analysiert werden, um Benutzerprofile zu erstellen.

3.2.2 Trennung der Systeme

Die Differenzierung in die beiden Akteure einer Request-Response Anwendung – Absender und Empfänger – wird bei der Betrachtung des Prozeßablaufs der Nachrichtenübermittlung offensichtlich. Im allgemeinen wird diese prozeßorientierte Sichtweise auch zur Trennung der Systeme angewandt und demzufolge zwischen dem absendenden bzw. empfangenden System unterschieden. Die Verantwortung für Störungen der Kommunikation kann jedoch nur dann Personen zugeordnet werden, wenn zusätzlich auch deren Möglichkeiten, Störungen – beabsichtigt oder nicht – zu verursachen, Fehler zu erkennen und zu beheben, sowie organisatorische Rahmenbedingungen, u.a. die Zuständigkeit für die korrekte Funktionsweise eines Systems und funktionale Eigenschaften der Anwendung mit berücksichtigt werden. Des weiteren ist dies zu berücksichten, wenn an Hand von Sendeprotokollen der Erfolg bzw. das Scheitern einer Kommunikationsverbindung zu beurteilen ist. So kann mindestens zwischen den beiden folgenden Anwendungsszenarien von Request-Response Systemen unterschieden werden:

1. **Betreiberkontrollierte Gesamtsysteme**
   Der Empfänger, ein Dienstbetreiber, stellt sämtliche Systeme und alle notwendigen Anwendungsprogramme zur Verfügung; die Benutzer – Absender – bedienen lediglich die Anwendungsprogramme auf absendenden Systemen, z.B. EC-Karten-System.
2. **Benutzerkontrollierte End-Systeme**
   Die Benutzer – Absender bzw. Empfänger – haben eigene Systeme und ggf. Programme, um über eine vorhandene Infrastruktur miteinander zu kommunizieren, z.B. Telefon, Telefax, Web-Anwendungen. Die Kommunikationsinfrastruktur wird durch einen Dienstbetreiber bereitgestellt.

Hinsichtlich der Verteilung von Eingriffsmöglichkeiten sowie der Verantwortung für die Systeme stellen diese Szenarien mit ihren Anwendungen zwei Extreme dar. Bei anderen Anwendungsszenarien, etwa der Nutzung von posteigenen Telefaxgeräten seitens des Absenders, sind dessen Eingriffsmöglichkeiten weitestgehend reduziert; da der Vorgang des Absendens durch einen Angestellten der Post vorgenommen und das Sendeprotokoll bestätigt wird, ist er von Dritten verläßlicher nachzuvollziehen.

3.2.2.1 Betreiberkontrollierte Gesamtsysteme

Die Verfahren zum Abheben von Bargeld an Geldausgabeautomaten und zum automatischen Zahlungsverkehr sind einige bekannte Beispiele für betreiberkontrollierte Gesamtsysteme. Die Benutzer werden vom System durch Besitz – einer Magnetstreifenkarte, auf der die persönlichen Daten des Benutzers kryptographisch gesichert gespeichert sind – und Wissen – der persönlichen Geheimzahl (PIN) – identifiziert.

Eingesetzt wird ein solches Verfahren im Zusammenhang mit Kredit- und Eurocheque(EC)-karten. Der Benutzer bzw. Kunde hat mit seiner Bank einen Girovertrag abgeschlossen, indem sich die Bank zu Diensten, wie Nutzung von Geldausgabeautomaten durch den Kunden, verpflichtet. Darüber hinaus liegt es im Interesse der Bank selbst, ihren Kunden jederzeit den Zugriff auf deren Konten zu ermöglichen. Das gesamte Anwendungssystem, bestehend aus den Geldausgabeautomaten, den Systemen der kontoführenden Bank bzw. der Autorisierungszentralen sowie der Netzinfrastruktur, ist auf kurze Transaktionszeiten und permanente Verfügbarkeit ausgerichtet, weshalb zur Kommunikation die Request-Response Technik verwendet wird.

Die Geldausgabeautomaten werden entweder von der Bank selbst betrieben, oder es sind fremde Geräte, deren Nutzung dem Kunden durch institutsübergreifende Vereinbarungen der Banken ermöglicht wird. Die Bank hat gegenüber dem Kunden die Verantwortung für die korrekte Funktionsweise der eingesetzten Systeme und Anwendungen. Dabei müssen nicht alle Systeme von der kontoführenden Bank selbst betrieben und kontrolliert werden, einzelne Teile der Anwendung können auch von vertraglich verbundenen Diensteanbietern, z.B. der Gesellschaft für Zahlungssysteme (GZS), erbracht werden.

Der Prozeßablauf beim Geldabheben läßt sich wie folgt zusammenfassen: Der Kunde gibt seine EC-Karte am Geldausgabeautomaten ein. Die Kartendaten, wie Kontonummmer, Kartenfolgenummer etc. werden gelesen und die Magnetkarte auf ihre Echtheit geprüft. Der Kunde gibt seine PIN und anschließend den abzuhebenden Geldbetrag ein. Der Automat erstellt aus den Transaktionsdaten eine Autorisierungsanfrage, übermittelt diese kryptographisch gesichert an das autorisierende System und wartet zunächst mit der Auszahlung des Geldbetrags, bis er Antwort auf seine Anfrage erhalten hat. Das Autorisierungssystem wiederum prüft die Anfrage, ob die EC-Karte eventuell gesperrt ist, sowie die PIN und die Bonität des Kunden und übermittelt dem anfragenden Automaten eine kryptographisch gesicherte Antwort, daß die Transaktion autorisiert ist oder nicht. Der Geldausgabeautomat prüft den kryptographischen Schutz der Antwort und zahlt den Betrag im Fall einer positiven Autorisierung aus. An einem Point-of-Sale Terminal ist der Prozeßablauf anfangs dem beim bargeldlosen Zahlungsverkehr vergleichbar, endet aber mit Erstellung einer Transaktion, um den Betrag per Lastschrift vom Konto des Kunden auf das des Händlers zu buchen.

Der Kunde ist in diesem Szenario Benutzer einer fremden Anwendung, die von ihm vor allem weder gezielt beeinflußt noch kontrolliert werden kann. Ursachen für Störungen im Prozeßablauf durch fehlerhafte Nachrichten, wie konstruktive Mängel in der Funktionsweise einer Anwendung, sind letztlich dem Einflußbereich des Betreibers zuzurechnen. Ebenso sind Mißbrauch von Anwendungen oder Manipulation von deren Betriebsdaten durch Personen mit besonderen Zugriffsrechten, etwa Mitarbeiter der Bank, oder mit speziellen Systemkenntnissen, z.B. Vertragspersonal, Service-Techniker und Anwendungsentwickler, auf mangelnde Kontrolle durch den Betreiber zurückzuführen und daher von ihm zu verantworten. Darüber hinaus liegen die Störungsquellen unterbrochener bzw. nicht zustandegekommener Kommunikationsverbindungen ebenfalls beim Betreiber, etwa wenn das Autorisierungssystem zum Zeitpunkt der Anfrage nicht verfügbar ist.

Die Möglichkeiten der Benutzer von Geldausgabeautomaten, deren Betrieb gezielt zu stören, d.h., einzelne Anfragen zu manipulieren oder falsche Autorisierungsanfragen bzw. Antworten in das Gesamtsystem einzubringen, können als minimal betrachtet werden, auch wenn bei allen technischen Systemen trotz strengster Prüfung und Evaluierung der einzelnen Komponenten Eingriffsmöglichkeiten aufgrund von Fehlfunktionen niemals vollständig ausgeschlossen werden können. Die physikalischen und IT-Sicherheitsmaßnahmen bei Geldausgabeautomaten verhindern zwar, daß Benutzer gezielt deren Verhalten manipulieren können, aber sie bieten nur begrenzten Schutz davor, daß einzelne Automaten komplett außer Betrieb gesetzt werden, z.B. durch Zerstörung oder Abtrennung von der Kommunikationsnetzinfrastruktur.

Das wesentliche Risiko bei Anwendungen, deren Verfahren zur Identifizierung von Benutzern auf Magnetstreifenkarten und PINs basiert, liegt in den Möglichkeiten der mißbräuchlichen Verwendung. Diese lassen sich in die Fälle des Mißbrauchs durch Dritte sowie die im folgenden zunächst dargestellten Beispiele des Mißbrauchs durch den Karteninhaber selbst differenzieren. Das Bankgewerbe vertritt die Ansicht, daß Mißbrauch einer EC-Karte in Folge deren Verlusts, Diebstahls etc. ohne Wissen der PIN nicht möglich ist. Die Ermittlung der PIN aus den kryptographisch gesicherten Daten auf dem Magnetstreifen der Karte durch einen Brute Force Angriff sei beim heutigen Stand der Computertechnik nicht in vertretbarer Zeit möglich, daher sei bei mißbräuchlicher Nutzung regelmäßig von einem Mitwirken bzw. einer vorausgegangenen Verletzung der Sorgfaltspflicht des Karteninhabers auszugehen. Im allgemeinen wird seitens der Rechtsprechung dieser Behauptung gefolgt und bewußtes Mitwirken oder Fahrlässigkeit durch den Karteninhaber angenommen, wie unsachgemäße Aufbewahrung der PIN zusammen mit der Karte (vgl. u.a. [AG Hannover 97]).

Diese Sichtweise auf Fälle des Kartenmißbrauchs vernachlässigt vorhandene Risiken bei der Produktion oder Verteilung von Karten und PINs sowie deren Verwendung (vgl. [Pausch 97]). Den Kunden werden Karten und PINs meist durch normale, nicht eingeschriebene, Briefe zugesandt, speziell dann, wenn es sich um den turnusgemäßen Ersatz einer bisherigen Karte handelt. Zwar erfolgt die Zustellung in zwei getrennten Briefen mit einem gewissen zeitlichen Abstand, dennoch kann nicht ausgeschlossen werden, daß die beiden Briefe von Dritten auf dem Postweg abgefangen bzw. aus dem Briefkasten des Kunden entwendet werden, zumal sie sich schon rein äußerlich durch ihre Art und Absenderadresse zuordnen lassen. Mitarbeiter der Bank können Karten und PINs für Kunden regulär beantragen, beispielsweise als Zweitkarten, oder wenn die bisherige Karte defekt ist, bzw. der Kunde seine PIN vergessen hat. Jedoch kann ein solcher Kundenauftrag durch Bankmitarbeiter auch vorgetäuscht werden, um so in den Besitz gültiger Karten mit dazugehöriger PIN zu gelangen.

Bei der Verwendung von Karten mit persönlicher Geheimzahl besteht generell das Risiko, daß die PINs bei der Eingabe von Dritten ausgespäht werden und anschließend die Karte des Kunden gezielt geraubt wird. Dieses Risiko begründet sich einerseits dadurch, daß dem Karteninhaber die Ausspähung durch Dritte nicht bewußt wird, besonders dann, wenn es sich um bekannte oder verwandte Personen handelt. Außerdem werden Geldausgabeautomaten häufig an belebten Standorten, wie Bahnhöfen, Fußgängerzonen etc., plaziert und bieten keinerlei Sichtschutz auf das Bedienfeld, so daß auch vorsichtigen Bedienern die unbeobachtbare Eingabe ihrer PIN schwer fällt. Einige Automaten sind zudem mit Videokameras zur Überwachung ausgestattet und den Kunden so vertraut, daß eine manipulierte Kamera, die die Beobachtung der PIN-Eingabe ermöglichen könnte, ebenso wenig auffallen würde wie von Dritten speziell zum Ausspähen der PIN angebrachte Kleinkameras.

Von der Rechtsprechung wurde bislang die Möglichkeit zur mißbräuchlichen Nutzung einer Karte ohne Kenntnis der PIN seitens Dritter verneint. In einem konkreten Fall des Kartendiebstahls und anschließendem Mißbrauch wurde jedoch keine Verletzung der Sorgfaltspflichten seitens des Karteninhabers beim Umgang mit seiner PIN angenommen, so daß eine selbständige Ermittlung der PIN durch einen Dritten nicht ausgeschlossen werden konnte [OLG Hamm 97].

3.2.2.2 Benutzerkontrollierte End-Systeme

Das bekannteste Anwendungsbeispiel für ein verteiltes System, bei dem die Benutzer eigene Systeme, die sie unter ihrer Kontrolle haben, verwenden, ist das World Wide Web (WWW).

Die Technik der Request-Response Kommunikation wird auch von konventionellen Verfahren zur Nachrichtenübermittlung, wie Telefon und Telefax, verwendet. Analysiert man den Prozeßablauf beim Telefonieren bzw. Faxen, so können einzelne Schritte – Aufbau der Telefonverbindung durch den Anrufer, Kommunikation zwischen Anrufer und Angerufenem und Beendigung der Verbindung durch den Anrufer oder Angerufenen – unterschieden werden. Vom Prozeßablauf her betrachtet, unterscheiden sich Telefongespräche oder Dokumentenübertragungen per Telefax nicht grundsätzlich von der Request-Response Kommunikation zwischen Client-Server Systemen.

Bei der Übermittlung eines Dokuments per Telefax erhält das absendende Gerät vom empfangenden ein Empfangsprotokoll als Antwort. Dadurch soll der Absender über möglicherweise aufgetretene Störungen bei der Übertragung seines Dokuments informiert, bzw. die korrekte Übertragung soll ihm mit einem „OK"-Vermerk angezeigt werden. Die Telefaxübertragung kann aber auch durch technisch bedingte Fehler scheitern, die weder vom absendenden noch vom empfangenden Gerät automatisch registriert werden können und folglich auch nicht im Protokoll vermerkt werden, weshalb allenfalls das Zustandekommen einer Kommunikationsverbindung zwischen den beiden Geräten nachvollziehbar ist. Sendeprotokolle weisen zudem keinerlei Schutz vor Manipulationen seitens des Absenders oder Empfängers auf. Zum Ändern oder Erstellen falscher Sendeprotokolle sind weder spezielle technische Geräte noch besondere Fähigkeiten notwendig, deshalb wird im allgemeinen Telefaxsendeprotokollen keine Beweiskraft zugebilligt [BGH 95] [LG Berlin 95].

Beim Telefonieren sind normalerweise zwei Personen beteiligt; daher ist es nicht zwingend notwendig, die Kommunikation als streng formal ablaufenden Prozeß zu gestalten wie bei der Kommunikation mit bzw. zwischen Systemen. So kann der Sprechende vom Gesprächspartner stets durch Anmerkungen, Rückfragen etc. unterbrochen werden, ohne daß dies die Beendigung des Gesprächs zur Folge haben muß.

Abschließend ist jedoch zu bemerken, daß bei technisch gleichen Kommunikationsmedien und durchaus vergleichbaren Verfahren zur Nachrichtenübermittlung, wie Fax und Telefon, rechtliche Fragestellungen, wie der Zugang oder das Wirksamwerden von elektronisch ausgetauschten Nachrichten bzw. Willenserklärungen, unterschiedlich bewertet werden. Die Unterscheidung zwischen dem Zugang einer Willenserklärung bei an- bzw. abwesenden Empfängern wird bei elektronisch übermittelten Erklärungen nicht an der räumlichen Distanz von Absender (Erklärendem) und Erklärungsempfänger festgemacht, sondern aus rechtlicher Sicht ist entscheidend, ab wann der Empfänger erstmals die Möglichkeit hatte, vom Inhalt der Nachricht – der Erklärung – Kenntnis zu nehmen und ggf. darauf zu reagieren. Bei einer mündlichen Erklärung per Telefon besteht sie unmittelbar, nachdem die Nachricht zu Ende gesprochen wurde, während dies bei einer Erklärung per Telefax erst zu einem späteren Zeitpunkt zu erwarten ist.[2]

[2] Der Zugang von Willenserklärungen wird in Kapitel 2.2.4 dargestellt und die Problematik des Zugangs von digital signierten Willenserklärungen in Kapitel 8.2 vertieft.

3.3 Store-and-Forward Technik

Bei Store-and-Forward Kommunikationstechniken ist der Benutzer nicht direkt mit einem anderen Benutzer oder einer Anwendung verbunden, sondern es wird indirekt über eine Kette von Nachrichtentransfersystemen kommuniziert. Der Benutzer übermittelt seine Nachricht an ein Transfersystem, dieses nimmt sie entgegen und speichert sie zwischen. Zu einem späteren Zeitpunkt übermittelt es die Nachricht an ein anderes Transfersystem, das näher beim Empfänger liegt. Dies wiederholt sich so lange, bis die Nachricht jenes Transfersystem erreicht hat, bei dem der Empfänger seine Nachrichten abholt. Der Empfänger fragt zunächst bei seinem Transfersystem nach, ob dort für ihn bestimmte Nachrichten eingegangen sind; gegebenenfalls holt er sie ab und bearbeitet sie. Nachdem die Nachricht von einem Transfersystem an ein anderes übermittelt bzw. vom Empfänger bei seinem Transfersystem abgeholt wurde, kann sie im Nachrichtenspeicher des Transfersystems gelöscht werden.

Eine typische Anwendung der Store-and-Forward Technik sind E-Mail-Programme, die das Versenden von Nachrichten durch den Benutzer eines Computers zum Computer eines anderen Benutzers ermöglichen. Ebenso basieren die Internet Dienste News (NNTP) und Net Time (NTP) auf dieser Technik. Das Konzept dieser Technik zum Austausch von Daten zwischen räumlich entfernten, aber über Datenleitungen miteinander verbundenen Computern wurde 1969 in einem Projekt der Advanced Research Project Agency (ARPA) des US-Verteidigungsministeriums entwickelt. Das daraus entstandene Computernetzwerk, ARPANET, ist der Vorgänger des Internet.

Die Store-and-Forward Technik wurde nicht für Echtzeitkommunikation konzipiert; es war keine Anforderung, dem Empfänger die Nachricht unmittelbar nach dem Absenden zugänglich zu machen, sondern vielmehr sollen Nachrichten effizient und verläßlich vom Absender zum Empfänger transportiert werden. Die Nachricht soll den Empfänger auch dann erreichen, wenn dessen Computer vorübergehend kaputt, ausgeschaltet oder die Anbindung an das Netzwerk unterbrochen ist.

Das Konzept der Store-and-Forward Systeme berücksichtigt das Auftreten derartiger Störungen beim Empfänger bzw. einem der dazwischenliegenden Transfersysteme. Im allgemeinen versuchen Transfersysteme öfters, Nachrichten zum nächsten System zu übermitteln, erst nach mehreren erfolglosen Versuchen wird die Übermittlung abgebrochen. Ob der Absender ggf. über das Scheitern der Nachrichtenübermittlung informiert wird oder nicht, hängt vom Transfersystem und seinen Diensten ab. Aufgrund dieser Eigenschaft ist die Store-and-Forward Technik speziell zum Übermitteln von Nachrichten im Internet geeignet, denn die wenigsten Benutzer haben eine permanente Verbindung zum Internet, sondern sind nur zu bestimmten Zeiten angebunden und erreichbar.

Die Kommunikation über Store-and-Forward Systeme ist kontextlos, d.h., Transfersysteme können, sobald die Nachricht an den Empfänger übermittelt wurde, alle in diesem Zusammenhang entstandenen Daten wieder löschen. Wenn der Empfänger die Nachricht erhalten hat und antworten will, wird eine neue Nachricht erstellt und an den Absender geschickt. Aus technischer Sicht besteht zwischen diesen beiden Nachrichten kein Zusammenhang, d.h., deren Bedeutung für die Kommunikationspartner hat auf die Übermittlung keinen Einfluß.

Die Store-and-Forward Technik ist trotz der fehlenden unmittelbaren Antwortmöglichkeit des Empfängers aufgrund der folgenden Aspekte vorteilhaft:

- Zeitliche Entkoppelung der Anwendungsprozesse
- Systemtechnische Trennnung der Anwendungen und Systeme
- Gruppierung von Benutzern, Anwendungen und Systemen in unterschiedlichen Sicherheitsdomänen

3.3.1 Asynchrone Bearbeitung

Die wesentliche Eigenschaft von Store-and-Forward Systemen ist, daß der Prozeß der Bearbeitung einer elektronisch übermittelten Nachricht in mehreren, zeitlich voneinander entkoppelten Schritten erfolgt; man spricht deshalb auch von einer asynchronen Kommunikationsform. Im allgemeinen können bei dieser Technik die folgenden fünf Schritte unterschieden werden:

1. Der Absender erstellt die Nachricht.
2. Der Absender übermittelt die Nachricht an das Transfersystem.
3. Das Transfersystem speichert die Nachricht des Absenders und übermittelt sie ggf. an ein anderes Transfersystem.
4. Der Empfänger prüft den Nachrichtenspeicher seines Transfersystems hinsichtlich neu eingetroffener Nachrichten.
5. Der Empfänger bearbeitet die Nachricht.

Die fünf Schritte dieses Prozesses sind – zeitlich gesehen – voneinander komplett unabhängig. Nur für die Zeit der Übermittlung der Nachricht ist der Absender bzw. der Empfänger mit dem Transfersystem verbunden. Da Absender und Empfänger niemals direkt miteinander kommunizieren, können sie sich gegenseitig auch nicht blockieren. Der Absender kann seine Nachrichten auch dann an das Transfersystem übermitteln, wenn das System des Empfängers momentan abgeschaltet ist oder Fehlfunktionen aufweist.

Die Aufgabe der Transfersysteme bei dieser Technik ist die Weiterleitung von Nachrichten zu jenem Transfersystem, das die Nachrichten für den

Empfänger speichert. Zur Weiterleitung von Nachrichten können die Transfersysteme unterschiedliche Strategien verfolgen, die einzelne Eigenschaften des Prozesses Nachrichtenübermittlung präferieren und zuungunsten anderer optimieren, wie

- □ Minimierung der Übermittlungszeit einer Nachricht
  Alle Nachrichten werden sofort transferiert, dadurch werden öfters Verbindungen zu anderen Systemen aufgebaut und Kosten verursacht.
- □ Minimierung der Verbindungen bzw. Kosten
  Mehrere Nachrichten werden gesammelt, zwischengespeichert und später gemeinsam transferiert, dadurch sinkt zwar die Gesamtanzahl der Verbindungen sowie deren Kosten, aber im Durchschnitt verlängert sich die Übermittlungszeit der einzelnen Nachrichten.

Die richtige Strategie, um Nachrichten weiterzuleiten, ist vom Anwendungsszenario abhängig und wird nur dann wirksam, wenn alle an der Übermittlung beteiligten Transfersysteme entsprechend agieren; so kann beispielsweise das Ziel „Minimierung der Übermittlungszeiten“ nie vollständig erreicht werden, falls ein Transfersystem lokal auf die Minimierung der Gesamtanzahl von Verbindungen optimiert.

3.3.2 Anwendung: Elektronische Post

Die ersten E-Mail-Programme sind bereits 1972 enstanden; der heute übliche Standard, um Nachrichten vom Absender zum Transfersystem zu übermitteln, ist das Simple Mail Transfer Protocol (SMTP) [RFC-821] [RFC-822]. Im allgemeinen verfügt der Empfänger über einen eigenen Rechner und fragt mit einem darauf installierten E-Mail-Programm beim Transfersystem nach, ob neue Nachrichten für ihn gespeichert sind. Als Kommunikationsprotokoll zwischen dem E-Mail-Programm des Empfängers und dem Transfersystem wird im allgemeinen POP3 [RFC-1939] oder IMAP4 [RFC-2060] verwendet. Ein Sonderfall ist, wenn das Transfersystem, auf dem Nachrichten für den Empfänger gespeichert werden, dasselbe System ist, mit dem der Empfänger auch die Nachrichten liest oder bearbeitet. In diesem Fall kann der Empfänger direkt auf den lokalen Nachrichtenspeicher des Transfersystems zugreifen.

Die primäre Aufgabe von Transfersystemen besteht darin, die Nachrichten des Absenders entgegenzunehmen und so lange zu speichern, bis sie vom Empfänger abgerufen werden. Jedes Transfersystem, speziell E-Mail-Server – ein System zum Austausch von SMTP-Nachrichten –, kann aber auch noch weitere Aufgaben automatisch erfüllen, wie

- □ Konvertierung durchgehender Nachrichten
- □ Modifizieren durchgehender Nachrichten

- □ Beantworten eingehender Nachrichten
- □ Löschen eingehender Nachrichten

Die Funktionalität moderner E-Mail-Server geht über das einfache Weiterleiten von Nachrichten zu anderen E-Mail-Servern hinaus. Im Bereich von öffentlichen Institutionen sind noch E-Mail-Systeme nach dem X.400 Message Handling Systems (MHS) Standard gebräuchlich. Dieser Standard basiert auf dem OSI Kommunikationsmodell für offene Systeme [ISO 7498-1]. Im privaten oder geschäftlichen Umfeld sind jedoch E-Mail-Systeme nach dem SMTP Standard verbreitet. Diese beiden E-Mail Standards sind untereinander nicht kompatibel. Damit Benutzer unterschiedlicher E-Mail-Systeme bzw. Standards miteinander kommunizieren können, gibt es Transfersysteme mit sog. SMTP-X.400 Gateways. Sie bilden Übergangspunkte zwischen unterschiedlichen Systemen und konvertieren selbständig bei der Übermittlung von Nachrichten gemäß dem einen Standard, in Nachrichten gemäß dem anderen.

Zunehmend werden Transfersysteme in Betrieb genommen, die eine Verbindung zwischen unterschiedlichen Arten von Kommunikationsmedien und Nachrichtenformaten schaffen. So gibt es E-Mail-Server, in denen die Funktionalität eines E-Mail/Fax-Konverters integriert ist, d.h., aus einer eingehenden E-Mail wird automatisch ein Telefax-Dokument generiert und vom E-Mail-Server selbständig an die Empfänger gefaxt. Umgekehrt wird ein beim E-Mail-Server eingehendes Telefax entweder in eine Bilddatei oder gar durch ein Schrifterkennungsprogramm, Optical Character Recognition, in eine Textdatei konvertiert und vom E-Mail-Server dem Empfänger als Anhang in einer E-Mail zugesandt.

Die heutigen Transfersysteme bieten zudem die Möglichkeit, alle ein- und ausgehenden Nachrichten zu filtern. Eine Filtervorschrift besteht in der Definition von Kriterien zur Selektion von Nachrichten, wie Angaben zum Absender bzw. Empfänger oder Inhalten mit bestimmten Schlüsselworten, Dateiformaten etc., und von entsprechenden Bearbeitungprozessen, wie Löschen, Weiterleiten oder Modifizieren von Nachrichten. Das System filtert dann automatisch aus der Menge aller zu übermittelnden Nachrichten die auf die Vorschriften passenden heraus und führt die in der Vorschrift bestimmte Aktion durch. Von Benutzern können diese Filtermechanismen zur Sortierung eingehender Nachrichten angewandt werden, während Systembetreiber sie vor allem zum Abblocken unerwünschter ein- und ausgehender Nachrichten, z.B. E-Mail mit Werbung, einsetzen.

Je nachdem, wer die Filterregeln bestimmt, ist zwischen systembetreiber- und benutzerkontrollierter Nachrichtenfilterung zu unterscheiden, wobei im allgemeinen bei eingehenden Nachrichten die Regeln des Systembetreibers vor denen der Benutzer abgearbeitet werden, bzw. umgekehrt bei ausgehenden Nachrichten. Somit bieten die heutigen Transfersysteme einfach zu administrierende lokale Mechanismen, um den Nachrichtentransfer vom bzw. zum Benutzer wirksam kontrollieren und ggf. eingreifen zu können.

3.3.3 Trennung der Systeme

Im allgemeinen wird bei der Store-and-Forward Technik zwischen drei Akteuren unterschieden – dem Absender, den Transfersystemen und dem Empfänger. Diese Differenzierung trennt die Akteure nach rein funktionalen Aspekten aufgrund einer informationstechnischen Sichtweise auf die Anwendung bzw. deren Realisierung. Auf den Transfersystemen werden eingehende Nachrichten zunächst zwischengespeichert, ggf. bearbeitet, gefiltert bzw. konvertiert und anschließend weitergeleitet. Die korrekte Funktionsweise eines jeden am Nachrichtentransfer beteiligten Systems kann jedoch gestört werden. Mögliche Störungen sind:

- Das Transfersystem ist nicht erreichbar.
- Eingehende Nachrichten werden vom Transfersystem abgewiesen.
- Das Transfersystem liefert Nachrichten nicht aus.
- Nachrichtenformate werden fehlerhaft konvertiert.
- Nachrichten auf dem Transfersystem werden inhaltlich manipuliert.
- Nachrichten sind inhaltlich nicht interpretierbar.

Neben diesen Störungen an Transfersystemen, die sich direkt auf deren Funktion beziehen, gibt es noch weitere Bedrohungen bei der Nutzung. So können die Nachrichtenflüsse auf einem Transfersystem analysiert werden, um personenbezogene Kommunikationsprofile zu erstellen. Ebenso ist die Vertraulichkeit von Nachrichten auf einem Transfersystem durch unbefugtes Mitlesen bedroht, solange diese unverschlüsselt übertragen werden. Bei einigen Transferprotokollen gibt es keine verläßliche Information über den Absender einer Nachricht, dies gilt speziell für alle E-Mails (SMTP) (siehe [BSI 97c], 3.2.5). Ohne kryptographisch verifizierbare Angaben seitens des Absenders, wie dessen digitaler Signatur, ist jedoch keine sichere Bestimmung des Ursprungs der Nachricht seitens des Empfängers möglich.

Grundsätzlich können bei einer Store-and-Forward Anwendung, wie elektronischer Post – E-Mail (SMTP), aus der Sicht der Benutzer, d.h. Absender und Empfänger, fünf voneinander unabhängige Systeme unterschieden werden:

1. Das System zum Erstellen der Nachrichten
2. Das erste Transfersystem zur Übermittlung der Nachrichten
3. Die weiteren Transfersysteme zur Übermittlung der Nachrichten

4. Das letzte Transfersystem zum Empfangen und Speichern der Nachrichten
5. Das System zum Lesen der Nachrichten

Es gibt eine Vielzahl von Ursachen, warum Nachrichten nicht korrekt transferiert werden. So kann die fehlerhafte Funktionsweise eines Transfersystems auf einer der folgenden Störungsquellen beruhen:

- Unsachgemäße Bedienung durch die Benutzer
- Verstoß gegen die Benutzungsrichtlinien des Transfersystems
- Technische Fehler der verwendeten Systeme oder Programme
- Zugangshindernisse zur bzw. Störungen der Netzinfrastruktur
- Falsche Administration des Systems durch den Systembetreiber
- Absichtliche Störung des Betriebs durch den Systembetreiber
- Angriff auf das System durch andere Benutzer

Die Verantwortung für den korrekten Transfer von Nachrichten kann an Hand einer ausschließlich technischen Betrachtungsweise nicht zugeordnet werden, da abhängig von der Art der technischen Realisierung einer konkreten Store-and-Forward Anwendung eine unterschiedliche Anzahl von Systemen und Systembetreibern mit spezifischen Funktionen und Aufgaben beteiligt ist. Dabei ist stets zu berücksichtigen, daß in den Nachrichtentransfer auch „fremde“ Systeme, die weder vom Absender noch vom Empfänger betrieben werden, involviert und daher die Ursache für Störungen sein können.

3.3.4 Systemverantwortlichkeiten

Um die Verantwortung für die Störungsquellen bestimmten Personen zuordnen zu können, dürfen für die Beurteilung von Store-and-Forward Anwendungen nicht nur technisch funktionale Aspekte herangezogen werden; weitere zu berücksichtigende Faktoren sind vor allem:

- Möglichkeit der Benutzer, Störungen überhaupt erkennen und ggf. beseitigen zu können
- Funktionale Aspekte, d.h., verschiedene Eigenschaften der Dienste eines Transfersystems, Quality of Service
- Organisatorische Aspekte, d.h., Zuordnung der Verantwortlichkeiten für die korrekte Funktionsweise eines Systems

Abhängig von der konkreten Anwendung eines Store-and-Forward Systems sind die oben aufgeführten Systeme zu differenzieren, denn es ist möglich, daß mehrere Systeme in einem zusammengefaßt sind. Im folgenden werden deshalb vier typische Anwendungsszenarien vorgestellt und die Verantwortlichkeiten für die einzelnen Systeme aufgezeigt (siehe Tabelle 3.1). Dabei werden schwerpunktmäßig die Störungsquellen und Eingriffsmöglichkeiten der verschiedenen Beteiligten in den Nachrichtentransfer betrachtet.

3.3.4.1 Gesamtsysteme

Früher waren Nachrichtentransfersysteme vorwiegend als Gesamtsysteme, sog. Host-Anwendungen, in einem Rechenzentrum realisiert und wurden für den Nachrichtenaustausch in geschlossenen Benutzergruppen eingesetzt. Mit diesen Systemen können Benutzer Nachrichten erstellen, versenden und empfangen. Die dazu notwendigen Systeme und Programme werden zentral bereitgehalten. Der Betreiber des Rechenzentrums stellt den Benutzern die erforderlichen Geräte, Host-Terminals, zur Verfügung, um die Host-Anwendungen nutzen zu können. Im allgemeinen braucht der einzelne Benutzer keine eigenen Geräte, zudem ist er nicht in administrative Arbeiten am System involviert.

Bei einem Host-System hat der Benutzer nach dem Absenden seiner Nachricht mittels der Host-Anwendung keine Möglichkeit, die Übermittlung dieser Nachricht zum Empfänger gezielt zu verhindern, d.h., nur den Transfer seiner Nachricht zu stoppen, während andere Nachrichten ungestört zu ihren Empfängern transferiert werden. Somit nimmt das Gesamtsystem die Funktion eines, vom Absender und Empfänger gemeinsam genutzten, Nachrichtenboten ein.

Auf dem Gesamtsystem ist für jeden Benutzer Speicherplatz zum Empfang von Nachrichten reserviert. Dieser Speicher wird als *„elektronischer Briefkasten"* des Empfängers, Mail-Box, In-Box etc. bezeichnet. Eingehende Nachrichten für Benutzer werden auf den zum Host-System gehörenden Geräten des Betreibers so lange gespeichert, bis sie vom Empfänger aufgerufen werden. Da die zum Betrieb elektronischer Briefkästen notwendigen Systeme nicht dem Empfänger gehören oder von ihm beeinflußbar sind, sind elektronische Briefkästen eher mit Postfächern beim Zustellpostamt als mit Hausbriefkästen vergleichbar.

Der Benutzer einer Host-Anwendung kann im allgemeinen den Empfang von für ihn bestimmten Nachrichten nicht selektiv verhindern. Vom System werden ankommende Nachrichten automatisch in der Mail-Box des Empfängers abgelegt, der Empfänger kann sie lesen, löschen sowie in ein anderes Benutzerverzeichnis speichern.

Üblicherweise ist die Größe der Mail-Box pro Benutzer begrenzt. Ist die Mail-Box des Empfängers bereits mit Nachrichten belegt, so werden neu ankommende Nachrichten aufgrund Platzmangels vom System nicht mehr angenommen. Der Empfänger kann zwar durch eine volle Mail-Box bewirken, daß für ihn generell keine weiteren Nachrichten angenommen werden, jedoch keinesfalls gezielt Nachrichten annehmen bzw. ablehnen lassen.

Grundsätzlich haben alle Benutzer, also auch Absender und Empfänger, darüber hinaus die Möglichkeit, durch ein fortwährend hohes Aufkommen an Nachrichten das System als Ganzes zu überlasten. Solche Angriffe bewir-

<table>
<tr><th>System zum Erstellen von Nachrichten</th><th>Erstes Transfer-system</th><th>Weitere Transfer-systeme</th><th>Letztes Transfer-system</th><th>System zum Lesen von Nachrichten</th></tr>
<tr><td colspan="5">1. Gesamtsysteme</td></tr>
<tr><td colspan="5">Betreiber der Gesamtsysteme
Funktion: gemeinsamer Nachrichtenbote von Absender und Empfänger
Mail-Box (Elektronischer Briefkasten) ≈ Postfach beim Zustellpostamt</td></tr>
<tr><td colspan="5">2. Zentrales Transfersystem, lokale Systeme zur Nachrichtenbearbeitung</td></tr>
<tr><td>Absender</td><td colspan="3">Gemeinsamer Dienstbetreiber
Funktion: gemeinsamer Nachrichtenbote von Absender und Empfänger
Mail-Box ≈ Postfach beim Zustellpostamt</td><td>Empfänger</td></tr>
<tr><td colspan="5">3. Lokale Systeme zur Bearbeitung und zum Transfer von Nachrichten</td></tr>
<tr><td colspan="2">Absender</td><td>nicht beteiligt, direkte Kommunikation</td><td colspan="2">Empfänger
Mail-Box ≈ Hausbriefkasten, da vom Empfänger betrieben</td></tr>
<tr><td colspan="2">Absender</td><td colspan="2">Diensteanbieter des Empfängers
Mail-Box ≈ Postfach, da vom Diensteanbieter betrieben</td><td>Empfänger</td></tr>
<tr><td>Absender</td><td colspan="2">Diensteanbieter des Absenders
Nachrichtenbote</td><td colspan="2">Empfänger
Mail-Box ≈ Hausbriefkasten, da vom Empfänger betrieben</td></tr>
<tr><td colspan="5">4. Verteiltes Transfersystem, lokale Systeme zur Nachrichtenbearbeitung</td></tr>
<tr><td>Absender</td><td>Diensteanbieter des Absenders
Nachrichten-bote</td><td>nicht beteiligt, direkte Kommunikation der Diensteanbieter</td><td>Diensteanbieter des Empfängers
Mail-Box ≈ Postfach</td><td>Empfänger</td></tr>
<tr><td>Absender</td><td>Diensteanbieter des Absenders
1. Nachrichten-bote</td><td>Kommunikation über dritte Diensteanbieter
2. Nachrichten-bote</td><td>Diensteanbieter des Empfängers
Mail-Box ≈ Postfach</td><td>Empfänger</td></tr>
</table>

Tabelle 3.1. Systemverantwortlichkeiten bei Store-and-Forward Anwendungen

ken eine Reduzierung von Systemressourcen, wie Rechenzeit, Speicherplatz und Netzkapazität. Dies hat zur Folge, daß die Dienste des Systems anderen Benutzern nur noch in geringerem Unfang oder gar nicht mehr zur Verfügung stehen. Absichtliche Systemüberlastungen werden als Denial-of-Service Attacken bezeichnet.

Benutzer mit besonderen Systemprivilegien, wie Administratoren, haben die Möglichkeit, in den Prozeß der Nachrichtenübermittlung einzugreifen, können Nachrichteninhalte modifizieren sowie verhindern, daß Nachrichten den Empfänger erreichen. Für den Betrieb von komplexen Mehrbenutzer-Systemen ist fachlich qualifiziertes Personal notwendig. Sicherheitsmaßnahmen des Betreibers von Host-Systemen, wie die Verpflichtung der Mitarbeiter zur Einhaltung von Vorschriften und Regelungen oder die Aufteilung von Administrationsrechten unter verschiedenen Personen, reduzieren zwar deren Mißbrauchsmöglichkeiten, schließen sie jedoch nicht aus.

Die Ursache für den Verlust einer Nachricht während des Tranfers ist für den Absender meist nicht auszumachen, vor allem kann von ihm nur sehr schwer zwischen technischen Systemfehlern, Unterdrückung von Nachrichten durch privilegierte Benutzer und der Ablehnung einer Nachricht aus Platzmangel in der Mail-Box des Empfängers unterschieden werden.

3.3.4.2 Zentrale Transfersysteme

Mit der fortschreitenden Entwicklung der Informationstechnologie wurden die Funktionen „Nachrichtenerstellung“ bzw. „-bearbeitung“ aus den Gesamtsystemen ausgegliedert und in eigenständige Systeme direkt bei den Benutzern verlagert. Die Funktionen des zentralen Systems sind auf die Entgegennahme eingehender und das Versenden ausgehender Nachrichten reduziert. Die lokalen Systeme sind direkt an das zentrale Transfersystem, meist ein Host-System, angeschlossen, über das die Benutzer Nachrichten miteinander austauschen können.

Zentrale Transfersysteme fungieren als gemeinsamer Nachrichtenbote von Absender und Empfänger. Die Mail-Boxen der Benutzer werden vom Betreiber des zentralen Transfersystems betrieben und sind daher funktional und organisatorisch mit den Postfächern bei einem Zustellpostamt gleichzusetzen.

Die Benutzer dieser Systeme haben weiterhin dieselben Möglichkeiten, in den Nachrichtentransfer einzugreifen oder Störungen zu erkennen, wie bei Gesamtsystemen. Auch die Eingriffsmöglichkeiten durch den Betreiber des zentralen Transfersystems sind entsprechend, jedoch sind mit den lokalen Systemen zur Nachrichtenbearbeitung neue Störungsquellen und Möglichkeiten zur Manipulation durch Benutzer oder andere Personen hinzugekommen.

Auf den lokalen Systemen der Benutzer sind Programme zur Nachrichtenbearbeitung und zur Kommunikation mit dem Transfersytem zu installieren und konfigurieren. Diese Systeme sind im allgemeinen „persönliche Computer“ (PCs), d.h., Systeme, die für die Benutzung durch genau eine Person ausgelegt sind. Die Unterscheidung zwischen normaler Nutzung und Wartungsarbeiten bzw. operativer und administrativer Tätigkeiten ist bei diesen Systemen selten möglich, da die eingesetzten Betriebssysteme meist weder Funktionstrennung unterstützen noch wirkungsvolle Mechanismen zur Zugriffskontrolle bieten.

Aufgrund fehlender Zugriffskontrollmechanismen während des Betriebs besteht die Gefahr, daß der Benutzer versehentlich oder absichtlich Programme bzw. Daten auf dem System ändern, löschen oder hinzufügen kann.

Aber auch fremde Personen, z.B. Mitarbeiter der Firma, die Zutritt zu dem Raum haben, in dem das System aufgestellt ist, können solche Änderungen am System eines Benutzers vornehmen, es beschädigen oder gar entwenden. Im Rahmen eines Sicherheitskonzepts können organisatorische Maßnahmen, wie die Vergabe und Überwachung von Zutrittsberechtigungen, und Nutzungsregeln, wie Aktivierung des Paßwortschutzes der Systeme, diese Gefährdungen zwar reduzieren, aber nicht vollständig beseitigen, deshalb kann infolge von hauptsächlich versehentlichen Manipulationen der Zugang zum zentralen Transfersystem eventuell nicht mehr möglich sein. Benutzer können dann weder eigene Nachrichten absenden, noch andere beim Transfersystem für sie eingegangene lesen.

Die Fehlfunktionen eines lokalen Systems wirken sich jedoch weder auf andere lokale Systeme noch das Transfersystem selbst aus. Da der Benutzer die Möglichkeit zum Erkennen und Beseitigen von Störungen seines Systems hat, wird er dafür die Verantwortung tragen.

Zur Erstellung elektronischer Dokumente gibt es eine Vielzahl von Programmen mit proprietären Formaten zu deren Speicherung. Da der Benutzer auf seinem System beliebige Programme zur Dokumentenbearbeitung installieren kann, besteht die Gefahr, daß der Empfänger nicht über ein entsprechendes Programm verfügt, um Nachrichten in diesem Format zu lesen. In solchen Fällen werden die Nachrichten korrekt vom Transfersystem übermittelt, aber aus der Sicht der Benutzer ist der Nachrichtenaustausch gescheitert, da der Empfänger sie inhaltlich nicht interpretieren kann.

Die Ursache des Scheiterns ist auf die Inkompatibilität zwischen dem System des Absenders und dem des Empfängers zurückzuführen. Allerdings kann nur in Sonderfällen, in denen die Verwendung bestimmter Formate zur Darstellung von Nachrichteninhalten vereinbart oder vorgeschrieben ist, der Verantwortliche bestimmt werden. In geschlossenen Benutzergruppen, wie Firmen, oder bei speziellen Anwendungen, wie dem Datenaustausch im Gesundheitswesen, können die Formate von Nachrichteninhalten bestimmt und deren Einhaltung durchgesetzt werden, im allgemeinen jedoch nicht.

3.3.4.3 Lokale Transfersysteme

Der Trend bei der Entwicklung von Store-and-Forward Systemen ging weiter hin zu lokalen Systemen und weg von zentralen Lösungen. Auf den lokalen Systemen wurden neben den Funktionen zum Bearbeiten von Nachrichten auch sämtliche Funktionen zum Nachrichtentransfer realisiert. Personen, die ein solches multifunktionales System nutzen, verfügen lokal über einen eigenen Transferdienst und benötigen daher nicht mehr die Dienste eines zentralen Transfersystems. Das lokale Transfersystem hat einen direkten Anschluß an die Netzinfrastruktur, ist anderen externen Systemen bekannt und kann mit diesen kommunizieren. Verfügen sowohl der Absender als auch der Empfänger über eigene lokale Transfersysteme, erfolgt technisch gesehen der Nachrichtenaustausch direkt zwischen diesen beiden Systemen, andernfalls wie bisher über das Transfersystem eines Diensteanbieters (siehe Tabelle 3.1, „3. Lokale Transfersysteme“).

Benutzer lokaler Systeme mit integriertem Transfersystem, wie E-Mail-Servern, verfügen über Mail-Boxen, die sie unter ihrer alleinigen Kontrolle haben. Auf einem lokalen Transfersystem sind die Funktionen zur Bearbeitung und Übermittlung von Nachrichten vereint, weshalb sich sowohl Kontroll- als auch Störungs- und Eingriffsmöglichkeiten bei den einzelnen Teilfunktionen in einem System und einer Person akkumulieren. Die Benutzer lokaler Transfersysteme haben deshalb prinzipiell die gleichen Möglichkeiten, den Transfer von Nachrichten zu manipulieren bzw. zu stören, wie Benutzer mit Systemprivilegien, die Systemadministratoren, bei anderen Store-and-Forward Systemen.

Der Vergleich von elektronischen Briefkästen auf lokalen Transfersystemen mit Hausbriefkästen kann durch die entsprechenden Eingriffsmöglichkeiten seitens des Empfängers begründet werden. So hat das Entfernen des Briefkastens am Haus durch den Empfänger dieselben Auswirkungen auf die Zustellung von Briefen wie das Abschalten des lokalen Transfersystems durch den Benutzer auf den Transfer von elektronischen Nachrichten.

Bei anderen Store-and-Forward Anwendungen, auch mit lokalen Systemen nur zur Nachrichtenverarbeitung, aber zentralen oder verteilten Transfersystemen für die Nachrichtenübermittlung, ist dieser Vergleich nicht zutreffend, da die Störungs- und Eingriffsmöglichkeiten auf mehrere Systeme mit unterschiedlichen Verantwortlichen verteilt sind und sich ganz oder teilweise der Einflußnahme des Empfängers entziehen.

Aufgrund der zusätzlichen Funktionalität eines lokalen Transfersystems ist ein höherer Aufwand zur Installation und Administration der verwendeten Programme notwendig. Daraus ergeben sich einerseits zwangsläufig noch weitere Störungsquellen und Eingriffsmöglichkeiten in den Nachrichtentransfer seitens des Benutzers, aber andererseits auch mehr Möglichkeiten, Störungen beim Nachrichtentransfer zu erkennen und sie ggf. zu beseitigen, sofern die Ursache auf den lokalen Systemen liegt.

Im allgemeinen werden lokale E-Mail-Server auf multitaskingfähigen Computern, z.B. UNIX-Systemen, realisiert. Primär werden diese Systeme für andere Anwendungen von einem einzelnen bzw. einer kleinen Gruppe von Benutzern eingesetzt; der E-Mail-Server ist nur ein zusätzlicher Dienst mit niedriger Priorität. UNIX-Computer unterstützen die Trennung von operativen und administrativen Tätigkeiten, d.h. normalen und privilegierten Funktionen, seitens des Betriebssystems.

Diese Trennung ist aber nur dann wirksam, wenn notwendige organisatorische Maßnahmen getroffen werden; z.B. wird bei einer Gruppe von Benutzern nur eine Person explizit mit der Aufgabe der Systemadministration betraut, denn sonst könnten alle Benutzer des lokalen Systems unter Mißbrauch von Administrationsrechten sowohl ausgehende als auch angekommene Nachrichten unterdrücken und, sofern sie nicht kryptographisch geschützt sind, auch inhaltlich manipulieren. Diese Möglichkeiten zur Manipulation sind jedoch dann bedeutungslos, wenn das System lediglich von einer einzelnen Person benutzt und eigenverantwortlich administriert wird.

Die Nutzung eines lokalen E-Mail-Servers, der über das Internet erreichbar ist, erfordert, daß das System einen korrekten Eintrag im Domain Naming System (DNS) hat und regelmäßig zum Empfang von Nachrichten bereit ist.[3] Ein falscher DNS-Eintrag hat zur Folge, daß Nachrichten von anderen Systemen erst gar nicht abgesandt werden, da diese keine Kommunikationsverbindung zum lokalen E-Mail-Server aufbauen können. Ist der lokale E-Mail-Server nur unregelmäßig oder wenige Stunden pro Tag bereit, ankommende Nachrichten entgegenzunehmen, besteht die Gefahr, daß sich die Betriebsphasen des lokalen E-Mail-Servers zeitlich nicht mit denen anderer Transfersysteme überschneiden und folglich kein Nachrichtentransfer zwischen ihnen möglich ist.

Funktionale Eigenschaften lokaler E-Mail-Server werden durch deren Konfiguration festgelegt und sind vom Systemverantwortlichen bestimmbar; bei einem persönlichen System ist dies der Benutzer selbst, bzw. bei einem System, das von einer Gruppe von Benutzern eingesetzt wird, die mit der Systemadministration beauftragte Person. Einige typische konfigurierbare Eigenschaften eines E-Mail-Systems sind:

- □ Art des Transfers von Nachrichten,
  d.h., Nachrichten werden sofort bzw. zeitversetzt transferiert
- □ Protokolle zum Nachrichtentransfer
- □ Größe des Speichers für eingehende Nachrichten
- □ Priorisierung einzelner ausgehender Nachrichten,
  abhängig von der Größe der Nachricht, der Anzahl der Empfänger
- □ Zeitpunkt, ab dem der Transfer einer Nachricht abgebrochen wird
- □ Reaktion auf Verzögerungen beim Transfer ausgehender Nachrichten
- □ Reaktion auf als unzustellbar gekennzeichnete zurückkehrende Nachrichten
- □ Verhalten des E-Mail-Servers bei hoher Belastung des Systems,
  wie Änderung der Transferart und Ablehnung ankommender Nachrichten

[3] zur Konfiguration eines E-Mail-Servers siehe [Costales, Allman 95]

Auf lokalen Transfersystemen, wie E-Mail-Servern, sind bei der Übermittlung von Nachrichten zwei Aktionen zu differenzieren:

1. Der Benutzer gibt in seiner Anwendung das Kommando zum Absenden seiner Nachricht.
2. Das lokale Transfersystem übermittelt die Nachricht an ein anderes Transfersystem.

Diese beiden Aktionen erfolgen logisch und zeitlich nacheinander, wobei zwischen dem Zeitpunkt des Absendens und dem Zeitpunkt der Übermittlung stets eine Zeitspanne liegt. Diese ist jedoch nicht deterministisch, da der genaue Zeitpunkt der Übermittlung nicht im voraus bestimmt werden kann. Er ist sowohl von lokal beinflußbaren als auch äußeren gegebenen Faktoren abhängig. Ein äußerer Faktor ist vor allem die Verfügbarkeit des empfangenden Systems. Lokale Faktoren sind dagegen die oben genannten Konfigurationsparameter, aber daneben wirken sich auch die Art und Größe der Nachricht oder die aktuelle Belastung des lokalen Systems durch andere Anwendungsprozesse auf den Zeitpunkt des Nachrichtentransfers aus.

Der E-Mail-Server kann so konfiguriert sein, daß er große Nachrichten, die an viele Empfänger zu übermitteln sind, später weiterleitet, während kleine Nachrichten an wenige Empfänger bevorzugt transferiert werden, oder daß er bei einer zu hohen Auslastung der Systemressourcen seinen Betrieb komplett oder teilweise einstellt, indem er beispielsweise keine ankommenden Nachrichten mehr annimmt.[4]

Benutzer von lokalen E-Mail-Servern haben nach dem Absenden von Nachrichten somit lokal noch Möglichkeiten, den Zeitpunkt der Nachrichtenübermittlung zu verzögern und, falls sie über besondere Systemrechte verfügen, die Übermittlung sogar abzubrechen. Dieselben lokalen Stör- und Eingriffsmöglichkeiten der Benutzer sind ausreichend, um den Empfang von Nachrichten anderer Transfersysteme zu verhindern. Des weiteren können Störungen lokaler E-Mail-Server, wie bei allen anderen Transfersystemen auch, durch Denial-of-Service Attacken seitens Dritter über das Netzwerk oder durch ungenügenden Speicherplatz für ankommende Nachrichten beim Benutzer verursacht werden.

3.3.4.4 Verteilte Transfersysteme

Das Austauschen von Nachrichten zwischen Benutzern erfolgt heute meist, speziell bei E-Mail, mittels verteilt betriebener Transfersysteme, der bedeutendsten Form der Store-and-Forward Architekturen. Zum Erstellen und Bearbeiten von Nachrichten verwenden die Benutzer ihre lokalen Systeme, zum Absenden und Empfangen dagegen werden die Transfersysteme eines

[4] vgl. [Costales, Allman 95], „34.8.54 RefuseLA“

Diensteanbieters bzw. -betreibers genutzt. Die Transfersysteme verschiedener Dienstbetreiber wiederum sind direkt oder indirekt miteinander verbunden, weshalb auch der Nachrichtenaustausch von Benutzern unterschiedlicher Diensteanbieter möglich ist.

Dienstbetreiber werden auch Online- oder E-Mail-Provider genannt und sind im Sinne des Art. 1 Informations- und Kommunikationsdienste-Gesetz [BT 97b] Anbieter von Telediensten. Zur Unterscheidung von Telediensten und ihren Anbietern hinsichtlich der Zuverlässigkeit beim Nachrichtentransfer, des Verfälschungsrisikos von Nachrichten durch Mitarbeiter des Dienstbetreibers und der Beurteilung des Beweiswerts von Sende- und Empfangsprotokollen sind neben technischen Kriterien vor allem organisatorische Aspekte, beispielsweise die Vertrauenswürdigkeit des Dienstbetreibers sowie das Rechtsverhältnis zwischen Benutzer und Diensteanbieter, relevant. Die Telediensteanbieter können wie folgt klassifiziert werden:

1. **Kommerzielle Diensteanbieter**
   Firmen, die Teledienste kommerziell betreiben und deren Nutzung je nach Geschäftsmodell kostenpflichtig bzw. -frei ist. Die Nutzer sind meist Privatpersonen oder kleinere Firmen, die hauptsächlich aus Kostengründen keine eigenen Teledienste betreiben.

2. **Nicht-kommerzielle Dienstbetreiber**
   Behörden, Firmen, Universitäten etc., die Teledienste selbst intern betreiben und ausschließlich ihren eigenen Mitarbeitern, Firmenangehörigen, Studenten zur Verfügung stellen.

In beiden Fällen stellen die Telediensteanbieter den Benutzern Mail-Boxen, elektronische Briefkästen, zur Verfügung. Benutzer benötigen diese, um elektronische Nachrichten anderer Benutzer empfangen zu können. Technisch gesehen ist die Mail-Box eines Benutzers nicht auf seinem eigenen Computer realisiert, sondern auf dem Transfersystem seines Diensteanbieters, d.h., alle eingehenden Nachrichten werden zunächst auf dem Transfersystem des Diensteanbieters dauerhaft gespeichert, bis sie vom jeweiligen Empfänger abgerufen und auf den benutzereigenen Computer übermittelt werden. Damit die Benutzer die für sie bestimmten, aber auf einem fremden System zwischengespeicherten Nachrichten abrufen können, muß der Diensteanbieter den Benutzern notwendigerweise Zugriff auf sein Transfersystem gewähren.

Es ist Aufgabe und Pflicht des Dienstbetreibers, den Zugang auf seine Systeme so einzuschränken, daß lediglich autorisierte Benutzer Zugriff auf die für sie reservierten System-Ressourcen haben. Die Notwendigkeit, durch technische und organisatorische Maßnahmen sicherzustellen, daß unberechtigte Zugriffe weder von Dritten noch von Benutzern erfolgen können, kann einerseits in zwischen Benutzer und Dienstbetreiber vertraglich vereinbarten Sorgfaltspflichten begründet sein und ist zudem aus den datenschutzrechtlichen Pflichten eines Diensteanbieters herzuleiten (§4 Abs. 2 Teledienstedatenschutzgesetz (TDDSG)).

Die Analogie von elektronischen Briefkästen zu konventionellen Hausbriefkästen ist nicht zutreffend, da elektronische Briefe nicht mit einem vom Empfänger sondern zunächst mit einem vom Dienstbetreiber kontrollierten Transfersystem empfangen werden. Betrachtet man den Prozeßablauf beim Empfang einer Nachricht aus der Sicht des Benutzers sowie der Beteiligten, wird ersichtlich, daß der Vergleich von Mail-Boxen mit Postfächern beim Zustellpostamt oder dem Abholschalter von postlagernden Briefsendungen zutreffender ist.

Einen derartigen Vergleich stellte auch das OLG Köln an, um die Frage des Zugangs von Willenserklärungen, die über moderne Kommunikationssysteme übermittelt wurden, beurteilen zu können, konkret, für den Btx-Dienst der Deutschen Bundespost (vgl. [OLG Köln 89]). Zunächst scheinen moderne Nachrichtentransfersysteme, wie E-Mail, kaum Gemeinsamkeiten mit dem Mitteilungsdienst Btx zu haben.

Betrachtet man jedoch die IT-Systeme, so finden sich bei den elektronischen Diensten vergleichbare IT-Systemarchitekturen, Aufteilung von Funktionen und Aufgaben sowie ein ähnliches Verhältnis der Kontroll- und Eingriffsmöglichkeiten zwischen den Dienstbetreibern und Benutzern. Mit dem Briefdienst der Bundespost gibt es Parallelen bezüglich der Funktionsteilung und den Möglichkeiten der Nutzer, weshalb ein Vergleich von elektronischen Briefkästen, die von einem Dienstbetreiber geführt werden, mit herkömmlichen Postfächern begründet werden kann.

E-Mail-Dienste werden von kommerziellen Diensteanbietern häufig als zusätzliche Funktion anderer Kommunikationsdienste angeboten. Die primären Dienstleistungen von Internet-Providern, wie T-Online oder AOL, sind z.B. Anbindung an das Internet, Registrierungen im Domain Name System oder Betrieb eines Web-Servers, dessen Inhalt der Kunde selbst erstellt (Web-Hosting); dagegen ist die Nutzung elektronischer Briefkästen, die auf den Systemen des Dienstbetreibers realisiert sind, lediglich für Privatpersonen und Unternehmen, die selbst nicht über die notwendigen Fachkenntnisse und die erforderliche IT-Infrastruktur – speziell einen internen E-Mail-Server – verfügen, interessant.

Neben diesen kommerziellen Dienstbetreibern gibt es heute für Privatpersonen vermehrt auch kostenlose Anbieter von E-Mail-Diensten mit dienstspezifischen Nutzungsregeln, über die Nachrichten empfangen und abgesendet werden können, z.B. [GMX 99]. Von diesen Diensten wird die Mail-Box eines Benutzers kostenlos geführt, jedoch fallen bei der Nutzung Kosten für die Kommunikation zwischen dem Benutzer und dem Dienst an. Meist kann der Benutzer nur über eine Web-Schnittstelle auf seine Mail-Box zugreifen, z.B. beim Dienst „Hotmail“, um Nachrichten abzusenden bzw. den Eingang von neuen zu kontrollieren. Kostenlose E-Mail-Dienste finanzieren sich in der Regel über Werbung, die automatisch in das Web-Interface eingeblendet wird, wodurch der Zugang zur Mail-Box mitunter zeitaufwendig wird und folglich höhere Kommunikationskosten für die Benutzer entstehen.

Der Benutzer muß unabhängig davon, ob er einen kommerziellen oder einen freien E-Mail-Dienst nutzt, sich beim Verantwortlichen des Dienstes über die geltenden Nutzungsregeln und funktionalen Eigenschaften des Dienstes informieren.

Im allgemeinen sind bei verschiedenen Anbietern und Betreibern Unterschiede bei den folgenden Dienstmerkmalen zu finden:

□ Maximale Größe von einzelnen ein- bzw. ausgehenden Nachrichten

□ Maximale Größe aller eingehenden Nachrichten

□ Maximale Dauer der Speicherung empfangener Nachrichten

□ Maximale Anzahl ausgehender Nachrichten in einem bestimmten Zeitraum

□ Speicherung ausgehender Nachrichten durch den Dienstbetreiber

□ Art der Protokollierung der Dienstenutzung durch den Dienstbetreiber, wie Zweck, Umfang und Aufbewahrungsdauer der Aufzeichnungen

□ Anbindung des Dienstbetreibers an andere Dienstbetreiber

□ Rückmeldung bei nicht zugestellten Nachrichten an den Absender

□ Kriterien zur Filterung bzw. Kontrolle der ein- bzw. ausgehenden Nachrichten seitens des Dienstbetreibers, wie
  - Nachrichteninhalte und Anhänge
  - Nachrichtenformate
  - Absender bzw. Empfänger

□ Möglichkeiten zur Filterung von Nachrichten bzw. Kontrolle nach den obigen Kriterien, aber durch den Benutzer gesteuert

So ist heute davon auszugehen, daß jeder Anbieter von E-Mail-Diensten spezifische Dienstmerkmale unterstützt, die u.U. nicht zu einander kompatibel sind. Beispielsweise kann ein Benutzer eine Nachricht niemals dem Empfänger zustellen, wenn sie die maximal zulässige Größe für eingehende Nachrichten beim E-Mail-Dienstanbieter des Empfängers überschreitet. Abstrakter betrachtet stellt sich das Problem, daß sich bisher noch keine allgemeinen Standards für Merkmale von E-Mail-Systemen bei den Diensteanbietern bzw. Nutzungsregeln für elektronische Postfächer in der Gesellschaft etabliert haben. Der Zusammenhang möglicher Bedienungsfehler und technischer Störungen sowie deren Auswirkungen auf den Transfer von Nachrichten wird schematisch in Abb. 3.2 dargestellt.

Lediglich in geschlossenen Anwendergruppen, mit im Vorfeld vertraglich vereinbarten technisch-organisatorischen Rahmenrichtlinien, kann von einem störungsfreien Ablauf des Nachrichtentransfers ausgegangen werden. Ein geregelter Anwendungskontext im Bereich der Kommunikation zwischen einander vertrauenden Geschäftspartnern ist Electronic Data Interchange (EDI) mit seinem Rahmenvertrag [AWV 94].

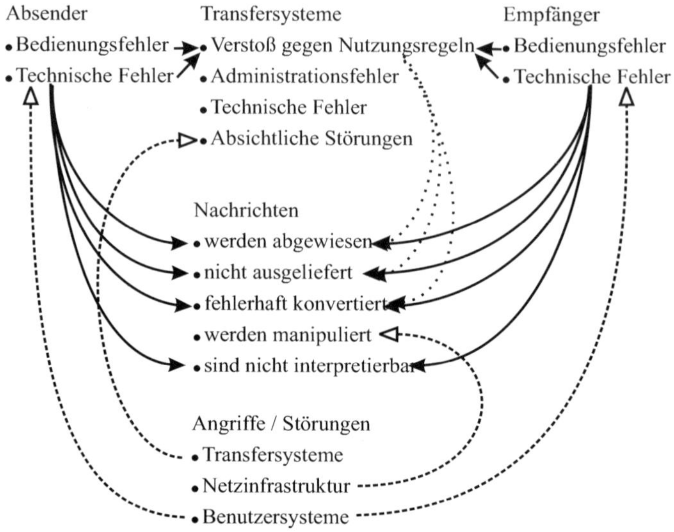

Abb. 3.2. Ursachen und Störungen bei Store-and-Forward Systemen

4 Gültigkeit digitaler Signaturen

Über offene Kommunikationsmedien ausgetauschte digitale Informationen können durch digitale Signaturen integritäts- und authentizitätsgeschützt sein. Die Nutzung digitaler Signaturen setzt jedoch voraus, daß sich alle Beteiligten auf gemeinsame Kriterien zur Unterscheidung gültiger und ungültiger digitaler Signaturen bzw. digital signierter Objekte einigen.

Der Empfänger bzw. Prüfer signierter Daten hat sich vor der Weiterverarbeitung der Daten durch die Prüfung der angefügten digitalen Signatur von deren Unverfälschtheit zu überzeugen. Die signierten Daten sind integer und authentisch, wenn die *Gültigkeit der digitalen Signatur* geprüft und gegeben ist. Dabei ist jedoch zu beachten, daß es keine allgemein verbindliche bzw. anerkannte Definition der Eigenschaft „Gültigkeit" einer digitalen Signatur gibt, sondern daß der Begriff „Gültigkeit der digitalen Signatur" stets kontextspezifisch zu interpretieren ist. Je nachdem, in welchem Zusammenhang die Beurteilung der Gültigkeit einer konkreten digitalen Signatur erfolgt, gelten unterschiedliche kontextspezifische Kriterien für die Beurteilung ihrer Gültigkeit. Das Ergebnis der Prüfung einer digitalen Signatur ist also immer kontextabhängig und muß nicht eineindeutig sein. Je nachdem, welche *kontextspezifischen Prüfkriterien* zur Beurteilung digitaler Signaturen herangezogen werden, können die verschiedenen Prüfungen einer konkreten Signatur zu entgegengesetzten, d.h. widersprüchlichen Ergebnissen bezüglich der Gültigkeit führen.

Aufbauend auf der eingeführten Thematik digitaler Signaturen (Kapitel 1) werden hier zunächst der Begriff „Gültigkeit einer digitalen Signatur", mögliche Kriterien zur Prüfung der Gültigkeit diskutiert (Kapitel 4.1) sowie auf die Gültigkeit digital signierter Objekte eingegangen (Kapitel 4.2). Da unterschiedliche Gültigkeitsmodelle etabliert sind, wird im weiteren ein allgemeines Klassifikationsschema zur Ordnung der Gültigkeitskriterien vorgeschlagen (Kapitel 4.3).

Es folgt die Vorstellung der verschiedenen Modelle zur Bestimmung der Gültigkeit einer digitalen Signatur – das Gültigkeitsmodell des X.509 Standards (Kapitel 4.4) und das Gültigkeitsmodell nach dem deutschen Gesetz zur digitalen Signatur (Kapitel 4.5). Die Analyse der Kriterien und Einordnung der modellspezifischen Gültigkeitskriterien in das allgemeine Klassifikationsschema werden dort behandelt. Es folgt ein Vergleich der modellspezifischen

Charakteristika (Kapitel 4.6). Abschließend wird der Lebenszyklus von Zertifikaten diskutiert (Kapitel 4.7).

4.1 Gültigkeitskriterien digitaler Signaturen

Die Technik der digitalen Signatur wird zum Schutz der Integrität und Authentizität von elektronisch dargestellten Informationen verwendet. Der Unterzeichner fügt beim Signieren der Daten zusätzliche Schutzinformationen an diese an, um ein Mittel zu schaffen, daß einerseits während der Übermittlung, Speicherung etc. der Daten zusammen mit den Schutzinformationen keine unbemerkbaren Veränderungen an ihnen vorgenommen werden können und andererseits, daß seine Urheberschaft an den signierten Daten ersichtlich und nicht abstreitbar wird.

Im Allgemeinen hat der Prozeß „*Prüfung digital signierter Daten*" das Ziel, zwischen Daten mit gültiger bzw. ungültiger digitaler Signatur zu differenzieren. Die Kriterien zur Beurteilung der Gültigkeit von digitalen Signaturen sind prinzipiell zwischen den beteiligten Personen frei vereinbar; d.h., durch bilaterale Übereinkommen zwischen dem Ersteller und dem Prüfer einer Signatur können Gültigkeitskriterien für digitale Signaturen festgelegt und Folgewirkungen von gültigen Signaturen bestimmt werden.

Gültigkeitskriterien können aber auch durch den Zusammenhang, in dem digitale Signaturen verwendet werden, vorgegeben sein. Die Gültigkeitsprüfung digitaler Signaturen basiert beispielsweise bei Anwendungen, wie Privacy Enhanced Mail (PEM) [RFC-1422], auf dem X.509 Gültigkeitsmodell [ISO/IEC 9594-8] oder wird durch gesetzliche Rahmenbedingungen, wie durch das Signaturgesetz [BT 97d], maßgeblich bestimmt. Unter dem Begriff „*Gültigkeitsmodell*" sind die Regeln zur Prüfung digitaler Signaturen und die eventuell getroffenen bzw. notwendigen Annahmen zusammengefaßt.

Kriterien zur Beurteilung der Gültigkeit digitaler Signaturen können unabhängig vom angewandten Gültigkeitsmodell dargestellt werden. Das offensichtlichste Kriterium für die Gültigkeit einer digitalen Signatur ist die Prüfung der technisch korrekten Anwendung eines kryptographischen Algorithmus' zur Erstellung einer digitalen Signatur. Für die Beurteilung der Gültigkeit digitaler Signaturen ist die Erfüllung rein technischer Kriterien zwar notwendig, jedoch nicht ausreichend. Eine technisch korrekte digitale Signatur selbst liefert noch keinen Hinweis darüber, wie sicher digital signierte Daten vor Verfälschung geschützt sind und vor allem wie sicher der Urheber der Signatur zu bestimmen ist.

Die Nutzung digitaler Signaturen in einem konkreten Verfahren bzw. Anwendungskontext dient dazu, die Integrität und Authentizität der Daten durch eine digitale Signatur in einem definierten Maße zu schützen. Je nachdem, gegen welche Arten von Angreifern und Angriffsszenarien die Daten gesichert werden müssen, ist ein entsprechendes Maß an Sicherheit von digitalen Signaturen anzustreben. Als Maß der Sicherheit können die technischen und organisatorischen Anforderungen beim Einsatz digitaler Signaturen zur Abwehr dieser Bedrohungen verstanden werden. Die Anforderungen ergeben sich entweder aus einer allgemeinen, anwendungsunabhängigen Bedrohungsanalyse für verschiedene Angriffsszenarien, oder sie werden durch Analyse und Bewertung der einzelnen Bedrohungen, die in einem konkreten Anwendungsszenario real vorhanden und sicherheitsrelevant sind, abgeleitet.

Technische Anforderungen beim Einsatz digitaler Signaturen beziehen sich vor allem auf die Auswahl und Festlegung von geeigneten kryptographischen Verfahren sowie von technischen Komponenten zur Erstellung und Prüfung digitaler Signaturen. Organisatorische Anforderungen betreffen hauptsächlich die Prozesse und Vorgänge bei der Identifizierung und Registrierung von Anwendern digitaler Signaturen sowie die Abläufe bei der notwendigen Zertifizierung der öffentlichen Schlüssel von Teilnehmern zur Überprüfung von Signaturen. Die Gültigkeit einer digitalen Signatur in einem konkreten Verfahren kann dann gegeben sein, wenn sowohl die vorgegebenen technischen als auch organisatorischen Anforderungen erfüllt sind. Die Umsetzung von Sicherheitsanforderungen erfolgt durch entsprechende Sicherheitsmaßnahmen. Zur Beurteilung der Gültigkeit digitaler Signaturen in einem konkreten Anwendungskontext ist deshalb die Definition von weiteren verfahrensspezifischen Kriterien, an Hand derer die Einhaltung der vorgegebenen Sicherheitsmaßnahmen geprüft werden kann, erforderlich.

Ein grundsätzliches Problem vieler Sicherheitsmaßnahmen ist, daß außenstehende Dritte keine direkte Möglichkeit haben, deren Umsetzung zu kontrollieren, vor allem dann, wenn sie sich auf zeitlich vergangene Prozesse und Ereignisse beziehen. So können Außenstehende im allgemeinen nicht direkt nachvollziehen, ob der Unterzeichner bei der Erzeugung der digitalen Signatur eine bestimmte technische Komponente eingesetzt hat, bzw. ob sich die Mitarbeiter der Zertifizierungsstelle etwa bei der Bearbeitung von Zertifizierungsanträgen der Teilnehmer an alle organisatorischen Verfahrensanweisungen gehalten haben oder nicht. Allenfalls gibt es Zusicherungen der beteiltigten Akteure oder Aussagen von beobachtenden bzw. kontrollierenden Instanzen.

Sollen in einem Verfahren der digitalen Signatur Gültigkeitskriterien, die einen Bezug auf nicht-öffentlich beobachtbare und zeitlich vergangene Aktionen haben, spezifiziert werden, setzt dies voraus, daß verläßliche Bestätigungen dieser Aktionen verfügbar sind. Andernfalls wären diese digitalen Signaturen nicht sicher überprüfbar. Einerseits müssen dazu vertrauenswürdige dritte Stellen existieren, deren Aufgabe u.a. das Ausstellen dieser Bestätigungen ist, andererseits müssen die Aktionsbestätigungen den Prüfern digitaler Signaturen auch Sicherheit in Form eines Vertrauensschutzes bieten. Die Bestätigungen bilden die Grundlage der Gültigkeitsprüfung digitaler Signaturen, und Bestätigungen, deren Korrektheit nicht von der ausstellenden Instanz garantiert wird, werden kaum allgemeine Akzeptanz bei Prüfern finden. Eine entsprechende Haftungsregelung für Bestätigungen ausstellende Instanzen – wesentliche Aufgabe einer Zertifizierungsstelle – ist daher zwingend notwendig.

Es gibt also neben den direkt vom Prüfer verifizierbaren Gültigkeitskriterien digitaler Signaturen, wie Verwendung bestimmter asymmetrischer Authentikationssysteme oder Schlüssellängen, auch indirekte Kriterien, die vom Prüfer zwar nicht selbst verifiziert werden können, auf deren Erfüllung aber durch die Existenz einer vertrauenswürdigen Bestätigung geschlossen werden kann. Folglich ist es möglich, daß kryptographisch korrekt verifizierbare digitale Signaturen die Gültigkeitskriterien eines bestimmten Verfahrens erfüllen, nicht jedoch die eines anderen Anwendungskontextes, weil z.B. der Prüfer die mit dem Signaturschlüssel-Zertifikat verknüpfte Garantie der ausstellenden Zertifizierungsstelle als nicht ausreichend einstuft oder, wie im nächsten Abschnitt dargestellt, digitale Signaturen nicht im Zusammenhang mit einer bestimmten Art von Objekt akzeptiert.

4.2 Gültigkeit signierter Objekte

Die Gültigkeit eines signierten Objekts ergibt sich aus der Bewertung der Gültigkeit seiner Signatur sowie weiterer objektspezifischer Prüfkriterien. Digitale Signaturen werden von den Anwendern zum Integritäts- und Authentizitätsschutz ihrer verschiedensten multimedialen Daten eingesetzt. Signaturen schützen aber auch die Informationen von Zertifizierungsstellen und deren Diensten, die zum Überprüfen der Teilnehmer-Signaturen notwendig sind. Folgende Datenobjekte sind, technisch gesehen, durch eine digitale Signatur eingeschlossen:

- Signaturschlüssel-Zertifikate der Teilnehmer
- Signaturschlüssel-Zertifikate der Zertifizierungsstellen, Verzeichnis- und Zeitstempeldienste
- Attribut-Zertifikate der Teilnehmer
- Sperrlisten der Zertifizierungsstellen
- Zeitstempel der Zeitstempeldienste
- Auskünfte der Verzeichnisdienste
- beliebige Datenobjekte der Benutzer

Eine allgemeine Definition der „Gültigkeit einer digitalen Signatur“ ist momentan nicht existent, daher kann es auch keine für die Eigenschaft „Gültigkeit“ eines digital signierten Datenobjekts geben. Ein allgemein geltendes, zumindest aber anerkanntes, Verfahren zur Prüfung der Gültigkeit einer digitalen Signatur ist jedoch die Voraussetzung zur objektiven Beurteilung der Gültigkeit eines digital signierten Datenobjekts. Aufgrund fehlender allgemeiner Gültigkeitskriterien ist jede Gültigkeitsprüfung prinzipiell abhängig vom Prüfer, weshalb nicht auszuschließen ist, daß verschiedene Prüfer die Gültigkeit einer konkreten digitalen Signatur unterschiedlich beurteilen. Bewertungen der Gültigkeit von signierten Objekten sind daher stets als kontextspezifische Aussagen zu verstehen, abhängig vom angewandten Gültigkeitsmodell. Daher kann prinzipiell nicht ausgeschlossen werden, daß der Signierende bzw. die Prüfer unterschiedliche Kriterien zur Bestimmung der Gültigkeit einer digitalen Signatur als relevant erachten. Vor allem wenn seitens des Prüfers die Akzeptanz einer digital signierten Nachricht von der Erfüllung zusätzlicher Kriterien abhängig ist, die entweder dem Signierenden nicht bekannt sind oder von ihm nicht erfüllt werden können, etwa die Bestätigung des Zeitpunktes der Signaturerstellung durch einen Zeitstempel, wird die Gültigkeitsprüfung stets scheitern.

Die Prüfung der Gültigkeit digitaler Signaturen ist primär von den zugrundeliegenden Gültigkeitskriterien, sekundär jedoch vom signierten Datenobjekt selbst abhängig. Die Bewertung der Gültigkeit einer digitalen Signatur hängt davon ab, von welcher Art die signierten Daten sind; d.h., Signaturen, die mit demselben kryptographischen Verfahren und denselben technischen Komponenten, aber für unterschiedliche Datenobjekte erstellt wurden, werden je nach Art des Datenobjekts in einem Fall als gültig und im anderen als ungültig bewertet.

Im allgemeinen werden spezielle digital signierte elektronische Dokumente, wie Zertifikate, Sperrlisten oder Zeitstempel, stets als ungültig im Sinne des Verfahrens angesehen, wenn die digitale Signatur von einem „normalen" Teilnehmer generiert wurde. Sind diese speziellen Dokumente jedoch von einer Zertifizierungsstelle erstellt und digital signiert worden, dann werden sie als gültig angesehen, da im Anwendungskontext der digitalen Signatur nur Zertifizierungsstellen als vertrauenswürdige dritte Instanzen dazu berechtigt sind. Das Konzept, die Gültigkeit elektronischer und digital signierter Dokumente in Abhängigkeit von der Autorisierung des Erstellers bzw. des Unterzeichners zu bewerten, ist nicht auf das Verfahren der digitalen Signatur beschränkt, sondern beim traditionellen Geschäftsverkehr mit papiergebundenen Dokumenten oder mündlichen Erklärungen existiert eine Vielzahl von Analogien. So kommen bestimmte Rechtsgeschäfte dann nicht zustande, wenn die schriftliche Erklärung etwa von einem Minderjährigen, einer Person ohne entsprechende Zeichnungsberechtigung etc. abgegeben worden ist, oder die erforderliche Unterschrift einer zweiten Person fehlt.

Für den Geschäftsverkehr mit digital signierten Dokumenten können derartige Angaben zur Person des Unterzeichners in Form von Attributen in dessen Zertifikat dargestellt werden. Attribute werden im Signaturgesetz in §5 Abs. 2 und §7 geregelt, und Vorschläge zu deren technischer Darstellung sind von der Arbeitsgemeinschaft Trust-Center in der Industrial Signature Interoperability Specification enthalten, etwa das Attribut „procuration“ für Angaben zur Vertretungsmacht einer dritten Person (vgl. [ISIS 99], „Z.2.3.9.15“). Bei Nutzung dieser Möglichkeiten kann die Gültigkeitsprüfung einer digital signierten Nachricht folglich auch aufgrund des Fehlens eines entsprechenden Attributs im Zertifikat des Unterzeichners, z.B. keine Angaben zur Vertretungsmacht, bzw. aufgrund einer im Attribut enthaltenen Information, z.B. nicht volljährig, zu einem negativen Ergebnis führen.

4.3 Klassifikationsschema der Gültigkeitskriterien

Kriterien für die Gültigkeitsprüfung einer digitalen Signatur können nach den verschiedensten Aspekten bestimmt und unterschieden werden. Denkbar wäre eine Ordnung der Gültigkeitskriterien nach ihrem Bezug zu folgenden Punkten:

- Eingesetzte kryptographische Algorithmen und Parameter
  z.B. die RSA-Schlüssellänge beträgt mindestens 1024 Bit[1]
- Eingesetzte technische Komponenten
  z.B. Signaturschlüssel und Signaturen wurden ausschließlich mit zuvor sicherheitsgeprüften Komponenten erzeugt
- Organisatorische Abläufe
  z.B. der Teilnehmer wurde an Hand seines Personalausweises identifiziert
- Anwendungsspezifische Vorgaben
  z.B. dem signierten Objekt ist ein Zeitstempel beigefügt

Ein allgemeines Klassifikationsschema der Gültigkeitskriterien ist notwendig, um die Kriterien verschiedener Gültigkeitsmodelle zu erfassen und miteinander vergleichen zu können. Im folgenden wird ein dreistufiges Klassifikationsschema für die Gültigkeitskriterien einer digitalen Signatur vorgestellt und zur Klassifikation der Prüf- bzw. Gültigkeitskriterien nach dem X.509 Modell (Kapitel 4.4) und gemäß dem Signaturgesetz (Kapitel 4.5) angewandt. Das Ordnungsmerkmal für Gültigkeitskriterien des dreistufigen Klassifikationsschemas ist deren Bezug oder Abhängigkeit zu kryptographischen Algorithmen bzw. zu Anwendungen digitaler Signaturen. Es werden drei hierarchisch aufeinander aufbauende Stufen von Gültigkeitskriterien definiert:

[1] Die Sicherheit des RSA-Verfahrens basiert auf der zahlentheoretischen Überlegung, daß das Produkt zweier großer Primzahlen nur schwer zu faktorisieren sei (Faktorisierungsproblem). Der Rechenaufwand sei bei geeignet gewählten Schlüsseln und mindestens 1024 Bit Länge nicht praktikabel, da bislang zum kryptographischen Brechen von RSA kein Verfahren bekannt ist, das schneller als die Faktorisierung wäre [RSA 99].

□ Technische Gültigkeitskriterien

□ Sicherheitsspezifische Gültigkeitskriterien

□ Anwendungsspezifische Gültigkeitskriterien

In der untersten Stufe, den *technischen Gültigkeitskriterien*, sind alle Kriterien zusammengefaßt, um die korrekte Anwendung eines kryptographischen Algorithmus' auf Daten generell zu prüfen. Kriterien zur Prüfung, ob ein vorgegebenes Maß an Sicherheit digitaler Signaturen eingehalten wird, werden in der mittleren Ebene, den *sicherheitsspezifischen Gültigkeitskriterien*, zusammengefaßt. Kriterien, die für die Prüfung der Gültigkeit digitaler Signaturen in bestimmten Anwendungsfällen entscheidend sind, aber nicht die kryptographische Prüfung der Integrität und Authentizität der signierten Daten betreffen, werden in der Menge der *anwendungsspezifischen Gültigkeitskriterien* eingeordnet. Im folgenden sind beispielhafte Kriterien in diesem Klassifikationsschema dargestellt:

1. **Technische Gültigkeitskriterien**
   Digital signierte Daten sind technisch gesehen gültig, wenn
   □ die digitale Signatur im kryptographischen, mathematischen Sinne korrekt verifiziert werden kann;
   □ die digitale Signatur und die Daten technisch zueinander gehören.

2. **Sicherheitsspezifische Gültigkeitskriterien**
   Die Gültigkeit digitaler Signaturen kann von der Einhaltung bestimmter Anforderungen an die technischen Komponenten und organisatorischen Verfahren abhängig sein, damit bei der Nutzung digitaler Signaturen ein gewisses Maß an Sicherheit gewährleistet ist. So kann vereinbart werden, daß digitale Signaturen im Kontext eines Verfahrens als gültig anzusehen sind, wenn
   □ der Unterzeichner zur Erstellung der digitalen Signatur bestimmte technische Komponenten, kryptographische Verfahren, z.B. RSA, DSS, und Parameter, z.B. Schlüssellängen, eingesetzt hat;
   □ die Erstellung der digitalen Signatur als eine willentliche Aktion durch den Unterzeichner erfolgt ist, z.B. wenn sich der Unterzeichner durch Wissen und Besitz gegenüber der von ihm eingesetzten Komponente zur Erstellung von digitalen Signaturen autorisiert hat.

3. **Anwendungsspezifische Gültigkeitskriterien**
   Die Gültigkeit einer digitalen Signatur kann vom Vorhandensein bestimmter Eigenschaften des Unterzeichners und der Einhaltung bestimmter Regeln bei der Erstellung oder Prüfung digitaler Signaturen abhängig sein. In einem konkreten Anwendungsumfeld kann vereinbart werden, daß digitale Signaturen im Kontext eines Verfahrens als gültig anzusehen sind, wenn beispielsweise

- der digitalen Signatur des Unterzeichners eine vertrauenswürdige Zeitangabe beigefügt ist, damit deren Erstellungszeitpunkt zweifelsfrei erkennbar ist;
- der öffentliche Schlüssel des Unterzeichners von einer bestimmten vertrauenswürdigen dritten Instanz bestätigt wurde;
- der öffentliche Schlüssel des Unterzeichners zum Zeitpunkt der Signaturerstellung (noch) nicht zurückgezogen worden war;
- der öffentliche Schlüssel des Unterzeichners zum Zeitpunkt der Signaturprüfung nicht zurückgezogen ist;
- der Unterzeichner berechtigt war, die Daten zu signieren;
- die Erstellung der digitalen Signatur durch den Unterzeichner innerhalb einer spezifizierten zeitlichen Frist erfolgt ist;
- die digitale Signatur durch den Prüfer als gültig akzeptiert wurde, sofern ihm innerhalb einer spezifizierten zeitlichen Frist kein Widerspruch gegen deren Gültigkeit durch den Unterzeichner angezeigt wurde;
- bestimmte Eigenschaften des Unterzeichners oder dessen Signaturen vorhanden sind, z.B. eine vertrauenswürdige dritte Instanz die Zahlungsfähigkeit eines Kunden bis zu einem Höchstbetrag garantiert und Haftung dafür übernimmt;
- die Daten selbst, d.h. der Inhalt des signierten Objekts, auch als gültig betrachtet werden. So kann ein bestimmtes Format der signierten Daten, z.B. EDI, vereinbart worden sein; wenn die Daten dann eine andere Struktur aufweisen, sind sie jedoch schon aus formalen Gründen als ungültig zurückzuweisen.

Für die Anwendung digitaler Signaturen ist die Definition von Gültigkeitskriterien eine notwendige Voraussetzung, jedoch müssen für jedes Anwendungsszenario nicht stets dieselben Gültigkeitskriterien gelten. Verschiedene Gültigkeitsmodelle können an Hand ihrer Gültigkeitskriterien miteinander verglichen werden (siehe Kapitel 4.6). Im weiteren werden schwerpunktmäßig Kriterien zur Unterstützung der folgenden Schutzziele betrachtet:

- **Integrität der Daten**
  Nachträgliche Veränderungen an digital signierten Daten sind zweifelsfrei zu erkennen.

- **Authentizität der Daten**
  Gültige digitale Signaturen darf nur der Unterzeichner erzeugen können.

- **Zurechenbarkeit der Daten**
  Der Unterzeichner darf die Urheberschaft von ihm digital signierter Daten nicht abstreiten können.

Des weiteren werden anwendungsspezifische Gültigkeitskriterien, die beim Einsatz digitaler Signaturen zur Erlangung eines vorgegebenen Maßes an Sicherheit notwendig sind, berücksichtigt.

4.4 X.509 Gültigkeitsmodell

Die Empfehlung des *Comité Consultatif International Téléphonique et Télégraphique* (CCITT) unterstützte bereits 1988 die Technik digitaler Signaturen zur Authentifizierung von Personen und IT-Systemen sowie zum Schutz der Integrität und Vertraulichkeit von Daten [CCITT 88], wurde jedoch so offen gehalten, daß sie auch die Basis für zukünftige Sicherheitslösungen ist. Die Empfehlung wurde von der ISO als X.509 Standard übernommen und ein Algorithmus zur Gültigkeitsprüfung digitaler Signaturen beispielhaft beschrieben[2]. Dieser dient zur Überprüfung der Zugehörigkeit bzw. Bindung des öffentlichen Schlüssels eines Teilnehmers, dem „subject public key", zu einem verfahrenstechnischen Namen eines Nutzers digitaler Signaturen, dem „subject distinguished name" und/oder „subject alternative name".

Die Art der Nutzer wird dabei durch den Standard generell weder vorgegeben noch eingeschränkt. Öffentliche Schlüssel können sowohl natürlichen als auch juristischen Personen, aber auch IT-Systemen zugeordnet werden. Die Zuordnung eines öffentlichen Schlüssels zu einem Teilnehmernamen wird in einer speziellen Datenstruktur – einem Zertifikat[3] – technisch dargestellt. Inwieweit jedoch aus dem verfahrenstechnischen Namen eines Teilnehmers auf dessen reale Identität geschlossen werden kann, kann und wird nicht durch einen technischen Standard vorgegeben.

Zur Prüfung digitaler Signaturen ist eine verläßliche Zuordnung öffentlicher Schlüssel zu Teilnehmern zwingende Voraussetzung, weshalb die Erstellung von Zertifikaten als sicherheitskritische Aufgabe anzusehen und von einer vertrauenswürdigen Instanz – Trusted Third Party (TTP), Trust Center, Zertifizierungsstelle[4] – durchzuführen ist. Zertifikate sind von der ausstellenden Zertifizierungsstelle digital signiert, um deren Integrität und Authentizität zu schützen, da sie im allgemeinen in einem elektronischen Verzeichnis – X.500 Directory – veröffentlicht werden.

Eine Zertifizierungsstelle kann auch für eine andere Zertifikate erstellen bzw. ausgestellt bekommen. Die so entstehende netzwerk-artige Ordnung wird als *Public-Key-Infrastruktur* (PKI) bezeichnet. Ein Sonderfall ist dabei die Hierarchie mit einer einzigen „obersten" CA – *Policy Certification Authority* (PCA) bzw. Wurzel-Instanz – zur Zertifizierung anderer, untergeordneter Zertifizierungsstellen. Ein Zertifizierungspfad[5] bezeichnet dann die Folge aller Zertifikate – beginnend bei einem Zertifikat, i.d.R. das eines Teilnehmers, über das seiner ausstellenden CA und endend beim Zertifikat einer obersten, ausgezeichneten Zertifizierungsstelle –, für die gilt:

[2] vgl. [ISO/IEC 9594-8], Abschnitt 12.4.3
[3] zur Idee der Zertifikate siehe [Kohnfelder 78], „III A. Certificates"
[4] vgl. [ISO/IEC 9594-8], „Certification Authority" (CA)
[5] vgl. [ISO/IEC 9594-8], „Certification Path"

Alle $x \in \{1, (n-1)\}$:

□ Das *subject* des x-ten Zertifikates ist *issuer* des $(x+1)$-ten Zertifikates.

□ Das Zertifikat $x = 1$ ist das selbst signierte Zertifikat der ausgezeichneten Zertifizierungsstelle.

□ Das Zertifikat $x = n$ ist das Zertifikat des Teilnehmers.

Die Gültigkeitsprüfung setzt voraus, daß der öffentliche Schlüssel einer ausgezeichneten CA vertrauenswürdig und in Form eines Eigen-Zertifikates vorhanden ist, und hat das Ziel, die Gültigkeit eines Zertifikates zu verifizieren. Die Gültigkeit von Signaturschlüsseln und Zertifikaten wird im X.509 Kontext letztendlich wie folgt definiert (vgl. [RFC-1422]), wobei hier zur Vereinfachung mögliche sog. „unique identifier“ und „private critical extensions“ nicht berücksichtigt sind:

□ Ein *Signaturschlüssel* und die damit erstellte digitale Signatur ist zum Zeitpunkt der Prüfung genau dann gültig, wenn zu diesem Zeitpunkt der zugehörige Zertifizierungspfad aktuell gültig und die Signatur kryptographisch korrekt ist.

□ Ein *Zertifizierungspfad* ist zum Zeitpunkt der Prüfung genau dann gültig, wenn zu diesem Zeitpunkt alle in ihm enthaltenen Zertifikate gültig sind.

□ Ein *Zertifikat* ist zum Zeitpunkt der Prüfung genau dann gültig, wenn
- die Signatur des Zertifikates gültig ist.
- der Zeitpunkt der Prüfung innerhalb des Gültigkeitszeitraums des Zertifikates liegt.
- das Zertifikat zum Zeitpunkt der Prüfung nicht in der aktuellen Sperrliste der ausstellenden Zertifizierungsstelle enthalten ist.

Die obige Beschreibung wird in Abb. 4.1 veranschaulicht. Die ersten drei Zeilen stellen den Gültigkeitszeitraum des Zertifikates der Wurzel-Instanz, einer Zertifizierungsstelle und eines Teilnehmers dar. Auf der Zeitachse sind der Zeitpunkt der Signaturerstellung sowie zwei verschiedene Zeitpunkte der Signaturprüfung aufgetragen. Die Pfeile symbolisieren, zu welchem Zeitpunkt das Zertifikat des jeweils Ausstellenden – in der Zeile darüber – gültig sein muß.

Die X.509 Modell nimmt an, daß der vollständige Zertifizierungspfad zu Beginn der Prüfung bekannt ist. Daher ist die Frage berechtigt, was passiert, wenn auf eine Anfrage beim Verzeichnisdienst mehrere Antworten zurückgeliefert werden. Das ist der Fall, wenn ein Teilnehmer bzw. eine Zertifizierungsstelle verschiedene Schlüsselpaare zur Signierung seiner Daten bzw. ihrer Zertifikate benutzt. An Hand der Namen kann nicht auf den richtigen Schlüssel geschlossen werden. Der Algorithmus zur Prüfung muß dann alle möglichen Wege ausprobieren. Dabei treten die Probleme aus der Graphentheorie auf, da statt eines hierarchischen Baums eine Netzstruktur zu traversieren ist. Bei der Langzeitspeicherung von Dokumenten und der damit verbundenen Prüfung nach Ablauf eines Zertifikates verifiziert das X.509 Modell[6] die Signatur als ungültig, weshalb im Kontext des deutschen Signaturgesetzes ein anderes Gültigkeitsmodell entwickelt wurde (siehe Kapitel 4.5).

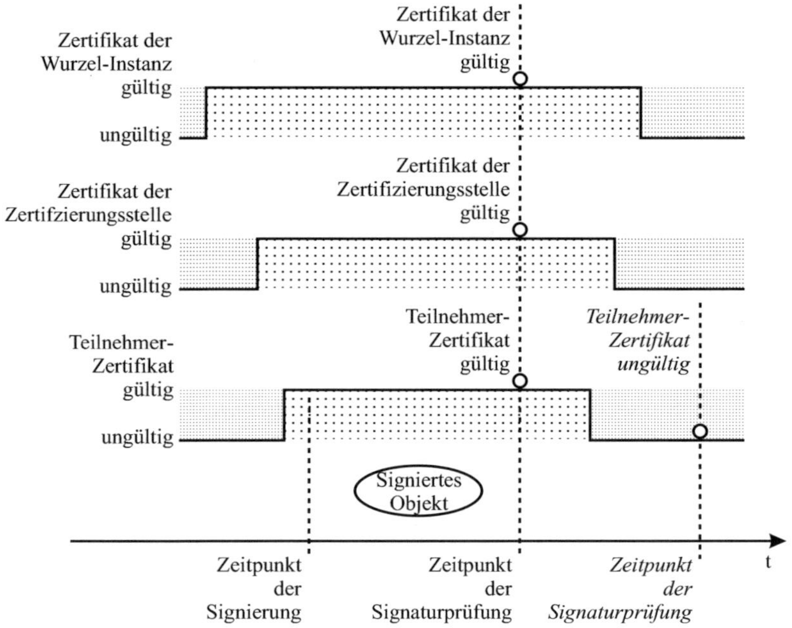

Abb. 4.1. X.509 Gültigkeitsmodell

[6] wird auch als *„Schalenmodell“* bezeichnet [Reisen 98]

4.5 Gültigkeitsmodell nach dem Signaturgesetz

Der Einsatz digitaler Signaturen im elektronischen Geschäftsverkehr ist auf nationaler Ebene durch die Verabschiedung des Signaturgesetzes und der Signaturverordnung geregelt worden.

> *Zweck des Gesetzes ist es, Rahmenbedingungen für digitale Signaturen zu schaffen, unter denen diese als sicher gelten und Fälschungen digitaler Signaturen oder Verfälschungen von signierten Daten zuverlässig festgestellt werden können.*
> *§1 Zweck und Anwendungsbereich Abs. 1 SigG*

Der Begriff der digitalen Signatur ist im Gesetz abstrakt und funktional bestimmt, jedoch ist der Anwender in der Wahl der kryptographischen Verfahren eingeschränkt. Im Gesetz wurde die Nutzung asymmetrischer Kryptoverfahren zur Signatur festgeschrieben (§2 Abs. 1 SigG).

Signaturgesetz und -verordnung geben die Anforderungen an digitale Signaturen im Sinne des Gesetzes vor. Die *Regulierungsbehörde für Telekommunikation und Post* (RegTP) hat Kataloge mit geeigneten Sicherheitsmaßnahmen für Zertifizierungsstellen [RegTP 98a] bzw. technische Komponenten [RegTP 98b] veröffentlicht, damit digitale Signaturen sicher erzeugt werden können. Die klare, vollständige Definition der Gültigkeit einer digitalen Signatur findet sich weder im Signaturgesetz selbst noch in der dazugehörigen Signaturverordnung. Das Fehlen eines abgesicherten Gültigkeitsmodells für digitale Signaturen hat zur Folge, daß momentan keine sicheren Signaturprüfungen erfolgen können. Die Kriterien und Verfahren zur Gültigkeitsprüfung einer Signatur basieren auf einer individuellen Interpretation von Gesetz und Verordnung seitens des Prüfers.

In der Fachliteratur finden sich verschiedene Definitionen von Gültigkeit, „Zertifizierungspfad-Gültigkeit" [SigI-A6a 99] und Prozeßbeschreibungen zur Gültigkeitsprüfung digitaler Signaturen (vgl. [Reisen 98], „Kettenmodell"). Diese Definitionen berücksichtigen aber keineswegs sämtliche Aspekte, die zur Beurteilung der Gültigkeit einer digitalen Signatur notwendig sind und gehen überdies von falschen Voraussetzungen aus. So wird beispielsweise die Annahme getroffen, daß der Erstellungszeitpunkt von Zertifikaten nicht auszuwerten ist[7]. Bei der Prozeßbeschreibung werden gesetzliche Anforderungen an die Gültigkeit von digitalen Signaturen, wie Verwendung geeigneter kryptographischer Verfahren, bzw. von Zertifikaten, wie Vorgaben an deren Inhalt, teilweise nicht betrachtet. Insgesamt gesehen sind diese Definitionen daher für eine Differenzierung zwischen gültigen und ungültigen Signaturen im Sinne des Signaturgesetzes unzureichend.

[7] vgl. [SigI-A6a 99], Regel 15

4.5.1
Definition der Gültigkeitskriterien

Die Beurteilung der Gültigkeit digitaler Signaturen unter elektronischen Daten erfordert Kriterien. Die Gültigkeitskriterien wurden aus den Vorgaben und Anforderungen von Signaturgesetz und -verordnung abgeleitet und ggf. durch weitere Annahmen ergänzt (siehe Kapitel 4.5.3). Zur Prüfung digital signierter Daten werden folgende allgemeine Gültigkeitskriterien definiert:

Technische Gültigkeitskriterien

SigG–T.1: Die digitale Signatur und die Daten gehören technisch zueinander.

SigG–T.2: Die digitale Signatur ist mit dem öffentlichen Schlüssel des Unterzeichners kryptographisch korrekt verifizierbar.

Sicherheitsspezifische Gültigkeitskriterien

SigG–S.1: Die eingesetzten kryptographischen Algorithmen und Parameter wurden zum Zeitpunkt der Signaturerstellung von der zuständigen Behörde als geeignet beurteilt.

SigG–S.2: Die eingesetzten kryptographischen Algorithmen und Parameter werden zum Zeitpunkt der Prüfung von der zuständigen Behörde als geeignet beurteilt.

SigG–S.3: Die eingesetzten kryptographischen Algorithmen und Parameter werden bis zum Ende der Gültigkeit des Signaturschlüssel-Zertifikates von der zuständigen Behörde als geeignet beurteilt.

Anwendungsspezifische Gültigkeitskriterien

SigG–A.1: Der öffentliche Schlüssel des Unterzeichners ist durch ein Signaturschlüssel-Zertifikat einer Zertifizierungsstelle bestätigt.

SigG–A.2: Das Signaturschlüssel-Zertifikat hat eine gültige digitale Signatur der ausstellenden Zertifizierungsstelle.

SigG–A.3: Das Signaturschlüssel-Zertifikat enthält alle erforderlichen Angaben.

SigG–A.4: Das Signaturschlüssel-Zertifikat ist bei der ausstellenden Zertifizierungsstelle nachprüfbar.

SigG–A.5: Das Signaturschlüssel-Zertifikat ist maximal fünf Jahre gültig.

SigG–A.6: Der Zeitpunkt der Signaturerstellung liegt im Gültigkeitszeitraum des Signaturschlüssel-Zertifikates.

SigG–A.7: Der Gültigkeitszeitraum des Signaturschlüssel-Zertifikates beginnt nach der Ausstellung durch die Zertifizierungsstelle.

SigG–A.8: Das Signaturschlüssel-Zertifikat war zum Zeitpunkt der Signaturerstellung nicht gesperrt.

Diese Gültigkeitskriterien sind von allen signierten Daten zu erfüllen, jedoch ist bei digitalen Signaturen unter speziellen elektronischen Dokumenten, den Signaturschlüssel-Zertifikaten und Zeitstempeln, die Erfüllung weiterer Kriterien zu prüfen. Digitale Signaturen zu Zertifikaten sind auch dann noch als gültig zu betrachten, wenn die positive Beurteilung der Verfahren nicht mehr aufrecht erhalten werden kann. Das Gültigkeitskriterium *SigG–S.2* entfällt daher.

Die digitale Signatur unter Signaturschlüssel-Zertifikaten von ausstellenden Zertifizierungsstellen muß neben den oben genannten Gültigkeitskriterien auch das folgende Kriterium erfüllen. In diesem Fall lautet *SigG–A.1* wie folgt:

SigG–A.1a: Der öffentliche Schlüssel einer Zertifizierungsstelle ist durch ein Signaturschlüssel-Zertifikat der zuständigen Behörde bestätigt.

Die Gültigkeit digitaler Signaturen unter Signaturschlüssel-Zertifikaten der ausstellenden Behörden erfordert die Erfüllung folgender zusätzlicher Kriterien:

SigG–A.1b: Der öffentliche Schlüssel der zuständigen Behörde ist von der Behörde selbst durch ein Wurzel-Zertifikat bestätigt.

SigG–A.1c: Der öffentliche Schlüssel der zuständigen Behörde ist im Bundesanzeiger veröffentlicht.

Die Kriterien *SigG–A.1b* und *SigG–A.1c* sind die Konkretisierung von *SigG–A.1*. Bei der Prüfung digitaler Signaturen unter Zeitstempeln ist nicht das Gültigkeitskriterium *SigG–A.8*, sondern folgende Variante zu verifizieren:

SigG–A.8a: Das Signaturschlüssel-Zertifikat ist zum Zeitpunkt der Signaturprüfung nicht gesperrt.

SigG–A.8b: Der Zeitpunkt der Signaturprüfung liegt im Gültigkeitszeitraum des Signaturschlüssel-Zertifikates.

Diese Kriterien können als Ersatz des Gültigkeitskriteriums *SigG–A.8* betrachtet werden, weil die Prüfbedingung erweitert bzw. verschärft wird. So sind Zeitstempel stets als ungültig anzusehen, wenn das dazugehörige Signaturschlüssel-Zertifikat gesperrt oder abgelaufen ist, da im allgemeinen nicht bestimmt werden kann, ob die digitale Signatur unter einem Zeitstempel vor oder nach der Sperrung des Signaturschlüssel-Zertifikates bzw. dessen regulärem Ende erstellt wurde.[8] Im nächsten Kapitel wird an Hand dieser Kriterien die Gültigkeit von signierten Daten definiert. Auf den Ablauf der Prozesse zur Gültigkeitsprüfung digitaler Signaturen und die dazu notwendigen Dienste einer Zertifizierungsstelle wird in Kapitel 4.5.4 eingegangen.

4.5.2 Definition der Gültigkeit signierter Objekte

Die Verwendung digital signierter Objekte erfordert ein gemeinsames Verständnis der Anwender bzgl. deren Gültigkeit. Die Gültigkeitsprüfung umfaßt dabei grundsätzlich die beiden folgenden Aspekte:

1. Prüfung des Objektinhaltes
2. Prüfung der digitalen Signatur unter dem Objekt

Aus der Sicht der Anwender ist ein digital signiertes Objekt dann gültig, wenn beide Teilprüfungen jeweils zu einem positiven Ergebnis führten. Die Gültigkeitsprüfung von Objektinhalten ist von kontext- und objektspezifischen Kriterien und Vorgaben abhängig. Da die Kriterien für beliebige Objektinhalte nicht verallgemeinert werden können, kann die Gültigkeit eines Objekts aus verschiedenen Anwendersichten unterschiedlich beurteilt werden. Um dieser Problematik zu begegnen, wird bei den Definitionen der Gültigkeit digital signierter Objekte nach deren Art differenziert. Die folgende Definition zielt auf alle signierten Objekte, für die keine inhaltsspezifischen Gültigkeitskriterien existieren.

Definition: Gültigkeit signierter Daten

Digital signierte Daten, ohne deren Inhalt selbst zu bewerten, werden als gültig bezeichnet, wenn:

1. die digitale Signatur unter den Daten die Gültigkeitskriterien *SigG–T.1*, *SigG–T.2*, *SigG–S.1* und *SigG–S.2* erfüllt,
2. das Teilnehmer-Zertifikat zum Zeitpunkt der Signaturerstellung gültig war.

Objekte, deren Struktur und Inhalt in Standards definiert sind, wie etwa Zertifikate, Sperrlisten, Zeitstempel, nehmen dabei eine Sonderstellung ein, denn deren Inhalt ist nicht nur standardisiert, sondern muß auch den Anforderungen des Signaturgesetzes genügen. Folglich ist bei Zertifikaten auch deren Inhalt Gegenstand der Gültigkeitsprüfung, weshalb die obige Definition von Gültigkeit für Zertifikate unvollständig und nicht anwendbar ist. Zertifikate unterscheiden sich zudem durch prinzipielle Merkmale, wie ihr Verwendungszweck und die sie ausstellende Instanz, die in entsprechenden Gültigkeitskriterien resultieren. Insgesamt können drei Arten von Zertifikaten differenziert werden:

[8] zur Problematik der Nachhaltigkeit digitaler Signaturen siehe Kapitel 7 und [Bertsch 99]

1. **Teilnehmer-Zertifikate**
   zum Prüfen von digitalen Signaturen der Teilnehmer unter sonstigen Daten

2. **Zertifizierungsstellen-Zertifikate**
   zum Prüfen von digitalen Signaturen der Zertifizierungsstellen unter Teilnehmer-Zertifikaten

3. **das Wurzel-Zertifikat**
   zum Prüfen von digitalen Signaturen der zuständigen Behörde unter Zertifizierungsstellen-Zertifikaten

Die Gültigkeit von Zertifikaten kann dann wie folgt definiert werden:

Definition: Gültigkeit der Teilnehmer-Zertifikate

Ein Teilnehmer-Zertifikat wird zu einem angegebenen Zeitpunkt als gültig bezeichnet, wenn:

1. die digitale Signatur unter dem Teilnehmer-Zertifikat die Gültigkeitskriterien *SigG–T.1*, *SigG–T.2* und *SigG–S.1* erfüllt,
2. der öffentliche Schlüssel des Teilnehmers das Gültigkeitskriterium *SigG–A.1* erfüllt,
3. das Teilnehmer-Zertifikat die Gültigkeitskriterien *SigG–A.3*, *SigG–A.4*, *SigG–A.5*, *SigG–A.6*, *SigG–A.7* und *SigG–S.3* erfüllt,
4. das Teilnehmer-Zertifikat zum angegebenen Zeitpunkt nicht gesperrt war – Gültigkeitskriterium *SigG–A.8*,
5. das Zertifizierungsstellen-Zertifikat zum Zeitpunkt der Signaturerstellung des Teilnehmer-Zertifikates gültig war.

Definition: Gültigkeit der Zertifizierungsstellen-Zertifikate

Ein Zertifizierungsstellen-Zertifikat wird zu einem angegebenen Zeitpunkt als gültig bezeichnet, wenn:

1. die digitale Signatur unter dem Zertifizierungsstellen-Zertifikat die Gültigkeitskriterien *SigG–T.1*, *SigG–T.2* und *SigG–S.1* erfüllt,
2. der öffentliche Schlüssel der Zertifizierungsstelle das Gültigkeitskriterium *SigG–A.1a* erfüllt,
3. das Zertifizierungsstellen-Zertifikat die Gültigkeitskriterien *SigG–A.3*, *SigG–A.4*, *SigG–A.5*, *SigG–A.6*, *SigG–A.7* und *SigG–S.3* erfüllt,
4. das Zertifizierungsstellen-Zertifikat zum angegebenen Zeitpunkt nicht gesperrt war – Gültigkeitskriterium *SigG–A.8*,
5. das Eigen-Zertifikat der zuständigen Behörde zum Zeitpunkt der Signaturerstellung des Zertifizierungsstellen-Zertifikates gültig war.

Definition: Gültigkeit des Wurzel-Zertifikates

Das Wurzel-Zertifikat der zuständigen Behörde wird zu einem angegebenen Zeitpunkt als gültig bezeichnet, wenn:

1. die digitale Signatur unter dem Wurzel-Zertifikat die Gültigkeitskriterien *SigG–T.1*, *SigG–T.2* und *SigG–S.1* erfüllt,
2. der öffentliche Schlüssel der zuständigen Behörde die Gültigkeitskriterien *SigG–A.1b* und *SigG–A.1c* erfüllt,
3. das Wurzel-Zertifikat die Gültigkeitskriterien *SigG–A.3*, *SigG–A.4*, *SigG–A.5*, *SigG–A.6*, *SigG–A.7* und *SigG–S.3* erfüllt,
4. das Wurzel-Zertifikat der zuständigen Behörde zum angegebenen Zeitpunkt nicht gesperrt war – Gültigkeitskriterium *SigG–A.8*.

Die Begriffsbestimmung im Signaturgesetz umfaßt auch Zeitstempel, deren Gültigkeit kann wie folgt definiert werden:

Definition: Gültigkeit der Zeitstempel

Ein Zeitstempel wird als gültig bezeichnet, wenn:

1. die digitale Signatur unter dem Zeitstempel die Gültigkeitskriterien *SigG–T.1*, *SigG–T.2*, *SigG–S.1* und *SigG–S.2* erfüllt,
2. der öffentliche Schlüssel des Zeitstempeldienstes das Gültigkeitskriterium *SigG–A.1* erfüllt,
3. das Zertifikat des Zeitstempeldienstes die Gültigkeitskriterien *SigG–A.3*, *SigG–A.4*, *SigG–A.5*, *SigG–A.6*, *SigG–A.7* und *SigG–S.3* erfüllt,
4. das Zertifikat des Zeitstempeldienstes zum Zeitpunkt der Prüfung weder gesperrt noch abgelaufen ist – Gültigkeitskriterien *SigG–A.8a*, *SigG–A.8b*,
5. das Zertifizierungsstellen-Zertifikat zum Zeitpunkt der Signaturerstellung des Zertifikates des Zeitstempeldienstes gültig war.

4.5.3 Begründung der Gültigkeitskriterien

Der Begriff der Gültigkeit wird vom Signaturgesetz auf Zertifikate (§§7, 13, 16 SigG) und auf Signaturen im allgemeinen (§4 Abs. 1 Nr. 7 SigV) angewandt. Aus der Begriffsbestimmung ergibt sich, daß ein Zeitstempel ein spezielles digital signiertes Dokument einer Zertifizierungsstelle ist (§2 Abs. 2 SigG). Zertifizierungsstellen haben die gesetzliche Verpflichtung, Signaturschlüssel-Zertifikate und Attribut-Zertifikate jederzeit über öffentlich erreichbare Telekommunikationsverbindungen nachprüfbar und mit Zustimmung des Signaturschlüssel-Inhabers abrufbar zu halten (§5 Abs. 1 SigG). Dazu benötigen sie technische Komponenten, um Zertifikate zu speichern und Auskünfte zu geben, ob ein Zertifikat zu einem angegebenen Zeitpunkt vorhanden und nicht gesperrt war.

In den Anforderungen an diese Komponenten wird in §16 Abs. 4 SigV ausgeführt, daß die Echtheit dieser Auskünfte prüfbar sein muß. Es kann vermutet werden, daß die Auskünfte eines Verzeichnisdienstes mittels digitaler Signaturen integritäts- und authentizitätsgeschützt werden. Eine andere Art, Informationen über gesperrte Zertifikate darzustellen, die Sperrlisten [ISO/IEC 9594-8], wird in Signaturgesetz und -verordnung nicht, aber sowohl in der amtlichen Begründung zum Signaturgesetz [BT 97a] als auch in der Signatur-Interoperabilitätsspezifikation des BSI [SigI 99] ausdrücklich erwähnt. Die Integrität und Authentizität von Sperrlisten wird standardmäßig durch digitale Signaturen, die mit speziellen Signaturschlüsseln der jeweiligen ausstellenden Zertifizierungsstellen erzeugt werden, geschützt.

Die Verwendung signaturgesetzkonformer digitaler Signaturen hat u.a. zur Folge, daß sämtliche Informationen, die zur Erstellung und Prüfung von Teilnehmer-Signaturen von Zertifizierungsstellen bereitgestellt werden, selbst auch mit digitalen Signaturen versehen sind. Aus technischer Sicht erfolgt dabei keine Differenzierung zwischen der Signatur eines Teilnehmers für seine Daten und den Signaturen einer Zertifizierungsstelle für Zertifikate, Zeitstempel, Sperrlisten und den Auskünften des Verzeichnisdienstes.

4.5.3.1 Technische Gültigkeitskriterien

In der Begriffsbestimmung der digitalen Signatur (§2 Abs. 1 SigG) wird die Verwendung von asymmetrischen Authentikationssystemen für die Erstellung von Siegeln zu digitalen Daten beschrieben. Mit ihrer Hilfe soll die Unverfälschtheit von Daten gewährleistet werden. Aus dieser Beschreibung der Funktionen kann die Erfüllung der technischen Gültigkeitskriterien – Zusammengehörigkeit von Daten und digitaler Signatur (*SigG–T.1*) und kryptographische Korrektheit (*SigG–T.2*) – begründet werden.

4.5.3.2 Sicherheitsspezifische Gültigkeitskriterien

In der Signaturverordnung wird ausgeführt, daß die zur Erzeugung und Prüfung digitaler Signaturen eingesetzten Algorithmen und dazugehörige Parameter als geeignet bewertet sein müssen (§17 Abs. 2 SigV). Das Gültigkeitskriterium *SigG–S.1* kann direkt daraus abgeleitet werden.

Die Eignung der kryptographischen Verfahren wird nicht allgemein, sondern nur für einen bestimmten Zeitraum festgestellt. Der Eignungszeitraum der Verfahren sollte mindestens sechs Jahre, beginnend mit dem Zeitpunkt der Bewertung, überdauern und ist durch eine jährliche Neubewertung zu bestätigen. Des weiteren wird in §18 SigV dargelegt, daß digitale Signaturen immer dann zu erneuern sind, wenn sie über den Zeitraum der Eignung der Verfahren hinaus benötigt werden. Daraus kann man folgern, daß digitale Signaturen auch rückwirkend ungültig werden können, wenn sie mit Verfahren, die jetzt nicht mehr als geeignet betrachtet werden, erstellt und nicht rechtzeitig mit einer neuen Signatur gemäß §18 SigV gesichert wurden und folglich die gesetzliche Sicherheitsvermutung nicht länger besteht.

Es ist jedoch zumindest zwischen digitalen Signaturen im allgemeinen und Signaturen unter speziellen Dokumenten, wie Zertifikaten, zu differenzieren. Nach dem Signaturgesetz sind Zertifizierungsstellen verpflichtet, die Ausstellung von Zertifikaten so zu dokumentieren, daß ihre Unverfälschtheit jederzeit nachprüfbar ist (§10 SigG). Die Rechtsverordnung führt aus, daß bei den Prozessen Ausstellung von Zertifikaten, Übergabe an den Teilnehmer und Sperrung jeweils der Zeitpunkt der Durchführung zu dokumentieren ist. Dokumentationen in elektronischer Form müssen durch digitale Signaturen integritäts- und authentizitätsgeschützt werden (§13 Abs. 1 SigV). Die Dokumentation ist ab dem Zeitpunkt der Ausstellung des Signaturschlüssel-Zertifikates mindestens 35 Jahre aufzubewahren und verfügbar zu halten (§13 Abs. 2 SigV).

Vorausgesetzt, daß die Zertifizierungsstellen ihre Prozesse mit Zertifikaten sicher dokumentieren, können an Hand dieser Dokumentation Existenz und Gültigkeit von Zertifikaten nachgewiesen werden. Der Nachweis kann auch dann noch geführt werden, wenn die im Zertifikat angewandten kryptographischen Verfahren nicht länger als geeignet bewertet werden. Die Integrität und Authentizität eines Zertifikates sind folglich unabhängig von der Sicherheit der digitalen Signatur unter dem Zertifikat nachprüfbar. Es kann angenommen werden, daß sich aufgrund dieses Nachweisverfahrens eine zukünftige negative Beurteilung der eingesetzten Verfahren nicht auf die Gültigkeit von Zertifikaten als Ganzes auswirkt. Andernfalls wären die gesetzlichen Anforderungen an die Dokumentation der Zertifizierungsstellen nicht begründbar und auch die digitalen Signaturen unter Zertifikaten müßten gemäß §18 SigV „konserviert“ werden; d.h., vorhandene Signaturen unter Zertifikaten wären regelmäßig durch weitere Signaturen der ausstellenden Zertifizierungsstelle zu ergänzen.

Diese Überlegungen führen zu dem Gültigkeitskriterium *SigG–S.2*, daß bei allen digitalen Signaturen zu beliebigen Daten die Eignung der Verfahren zum Zeitpunkt der Gültigkeitsprüfung gegeben sein muß. Von dieser Anforderung sind einzig die digitalen Signaturen einer gesetzeskonformen Zertifizierungsstelle unter Signaturschlüssel- und Attribut-Zertifikaten ausgenommen, nicht jedoch die unter Sperrlisten und Zeitstempeln.

4.5.3.3 Anwendungsspezifische Gültigkeitskriterien

Die Begriffsbestimmung digitaler Signaturen fordert für jeden öffentlichen Schlüssel die Existenz eines Signaturschlüssel-Zertifikates (§2 Abs. 1 SigG). Dies führt zum Gültigkeitskriterium *SigG–A.1*. Der Gesetzgeber hat sich aufgrund dieser Begriffsbestimmung auf ein bestimmtes technisches Verfahren zur Bereitstellung öffentlicher Schlüssel festgelegt und die Nutzung anderer, zukünftig entstehender Verfahren der Verteilung und Prüfung von Schlüsseln zunächst einmal ausgeschlossen. Denkbar ist der völlige Verzicht auf Signaturschlüssel-Zertifikate und auf die zu deren Bereitstellung erforderliche Infrastruktur. Stattdessen könnte die ausschließliche Verwendung von Positivlisten bzw. Diensten zur aktuellen Online-Bestätigung der Gültigkeit von Signaturschlüsseln effizienter sein[9].

Es ist die Aufgabe von Zertifizierungsstellen, Zertifikate auszustellen (§5 Abs. 1 SigG). In der Begriffsbestimmung der Zertifikate (§2 Abs. 3 SigG) wird dargelegt, daß Zertifikate digital signierte Dokumente mit speziellem Inhalt und gesetzlichen Mindestangaben sind. Im Zusammenhang mit der Zertifikatserstellung gibt es Anforderungen in Signaturgesetz und -verordnung. Insbesondere ist die Zertifizierungsstelle verpflichtet, den Antragsteller an Hand von dessen Bundespersonalausweis, Reisepass oder auf eine andere geeignete Art und Weise zu identifizieren (§3 Abs. 1 SigV) und ihn über seine Sorgfaltspflichten bei Nutzung und Aufbewahrung seiner persönlichen Schlüssel- bzw. Signaturkomponenten aufzuklären (§4 SigV). Diese Anforderungen an Zertifizierungsstellen und deren Dienste sind eine Notwendigkeit, damit beim gesetzlichen Verfahren digital signierte Daten als authentisch gelten können. Die korrekte Durchführung sowohl der Identifizierung und Unterrichtung eines Teilnehmers als auch der Zertifizierung von dessen öffentlichem Schlüssel wird mit der digitalen Signatur der ausstellenden Zertifizierungsstelle unter dem Teilnehmer-Zertifikat bestätigt. Diese Signatur wird durch das Gültigkeitskriterium *SigG–A.2* geprüft.

Der Gesetzgeber bestimmt in §7 SigG den Inhalt von Signaturschlüssel-Zertifikaten und differenziert zwischen den notwendigen und möglichen Angaben. Daraus kann man folgern, daß ein Zertifikat nur dann gültig ist, wenn es die gesetzlich vorgeschriebenen Mindestangaben enthält, Gültigkeitskriterium *SigG–A.3*.

Die gesetzlichen Anforderungen an Zertifizierungsstellen sehen vor, daß Zertifikate jederzeit für jeden nachprüfbar sein müssen (vgl. §5 Abs. 1 SigG). Diese Anforderung wird in der Signaturverordnung präzisiert:

> *Die Zertifizierungsstelle hat die von ihr ausgestellten Zertifikate mindestens solange in einem Verzeichnis gemäß den Vorgaben nach §5 Abs. 1 Satz 2 des Signaturgesetzes zu führen, wie der im Zertifikat aufgeführte Algorithmus mit den dazugehörigen Parametern nach §17 Abs. 2 als geeignet beurteilt wird.*
> *§8 Öffentliche Verzeichnisse von Zertifikaten Abs. 1 SigV*

Diese Punkte legen den Schluß nahe, daß ein von der ausstellenden Zertifizierungsstelle nachprüfbar gehaltenes Zertifikat eine Voraussetzung für die Gültigkeitsprüfung digitaler Signaturen darstellt. Einzig die Art und Weise, wie Zertifikate nachgeprüft werden können, ändert sich, je nachdem, ob die eingesetzten Algorithmen und Parameter noch als geeignet beurteilt werden

[9] zu Alternativen von Sperrlisten siehe [Rivest 98]

oder nicht (vgl. §8 Abs. 1, 3 SigV). Dementsprechend ist das Gültigkeitskriterium *SigG–A.4* formuliert.

Die Angaben, die ein Signaturschlüssel-Zertifikat enthalten muß bzw. kann, sind durch §7 SigG vorgegeben. Besondere Relevanz haben dabei die Angaben zu Beginn und Ende der Gültigkeit des Zertifikates. In §7 SigV werden die Anforderungen an den Gültigkeitszeitraum ausgeführt; er darf maximal fünf Jahre betragen. Diese Anforderung führt direkt zu einem weiteren Kriterium, *SigG–A.5*.

Die Notwendigkeit, Gültigkeitszeiträume für Zertifikate anzugeben, zwingt zu dem Schluß, daß nur innerhalb dieses Zeitraums gültige digitale Signaturen erstellt werden können und vor Beginn bzw. nach Ablauf des Gültigkeitszeitraums erstellte Signaturen prinzipiell als ungültig anzusehen sind. Ansonsten wäre die Angabe von Gültigkeitszeiträumen unnötig. Man könnte folgendes anwendungsspezifisches Gültigkeitskriterium definieren:

Gültigkeitskriterium: Das Signaturschlüssel-Zertifikat ist gültig.

Grundsätzliche Aspekte für die Gültigkeitsprüfung digitaler Signaturen ergeben sich aus der Pflicht der Zertifizierungsstellen, den Antragsteller über die erforderlichen Maßnahmen bei der Erstellung und Prüfung digitaler Signaturen zu unterrichten. Diese Maßnahmen dienen zur Gewährleistung der Sicherheit digitaler Signaturen im Sinne des Gesetzes. So ist der Antragsteller u.a. darüber zu unterrichten:

> *7. Bei der Prüfung digitaler Signaturen ist festzustellen, ob das Signaturschlüssel-Zertifikat und Attribut-Zertifikate zum Zeitpunkt der Signaturerzeugung gültig waren, das Signaturschlüssel-Zertifikat gemäß §7 Abs. 1 Nr. 7 des Signaturgesetzes Beschränkungen enthält und gegebenenfalls die Nummern 4 und 5 beachtet wurden.*
> *§4 Unterrichtung des Antragstellers Abs. 1 SigV*

In diesem Punkt wird definiert, was und welcher Zeitpunkt für die Beurteilung der Gültigkeit digitaler Signaturen relevant ist. Nach dem Willen des Gesetzgebers ist die Gültigkeit des Signaturschlüssel-Zertifikates zum Erstellungszeitpunkt der digitalen Signatur entscheidend. Dieses Gültigkeitskriterium wird auch von der amtlichen Begründung zum Signaturgesetz unterstützt, denn dort wird ausgeführt, daß digitale Signaturen als verläßlich gelten, wenn u.a. zum Zeitpunkt ihrer Erzeugung ein gültiges Zertifikat einer lizenzierten Zertifizierungsstelle bestand[10].

Der Gesetzgeber will damit gewährleisten, daß eine Gültigkeitsprüfung unabhängig vom Zeitpunkt der Prüfung stets zum selben Ergebnis führt und nicht von zukünftigen Ereignissen, die die Gültigkeit von Zertifikaten ändern, beeinflußt wird. Dazu führt die amtliche Begründung zum SigG aus, daß digitale Signaturen, die vor dem Zeitpunkt der Sperrung des Signaturschlüs-

[10] vgl. [BT 97a], Abs. „V. Wichtige Einzelaspekte", „Aktuelle Verläßlichkeit digitaler Signaturen"

sel-Zertifikates erzeugt wurden, durch die spätere Sperrung ihre Gültigkeit nicht verlieren[11]. Die gesetzgeberische Intention zielt auf die Unabhängigkeit der Gültigkeit vom Prüfzeitpunkt, damit Signaturen über längere Zeiträume betrachtet die Integrität und Authentizität von Daten schützen können. Dies ist eine Voraussetzung für die Anwendung des Verfahrens der digitalen Signatur auf Daten, die langfristig sicher und nachprüfbar zu halten sind.

Bei der Gültigkeitsprüfung digitaler Signaturen unter Berücksichtigung der Vorgaben aus §4 Abs. 1 Punkt 7 SigV ist daher zu verifizieren, ob das Zertifikat des Unterzeichners zum Zeitpunkt der Signaturerstellung gültig und nicht schon abgelaufen oder gar bereits gesperrt war. Eine gültige digitale Signatur muß die Kriterien *SigG–A.6* und *SigG–A.8* erfüllen. Allerdings hat der Gesetzgeber die Kriterien zur Unterscheidung von gültigen und ungültigen Signaturschlüssel- bzw. Attribut-Zertifikaten unzureichend spezifiziert. So ist im Fall einer Zertifikatssperrung nicht klar, durch welches Ereignis oder ab welchem Zeitpunkt ein Zertifikat im Sinne des Verfahrens der gesetzeskonformen digitalen Signatur als gesperrt und ungültig gilt.[12] Des weiteren kann prinzipiell – trotz Erfüllung der Kriterien aus den Vorgaben und Anforderungen von Signaturgesetz und -verordnung – nicht gewährleistet werden, daß digitale Signaturen nachhaltigen Schutz für Daten bieten.[13]

Zentrale Bedeutung für die Gültigkeitsprüfung digitaler Signaturen unter Zertifikaten hat der folgende Paragraph des Signaturgesetzes.

> *Die zuständige Behörde stellt für Signaturschlüssel, die zum Signieren von Zertifikaten eingesetzt werden, die Zertifikate aus. Die Vorschriften für die Vergabe von Zertifikaten durch Zertifizierungsstellen gelten für die zuständige Behörde entsprechend. Diese hat die von ihr ausgestellten Zertifikate jederzeit für jeden über öffentlich erreichbare Telekommunikationsverbindungen nachprüfbar und abrufbar zu halten. ...*
> *§4 Genehmigung von Zertifizierungsstellen Abs. 5 SigG*

Darin wird geregelt, daß der öffentliche Schlüssel einer Zertifizierungsstelle von der zuständigen Behörde durch ein entsprechendes Signaturschlüssel-Zertifikat bestätigt sein muß. Aus diesem Paragraph und der Begriffsbestimmung des Zertifikates (§2 Abs. 3 SigG) ergibt sich die Fixierung auf eine zwei-stufige Hierarchie von Zertifizierungsstellen beim gesetzlichen Verfahren der digitalen Signatur. Des weiteren kann aus diesen Vorgaben gefolgert werden, daß Teilnehmer nur dann gesetzeskonforme digitale Signaturen erzeugen können, wenn ihr Signaturschlüssel-Zertifikat an Hand des Zertifikates der ausstellenden Zertifizierungsstelle (vgl. Gültigkeitskriterium *SigG–A.1a*) und dieses

[11] vgl. [BT 97a], „Zu §8 (Sperrung von Zertifikaten)“, Satz 2
[12] zur Problematik der fairen Sperrung von Zertifikaten und der Unzulänglichkeit bisheriger Lösungsvorschläge siehe Kapitel 4.7.2 und [Bertsch, Pordesch 99]
[13] zur Problematik der zeitlichen Grenze der Überprüfbarkeit von Signaturen siehe Kapitel 7.2 und [Bertsch, Rannenberg, Bunz 99]

wiederum an Hand des Wurzel-Zertifikates der zuständigen Behörde verifiziert werden kann (vgl. Gültigkeitskriterien *SigG–A.1b* und *SigG–A.1c*).

Abschließend kann gesagt werden, daß sich die Gültigkeitsprüfung digitaler Signaturen unter speziellen Dokumenten, wie Zertifikaten, Sperrlisten oder Zeitstempeln, von denen unter sonstigen Daten nur in zwei Punkten unterscheidet:

1. Zu prüfen ist, ob das im Signaturgesetz durch die Begriffsbestimmung in §2 und §4 Abs. 5 SigG spezifizierte Autorisierungsschema zur Erstellung dieser speziellen Dokumente eingehalten wurde.
2. Bei Zertifikaten entfällt jedoch die Prüfung, ob die zur Signierung des Zertifikates eingesetzten Algorithmen und Parameter zum Zeitpunkt der Prüfung von der zuständigen Behörde als geeignet beurteilt werden (vgl. Gültigkeitskriterium *SigG–S.2*), da sowohl ihre Integrität als auch ihre Authentizität gemäß §10 SigG jederzeit über einen Zeitraum von 35 Jahren, §13 SigV, ab dem Zeitpunkt ihrer Erstellung bei der ausstellenden Zertifizierungsstelle nachprüfbar ist.

4.5.3.4 Annahmen zu Gültigkeitskriterien

In Kapitel 4.5.1 wurde die Definition der Gültigkeitskriterien für digitale Signaturen vorgestellt. In diesem Abschnitt werden die dabei getroffenen Annahmen dargestellt und begründet, die nicht direkt aus Gesetz und Verordnung abgeleitet werden können.

In §8 SigG sind die gesetzlichen Regelungen, die bei der Sperrung von Zertifikaten zu beachten sind, aufgeführt. Eine rückwirkende Sperrung wird dabei ausdrücklich untersagt. Es soll verhindert werden, daß der Unterzeichner im Nachhinein selbst Einfluß auf die Gültigkeit seiner digitalen Signaturen nehmen kann, indem er die Sperrung seines Zertifikates beantragt. Rückwirkung auf die Gültigkeit digitaler Signaturen hat der Gesetzgeber nur im Fall einer negativen Beurteilung der angewandten Verfahren vorgesehen, §18 SigV. Diesen Aspekt vernachlässigend, kann die folgende Arbeitsthese formuliert werden:

> *Annahme:*
> *Wenn gültige digitale Signaturen rückwirkend nicht ungültig werden können, dann dürfen auch ungültige digitale Signaturen nicht rückwirkend gültig werden können.*

Es darf also keine Möglichkeiten geben, die es dem Unterzeichner erlauben, eine digitale Signatur, die zum Zeitpunkt ihrer Erstellung ungültig war, so zu manipulieren, daß sie nachträglich als gültig erscheint. Dabei geht es weniger um kryptographische Manipulationen, sondern darum, daß eine rückwirkende Ausstellung von Signaturschlüssel-Zertifikaten unzulässig sein muß.

Ein entsprechendes Angriffsszenario wäre, daß der Signaturschlüssel-Inhaber einige riskante Kaufanträge für ein Online-Börsensystem erstellt, zwar einen Zeitstempel, aber falsche Angaben zu seiner Identität in Form eines Pseudonyms beifügt und dies signiert. Das Börsensystem wird dem Angreifer melden, daß seine Nachricht zwar eingegangen, die digitale Signatur jedoch ungültig ist, weil zum Zeitpunkt der Prüfung zu dem angegebenen Pseudonym kein nachprüfbares Zertifikat existierte. Wenn die Kursentwicklung den Erwartungen des Angreifers entspricht, beantragt er für das gewählte Pseudonym ein Zertifikat mit passendem Gültigkeitszeitraum. Kann er nun eine erneute Prüfung seiner Kauforder veranlassen, würde die Signaturprüfung jetzt positiv ausfallen, und er könnte auf die Durchführung seiner Kauforder zu den damaligen Konditionen bestehen.

Da es keine praktische Notwendigkeit gibt, gültige Signaturen vor der Zertifizierung des dazugehörigen öffentlichen Schlüssels zu erstellen, braucht folglich der Beginn des Gültigkeitszeitraums eines Zertifikates nicht rückdatierbar sein. Der Beginn sollte frühestens zum Zeitpunkt der Zertifikatsausstellung möglich sein, deshalb wurde das Gültigkeitskriterium *SigG–A.7* definiert. Sofern diese beiden Zeitangaben im Zertifikat bei der Gültigkeitsprüfung ausgewertet werden, könnten Angriffe der obigen Art relativ leicht entdeckt werden.

Eine offene Fragestellung bezüglich der Gültigkeit von Zertifikaten ist:

□ Ab welchem Zeitpunkt dürfen Zertifikate gültig sein?

□ Müssen Zertifikate sofort nach der Ausstellung gültig sein?

□ Können Zertifikate auch erst zu einem späteren Zeitpunkt gültig werden?

Im Signaturgesetz und in der beschlossenen Fassung der Signaturverordnung [Reg 97a] finden sich diesbezüglich keine Anforderungen.

Vor allem praktische Gründe bei der erneuten Zertifizierung von Teilnehmern sprechen für die Möglichkeit, daß Zertifizierungsstellen Zertifikate erst in der Zunkunft gültig werden lassen können. Es gibt Anwendungen, die ausdrücklich ein gültiges, nachprüfbares Signaturschlüssel-Zertifikat pro Teilnehmer voraussetzen und mit mehreren gleichzeitig gültigen Zertifikaten nicht funktionieren. Damit stets ein gültiges Zertifikat beim Teilnehmer vorhanden ist, muß vor Ablauf des Gültigkeitszeitraums des alten Zertifikates ein neues beantragt und ausgestellt werden. Das Gültigkeitsende des alten und der Gültigkeitsbeginn des neuen müssen dabei zeitgleich sein. Das neue Zertifikat ist dem Teilnehmer rechtzeitig vor dem Gültigkeitsende des alten Zertifikates zu übergeben.

Aus organisatorischen Gründen kann es andererseits notwendig sein, Zertifikate im voraus auszustellen. Denkbar ist, daß Unternehmen für ihre Mitarbeiter Zertifikate mit unternehmensspezifischen Erweiterungen, wie Funktion des Mitarbeiters, beantragen. Damit neue Mitarbeiter im Unternehmen gleich zu Beginn des Arbeitsvertrags digitale Signaturen erstellen können, muß der

Prozeß der Zertifikatserstellung vorher erfolgt und bis zum ersten Arbeitstag des neuen Mitarbeiters abgeschlossen sein; das Zertifikat wird dann ab diesem Tag gültig.

Allgemein läßt sich festhalten, daß Zertifikate, deren Gültigkeitsbeginn in der Zukunft liegt, rechtlich zulässig und notwendig sind. Wenn in einem Zertifikat Fakten bestätigt werden sollen, die zum Zeitpunkt der Ausstellung zwar geprüft, aber erst zu einem späteren Zeitpunkt wirksam werden, dann muß der Gültigkeitsbeginn des Zertifikates auf diesen Zeitpunkt abgestimmt werden. Des weiteren ist noch der Punkt zu klären, wie weit entfernt in der Zukunft der Gültigkeitsbeginn von Zertifikaten liegen darf. In den letzten Entwürfen zur Signaturverordnung [BMBF 97] war der Beginn des Gültigkeitszeitraums noch wie folgt geregelt:

> *Die Gültigkeitsdauer eines Zertifikates darf höchstens fünf Jahre betragen. Zwischen dem Zeitpunkt der Ausstellung und dem Beginn der Gültigkeitsdauer des Zertifikates dürfen höchstens sechs Monate liegen.*
> *§7 Gültigkeit von Zertifikaten SigV - Entwurf vom 7. Juli 1997*

Die Zeitspanne von sechs Monaten, zwischen Ausstellung und Gültigkeitsbeginn, ist amtlich unbegründet und scheint willkürlich definiert zu sein. Die sechs Monate erscheinen jedoch sinnvoll, wenn man berücksichtigt, daß die maximale Gültigkeitsdauer von Zertifikaten fünf Jahre beträgt und nur kryptographische Verfahren und Parameter eingesetzt werden, deren Eignung mindestens für die nächsten sechs Jahre gewährleistet ist. In diesem Zusammenhang ist ein halbes Jahr ein überschaubarer Zeitraum, daher kann nahezu ausgeschlossen werden, daß Zertifikate, auch wenn sie erst in sechs Monaten gültig werden, ihre Gültigkeit verlieren, weil zwischenzeitlich die angewandten Verfahren als ungeeignet beurteilt werden.

In der Begründung zur Signaturverordnung, in der Fassung vom 8. Oktober 1997, wird die Notwendigkeit eines maximalen Gültigkeitszeitraums von Zertifikaten wie folgt erklärt [Reg 97b]:

> *...die kryptographischen Verfahren für digitale Signaturen nur für einen begrenzten Zeitraum sicher bewertet werden können (vgl. Begründung zu §17 Abs. 2). Im übrigen muß der Signaturschlüssel-Inhaber sich darauf verlassen können, daß die im Zertifikat aufgeführten Algorithmen und zugehörigen Parameter für den Zeitraum der Gültigkeit des Zertifikates die erforderliche Eignung aufweisen. Um bei der digitalen Signatur auf dem Zertifikat ein Nachsignieren nach §18 zu vermeiden (wenn bei den dafür eingesetzten Algorithmen und Parametern die Eignung vor Ablauf des Gültigkeitszeitraumes des Zertifikates nicht mehr gegeben sein sollte), muß die Zertifizierungsstelle auch deren Sicherheit bei der Vergabe von Zertifikaten mit berücksichtigen.*
> *zu §7 (Gültigkeitsdauer von Zertifikaten), SigV - Begründung*

Diese Begründung läßt den Schluß zu, daß nach dem Gesetz zur digitalen Signatur Zertifikate im allgemeinen nicht aufgrund ungeeigneter Kryptoalgorithmen oder Parameter, sondern nur aufgrund einer Sperrung ungültig werden sollen; jedoch gibt es in der zur Zeit geltenden Signaturverordnung im Gegensatz zu deren Entwurf keine Regelung, welcher zeitliche Abstand zwischen der Erstellung und dem Beginn der Gültigkeitsdauer des Zertifikates liegen darf.

Der vom Gesetzgeber gewollte Vertrauensschutz der Teilnehmer bei der Gültigkeitsprüfung digitaler Signaturen mittels Zertifikaten kann nur dann erzielt werden, wenn die eingesetzten Kryptoverfahren während der gesamten Gültigkeitsdauer des Zertifikates als geeignet eingestuft bleiben, sofern keine unvorhersehbaren Entwicklungen die Eignung bestimmter Algorithmen in Frage stellen. Die Zertifizierungsstellen haben sich dabei an der im Bundesanzeiger veröffentlichten Liste der geeigneten Verfahren zu orientieren, §17 Abs. 2 SigV, darüber hinaus sollten sie bei allen Zertifikaten, die nicht mit der Ausstellung, sondern erst zu einem späteren Zeitpunkt gültig werden, die Gültigkeitsdauer so reduzieren, daß das Gültigkeitsende des Zertifikates in dem aktuell vom BSI bestätigten Beurteilungsintervall der Algorithmen liegt. So sollte z.B. bei einem Zertifikat, das erst in einem Jahr gültig wird, die Gültigkeitsdauer auf vier Jahre reduziert werden, damit das Gültigkeitsende nicht das heute bestätigte Eignungsintervall des Algorithmus' überdauert. Das Kriterium *SigG–S.3* wird deshalb als zwingende Notwendigkeit zum Vertrauensschutz der Nutzer von Zertifikaten erachtet.

4.5.4 Gültigkeitsprüfung nach dem Signaturgesetz

Das Signaturgesetz gibt die Rahmenbedingungen vor, unter denen digital signierte Daten als vor Verfälschung sicher gelten und die gesetzliche Sicherheitsvermutung Bestand hat. Somit kommt beim Einsatz digitaler Signaturen vor allem der Gültigkeitsprüfung wesentliche Bedeutung zu. Allerdings hat der Gesetzgeber weder den Prozeß der Prüfung noch die zu prüfenden Gültigkeitskriterien vollständig spezifiziert, und als Konsequenz kann nicht ausgeschlossen werden, daß verschiedene Prüfer bei der Gültigkeitsprüfung eines digital signierten Objektes zu unterschiedlichen Prüfergebnissen kommen. In Kapitel 4.5.1 wurden deshalb Kriterien zur Bestimmung der Gültigkeit aus dem Signaturgesetz bzw. der -verordnung abgeleitet und darauf basierende objektspezifische Definitionen der Gültigkeit vorgestellt (Kapitel 4.5.2) und begründet (Kapitel 4.5.3). Im folgenden wird der daraus resultierende prinzipielle Ablauf der Gültigkeitsprüfung dargestellt.

Das Konzept des Signaturgesetzes ist, die Gültigkeit einer digitalen Signatur von der Gültigkeit eines anderen, ihr „übergeordneten" digital signierten Objektes abhängig zu machen. Dieser eigentlich rekursive Ansatz wird durch die gesetzlich vorgegebene zwei-stufige Hierarchie von Zertifizierungsstellen begrenzt (vgl. Gültigkeitskriterien *SigG–A.1*, *SigG–A.1a* und *SigG–A.1b*). Des weiteren wird zwischen „normalen" digitalen Signaturen der Teilnehmer und speziellen digital signierten Dokumenten der Zertifizierungsstellen, wie Zertifikate, Sperrlisten oder Zeitstempel, unterschieden und die für die Prüfung der Gültigkeit einer digitalen Signatur relevante hierarchische Abhängigkeit dieser Dokumente spezifiziert (vgl. Gültigkeitskriterium *SigG–A.2*).

Im allgemeinen sind Signaturschlüssel- bzw. Attribut-Zertifikate für einen im Zertifikat selbst angegebenen Zeitraum gültig. Die Größe des Gültigkeitszeitraums kann prinzipiell von der ausstellenden Zertifizierungsstelle bestimmt werden, jedoch ist dessen Maximum durch das Signaturgesetz auf fünf Jahre begrenzt (vgl. Gültigkeitskriterium *SigG–A.5*). Erfolgt die Prüfung digitaler Signaturen an Hand von Zertifikaten, entscheidet die Gültigkeit des Zertifikates zu einem vom Gültigkeitsmodell abhängigen Referenzzeitpunkt über die Gültigkeit der digitalen Signatur. Nach den Vorgaben von Signaturgesetz und -verordnung ist dieser Referenzzeitpunkt nicht der Zeitpunkt der Signaturprüfung, sondern der Zeitpunkt der Signaturerstellung (vgl. Gültigkeitskriterium *SigG–A.6*).

Aus diesen gesetzlichen Anforderungen ergeben sich direkte Konsequenzen sowohl für die Gültigkeitsprüfung als auch für die Erstellung digitaler Signaturen. Die Teilnehmer benötigen zunächst eine Möglichkeit, um die Erstellungszeitpunkte ihrer digitalen Signaturen vertrauenswürdig zu erfassen, damit diese ggf. Dritten gegenüber nachgewiesen werden können. Andernfalls liefen sie Gefahr, daß ihre digitalen Signaturen von potentiellen Prüfern abgelehnt werden, weil die Angaben zum Erstellungszeitpunkt lediglich vom Unterzeichner selbst bestätigt sind. Darüber hinaus ist ein Verfahren erforderlich, um bei der Prüfung von digitalen Signaturen die Gültigkeit des dazugehörigen Signaturschlüssel-Zertifikates zu einem bestimmten Zeitpunkt in der Vergangenheit, nämlich dem der Signaturerstellung, verifizieren zu können. Da i.d.R. vertrauenswürdige Zeitangaben von Teilnehmern auf Zeitstempeln einer anerkannten, unabhängigen Instanz basieren und mittels funktional erweiterter Verzeichnisdienste, welche Zertifikate selbst nach Ablauf des Gültigkeitszeitraums noch sicher speichern, die Gültigkeit eines Zertifikates auch für Zeitpunkte in der Vergangenheit bestimmt werden kann, sind signaturgesetzkonforme Zertifizierungsstellen dazu verpflichtet, den Teilnehmern entsprechende Dienste zur Verfügung zu stellen:

1. Zeitstempeldienst
2. Funktional erweiterter Verzeichnisdienst zur Zertifikatsauskunft

Digital signierten Dokumenten, die von „normalen" Teilnehmern und nicht von vertrauenswürdigen Instanzen wie Zertifizierungsstellen erstellt wurden, wird im allgemeinen ein Zeitstempel zur Bestimmung des Zeitpunktes der Signaturerstellung beigefügt sein. Zur Prüfung der Gültigkeit dieser Teilnehmer-Signatur ist daher zunächst die Gültigkeit der digitalen Signatur des Zeitstempels sowie des Zertifikates des Zeitstempeldienstes und dann die Gültigkeit der Teilnehmer-Signatur und des Teilnehmer-Zertifikates zum Signaturerstellungszeitpunkt – angenähert durch die Zeitangabe im Zeitstempel – zu verifizieren. Voraussetzung für die Gültigkeit eines Zertifikates ist u.a., daß ein übergeordnetes Zertifikat selbst auch gültig ist. Die dabei zu verifizierende Kette aufeinander verweisender Zertifikate wird auch als Zertifizierungspfad bezeichnet.

Da Zertifikate lediglich spezielle, von einer Zertifizierungsstelle digital signierte Dokumente bezeichnen, ist bei der Prüfung von Signaturschlüssel- und Attribut-Zertifikaten, wie bei anderen signierten Daten auch, die Gültigkeit ihrer digitalen Signatur zum Erstellungszeitpunkt zu bestimmen. Um die Gültigkeit eines digital signierten und zeitgestempelten Dokumentes eines Teilnehmers zu verifizieren, sind bei einer zwei-stufigen Hierarchie von Zertifizierungsstellen mindestens drei weitere digital signierte Dokumente relevant. Demzufolge sind meist insgesamt mindestens sechs digitale Signaturen zu prüfen:

1. Die digitale Signatur des Teilnehmers für sein Dokument
2. Die digitale Signatur der Zertifizierungsstelle für das Teilnehmer-Zertifikat
3. Die digitale Signatur des Zeitstempeldienstes für den zum Dokument gehörenden Zeitstempel
4. Die digitale Signatur der Zertifizierungsstelle für das Zertifikat des Zeitstempeldienstes
5. Die digitale Signatur der Wurzel-Instanz für das Zertifikat der Zertifizierungsstelle
6. Die digitale Signatur der Wurzel-Instanz für das eigene Wurzel-Zertifikat

In den Fällen, in denen das Zertifikat des Teilnehmers bzw. das des Zeitstempeldienstes von unterschiedlichen Zertifizierungsstellen ausgestellt wurde, ist beim Prüfen der Teilnehmer-Signatur ein zweites Zertifizierungsstellen-Zertifikat und damit eine siebte digitale Signatur relevant. Werden von bestimmten Teilnehmern die Zeitangaben zur Signaturerstellung als vertrauenswürdig angesehen, kann in diesen Anwendungsszenarien auf die Verwendung von Zeitstempeln verzichtet werden, wodurch sich die Anzahl der zu prüfenden digitalen Signaturen auf vier reduziert – die des Teilnehmers sowie die für das Zertifikat des Teilnehmers, die der Zertifizierungsstelle und die der Wurzel-Instanz.

Vom Ablauf her betrachtet wird bei der Gültigkeitsprüfung digital signierter Dokumente von Teilnehmern verifiziert, ob andere mit dem Dokument des Teilnehmers assoziierte und digital signierte Daten, wie Zertifikate und Zeitstempel, gültig sind und ob der Zertifizierungspfad jeweils auf das Zertifikat der Wurzel-Instanz zurückzuführen ist. Somit werden sämtliche zu prüfenden digital signierten Daten mit dem öffentlichen Schlüssel der Wurzel-Instanz entweder indirekt oder sogar direkt – wie Zertifizierungsstellen-Zertifikate – verifiziert. Dieser öffentliche Schlüssel, meist in Form des Eigen-Zertifikates der Wurzel-Instanz repräsentiert, wird den Teilnehmern am Verfahren der digitalen Signatur bei der Übergabe ihrer persönlichen Signaturschlüssel und Zertifikate durch die ausstellende Zertifizierungsstelle mit übergeben (vgl. §6 SigV). Zudem kann der öffentliche Schlüssel der Wurzel-Instanz über ein zweites unabhängiges Medium bzw. eine vertrauenswürdige Quelle – beim Signaturgesetz an Hand der Veröffentlichung im Bundesanzeiger (vgl. §8 Abs. 2 SigV) – authentisiert werden.

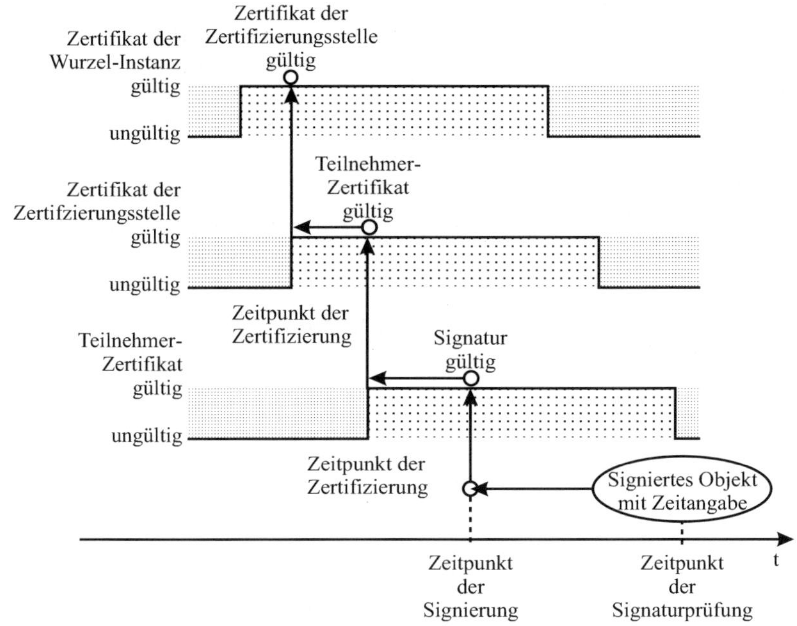

Abb. 4.2. Gültigkeitsmodell nach dem Signaturgesetz

Eine Voraussetzung für gültige digitale Signaturen nach dem Gültigkeitsmodell des Signaturgesetzes ist, daß das dazugehörige Signaturschlüssel-Zertifikat zum Zeitpunkt der Signaturerstellung selbst gültig war. Da während der Gültigkeitsprüfung eines digital signierten Dokumentes des Teilnehmers neben dessen eigener Signatur auch diverse digital signierte Objekte einer Zertifizierungsstelle, wie Zertifikate und Sperrlisten, die alle zu unterschiedlichen Zeitpunkten erstellt wurden, verifiziert werden müssen, ist folglich für jede digitale Signatur separat zu bestimmen, ob bei ihrem jeweiligen Erstellungszeitpunkt ein gültiges Zertifikat für den Unterzeichner existiert hat. In Abb. 4.2 sind am Beispiel eines digital signierten Teilnehmer-Dokumentes mit vertrauenswürdiger Zeitangabe die bei der Gültigkeitsprüfung zu betrachtenden digitalen Signaturen und deren Erstellungszeitpunkte dargestellt.

4.5.5 Verwendung geprüfter Komponenten

Beim gesetzlichen Verfahren der digitalen Signatur werden u.a. Anforderungen an die Funktionalität und Sicherheit der technischen Komponenten sowohl zur Erstellung bzw. Prüfung digitaler Signaturen als auch zur Erzeugung bzw. Speicherung der Signaturschlüssel spezifiziert. Zudem wird im Gesetz festgelegt, wie und von wem die Erfüllung dieser Anforderungen zu prüfen bzw. zu bestätigen ist, §14 Abs. 4 SigG, während die Prüfkriterien für die verschiedenen Komponenten – etwa ITSEC E4 Hoch bzw. CC EAL 4 für die Komponenten zur Signaturerstellung – in der Signaturverordnung detailliert sind, §17 Abs. 1 SigV. Des weiteren besteht für gesetzeskonforme Zertifizierungsstellen bei der Bearbeitung von Anträgen zur Vergabe von Zertifikaten an Teilnehmer eine Belehrungs- und Kontrollpflicht. So müssen die Teilnehmer über die aus Sicht des Gesetzgebers erforderlichen Maßnahmen zur Erstellung und Prüfung digitaler Signaturen unterrichtet und ihnen die Liste mit den als geeignet beurteilten technischen Komponenten bekannt gegeben werden. In den Fällen, in denen Teilnehmer ihre Signaturschlüssel selbst generieren, muß sich die Zertifizierungsstelle davon überzeugen, daß die Teilnehmer ihrerseits nur solche Verfahren und technischen Komponenten bei der Schlüsselgenerierung und -speicherung eingesetzt haben, die aus Sicht des Gesetzgebers die Geheimhaltung der Signaturschlüssel gewährleisten[14].

Vor diesem Hintergrund stellt sich die Frage, ob die Verwendung signaturgesetzkonformer technischer Komponenten durch die Teilnehmer eine notwendige Voraussetzung für die Gültigkeit der damit erstellten digitalen Signaturen ist oder nicht. Falls dies zu bejahen ist, resultiert daraus zwangsläufig folgende Problemstellung:

> *Wie kann bei der Gültigkeitsprüfung einer digitalen Signatur vom Prüfenden zweifelsfrei die Verwendung solcher Komponenten durch den Unterzeichner festgestellt werden?*

Allein die Tatsache, daß funktionale Anforderungen an technische Komponenten und konkrete Prüfstufen in Gesetz und Verordnung aufgeführt sind und daß sicherheitsgeprüfte Komponenten vom Gesetzgeber als zentrale Sicherheitsfaktoren für sichere digitale Signaturen bezeichnet werden (vgl. [BT 97a]), legt den Schluß nahe, daß digitale Signaturen nur dann als gültig anzusehen sind, wenn sowohl sie selbst als auch der Signaturschlüssel mit sicherheitsevaluierten und von einer anerkannten Prüfstelle bestätigten Komponenten erzeugt wurden.

In der amtlichen Begründung zum Signaturgesetz wird zum Einsatz sicherheitsgeprüfter Komponenten ausgeführt, daß deren Verwendung den Zertifizierungsstellen gesetzlich vorgeschrieben ist, während Teilnehmer lediglich

[14] vgl. [BT 97a], „Zu §5 (Vergabe von Zertifikaten)", Abs. 4

über deren Erfordernis gemäß §14 SigG zu unterrichten sind[15]. An dieser Stelle der Begründung wird vom Gesetzgeber, absichtlich oder nicht, prinzipiell zwischen zwei Arten von digitalen Signaturen differenziert – denen „normaler" Teilnehmer und denen der Zertifizierungsstellen. Somit kann man die These vertreten, daß die Verwendung technischer Komponenten im Sinne von §14 SigG, die sowohl die funktionalen Anforderungen gemäß §16 SigV erfüllen als auch gemäß §17 SigV geprüft wurden, den Teilnehmern am gesetzlichen Verfahren der digitalen Signatur grundsätzlich freigestellt wird und daher als eigenverantwortliche Maßnahme der Teilnehmer zu deren Selbstschutz anzusehen ist. Bekräftigt wird dies zusätzlich durch die Ausführungen der Bundesregierung in der Begründung der Verordnung zur digitalen Signatur [Reg 97b]:

> *Durch die vorgesehene Unterrichtung soll der Antragsteller als künftiger Signaturschlüssel-Inhaber in die Lage versetzt werden, die seinerseits erforderlichen Maßnahmen zu treffen, um sichere digitale Signaturen zu erzeugen, digitale Signaturen zuverlässig zu prüfen und einen Mißbrauch seines Signaturschlüssels durch Unbefugte sowie ein Signieren falscher Daten zu verhindern.*
> *Es liegt alleine in der Verantwortung des Antragstellers, die notwendigen Maßnahmen, über die er unterrichtet wurde, zu treffen. Soweit er notwendige Maßnahmen (z.B. Verwendung geeigneter technischer Komponenten) unterläßt, ändert dies nichts an der Gültigkeit der mit seinem privaten Signaturschlüssel erzeugten digitalen Signaturen.*
> *zu §4 (Unterrichtung des Antragstellers) SigV - Begründung*

Als direkte Konsequenz für die Gültigkeitsprüfung digitaler Signaturen folgt, daß die von „normalen" Teilnehmern zur Erzeugung digitaler Signaturen eingesetzten technischen Komponenten seitens des Prüfers nicht betrachtet werden müssen, da die Gültigkeit von Teilnehmer-Signaturen davon unabhängig ist und Teilnehmer mit einer Signaturkomponente ihrer Wahl gesetzeskonforme digitale Signaturen erzeugen können. Ebenso kann die Gültigkeitsprüfung digitaler Signaturen mit einer beliebigen Prüfkomponente erfolgen. Prinzipiell können beim gesetzlichen Verfahren der digitalen Signatur marktgängige Programme mit Signier- und Verschlüsselungsfunktionalität, wie Microsoft Outlook, Lotus Notes oder Netscape Messenger, auch ohne vorherige Evaluierung und Bestätigung durch eine anerkannte Prüfstelle, eingesetzt werden. Eventuelle Risiken, die etwa aus nicht vollständig implementierten aber sicherheitsrelevanten Funktionen resultieren, etwa unterlassene Prüfung des aktuellen Zertifizierungspfades oder fehlende verläßliche Darstellungskomponente zum Anzeigen der zu signierenden Daten, sind vom Nutzer dieser Programme selbst zu verantworten. Allerdings ist zu bedenken, daß auch mit dem Einsatz sicherheitsgeprüfter und bestätigter Signatur- bzw.

[15] vgl. [BT 97a], „Zu §5 (Vergabe von Zertifikaten)", Abs. 5

Prüfkomponenten keine vollständige Korrektheit und Fehlerfreiheit garantiert ist.

Zwar besteht für Zertifizierungsstellen zweifellos die Pflicht zur Verwendung geeigneter und geprüfter technischer Komponenten, dennoch resultieren daraus keine weiteren Gültigkeitskriterien für digitale Signaturen, denn der Betrieb einer Zertifizierungsstelle bedarf der Genehmigung der zuständigen Behörde gemäß §4 Abs. 1 SigG, diese wiederum ist nach §13 SigG für die Kontrolle und Durchsetzung von Verpflichtungen der Betreiber – also auch für den Einsatz spezieller technischer Komponenten – zuständig. Die Erfüllung dieser und anderer Pflichten der Zertifizierungsstellen wird von der zuständigen Behörde durch die Vergabe von Zertifizierungsstellen-Zertifikaten gegenüber Dritten dokumentiert (vgl. §4 Abs. 5 SigG). Bei der Gültigkeitsprüfung signierter Daten einer Zertifizierungsstelle, z.B. Teilnehmer-Zertifikaten, Sperrlisten oder Zeitstempeln, werden spezifische Anforderungen an deren Signierung indirekt durch die Gültigkeitsprüfung des Zertifizierungsstellen-Zertifikates verifiziert.

Zur Generierung und Speicherung von Signaturschlüsseln sind nach den Anforderungen des Signaturgesetzes geprüfte Komponenten erforderlich (vgl. §14 Abs. 1, 4 SigG), um die Geheimhaltung von Signaturschlüsseln zu gewährleisten. Jedoch ist es Aufgabe der Zertifizierungsstellen, entsprechende Maßnahmen zur Erfüllung dieser Anforderungen zu treffen, unabhängig davon, ob die Signaturschlüssel zentral bei der Zertifizierungsstelle für die Teilnehmer generiert werden oder ob die Schlüsselgenerierung dezentral durch den Teilnehmer bzw. Signaturschlüssel-Inhaber selbst erfolgt ist.[16] Falls Signaturschlüssel oder deren Speicherkomponente nicht diese gesetzlichen Anforderungen erfüllen, darf nach allgemeinem Verständnis von einer gesetzeskonformen Zertifizierungsstelle kein Signaturschlüssel-Zertifikat vergeben werden. Somit kann aus der Existenz eines Signaturschlüssel-Zertifikates auf die Erfüllung der gesetzlichen Anforderungen an den dazugehörenden Signaturschlüssel und dessen Speicherkomponente geschlossen werden, weshalb diesbezüglich kein separates Gültigkeitskriterium notwendig ist.

Insgesamt bedeutet dies, daß aus der gesetzlichen Begriffsbestimmung technischer Komponenten für das Verfahren der digitalen Signatur und der Definition deren funktionaler Anforderungen keine weiteren Kriterien für die Gültigkeitsprüfung digitaler Signaturen abgeleitet werden können. Obwohl sicherheitsevaluierte Komponenten vom Gesetzgeber zu den zentralen Sicherheitsfaktoren des Signaturgesetzes gezählt werden, ist deren praktische Bedeutung zu relativieren; denn die Verwendung solcher Komponenten seitens des Unterzeichners kann durch den Prüfenden nur mit kaum zu vertretendem Aufwand, meist aber überhaupt nicht, bestimmt werden.

[16] vgl. §5 Abs. 4 SigG und dessen amtliche Begründung [BT 97a]

4.6 Vergleich der Gültigkeitsmodelle

Zur Identifizierung und Authentifizierung sowohl von Programmen, IT-Systemen als auch Personen und zur Unterstützung von Zugriffskontrollentscheidungen sind digitale Signaturen und Zertifikate bereits Stand der Technik. Die gängigen Online-Anwendungen, wie sicherer Online-Zugriff auf Webserver [IETF 96] und digital signierte E-Mails [RFC-1421], basieren auf dem im OSI „Authentication Framework“ (X.509 Standard) dargestellten Verfahren, [ISO/IEC 9594-8]. Der Standard legt vor allem die Formate von Zertifikaten, Sperrlisten etc. fest, aber nicht die einzusetzenden Signaturalgorithmen und Schlüssellängen. Zur Vergabe von Zertifikaten werden nur allgemeine Empfehlungen gegeben, weshalb die Prüfung der Identität des Teilnehmers beim Zertifikatsantrag bzw. die im Zertifikat bestätigten Angaben zum Signaturschlüssel-Inhaber bei verschiedenen Zertifizierungsstellen variieren können. Somit ist das Sicherheitsniveau digitaler Signaturen faktisch vom Betriebskonzept jeder einzelnen Zertifizierungsstelle abhängig.

Für Online-Anwendungen ist die augenblickliche Gültigkeitsprüfung der übermittelten digital signierten Daten zum Zeitpunkt des Zugriffs auf den Webserver bzw. des Zugangs der Nachricht beim Empfänger kennzeichnend. Die Gültigkeit einer digitalen Signatur wird beim X.509 Modell an Hand der aktuell zum Zeitpunkt der Signaturprüfung verfügbaren Informationen über den Signaturschlüssel und dessen Inhaber getroffen. Das Ergebnis der Gültigkeitsprüfung ist prinzipiell zeitabhängig. Als Konsequenz ist nicht auszuschließen, daß augenblicklich gültige digitale Signaturen bei späterer Wiederholung der Prüfung als ungültig bewertet werden, da sich die verfügbaren Informationen zu Signaturschlüsseln zwischen den Prüfungen geändert haben. Sofern Signaturschlüssel mittels Zertifikaten technischen Systemen oder Personen zugeordnet werden, wird der aktuelle Zertifizierungspfad bei der Gültigkeitsprüfung verifiziert. Dieser beginnt mit dem Zertifikat des Unterzeichners über das Zertifikat der ausstellenden Zertifizierungsstelle sowie deren Sperrliste und endet mit dem Zertifikat der obersten Zertifizierungsstelle – Policy-Certification-Authority (PCA) bzw. Wurzel-Instanz – und deren Sperrliste. Des weiteren kann nicht gewährleistet werden, daß konkrete digitale Signaturen und Zertifikate von unterschiedlichen Prüfern in gleicher Art und Weise als gültig akzeptiert werden. Allgemein kann die Vertrauenswürdigkeit einer Zertifizierungsstelle, vor allem ihrer Zertifikate, nicht aus der Konformität zum X.509 Standard abgeleitet werden.

In Deutschland geben Signaturgesetz und -verordnung die gesetzlichen Rahmenbedingungen für digitale Signaturen vor, damit diese als sicher gelten. Außerdem wird auf die Ersetzung eigenhändiger Unterschriften durch digitale in möglichst vielen Anwendungen gezielt. Um dieses einheitlich vorgegebene Sicherheitsniveau zu erreichen, werden Vorgaben an den Betrieb von Zertifizierungsstellen, deren staatliche Lizenzierung und Kontrolle sowie vorherige sicherheitstechnische Prüfungen von Komponenten und Kryptoalgorithmen für Teilnehmer und Zertifizierungsstellen als wesentlich erachtet.

Die eigenhändige Unterschrift als Formerfordernis für rechtsverbindliche Handlungen durch Willenserklärungen ist zwar nur bei wenigen Rechtsgeschäften notwendig, jedoch wird sie häufig im Beweisinteresse von den Beteiligten angewandt. Für die Rechtsfolgen einer Willenserklärung ist der Moment der Abgabe durch den Erklärenden, bzw. der Zeitpunkt der Unterschriftserstellung entscheidend. Werden digitale Signaturen zum Schutz von in elektronischen Dokumenten dargestellten Willenserklärungen verwendet, ist für die Bestimmung der Gültigkeit nach dem Signaturgesetz[17] der Zeitpunkt ihrer Erstellung maßgebend und nicht der Zeitpunkt der Prüfung wie im X.509 Modell oder der EU-Richtlinie für elektronische Signaturen[18].

Die Gemeinsamkeiten und Unterschiede zwischen einer Signaturprüfung nach dem SigG bzw. X.509 Gültigkeitsmodell sind, vereinfacht dargestellt, folgende:

1. Die digitale Signatur und die Daten gehören zusammen.
2. Der Signieralgorithmus und dessen Parameter
   - □ werden vom Prüfer augenblicklich akzeptiert (X.509).
   - □ waren zum Zeitpunkt des Signierens von der zuständigen Behörde als geeignet beurteilt (Signaturgesetz).
3. Die digitale Signatur ist mit dem Zertifikat des Unterzeichners verifizierbar.
4. Das Zertifikat des Unterzeichners
   - □ ist augenblicklich gültig (X.509).
   - □ war zum Zeitpunkt des Signierens gültig (Signaturgesetz).

Da Zertifikate selbst digital signiert sind, erfolgt die Prüfung der obigen Punkte rekursiv, bis ein als vertrauenswürdig akzeptierter öffentlicher Schlüssel, i.d.R. der der Wurzel-Instanz, erreicht wird, dies wird auch als Prüfung des Zertifizierungspfades bezeichnet. Die fest vorgegebene zwei-stufige Hierarchie von Zertifizierungsstellen des Signaturgesetzes begrenzt diese Rekursion. In Abb. 4.3 sind die je nach Gültigkeitsmodell relevanten Zeitpunkte der zu prüfenden digitalen Signaturen einander gegenübergestellt.

Beim Vergleich des SigG- und X.509 Gültigkeitsmodells sind vor allem prinzipielle Aspekte, wie die Stabilität und Nachhaltigkeit von Prüfergebnissen, zu betrachten und keine, die auf der Vertrauenswürdigkeit von Zertifizierungsstellen basieren, etwa die Rechtsfolgen einer Signatur. Nach dem X.509 Modell ist eine digitale Signatur gültig, sofern der Zertifizierungspfad aktuell gültig ist. Somit könnte ein Unterzeichner seine zunächst gültigen digitalen Signaturen durch Sperrung seines Zertifikates nachträglich ungültig erscheinen

[17] vgl. Signaturverordnung [Reg 97a], §4 Abs. 1 Punkt 7 SigV

[18] vgl. EU-Richtlinie für elektronische Signaturen [EU Par 99b], Anhang IV, Punkt d)

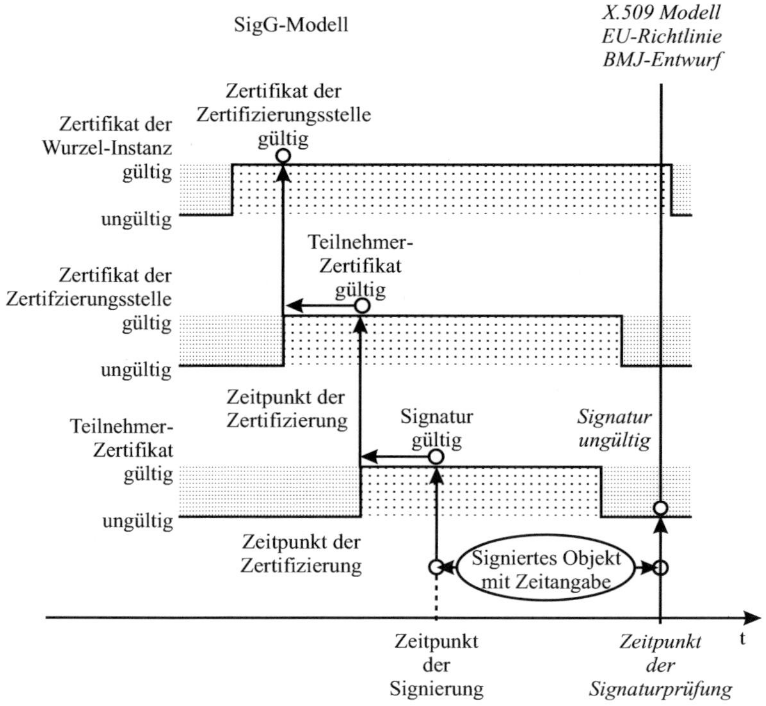

Abb. 4.3. Vergleich der Gültigkeitsmodelle

lassen. Da im X.509 Modell die Kryptoalgorithmen nicht festgelegt sind, kann jeder Prüfer selbst bestimmen, welche Algorithmen er akzeptiert oder nicht. Diese Probleme sind beim SigG Modell durch Vorgabe einzusetzender geeigneter Kryptoalgorithmen und Definition eines festen Referenzzeitpunkts zur Bestimmung der Gültigkeit von digitalen Signaturen, nämlich deren Erstellungszeitpunkt, theoretisch gelöst. Allerdings kann der Erstellungszeitpunkt einer digitalen Signatur verlässlich nicht exakt, sondern nur angenähert durch einen Zeitstempel, bestimmt werden, so daß durch zeitlich parallele Prozesse mit technisch unvermeidbaren Laufzeiten zur Signaturprüfung bzw. Zertifikatssperrung auch bei diesem Modell instabile digitale Signaturen entstehen können (siehe Kapitel 6). Zudem ist die Vertrauenswürdigkeit jeder digitalen Signatur aufgrund der eingesetzten Kryptosysteme prinzipiell zeitlich begrenzt (siehe Kapitel 7).

4.7 Zertifikate

Von vertrauenswürdigen Dritten ausgestellte Zertifikate sind für das Verfahren der digitalen Signatur wesentlich, denn sie bestätigen sowohl die Zuordnung der öffentlichen Signaturprüfschlüssel zu Teilnehmern als auch bestimmte Eigenschaften der Signaturschlüssel-Inhaber. Regelungen zur Vergabe von Signaturschlüssel- bzw. Attribut-Zertifikaten, vor allem zur Prüfung der Angaben von Teilnehmern, sowie zur Sperrung von Zertifikaten sind daher fester Bestandteil des Sicherheitskonzeptes jeder Zertifizierungsstelle.

Der prinzipielle Lebenszyklus von Zertifikaten und deren Ausprägung nach dem Gültigkeitsmodell des Signaturgesetzes bzw. dem X.509 Standard wird in Kapitel 4.7.1 dargestellt. Auf die Sperrung von Zertifikaten und die bisherigen Vorschläge zum Wirksamwerden einer Zertifikatssperrung wird in Kapitel 4.7.2 eingegangen, abschließend wird in Kapitel 4.7.3 die Definition eines fairen Sperrzeitpunkts für Zertifikate vorgestellt.

4.7.1 Lebenszyklus der Zertifikate

Zertifikate werden zur Identifizierung und Authentifizierung der Urheber digitaler Signaturen eingesetzt und sind – je nach Anwendungsszenario bzw. ausstellender Zertifizierungsstelle – das funktionale Äquivalent zu herkömmlichen Legitimationsdokumenten, etwa Kundenkarte, Betriebsausweis oder Personalausweis. Wie andere Legitimationsdokumente auch, enthalten Zertifikate bestätigte Angaben zu Personen und Fakten, die von ausstellenden Instanzen zum Zeitpunkt der Zertifikatserstellung geprüft wurden.

Dennoch stellen alle Legitimationsdokumente nur eine *„Zukunftsvermutung"* über die Korrektheit der bestätigten Angaben dar, weil nicht vorherzusehen ist, ob bzw. wann die Angaben zu Personen und Fakten zukünftig eine Änderung erfahren oder nicht. Aus diesem Grund gibt die ausstellende Instanz für die Legitimationsdokumente meist einen Gültigkeitszeitraum an, um in regelmäßigen zeitlichen Abständen erneut die Korrektheit der Angaben zu prüfen und ggf. in einem neuen Legitimationsdokument zu bestätigen.

Allgemein ist beim Verfahren der digitalen Signatur ein Gültigkeitszeitraum für Zertifikate sinnvoll, zumal die im Zertifikat bestätigten öffentlichen Schlüssel auf kryptographischen Algorithmen und dazugehörigen Parametern basieren, die stets nur für einen begrenzten Zeitraum als kryptographisch sicher anzusehen sind.[19]

Somit können im Lebenszyklus von Zertifikaten die folgenden sechs Ereignisse unterschieden werden:

[19] Nach den Vorgaben des Signaturgesetzes sind in Zertifikaten Angaben zum Gültigkeitszeitraum erforderlich (vgl. §7 Punkt 5 SigG), und durch weitere Bestimmungen wird dessen maximale zeitliche Größe noch eingeschränkt (§7 SigV).

1. Beantragung des Zertifikates
2. Erstellung des Zertifikates
3. Beginn des Gültigkeitszeitraums des Zertifikates
4. Ende des Gültigkeitszeitraums des Zertifikates
5. Beantragung der Sperrung des Zertifikates
6. Sperrung des Zertifikates

Diese Ereignisse trennen den Lebenszyklus eines Zertifikates in Phasen mit unterschiedlichem Zertifikatsstatus. Bei einem 2-stufigen Gültigkeitsmodell für Zertifikate wie dem des Signaturgesetzes wird nur zwischen dem Status „gültig" und „ungültig" differenziert. Einzig das Ereignis „Beginn des Gültigkeitszeitraums des Zertifikates" resultiert in dem Zertifikatsstatus „gültig", während alle anderen den Zertifikatsstatus nicht ändern bzw. zu einem Statuswechsel nach „ungültig" führen; eine mögliche Abfolge der Ereignisse ist in Abb. 4.4 dargestellt. Prinzipiell ist nicht ausgeschlossen, daß mehrere Ereignisse zeitlich unmittelbar aufeinander folgen und somit z.B. Zertifikate zeitgleich mit ihrer Erstellung auch gültig werden können.

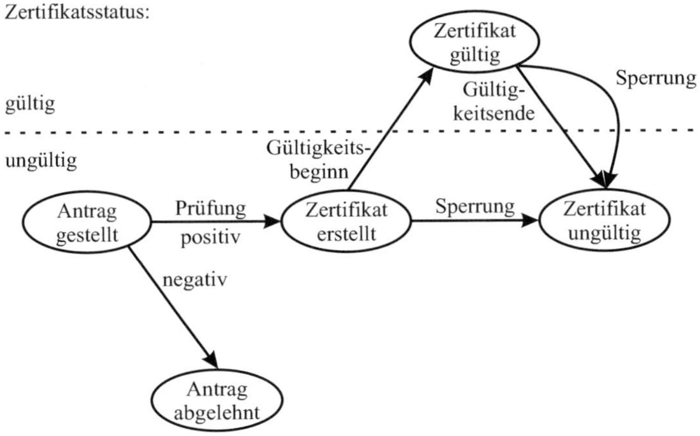

Abb. 4.4. 2-stufige Gültigkeit für Zertifikate nach dem Signaturgesetz

Das 2-stufige Gültigkeitsmodell für Zertifikate wird meist mit der Anforderung begründet, daß die Gültigkeit digitaler Signaturen zu einem beliebigen Zeitpunkt stets eindeutig bestimmbar sein muß. Als eine Voraussetzung dazu wird die eindeutige Bestimmbarkeit der Gültigkeit von Zertifikaten angeführt. Allerdings ist dieses Gültigkeitsmodell aus zwei Gründen problematisch:

1. Mit nur zwei Gültigkeitsstufen ist lediglich ein Teil aller Authorisierungskonzepte zur Erstellung und vor allem zur Sperrung von Zertifikaten abbildbar.

2. Eine stete Bestimmbarkeit der Gültigkeit von Zertifikaten kann in der Realität nicht angenommen werden.

Insbesondere ist zu berücksichtigen, daß der Statuswechsel eines Zertifikates die Folge eines technisch-organisatorischen Prozesses mit unvermeidbaren Ablaufzeiten und Störungsquellen ist (siehe Kapitel 4.7.2).

Die Erstellung von Signaturschlüssel- und Attribut-Zertifikaten wird i.d.R. vom Signaturschlüssel-Inhaber selbst initiiert, jedoch kann die Erstellung eines Zertifikates zusätzlich noch von der Zustimmung weiterer Personen, Institutionen etc. abhängig sein. Bei Zertifikaten für technische Systeme, Web-Server oder Dienste einer Zertifizierungsstelle, die digitale Signaturen in Vertretung für den Dienstbetreiber – meist eine juristische Person – erstellen, werden die Signaturschlüssel üblicherweise einer im technisch-administrativen Umgang mit dem System besonders geschulten und erfahrenen Person zugeordnet sein, etwa dem zuständigen Systemadministrator oder Sicherheitsbeauftragten. In diesen Fällen wird von der ausstellenden Zertifizierungsstelle bei der Zertifikatserstellung die dazu erforderliche Zustimmung des Dienstbetreibers bzw. des Vertreters der juristischen Person einzufordern und zu prüfen sein. Im allgemeinen besteht keine Notwendigkeit, vor Abschluß sämtlicher Prüfungen zur Zertifikatserstellung Außenstehenden das Ergebnis einzelner Teilprüfungen vorzeitig zu signalisieren, weshalb der Vorgang der Zertifikatserstellung auch mit dem 2-stufigen Gültigkeitsmodell für Zertifikate dargestellt werden kann.

Die Sperrung von Zertifikaten mit Angaben zur Vertretungsmacht des Signaturschlüssel-Inhabers kann dagegen mit dem 2-stufigen Gültigkeitsmodell nicht ausreichend abgebildet werden. Die Verwendung des dazugehörigen Signaturschlüssels ist meist zweckgebunden, etwa zum automatischen Signieren von speziellen Daten in technischen Systemen, wie dem Zeitstempel- und dem Auskunftsdienst einer Zertifizierungsstelle. Sowohl dem Signaturschlüssel-Inhaber als auch dem Vertretenen muß für den Fall der Schlüsselkompromittierung bzw. des Wegfalls der Vertretungsmacht die Möglichkeit zur Sperrung des Zertifikates gegeben werden.

Jedoch sollte der Signaturschlüssel-Inhaber allein, also ohne Zustimmung des Vertretenen, keine endgültige Sperrung initiieren können. Durch Vortäuschung einer Kompromittierung könnte er aufgrund der folgenden Zertifikatssperrung die Verfügbarkeit der obigen Dienste stören und ihre Funktionsunfähigkeit erwirken. Sinnvoll ist daher die Definition eines dritten Status im Gültigkeitsmodell für Zertifikate, der zunächst deren temporäre Nicht-Verwendbarkeit signalisiert und nach einem weiteren Ereignis entweder zur endgültigen Zertifikatssperrung führt oder in den ursprünglichen Status zurückkehrt (siehe Abb. 4.5). Man könnte dann vereinbaren, daß die ausstellende Zertifizierungsstelle Zertifikate für technische Systeme bzw. mit Angaben zur Vertretungsmacht auf Antrag des Signaturschlüssel-Inhabers nur als „temporär nicht verwendbar“ markiert und für die endgültige Sperrung die Zustimmung des Betreibers des technischen Systems bzw. des Vertretenen einholt. Zwar wird im X.509 Standard kein Gültigkeitsmodell für Zertifikate explizit festgeschrieben, allerdings sind in der Datenstruktur Sperrliste mittels optionalen Erweiterungen auch Angaben zum dritten Zertifikatsstatus vorgesehen und möglich.

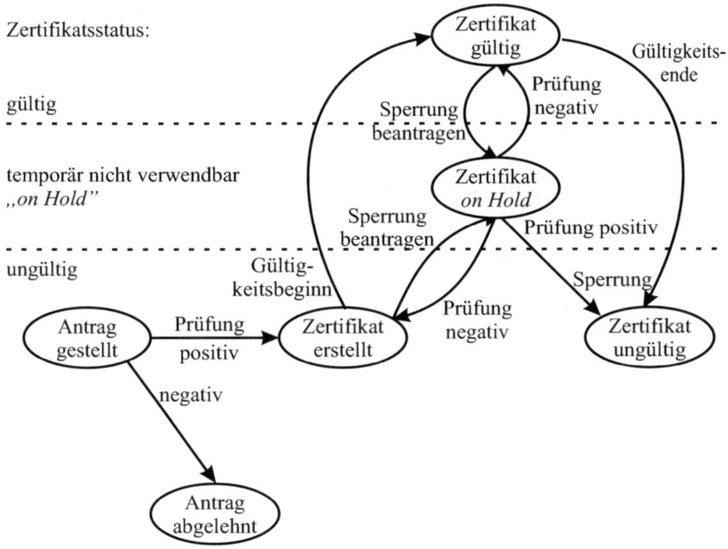

Abb. 4.5. Mehrstufige Gültigkeit für Zertifikate nach dem X.509 Standard

4.7.2 Sperrung von Zertifikaten

Im allgemeinen gibt es für die ausstellende Instanz keine Möglichkeit, ein bereits erstelltes und an den Antragsteller übergebenes Legitimationsdokument nachträglich zu löschen, vor allem, wenn es sich – wie bei Zertifikaten – um elektronische Dokumente handelt, die frei verteilbar sind bzw. in öffentlich zugänglichen Verzeichnissen abrufbar gehalten werden.

Der Datenträger mit dem geheimen Signaturschlüssel kann entwendet, der Signaturschlüssel kompromittiert werden, und einer Person können vergebene Signierberechtigungen möglicherweise auch einmal entzogen werden. Für all diese Fälle sieht das SigG die Sperrung von Zertifikaten vor Ablauf ihrer regulären Gültigkeitsdauer vor. Für die Sperrung konkretisiert der gemäß §12

Signaturverordnung entwickelte Maßnahmenkatalog der Regulierungsbehörde [RegTP 98a] eine Reihe von Anforderungen, wie:

- □ Sperrungen müssen durch die Zertifizierungsstelle unverzüglich und „rund um die Uhr" entgegengenommen werden können.
- □ Sperreinträge sind von dazu berechtigten Mitarbeitern der Zertifizierungsstelle digital zu signieren. Sperreinträge müssen mit einem Zeitpunkt versehen werden, ab wann die Sperre gilt, rückwirkende Sperrungen sind durch geeignete Maßnahmen auszuschließen.
- □ Für eine sichere Abwicklung wird das Zusammenwirken von mindestens zwei Personen, die Protokollierung des Sperreintrags und die Signatur von Sperreinträgen bzw. Sperrlisten empfohlen.

In der Signatur-Interoperabilitätsspezifikation des BSI [SigI 99] werden die Anforderungen für einen Online-Verzeichnisdienst und die Offline-Verteilung von Sperrlisten in Anlehnung an existierende technische Standards weiter spezifiziert. Zu jedem Eintrag im Zertifikatsverzeichnis ist ein Feld „RevocationTime" vorgesehen, das bei gesperrtem Zertifikat den Zeitpunkt angeben soll, zu dem die Sperrung aktiv wurde. Außerdem können in einem Feld „CrlReason" codiert einzelne Gründe für die Sperrung angegeben werden, z.B. die Kompromittierung des Signaturschlüssels und die Änderung des Namens.

Die Gültigkeitsprüfung digitaler Signaturen erfordert definierte Gültigkeitskriterien, an Hand derer ein Prüfergebnis zu berechnen ist. Hier wird das Signaturgesetz bislang so interpretiert, daß eine Signatur im Sinne des Signaturgesetzes nur dann gültig sein soll, wenn das Signaturschlüssel-Zertifikat zum Signierzeitpunkt bzw. zum im Zeitstempel angegebenen Zeitpunkt nicht gesperrt war[20].

Damit ist jedoch noch nicht definiert, ab welchem Zeitpunkt ein Signaturschlüssel-Zertifikat als gesperrt zu betrachten ist. Hierfür kommen zumindest die folgenden Zeitpunkte in Betracht:

- □ Der Zeitpunkt der Antragstellung für die Sperrung bei der Zertifizierungsstelle: $t_{Sperrantrag}$
- □ Der Zeitpunkt des Abschlusses der Antragsprüfung durch die Zertifizierungsstelle: $t_{Sperrantrag\ geprüft}$
- □ Der Zeitpunkt der Erstellung des Sperreintrags zum Zertifikat durch die Zertifizierungsstelle: $t_{Sperreintrag\ erstellt}$
- □ Der Zeitpunkt der Erstellung der Sperrliste durch die Zertifizierungsstelle: $t_{Sperrliste\ erstellt}$

[20] vgl. §4 Abs. 1 Punkt 7 SigV [Reg 97a], also, ob ein eventueller Sperrzeitpunkt zeitlich nach dem Zeitpunkt der Signaturerstellung liegt

- □ Der Zeitpunkt der Veröffentlichung des Sperreintrags durch die Zertifizierungsstelle: $t_{Sperrung\ veröffentlicht}$

Im Entwurf zum Maßnahmenkatalog des BSI findet sich als einzige Aussage zum zeitlichen Wirksamwerden der Sperrung von Zertifikaten:

> *Sperreinträge werden nach Identifizierung und Authentisierung der Person, die die Sperre beantragt, durch einen Mitarbeiter der ZS in der folgenden Form durchgeführt: die eindeutige Kennzeichnung des zu sperrenden Zertifikats wird mit einem Zeitstempel versehen und an die Sperrliste angehängt. Ab diesem Zeitpunkt ist die Sperrung gültig. Die Sperrliste wird nach ggf. auch mehreren zeitlich zusammenliegenden Ergänzungen mit einem Zeitstempel versehen.*
> *6.4.3 Lösungsvorschläge [BSI 97a]*

Der Ansatz des BSI favorisiert damit eindeutig den Zeitpunkt der Erstellung des Sperreintrags ($t_{Sperreintrag\ erstellt}$) für die Gültigkeitsprüfung von Zertifikaten. Dabei wird anscheinend davon ausgegangen, daß die genannten Zeitpunkte nahezu identisch sind, d.h. die Veröffentlichung zeitgleich mit der Eintragung unmittelbar nach Eingang des Sperrantrags erfolgt.

Dieser Vorschlag des BSI zur Bestimmung der Gültigkeit digitaler Signaturen geht also implizit von der Annahme aus, daß die Vorgänge zur Sperrung ohne Zeitverzögerung und stets korrekt durchgeführt werden können und daß sich kein Änderungs- oder Ergänzungsbedarf ergibt. Die Frage ist jedoch, inwieweit diese idealisierenden Annahmen in Praxis und Realität Bestand haben können. Das vom BSI bislang verfolgte Sperr- und Gültigkeitsmodell wird also in einigen Fällen zu Problemen führen und rechtlich möglicherweise nicht Bestand haben können. Deshalb lohnt sich die Untersuchung der Frage, ob man nicht zu faireren und technisch besseren Lösungen kommen könnte.[21]

4.7.3 Definition des fairen Sperrzeitpunktes

Im allgemeinen wird die Sperrung des Signaturschlüssel-Zertifikates durch den Signaturschlüssel-Inhaber bei der Zertifizierungsstelle beantragt. Es liegt jedoch außerhalb seiner Einflußsphäre,

- □ ob bzw. wann der Sperrantrag bei der Zertifizierungsstelle bearbeitet wird,
- □ ob ein Sperreintrag – technisch gesehen – erstellt werden kann,
- □ wann der Sperreintrag erstellt wird,
- □ ob der Sperreintrag veröffentlicht wird und
- □ wann der Sperreintrag erstmals abrufbar ist.

[21] zur Problematik der Prozeßlaufzeiten bei Sperrung von Zertifikaten siehe [Bertsch, Pordesch 99]

Ein verspätet bearbeiteter Sperrantrag kann für den Signaturschlüssel-Inhaber negative Folgen haben, da ihm aktuell erstellte digitale Signaturen noch weiterhin zugerechnet werden, obwohl er dies bereits durch die Sperrung verhindern wollte. Grundsätzlich dürfen Versäumnisse der Zertifizierungsstelle nicht zu Lasten des Antragstellers gehen (Mehrseitigkeit), deshalb sollte der Sperrzeitpunkt nur vom Zeitpunkt der Antragstellung bei der Zertifizierungsstelle abhängen. Der Zertifizierungsstelle muß jedoch eine angemessene Zeit zur Bearbeitung zugestanden werden ($\triangle t_{maximale\ Bearbeitungszeit}$). Diese Bearbeitungsfrist kann entweder zwischen der Zertifizierungsstelle und den Teilnehmern vertraglich vereinbart werden oder gesetzlich vorgegeben sein. Momentan finden sich weder im Signaturgesetz noch in der Signaturverordnung zeitliche Anforderungen an die Durchführung einer Sperrung. Als spätester fairer Sperrzeitpunkt könnte definiert werden:

$$t_{gesperrt} = t_{Sperrantrag} + \triangle t_{maximale\ Bearbeitungszeit}$$

Ein Signaturschlüssel- bzw. Attribut-Zertifikat gälte nach dieser ersten Definition somit ab dem Zeitpunkt $t_{gesperrt}$ als gesperrt und ungültig, auch wenn der Sperreintrag noch nicht erstellt oder veröffentlicht worden wäre. Im Fall einer unverzüglichen Erstellung des Sperreintrags ist diese Definition aber unzureichend.

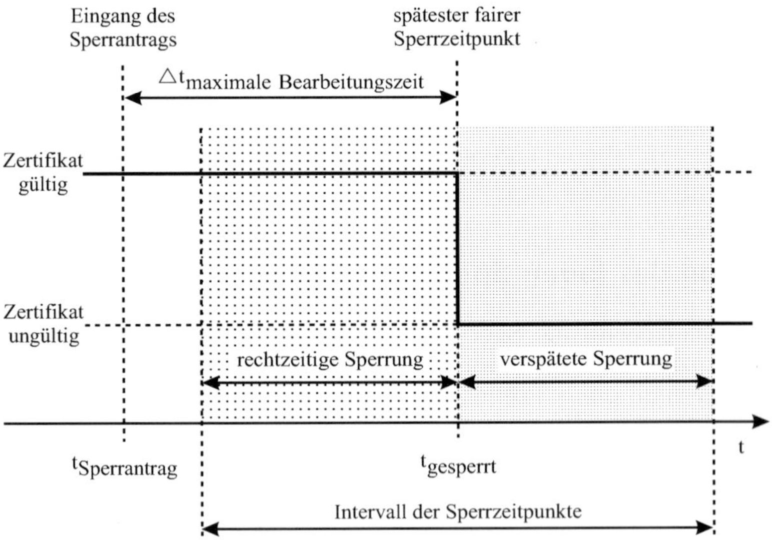

Abb. 4.6. Zeitlicher Verlauf der Sperrung eines Zertifikates

Mit der Definition des *fairen Sperrzeitpunktes* eines Zertifikates soll jedoch nur der späteste Zeitpunkt des Wirksamwerdens einer Sperrung bestimmt werden. In der Regel ist zu erwarten, daß Zertifizierungsstellen die Sperranträge richtig und unverzüglich bearbeiten. Die Zertifizierungsstelle wird allerdings für die Bearbeitung des Sperrantrags und die Erstellung des Sperreintrags eine gewisse, aber nicht die maximale Bearbeitungszeit benötigen. Mit der bisherigen Definition eines fairen Sperrzeitpunktes könnte dies jedoch zu Widersprüchen führen, da der Fall, daß die Erstellung des Sperreintrags auch früher erfolgen kann, also bereits vor Ablauf der maximalen Bearbeitungszeit, nicht betrachtet wurde. Bei der folgenden Definition werden die beiden zeitlichen Ereignisse berücksichtigt.

Definition: Fairer Sperrzeitpunkt eines Zertifikates

Ein Zertifikat gilt als gesperrt, wenn ein Sperreintrag erstellt wurde, spätestens aber dann, wenn ein berechtigter Sperrantrag der Zertifizierungsstelle zugegangen und die zuvor vereinbarte Frist für dessen Bearbeitung verstrichen ist.

$$t_{gesperrt} = min(t_{Sperrantrag} + \triangle t_{maximale\ Bearbeitungszeit}, t_{Sperreintrag\ erstellt})$$

Da niemals ausgeschlossen werden kann, daß Zertifikate fälschlicherweise im Verzeichnis noch als gültig geführt werden, weil sich die Erstellung des Sperreintrags oder dessen Veröffentlichung verzögert haben, sind folglich auch falsche Auskünfte von Verzeichnisdiensten möglich. Eine offene Frage bleibt, wie in diesen Fällen eventuelle Schäden zu Lasten des Prüfers einer Signatur geregelt werden.[22]

[22] zur Notwendigkeit einer Haftungsregelung für Zertifizierungsstellen siehe [Roßnagel 97b]. Ein entsprechender Entwurf gesetzlicher Regelungen ist bereits in [Provet 96] dargestellt.

5 Zeitangaben

Es ist abzusehen, daß im Zeitalter des Internet zunehmend Informationen als digital signierte Daten dargestellt und elektronisch übermittelt werden, weshalb traditionelle Methoden mit Papier und Unterschrift in vielen Fällen ersetzt werden können. Die Überprüfung einer digitalen Signatur erfolgt mittels Zertifikat des Unterzeichners sowie Zertifikaten übergeordneter Instanzen. Zertifikate werden von Zertifizierungsstellen ausgegeben und haben im allgemeinen nur eine begrenzte Gültigkeitsdauer. Nach dem Gültigkeitsmodell des Signaturgesetzes ist eine Voraussetzung, daß die Zertifikate der Signierenden zum Zeitpunkt der Signaturerstellung gültig waren.

Auf die Bedeutung von Zeitangaben und deren Funktion bei der Gültigkeitsprüfung wird in Kapitel 5.1 eingegangen. Die verschiedenen Techniken und Verfahren zur Erstellung von Zeitangaben werden in Kapitel 5.2 vorgestellt.

Die prinzipiellen Möglichkeiten und Grenzen bei der genauen Bestimmung von Zeitpunkten sowie die verbleibende Unsicherheit werden in Kapitel 5.3 untersucht. Abschließend erfolgt ein Vergleich der Verfahren, insbesondere werden in Kapitel 5.4 die Aspekte Realisierbarkeit und Eignung für bestimmte Gültigkeitsmodelle sowie Kriterien der mehrseitigen Sicherheit bewertet.

5.1 Notwendigkeit von Zeitangaben

Geschäftsprozesse, basierend auf dem konventionellen Austausch von Papierdokumenten, werden durch die Nutzung elektronischer Medien effektiver gestaltet. Die Eigenschaften der konventionellen Dokumente, wie Authentizität des Schriftstücks, Nachweisbarkeit einzelner Bearbeitungsschritte sowie Vertraulichkeit beim Transport und der Archivierung, müssen auch die elektronischen Formen aufweisen, um ein äquivalenter Ersatz zu sein.

Die Ungewißheit eines jeden Empfängers über die Integrität und Authentizität der empfangenen Informationen läßt sich erst durch den Einsatz digitaler Signaturen bzw. allgemein asymmetrischer kryptographischer Verfahren seitens der Absender beseitigen. Dieses Verfahren eröffnet dem Empfänger die Möglichkeit, die Unversehrtheit der Information und die Identität des Absenders zu überprüfen.

Handschriftliche Unterschriften sind im Prinzip jederzeit überprüfbar. Sie können dem Unterzeichner eindeutig zugeordnet werden. Zur Überprüfung handschriftlich unterschriebener Dokumente ist in der Regel die Kenntnis des Zeitpunktes der Unterschriftserstellung nicht notwendig. Im allgemeinen fehlt bei digitalen Signaturen ohne Kenntnis des Erstellungszeitpunktes die sichere Überprüfbarkeit – ein wesentliches Merkmal traditioneller Unterschriften. Der Schutz elektronischer Dokumente durch digitale Signaturen basiert auf kryptographischen Verfahren (siehe [Rivest, Shamir, Adleman 78], [FIPS 186 94]). Von einer Zertifizierungsstelle werden kryptographische Parameter, wie digitale Signaturschlüssel, den Teilnehmern zugeordnet und in Form von Zertifikaten bestätigt. Die Zuordnung erfolgt nur für einen vorab bestimmten Zeitraum – Zertifizierungszeitraum oder Gültigkeitsdauer eines Zertifikates. Die Länge dieses Zeitraums ist in der Zertifizierungspolitik der ausgebenden Zertifizierungsstelle festgelegt und wird durch organisatorische Faktoren, wie Vertragsdauer mit dem Teilnehmer, und technische Anforderungen, wie Wahl der kryptographischen Parameter, bestimmt. Die Bindung eines Teilnehmers an seinen Signaturschlüssel kann jedoch jederzeit sowohl von der Zertifizierungsstelle als auch vom Teilnehmer selbst durch eine Zertifikatssperrung aufgehoben werden. Mögliche Gründe für die Sperrung eines Teilnehmer-Zertifikates sind:

□ **Zertifizierungsstelle**
- Der Teilnehmer erfüllt nicht mehr die geprüften Voraussetzungen.
- Das kryptographische Verfahren ist nicht mehr geeignet.
- Ein Berechtigter fordert die Sperrung eines Teilnehmer-Zertifikates mit Angaben zur Vertretungsmacht juristischer Personen bzw. berufsrechtlichen Bezeichnungen.

□ **Teilnehmer**
- Der Signaturschlüssel des Teilnehmers wurde kompromittiert.
- Der Teilnehmer wünscht die Sperrung.

Das Gültigkeitsmodell des gesetzlichen Verfahrens der digitalen Signatur differenziert zwischen gültigen und ungültigen Signaturen aufgrund des Zeitpunktes, zu dem sie erstellt wurden. Nur Signaturen, die innerhalb des Gültigkeitszeitraums des Zertifikates erstellt werden, sind gültig (siehe Abb. 5.1). Alle später erstellten Signaturen sind ungültig, weil entweder das reguläre Ende der Nutzungsdauer des Signaturschlüssels erreicht oder dieser bereits vorzeitig gesperrt wurde. Liegt der Erstellungszeitpunkt einer Signatur vor Beginn des Gültigkeitszeitraums, ist diese ungültig, da der Schlüssel noch nicht zertifiziert bzw. nicht zum Signieren freigegeben worden war. Voraussetzung zur Überprüfung und Differenzierung ist dabei stets, daß die kryptographische Korrektheit einer digitalen Signatur gegeben ist sowie weitere Gültigkeitskriterien, abhängig vom angewandten Gültigkeitsmodell, erfüllt sind.

Bei der Gültigkeitsprüfung einer digitalen Signatur muß daher bestimmt werden, in welcher der folgenden Phasen der Signaturerstellungszeitpunkt liegt:

1. **Vor Beginn des Gültigkeitszeitraums**
   Die Signaturen sind ungültig, da der Schlüssel noch nicht zertifiziert bzw. nicht zum Signieren freigegeben wurde.
2. **Innerhalb des Gültigkeitszeitraums**
   Nur Signaturen, die innerhalb dieses Zeitraums erstellt werden, sind gültig.
3. **Nach Ende des Gültigkeitszeitraums**
   Die Signaturen sind ungültig, da entweder das reguläre Ende der Nutzungsdauer erreicht oder der Schlüssel vorzeitig gesperrt wurde.

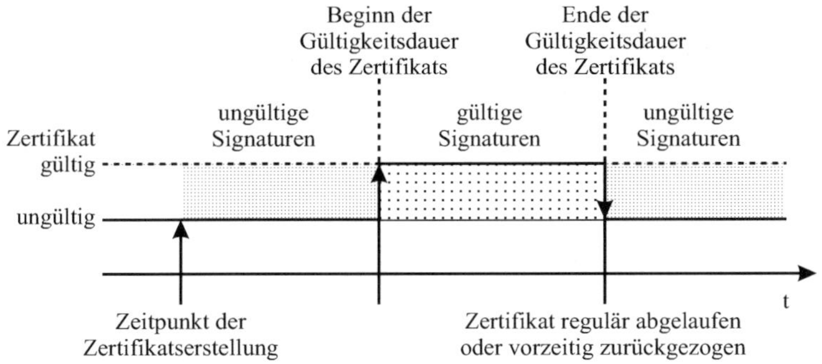

Abb. 5.1. Gültigkeitszeitraum

Alle etablierten Gültigkeitsmodelle verfolgen einen ähnlichen Ansatz zur Differenzierung zwischen gültigen und ungültigen digitalen Signaturen mittels Zertifikaten. In jedem Gültigkeitsmodell ist ein spezifischer Referenzzeitpunkt für die Gültigkeitsprüfung einer konkreten digitalen Signatur definiert, und allen Gültigkeitsmodellen ist eine Voraussetzung für gültige digitale Signaturen gemeinsam:

Ein gültiges Zertifikat des Signierenden zum Referenzzeitpunkt

Die Definition des Referenzzeitpunktes ist jedoch abhängig vom angewandten Gültigkeitsmodell (siehe Tabelle 5.1). Der wesentliche Unterschied der verschiedenen Gültigkeitsmodelle ist, daß nach dem Gültigkeitsmodell des Signaturgesetzes der Referenzzeitpunkt sich auf eine Aktion des Signierenden bezieht, während in den anderen Gültigkeitsmodellen dieser Zeitpunkt in Bezug zu einer Aktion des Prüfers bzw. zu einem Ereignis beim Empfänger digital signierter Daten steht. Man kann auch sagen, daß beim Gültigkeitsmodell des Signaturgesetzes der Referenzzeitpunkt in der Vergangenheit liegt,

	Signaturgesetz	BMJ-Entwurf	EU-Richtlinie und X.509 Modell
Referenz-zeitpunkt	Zeitpunkt der Signaturerstellung	Zeitpunkt des Zugangs der digital signierten Daten	Zeitpunkt der Signaturprüfung
Wertbestimmung durch	den Signierenden	den bzw. die Empfänger der digital signierten Daten	den bzw. die Prüfer der digitalen Signaturen
Konstante	ja	ja, pro Empfänger	nein
Anzahl der Zeitpunkte	einer	mehrere möglich	mehrere möglich

Tabelle 5.1. Referenzzeitpunkte der Gültigkeitsmodelle

während im Gegensatz dazu von anderen Modellen auf den Zeitpunkt einer zukünftigen Aktion referenziert wird.

5.2 Erstellung von Zeitangaben

Im allgemeinen wird bei Verfahren und Anwendungen digitaler Signaturen die Zuordnung von Signaturschlüsseln zu Personen nur für einen bestimmten Zeitraum – Gültigkeitsdauer des Zertifikates – durch die Zertifizierungsstellen bestätigt. Prinzipiell sind zeitliche Nutzungsbeschränkungen bei geschlossenen, unabhängigen technischen Systemen nur schwer zu realisieren, deshalb kann niemals ausgeschlossen werden, daß Signaturkomponenten auch außerhalb des Gültigkeitszeitraums zur Erstellung von Signaturen verwendet werden. Vor allem besteht die Möglichkeit, daß durch den Signaturschlüssel-Inhaber selbst „falsche“ digitale Signaturen erzeugt werden, nachdem dieser seinen Signaturschlüssel als kompromittiert oder verloren gemeldet hat und ihn von der ausstellenden Zertifizierungsstelle sperren ließ. Aufgrund dieser Problematik kann – je nach angewandtem Gültigkeitsmodell – die Kenntnis des Erstellungszeitpunktes eine notwendige Voraussetzung zur Überprüfung digitaler Signaturen sein. Zeitangaben haben verschiedene Qualitäten. Sie unterscheiden sich durch ihre Genauigkeit, Manipulationssicherheit und Vertrauenswürdigkeit. Prinzipiell existieren folgende Alternativen bzgl. der Zeitangaben:

1. **Zeitangaben des Unterzeichners**
   Der Unterzeichner macht selbst die Angaben zum Erstellungszeitpunkt in den zu signierenden Daten und signiert sie anschließend.

2. **Zentrale Zeitstempeldienste**
   Der Unterzeichner nutzt einen zentralen, von einer vertrauenswürdigen Instanz betriebenen, Zeitstempeldienst. Er signiert seine Daten und übermittelt dem Dienst zumindest den Hash-Wert seiner digitalen Signatur. Der Zeitstempeldienst bestätigt in Form eines Zeitstempels, daß diese Daten zu dem im Zeitstempel angegebenen Zeitpunkt vorlagen. Der Zeitstempel wird den signierten Daten vom Unterzeichner hinzugefügt.
3. **Dezentrale Zeitstempelboxen**
   Der Unterzeichner ist im Besitz einer lokalen Zeitstempelbox mit einer genauen, manipulationssicheren Uhr. Er signiert seine Daten und übermittelt anschließend der Box seine digitale Signatur. Sie bestätigt den Erstellungszeitpunkt in Form eines Zeitstempels. Der Zeitstempel wird den signierten Daten vom Unterzeichner angefügt.

Die Idee der letzten beiden Alternativen ist, daß eine vertrauenswürdige Instanz außerhalb der Einflußsphäre des Unterzeichners die Funktion wahrnimmt, korrekte Zeitangaben zu erstellen und in Form eines speziellen elektronischen Dokumentes zu bestätigen. Es gibt zwei Möglichkeiten, die Funktion Zeitstempelung von Daten technisch zu realisieren – als zentraler Zeitstempeldienst oder mittels dezentraler vertrauenswürdiger Komponenten, sog. Zeitstempelboxen. Im folgenden werden die drei Alternativen betrachtet sowie deren Vor- und Nachteile dargestellt.

5.2.1 Zeitangaben des Unterzeichners

Die einfachste Methode zur Bestimmung von Zeitpunkten einer Aktion ist, daß der Akteur den Zeitpunkt selbst angibt. Beim Verfahren der digitalen Signatur bedeutet dies, daß der Unterzeichner die Angaben zum Erstellungszeitpunkt in den signierten Daten selbst macht. Die Erstellung dieser Angaben erfolgt im Einflußbereich des Unterzeichners und ist von ihm direkt manipulierbar; d.h., er kann die Zeitangaben zur digitalen Signatur beliebig vor- und insbesondere rückdatieren. Die Vertrauenswürdigkeit und Genauigkeit dieser Zeitinformation muß daher prinzipiell kritisch betrachtet werden.

Die Relevanz von Zeitangaben des Unterzeichners zur Gültigkeitsprüfung seiner digitalen Signaturen ist folglich von seiner Reputation abhängig. Seine Vertrauenswürdigkeit kann durch seine Person selbst oder durch die Tatsache, daß er besonderen Sorgfaltspflichten unterliegt, begründet sein. So werden im traditionellen Geschäftsverkehr Zeitangaben in Dokumenten von Kaufleuten selbst erstellt, z.B. beim Erfassen der Belege in den Geschäftsbüchern, und ihre Korrektheit wird nur in seltenen Fällen in Zweifel gezogen.

Zertifizierungsstellen haben als vertrauenswürdige dritte Instanzen beim Verfahren der digitalen Signatur zentrale Funktionen wie die Ausgabe von Zertifikaten und erstellen im Rahmen ihrer Aufgaben auch selbst digitale

Signaturen, z.B. unter Teilnehmer-Zertifikaten, Sperrlisten oder Auskünften des Verzeichnisdienstes. Im allgemeinen wird jedoch angenommen, daß Zeitangaben von vertrauenswürdigen Instanzen korrekt sind und nicht der Bestätigung durch einen Zeitstempel bedürfen. So kann etwa die Angabe zum Erstellungszeitpunkt der digitalen Signatur unter dem Zertifikat von der ausstellenden Zertifizierungsstelle selbst eingetragen werden. Diese Zeitangabe ist bisher im X.509 Zertifikatsformat nicht definiert, jedoch bietet der Standard Möglichkeiten, zusätzliche Attribute als sog. private Erweiterungen in Zertifikaten aufzunehmen.[1]

5.2.2 Zeitstempeldienste

Vertrauenswürdige Angaben zum Erstellungszeitpunkt digitaler Signaturen werden im allgemeinen nicht vom Unterzeichner selbst abgegeben, sondern von vertrauenswürdigen Instanzen werden für konkrete digitale Signaturen Zeitangaben in Form eines Zeitstempels eingeholt. Ein Zeitstempel ist ein spezielles elektronisches Dokument, das eine Zeitangabe mit einem anderen Dokument verknüpft und durch die digitale Signatur der Zeitstempel-Instanz, Time Stamping Authority (TSA), gegen Manipulationen bzw. Fälschungen geschützt ist. Zwar ist momentan der Prozeß der Standardisierung von Formaten zur Darstellung von Zeitstempeln und Protokollen, um Zeitstempel bei entsprechenden Diensten anzufordern, noch nicht abgeschlossen [DIN NI-27/135-99] [ETSI TS 101 861], dennoch sind bereits heute Zertifizierungsstellen verpflichtet, Zeitstempeldienste anzubieten. Der Begriff „Zeitstempel" ist rechtlich wie folgt bestimmt:

> *Ein Zeitstempel im Sinne dieses Gesetzes ist eine mit einer digitalen Signatur versehene digitale Bescheinigung einer Zertifizierungsstelle, daß ihr bestimmte Daten zu einem bestimmten Zeitpunkt vorgelegen haben.*
> *§2 Begriffsbestimmung Abs. 4 SigG*

Zeitstempeldienste werden typischerweise vom Absender und Unterzeichner einer Nachricht dazu genutzt, um den Erstellungszeitpunkt der digitalen Signatur zur Nachricht bestätigen zu lassen. Im folgenden sind die einzelnen Schritte dieses Anwendungsfalls beschrieben:

- Der Unterzeichner erstellt eine digitale Signatur unter seinen Daten.

[1] Im Rahmen der SigI-Spezifikation für signaturgesetzkonforme Lösungen wurde vom BSI das dementsprechende Attribut „dateOfCertGen" spezifiziert (vgl. [SigI-A1 99], „2.3.9.15.3 Erstellungsdatum eines Zertifikates") und in die Gültigkeitsprüfung digitaler Signaturen unter Zertifikaten einbezogen (vgl. [SigI-A6b 99], „5.3.1.4 Bestimmen des Signaturzeitpunktes").

- □ Der Unterzeichner fordert vom Zeitstempeldienst einen Zeitstempel für seine digitale Signatur an.
- □ Der Zeitstempeldienst erstellt den angeforderten Zeitstempel.
- □ Der Unterzeichner erhält den Zeitstempel.
- □ Der Unterzeichner prüft den Zeitstempel.
- □ Der Unterzeichner sendet die digital signierten Daten zusammen mit dem Zeitstempel an den Empfänger.
- □ Der Empfänger prüft den Zeitstempel.
- □ Der Empfänger prüft die Gültigkeit der digital signierten Daten zu dem im Zeitstempel angegebenen Zeitpunkt.

Der Teilnehmer muß zunächst seine Daten signieren und die Signatur bzw. deren Hashsumme der Zeitstempelinstanz übermitteln. Diese Instanz bestätigt dann in Form eines Zeitstempels das Faktum, daß ihr die übermittelten Daten zu dem im Zeitstempel angegebenen Zeitpunkt vorgelegen haben. *Ein Zeitstempel kann somit nicht den exakten Zeitpunkt der Unterschriftserstellung bestätigen, sondern nur die Tatsache, daß das vom Teilnehmer signierte Dokument bereits vor der Erstellung des Zeitstempels existiert hat.* In den meisten Fällen ist jedoch die Differenzierung zwischen dem exakten und dem spätest möglichen Zeitpunkt der Unterschriftserstellung zu deren Überprüfung nicht notwendig.

Nach dem Gesetz zur digitalen Signatur sind Zeitstempeldienste Pflichtdienstleistungen zugelassener Zertifizierungsstellen, §9 SigG, die funktionalen Anforderungen an diesen Dienst sind im Maßnahmenkatalog für Zertifizierungsstellen nach dem SigG [RegTP 98a] aufgeführt. In der Praxis hat sich zwar noch kein Standard für die Darstellung von Zeitstempeln sowie des benötigten Zugangsprotokolls zum Zeitstempeldienst etabliert, jedoch wird in diesem Kontext meist auf den IETF Draft „Time Stamp Protocols" [TSP 98] verwiesen[2]. Dieser spezifiziert das Format von Zeitstempeln sowie den Ablauf der Kommunikation mit dem Zeitstempeldienst, um Zeitstempel anzufordern, und kann für die technische Realisierung herangezogen werden. Die Kommunikation zwischen dem Zeitstempeldienst und den Teilnehmern kann über synchrone oder asynchrone Protokolle, z.B. HTTP oder E-Mail, erfolgen.

Zeitstempel werden nach Anforderung durch einen Zeitstempeldienst generiert; beim gesetzlichen Verfahren der digitalen Signatur kann sie jedermann anfordern, der Daten erzeugt oder dem fremde Daten vorliegen, bzw. wer aus Beweisgründen ein Interesse daran hat (vgl. [BT 97a], „zu §9 (Zeit-

[2] Im Zusammenhang mit dem Signaturgesetz wird auf diesen IETF Draft sowohl von der Signatur-Interoperabilitätsspezifikation des BSI (vgl. [SigI-A4 99], Abschnitt „Zeitstempel") als auch von der Industrial Signature Interoperability Specification (ISIS) der Arbeitsgemeinschaft Trust-Center für digitale Signaturen direkt referenziert [ISIS 99].

stempel)“). Nach dem Signaturgesetz darf eine Zertifizierungsstelle ihren Zeitstempeldienst zwar nicht auf einen bestimmten Personenkreis beschränken, und auch für die Erstellung eines Zeitstempels ist die Authentifizierung des Teilnehmers durch den Zeitstempeldienst keine verfahrenstechnische Voraussetzung, dennoch ist nicht anzunehmen, daß Zeitstempeldienste anonym zu nutzen sind. Im allgemeinen werden Zeitstempeldienste kostenpflichtig sein. Entweder wird jede einzelne Erstellung eines Zeitstempels erfaßt und abgerechnet, oder pauschale Entgelte werden für einen Nutzungszeitraum erhoben, weshalb eine Identifizierung des Teilnehmers notwendig wird.

Im Fall der Nutzung von Offline-Zeitstempeldiensten hat der Teilnehmer bei der Anforderung eines Zeitstempels grundsätzlich eine Adresse anzugeben. Bei Offline-Diensten erfolgt die Kommunikation mit Teilnehmern über asynchrone Medien, beispielsweise E-Mail. Während der Zeitstempelerstellung besteht zwischen Teilnehmer und Dienst keine Verbindung. Den Teilnehmern werden die angeforderten Zeitstempel bzw. entstandene Fehler durch den Dienst an die von ihnen spezifizierten Adressen zurückgeschickt.

Die Methode der verketteten Zeitstempel, ein spezielles Verfahren zur Erstellung von Zeitstempeln [Haber, Stornetta 91], kann zu einer Reduzierung der Sicherheitsanforderungen an den Zeitstempeldienst führen. Sie verhindert, daß Zeitstempel im nachhinein abgestritten werden können und daß falsche Zeitstempel in Umlauf gebracht werden. Dieses Konzept erfordert aber, daß Angaben zur Identität der Teilnehmer bzw. deren E-Mail Adressen bei der Anforderung eines Zeitstempels zu erfassen sind, da sie sowohl Bestandteil ihrer Zeitstempel als auch vom Dienst unter den anderen Teilnehmern verteilt werden (siehe Kapitel 7.3.2). Prinzipiell könnte bei dieser Methode jedoch auf die Erfassung identifizierender Angaben der Teilnehmer verzichtet werden, vorausgesetzt es existieren pseudonyme E-Mail Adressen[3], die vom Teilnehmer bei der Zeitstempel-Anforderung verwandt werden.

In der Praxis wird die Nutzung von Zeitstempeldiensten ausschließlich identifizierbaren Teilnehmern vorbehalten sein, denn eine anonyme Nutzung setzt voraus, daß eventuelle Gebühren mittels anonymer elektronischer Zahlungsverfahren beglichen werden können und daß ggf. pseudonyme E-Mail Adressen verfügbar sind. Beides ist jedoch heute noch nicht gegeben.

Zentrale Zeitstempeldienste, die gemäß dem Signaturgesetz von vertrauenswürdigen Stellen bereitgestellt werden, gewährleisten, daß die Erstellung von Zeitstempeln zeitgenau und manipulationssicher erfolgt. Die Verfügbarkeit und Reaktionszeit zentraler Dienste ist von mehreren Faktoren abhängig. Der Diensteanbieter kann durch höheren technischen Aufwand die Transaktionszeiten in seinem Verantwortungsbereich reduzieren. Der Teilnehmer ist aber zur Kommunikation mit dem Zeitstempeldienst auf die Nutzung von Kommunikationsdiensteanbietern angewiesen. Die Dauer des Vorgangs – Erstellung eines Zeitstempels – wird maßgeblich von der Verfügbarkeit der vom Teilnehmer gewählten Kommunikationsdienste und den dort erzielten Trans-

[3] zu Pseudonymen und deren Klassifikation siehe [Berthold, Federrath 2000]

aktionszeiten bestimmt. Die Vertraulichkeit der Nutzung zentraler Zeitstempeldienste ist durch die Bildung von teilnehmerbezogenen Nutzungsprofilen bedroht. Nutzungprofile entstehen bei Anwendung des Modells der verketteten Zeitstempel sowie bei allen Diensten, die eine Identifizierung der Teilnehmer erfordern.

5.2.3 Zeitstempelbox

Das Konzept der Zeitstempelbox basiert auf der Idee der dedizierten Sicherheitsbox des Bundesamtes für Sicherheit in der Informationstechnik.[4] Eine Sicherheitsbox ist eine sicherheitsüberprüfte Komponente zum Erstellen und Verifizieren digitaler Signaturen. Die Box ist gegen äußere Angriffe geschützt, daher führen physikalische Manipulationen meist zu ihrer Zerstörung. Die Zeitstempelbox[5] verfügt gegenüber der Sicherheitsbox des BSI zusätzlich über einen manipulationssicheren Funkempfänger für das DCF-77 Zeitsignal der Phsyikalisch Technischen Bundesanstalt (PTB) in Braunschweig und einen speziellen Signaturschlüssel zum Erstellen von Zeitstempeln. Bei Verwendung einer solchen lokalen vertrauenswürdigen Komponente zur Zeitstempelung von Signaturen entsteht keine externe Kommunikation. Außenstehende können also keine personenbezogenen Nutzungsprofile bilden, die Vertraulichkeit des Vorgangs Zeitstempelung bleibt somit gewahrt.

Die Erstellung von Zeitstempeln mittels einer lokalen Zeitstempelbox zeichnet sich vor allem dadurch aus, daß während der Erstellung des Zeitstempels keine Kommunikation mit externen Diensten notwendig ist, somit kann auch nicht gestört, manipuliert oder beobachtet werden. Diese Lösung kann daher die Unbeobachtbarkeit des Vorgangs Zeitstempelerstellung gewähren. Das Konzept der Zeitstempelbox zielt auf eine quasi autonom funktionierende Komponente mit möglichst geringen Abhängigkeiten zu anderen Systemen und Diensten. Die Zeitstempelbox ist und bleibt jedoch vom Empfang des DCF-77 Zeitsignals abhängig. Temporäre Empfangsunterbrechnungen können durch eine interne zweite Uhr kurzfristig überbrückt werden. Sollte aber das Zeitsignal über längere Zeit nicht zu empfangen sein oder falsche widersprüchliche Zeitangaben empfangen werden, dann ist der sichere Betrieb der Zeitstempelbox nicht zu gewährleisten. In diesem Fall müsste die Box selbständig außer Betrieb gehen und von vertrauenswürdiger Stelle erneut mit der korrekten Zeit initialisiert werden. Die Initialisierung der Box darf nicht dem Benutzer möglich sein, da er sonst auf diese Art die vertrauenswürdige Zeit in der Box ändern könnte. Somit kann gegen die lokalbetriebene Box beim Teilnehmer eine Denial-of-Service Attacke durchgeführt werden:

[4] zum Aufbau einer Sicherheitsbox, den Schutzmaßnahmen und ihrer Funktion siehe [BSI 97a], „6.5.7 Sicherheitsboxen als Signaturkomponente“

[5] zum Einsatz der Zeitstempelbox und deren Patentierung siehe [Meinhold, Luckhardt 98]

wird das DCF-77 Zeitsignal mit einem lokalen DCF-77 Testsender überlagert, kann man beliebige Zeitsignale senden. Sollte die Differenz zwischen der empfangenen Zeit und der Referenzzeit in der Box einen gewissen Grenzwert überschreiten, dann ist lokal keine sichere Zeitbestimmung mehr möglich, die Box ist also funktionsunfähig.

Eine offene Fragestellung bleibt zudem, ob die Idee der Zeitstempelbox überhaupt mit der Legaldefinition eines Zeitstempels vereinbar ist. Nach §2 Abs. 4 SigG wird unter einem Zeitstempel eine digital signierte Bescheinigung einer Zertifizierungsstelle verstanden. Im zweiten Satz dieser Begriffsbestimmung wird direkt auf §5 und indirekt u.a. auf §14 SigG referenziert und dadurch das Sicherheitsniveau bei der Zeitstempelerstellung bestimmt. Nach dem Signaturgesetz sind bei der Erstellung eines Zeitstempels die gleichen technisch-organisatorischen Anforderungen wie bei der Erstellung von Zertifikaten von der ausstellenden Zertifizierungsstelle zu erfüllen. Prinzipiell können die von dezentralen Zeitstempelboxen erzeugten Zeitstempel nur dann dieser Definition entsprechen, wenn die Box als Teil einer Zertifizierungsstelle betrieben wird. Eine mögliche Lösung dieses Konfliktes wäre, daß Zeitstempelboxen stets Eigentum einer Zertifizierungsstelle bleiben und nur zur Nutzung an Teilnehmer abgegeben werden. Die Zertifizierungsstelle generiert zuerst für jede Box einen spezifischen Signaturschlüssel zur Zeitstempelerstellung, zertifiziert diesen Schlüssel entsprechend, bringt ihn dann in die Signaturkomponente der Box ein und gibt abschließend die betriebsbereiten Boxen an Teilnehmer aus.

Es ist jedoch anzunehmen, daß Zertifizierungsstellen die Korrektheit von Zeitstempeln genauso wie die von Zertifikaten oder Auskünften garantieren müssen. Vom Standpunkt einer Zertifizierungsstelle besteht aber keinerlei Notwendigkeit, diese Garantie für Daten zu geben, die außerhalb des eigenen Kontrollbereiches erzeugt werden. Somit werden dezentrale Zeitstempelboxen nicht die allgemeine Lösung zur Erstellung von Zeitstempeln sein, sondern

	Zeitangaben des Unterzeichners	Zeitstempeldienst	Zeitstempelbox
Genauigkeit	abhängig vom Unterzeichner	sehr hoch	sehr hoch
Manipulations-sicherheit	abhängig vom Unterzeichner	sehr hoch	hoch
Verfügbarkeit	–	niedrig – hoch dienstabhängig	schwer einschätzbar
Vertraulichkeit Anonymität	–	niedrig – hoch modellabhängig	sehr hoch

Tabelle 5.2. Qualität von Zeitangaben

allenfalls in speziellen Anwendungsszenarien Einsatz finden können. Tabelle 5.2 gibt einen Überblick über die verschiedenen Methoden zur Erstellung von Zeitangaben und faßt deren Eigenschaften zusammen.

5.3 Bestätigung von Zeitpunkten

Für die Gültigkeitsprüfung ist je nach angewandtem Gültigkeitsmodell die Kenntnis eines oder mehrerer Referenzzeitpunkte entscheidend. Nach dem Gültigkeitsmodell des Signaturgesetzes ist dies der Zeitpunkt der Signaturerstellung durch den Unterzeichner (vgl. §4 Abs. 1 Punkt 7 SigV). Der Vorgang der Signaturerstellung erfolgt im allgemeinen in der Anwendungsumgebung des Unterzeichners und kann durch einen außenstehenden Dritten nicht nachvollzogen werden. Beim Gültigkeitsmodell nach dem Signaturgesetz ist es vor allem die Aufgabe des Unterzeichners, aus Beweisgründen den digital signierten Daten vertrauenwürdige Angaben zum Zeitpunkt der Signaturerstellung anzufügen, deshalb wird er für die Daten einen Zeitstempel von einer Zertifizierungsstelle anfordern. Die Erstellung einer digitalen Signatur bzw. eines Zeitstempels besteht aus zwei separaten Funktionen, die unabhängig voneinander auf Daten angewandt werden können. Es gibt deshalb mindestens die folgenden drei Möglichkeiten von digital signierten und zeitgestempelten Daten:

1. **Option: Zeitstempeln – Signieren**
   Zeitstempelerstellung vor der Signierung
2. **Option: Signieren – Zeitstempeln**
   Zeitstempelerstellung nach der Signierung
3. **Option: Zeitstempeln – Signieren – Zeitstempeln**
   Zweimalige Zeitstempelerstellung, vor und nach der Signierung

Prinzipiell kann ein Zeitstempel niemals den exakten Zeitpunkt der Signaturerstellung $t_{signiert}$ erfassen, da die Funktionen Signaturerstellung und Zeitstempelerstellung von zwei verschiedenen Akteuren hintereinander an verschiedenen Orten ausgeführt werden. Der exakte Erstellungszeitpunkt digitaler Signaturen kann durch ein Zeitintervall nur annähernd bestimmt werden, wobei die untere Grenze des Intervalls t_{pre} durch Zeitstempel vor der Signaturerstellung, die obere Grenze t_{post} durch nach dem Signieren erstellte Zeitstempel angegeben wird; folglich gilt $t_{signiert} \in]t_{pre}, t_{post}[$. Von der zeitlichen Reihenfolge der beiden Funktionen Signatur- bzw. Zeitstempelerstellung ist der erzielte Schutz digital signierter Daten abhängig.

Die mögliche Abfolge der beiden Aktionen Signierung und Zeitstempelung ist in Abb. 5.2 dargestellt. Im folgenden werden die Vor- und Nachteile dieser drei Methoden miteinander verglichen, abschließend der Vorschlag einer vierten Option zur sicheren Erstellung zeitgestempelter Daten vorgestellt. Diese ist charakterisiert durch:

4. **Option: Signieren – Zeitstempeln – Signieren**
   Zweimalige Signierung, vor und nach der Zeitstempelerstellung

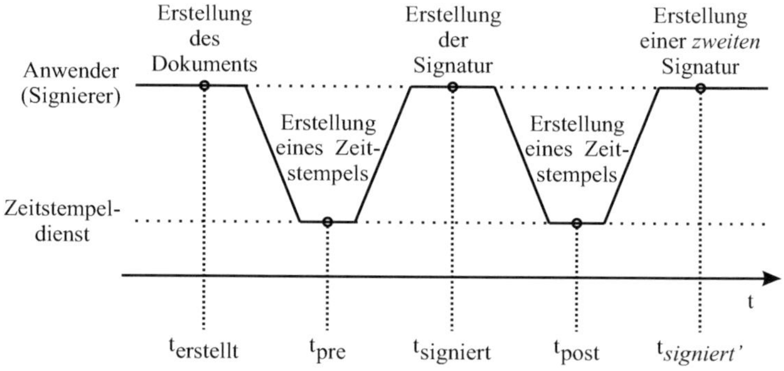

Abb. 5.2. Zeitlicher Verlauf der Signierung und Zeitstempelung

5.3.1 Zeitstempeln – Signieren

Die Option 1 besteht darin, nach Abschluß der Dokumentenerstellung den Zeitstempel anzufordern und anschließend das Dokument zusammen mit dem Zeitstempel digital zu signieren. Der Zeitstempel liefert hier den Beweis, daß das unsignierte Dokument zum Zeitpunkt t_{pre} dem Zeitstempeldienst vorgelegen und damit existiert hat ($t_{pre} < t_{signiert}$). Er kann jedoch keinen Bezug zu der später erstellten digitalen Signatur des Unterzeichners liefern, da er vor der Signaturerstellung angefordert wurde. Hierbei schließt der Zeitstempel die Signatur nicht ein, sondern umgekehrt, der Zeitstempel wird durch die Signatur eingeschlossen.

Die Zeitstempelung vor der Signierung hat ein grundsätzliches Problem, denn mit einer unteren Grenze für den Erstellungszeitpunkt einer digitalen Signatur kann bei deren Prüfung nach dem Gültigkeitsmodell des Signaturgesetzes nicht bestimmt werden, ob das Teilnehmer-Zertifikat zum Zeitpunkt der Signaturerstellung gültig war oder nicht. Angenommen, das Teilnehmer-Zertifikat war zum Zeitpunkt der Zeitstempelerstellung noch gültig, jedoch zu einem späteren Zeitpunkt gesperrt worden ($t_{gesperrt}$), dann ist die digitale Signatur nur gültig, wenn das Zertifikat nach der Signaturerstellung gesperrt wurde ($t_{signiert} < t_{gesperrt}$). Dagegen ist die Signatur ungültig, wenn die Sperrung davor erfolgte ($t_{signiert} > t_{gesperrt}$). Der Zeitstempel liefert nur die Information, daß die beiden Aktionen nach seiner Erstellung stattgefunden haben ($t_{pre} < t_{signiert}, t_{gesperrt}$), jedoch nicht in welcher zeitlichen Reihenfolge. Somit kann die Gültigkeit der digitalen Signatur nach dem Gültigkeitsmodell des Signaturgesetzes nicht bestimmt werden.

Diese Art der Zeitstempelung hat noch ein weiteres Problem. Der Urheber des zeitgestempelten Dokumentes wird durch den Zeitstempel nur ungenügend geschützt. Folgende Situation ist nicht entscheidbar: Ein bereits zeitgestempeltes und anschließend digital signiertes Dokument wird von einem Angreifer erneut signiert, ohne jedoch die bereits vorhandene digitale Signatur des Urhebers einzuschließen. Das Ergebnis sind zwei identische Dokumente mit dem gleichen gültigen Zeitstempel, aber unterschiedlichen, jeweils gültigen digitalen Signaturen. Die Folgen solcher Angriffe werden offensichtlich, falls im Streitfall mit diesen Dokumenten die Urheberschaft etwa eines Patents bewiesen werden soll. Der Urheber des Dokumentes kann gegenüber Dritten nicht beweisen, wer das Dokument erstmals digital signiert hat, er oder der Angreifer. Insgesamt kann die Urheberschaft nicht an Hand des signierten Dokumentes selbst entschieden werden.

5.3.2 Signieren – Zeitstempeln

Bei der zweiten Option wird erst die digitale Signatur unter dem Dokument erstellt, anschließend wird für das digital signierte Dokument ein Zeitstempel angefordert. Dazu wird dessen Hashwert vom Unterzeichner an den Zeitstempeldienst übermittelt. Der Zeitstempeldienst bestätigt mit dem Zeitstempel, daß zum Zeitpunkt t_{post} diese Daten vorgelegen haben. Falls die vorgelegten Daten einen eindeutigen Bezug zu einer konkreten digitalen Signatur des Unterzeichners haben, bestimmt der Zeitstempel damit den spätest möglichen Zeitpunkt der Signaturerstellung ($t_{signiert} < t_{post}$).

Zur Erstellung digital signierter Dokumente mit bestätigten Zeitangaben wird üblicherweise dieses Verfahren angewandt und auch im Zusammenhang mit dem gesetzlichen Verfahren der digitalen Signatur referenziert[6]. Die Ablaufoption „Signieren – Zeitstempeln" trägt vor allem auch zum Schutz der Authentizität des signierten Dokumentes bei, da die digitale Signatur des Unterzeichners durch den Zeitstempel eingeschlossen wird. Somit kann ein Angreifer die ursprüngliche digitale Signatur nicht durch seine eigene ersetzen, ohne daß der ursprüngliche Zeitstempel unpassend wird. Da sich der Zeitstempel auf die Signatur des Unterzeichners bezieht, erfordert eine neue digitale Signatur auch einen neuen Zeitstempel. Daher kann der bei der ersten Methode mögliche Angriff nicht mehr erfolgen.

[6] vgl. [SigI-A4 99], „3.3 Normale Nutzung des Zeitstempels"

Dieses allgemein favorisierte Verfahren der Zeitstempelung hat eine konzeptionelle Schwäche: Bei einem digital signierten und zeitgestempelten Dokument kann ein Angreifer stets den vorhandenen Zeitstempel entfernen, danach vom Zeitstempeldienst einen neuen anfordern und diesen statt des vorhandenen dem signierten Dokument anfügen. Als Folge eines solchen Angriffes gibt es dann zu einem digital signierten Dokument zwei passende Zeitstempel, die zu unterschiedlichen Zeitpunkten erstellt wurden. Im allgemeinen wird der vom Angreifer angebrachte Zeitstempel später erstellt worden sein als der des Unterzeichners; somit kann der Angreifer auf einen späteren bestätigten Zeitpunkt der Existenz des digital signierten Dokumentes des Unterzeichners verweisen bzw. einen „jüngeren" Zeitpunkt der Signaturerstellung vortäuschen.

Das Problem besteht darin: Sollten zu einem digital signierten Dokument mehrere passende Zeitstempel existieren, kann nicht entschieden werden, ob der Unterzeichner des Dokumentes selbst mehrmals einen Zeitstempel angefordert bzw. mehrere inhaltsgleiche Dokumente erstellt, signiert und Zeitstempel darunter angebracht hat oder ob ein Dritter bzw. der Empfänger des Dokumentes den alten Zeitstempel entfernt und durch einen neuen ersetzt hat. Der Ansatz, das Dokument mit dem ältesten Zeitstempel als das ursprüngliche anzunehmen und alle anderen Dokumente mit jüngeren Zeitstempeln als Manipulationen zu betrachten, da sie aus diesem Dokument entstanden sein müssen, ist zwar technisch betrachtet nachvollziehbar. Diese Betrachtung kann jedoch nicht die Frage klären, ob der Unterzeichner selbst die ursprüngliche Nachricht oder eine Version davon – versehen mit einem neueren Zeitstempel – abgesandt hat.[7]

Obiges Angriffspotential kann in Anwendungsszenarien, deren Ablauf nicht gegen das erneute Einspielen alter Nachrichten gesichert ist (Replay Attacken), genutzt werden. Angenommen, die digital signierte und zeitgestempelte Nachricht wäre eine Bestellung, Anforderung einer kostenpflichtigen Information etc., würde mehrmals zum Empfangssystem gesandt und könnte dort stets dieselbe Reaktion auslösen, dann kann an Hand von Empfangsprotokollen nicht differenziert werden, ob das mehrmalige Senden der

[7] In der Signatur-Interoperabilitätsspezifikation des BSI wird im Zusammenhang mit der Nutzung von Zeitstempeldiensten auf die Möglichkeit des Unterzeichners, digital signierte Nachrichten zusammen mit dem Zeitstempel für seine eigenen Zwecke zu archivieren, hingewiesen (vgl. [SigI-A4 99], normale Nutzung dritter Schritt, S. 10). Es kann jedoch bezweifelt werden, ob vom Unterzeichner selbst archivierte Daten zur Klärung der Frage beitragen, welcher Zeitstempel dem Dokument beim Versenden angefügt war. Auch die Verwendung sog. individualisierter Zeitstempel – bei der Anforderung eines Zeitstempels wird die Identität des Benutzers vom Zeitstempeldienst erfaßt, geprüft und im Zeitstempel bestätigt – ist keine allgemeine Lösung dieser Problematik, vor allem, weil mit der Benutzung identifizierender Dienste stets die Gefahr verbunden ist, daß beim Dienstbetreiber – hier der Zeitstempel ausstellenden Instanz – personenbezogene Nutzungsprofile entstehen (vgl. [SigI-A4 99], „Nutzeridentifizierung", S. 13).

Nachricht vom Unterzeichner beabsichtigt war oder ob es sich um einen Angriff Dritter bzw. des Empfängers handelt.

Auch bei Anwendungsszenarien, die gegen das Einspielen alter Nachrichten gesichert wurden, sind Angriffe auf digital signierte und zeitgestempelte Nachrichten möglich. Lediglich das Motiv für den Angriff variiert. Ist wie oben angenommen die Nachricht eine Bestellung, die sich jetzt aber auf ein konkretes Angebot des Nachrichtenempfängers bezieht, kann der Empfänger einer Annahmeerklärung in Form einer digital signierten und zeitgestempelten Nachricht jedoch versuchen, durch einen von ihm angefügten neueren Zeitstempel die verspätete Annahme seines Angebots durch den Unterzeichner zu begründen.

Die zusätzliche Bestätigung der Identität des Benutzers, der den Zeitstempel angefordert hat, bringt dem Unterzeichner digital signierter Nachrichten jedoch nur dann einen entscheidenden Vorteil, wenn in der Nachricht bereits die Information enthalten ist, daß der Signaturerstellungszeitpunkt in dieser Nachricht von einem individualisierten und nicht von einem normalen Zeitstempel bestätigt wird. Alternativ könnte der Unterzeichner bereits in seinem Teilnehmer-Zertifikat vermerken lassen, daß er keinesfalls normale, sondern ausschließlich individualisierte Zeitstempel mit seinen digitalen Signaturen verwendet. Wenn derartige Hinweise des Unterzeichners fehlen, kann ein Angreifer auch einen individualisierten Zeitstempel durch einen normalen ersetzen und behaupten, dies so vom Unterzeichner erhalten zu haben. Der Urheber einer digital signierten und zeitgestempelten Nachricht kann sich folglich nur durch Preisgabe seiner Identität bzw. Nutzung eines Pseudonyms bei der Zeitstempelerstellung vor dem Entfernen seines Zeitstempels schützen.[8]

5.3.3 Zeitstempeln – Signieren – Zeitstempeln

Eine Kombination der beiden zuvor beschriebenen Methoden kann als dritte Option betrachtet werden:

- □ Der 1. Zeitstempel wird *vor* der Signaturerstellung angefordert.
- □ Der 2. Zeitstempel wird *nach* der Signatuerstellung angefordert.

Vorausgesetzt die dem Zeitstempeldienst vorgelegten Daten beziehen sich eindeutig auf die digitale Signatur des Unterzeichners, bestätigen die Zeitstempel ein Intervall zur Signaturerstellung. Es gilt $t_{pre} < t_{signiert} < t_{post}$.

Die entscheidende Zeitangabe für die Gültigkeitsprüfung nach dem Signaturgesetz resultiert allerdings aus dem zweiten Zeitstempel. Der erste liefert keine relevante Information bzgl. der Gültigkeit des Teilnehmer-Zertifikates

[8] In [SigI-A4 99] wird weder auf diese Problematik eingegangen, noch werden entsprechende verfahrenstechnische Lösungen vorgestellt.

zum Zeitpunkt der Signaturerstellung. Durch die Kombination zweier Zeitstempel kann also der exakte Signierzeitpunkt nicht besser angenähert werden als durch Zeitstempelung nach der Signaturerstellung. Die Kombination zweier Zeitstempel ist dennoch sinnvoll, denn sie kann den Urheber von digital signierten und doppelt zeitgestempelten Dokumenten davor schützen, daß der nach der Signaturerstellung angebrachte Zeitstempel von einem Angreifer durch einen neueren Zeitstempel ersetzt werden kann, wenn bei der Gültigkeitsprüfung die doppelte Zeitstempelung entsprechend berücksichtigt wird.

Der Vorschlag für eine Gültigkeitsprüfung an Hand zweier Zeitstempel basiert auf der Idee, daß vom Unterzeichner eine maximale Differenz zwischen beiden Zeitstempeln spezifiziert, im Dokument angegeben und durch den ersten Zeitstempel bestätigt wird. Der zweite Zeitstempel wird als gültig betrachtet, falls er innerhalb dieser Frist erstellt wurde, ansonsten als ungültig im Sinne dieses Verfahrens. Die Frist ist nach der Zeit zu bemessen, die der Unterzeichner zur Anforderung der beiden Zeitstempel benötigt, wobei die Zeit zum Signieren vernachlässigt werden kann. Der für die Gültigkeitsprüfung relevante zweite Zeitstempel kann zwar von einem Angreifer entfernt und nachträglich durch einen neueren ersetzt werden, jedoch nicht durch einen gültigen nach diesem Verfahren, da im allgemeinen der Unterzeichner das digital signierte und zeitgestempelte Dokument erst nach Ablauf der zulässigen Frist versendet. Auf die Angabe und Einhaltung der Frist zur Erstellung des zweiten Zeitstempels kann daher nicht verzichtet werden.

Vorausgesetzt, im signierten Dokument ist die angewandte Option – Zeitstempelung vor und nach dem Signieren – vermerkt sowie die maximal zulässige Differenz zwischen den beiden Zeitstempeln angegeben, können bei der Prüfung zwei Fälle unterschieden werden:

1. Der zweite Zeitstempel wurde innerhalb der im Dokument vom Unterzeichner angegebenen maximalen Frist erzeugt und kann daher als korrekt betrachtet werden.

2. Überschreitet jedoch die Differenz zwischen beiden Zeitstempeln den angegebenen Maximalwert, dann ist der zweite Zeitstempel entweder
   - □ vom Unterzeichner selbst zu spät angefordert oder
   - □ von einem Angreifer nachträglich angebracht worden.

   Folglich sollte der zweite Zeitstempel nicht zur Bestimmung des Signaturerstellungszeitpunktes verwandt werden.

5.3.4 Signieren – Zeitstempeln – Signieren

Die beiden Funktionen Signieren und Zeitstempeln können auch so kombiniert werden, daß sie dem Unterzeichner sowohl Schutz vor dem nachträglichen Austausch von Zeitstempeln als auch den Schutz seiner Signatur gewähren. Der folgende Vorschlag zur sicheren Erstellung zeitgestempelter Daten basiert auf dem üblichen Verfahren „Signieren – Zeitstempeln", jedoch wurde eine abschließende zweite digitale Signatur des Unterzeichners eingeführt. Die Schritte im einzelnen:

1. Der Unterzeichner erstellt die *erste digitale Signatur* unter seinen Daten.
2. Der Unterzeichner fordert vom Zeitstempeldienst einen Zeitstempel für die digital signierten Daten an.
3. Der Zeitstempeldienst erstellt den angeforderten Zeitstempel.
4. Der Unterzeichner erhält den Zeitstempel.
5. Der Unterzeichner prüft den Zeitstempel.
6. Der Unterzeichner erstellt die *zweite digitale Signatur* mit Bezug auf den Zeitstempel.

Der Zeitstempel liefert bei diesem Verfahren den Beweis, daß die vom Unterzeichner vorgelegten Daten zum Zeitpunkt t_{post} existiert haben. Da sie im Zeitstempel einen Bezug zum digital signierten Dokument haben, kann der Erstellungszeitpunkt der digitalen Signatur für die Gültigkeitsprüfung nach dem Signaturgesetz hinreichend bestimmt werden, $t_{signiert} < t_{post}$. Der Signaturzeitpunkt wird bei diesem vorgeschlagenen Verfahren zwar nicht genauer bestimmt als bei den Optionen 2 (Kapitel 5.3.2) und 3 (Kapitel 5.3.3). Es bietet jedoch gegenüber dem „normalen" Verfahren (Option 2) zusätzlichen Schutz vor dem nachträglichen Ersetzen von Zeitstempeln und bedeutet im Vergleich zur Option 3 einen geringeren Aufwand für den Unterzeichner, da nur ein Zeitstempel anzufordern ist.

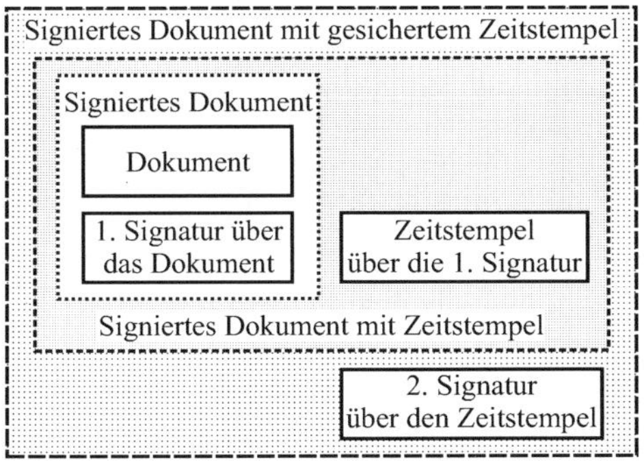

Abb. 5.3. Digitale Signatur mit gesichertem Zeitstempel

Das Wesentliche an diesem vorgeschlagenen Verfahren ist jedoch die zweite digitale Signatur des Unterzeichners (vgl. Schrittfolge, 6. Punkt, Seite 171). Diese zweite Signatur bezieht sich sowohl auf den Zeitstempel als auch auf die erste Signatur und verhindert, daß der ursprüngliche Zeitstempel nachträglich entfernt und durch einen später erzeugten ausgetauscht werden kann, solange eine Kompromittierung des Signaturschlüssels des Unterzeichners auszuschließen ist (vgl. Abb. 5.3). Bei der Gültigkeitsprüfung derart signierter und zeitgestempelter Dokumente sind beide digitale Signaturen des Unterzeichners zu verifizieren. Das angewandte Verfahren muß entweder aufgrund des Kontextes oder eines entsprechenden Hinweises im Dokument selbst ersichtlich werden, denn ein Angreifer kann zwar den Zeitstempel nicht mehr unbemerkt austauschen, da sich die zweite digitale Signatur auf den ursprünglichen Zeitstempel bezieht und deshalb nicht zu verifizieren ist. Er kann jedoch die zweite Signatur entfernen, dann den Zeitstempel ersetzen und behaupten, dies vom Unterzeichner so erhalten zu haben, d.h., die Erstellung des signierten und zeitgestempelten Dokumentes sei nach der Option 2 – erst Signieren und dann Zeitstempeln lassen – erfolgt.

Urheber digital signierter Dokumente können nur dann die Existenz von Dokumenten und Signaturen zu bestimmten Zeitpunkten an Hand von Zeitstempeln sicher nachweisen, wenn das Dokument, die digitale Signatur des Urhebers sowie beigefügte Zeitstempel eine unlösbare Einheit bilden. Gegeben ist dies nur bei Option 3 mit zwei Zeitstempeln und der hier vorgeschlagenen vierten Option "Signieren – Zeitstempeln – Signieren". Allerdings hat die Option 3 den entscheidenden Nachteil, daß der zweite Zeitstempel innerhalb einer angegebenen Frist erstellt werden muß. Die fristgerechte Erstellung von Zeitstempeln kann aber nicht garantiert werden, da eine stete Verfügbarkeit von zentralen Zeitstempeldiensten bzw. der zur Kommunikation notwendigen Infrastruktur nicht angenommen werden kann. Folglich bleibt das Risiko der verspäteten zweiten Zeitstempelung grundsätzlich bestehen. Dieses existiert bei der vorgeschlagenen Option 4 – Signierung vor und nach der Zeitstempelung – nicht, da keine bestimmten Fristen einzuhalten sind.

Prinzipiell kann auch bei dieser vierten Option zur Erstellung zeitgestempelter Dokumente nicht verhindert werden, daß von einem digital signierten Dokument Versionen mit unterschiedlichen Zeitstempeln und passender zweiter Signatur existieren. Jedoch besteht ein wesentlicher Unterschied zur Option „Signieren – Zeitstempeln“: bei Erstellung verschiedener Versionen ist der Signaturschlüssel des Unterzeichners erforderlich. Somit ist in diesen Situationen zu entscheiden, ob der Unterzeichner selbst für das Dokument unterschiedliche Zeitstempel angefordert und mehrmals signiert hat, oder ob sein Signaturschlüssel kompromittiert wurde, aber noch nicht gesperrt ist. Nur dann könnte ein Angreifer die Zeitstempel austauschen und die notwendige zweite digitale Signatur erstellen. Jedoch ist zu bedenken, daß bei allen Optionen zur Zeitstempelung signierter Dokumente mit einem kompromittierten und nicht gesperrten Signaturschlüssel des Unterzeichners Fälschungen erstellt werden können.

Die Option „Signieren – Zeitstempeln – Signieren“ ist empfehlenswert, da sie Schutz vor einem nachträglichem Austausch des Zeitstempels bietet, solange Signaturschlüssel nicht unbemerkt kompromittiert werden können (siehe Tabelle 5.3). Für den Unterzeichner ist es mit vernachlässigbarem zusätzlichem Aufwand, dem Erstellen einer zweiten digitalen Signatur, verbunden und erfordert zudem nicht den Einsatz sog. individualisierter Zeitstempel zum Nachweis der Rechtmäßigkeit der Aktion Zeitstempelung, weshalb prinzipiell die anonyme Nutzung von Zeitstempeldiensten möglich ist, um das Entstehen von Nutzungprofilen zu vermeiden. Auch für den Fall, daß sich das vom Unterzeichner verwandte Verfahren der digitalen Signatur im Lauf der Zeit als ungeeignet zum Schutz der Integrität und Authentizität erweist, kann der Unterzeichner Vorsorge treffen, indem er Kopien von seinen digital signierten und zeitgestempelten Dokumenten archiviert. Die Urheberschaft am Dokument und die erstmalige Existenz zu einem bestimmten Zeitpunkt kann an Hand der Kopie so lange bestimmt werden, wie die Sicherheit des Zeitstempels, konkret von dessen digitaler Signatur, gewährleistet ist.

Option	Zeitstempeln Signieren	Signieren Zeitstempeln	Zeitstempeln Signieren Zeitstempeln	Signieren Zeitstempeln Signieren
Bestätigt	Existenz des Dokuments	Existenz der Signatur	Existenz der Signatur	Existenz der Signatur
Signatur-zeitpunkt	nicht bestimmbar	$t_{signiert} < t_{post}$	$t_{signiert} < t_{post}$	$t_{signiert} < t_{post}$
Zeitstempel geschützt	ja, durch die Signatur des Unterzeichners	nein, der Zeitstempel ist austauschbar	ja, durch den 2. Zeitstempel	ja, durch die 2. Signatur
Signatur geschützt	nein, Signatur ist austauschbar	ja, durch den Zeitstempel	ja, durch den 2. Zeitstempel	ja, 1. Signatur durch den Zeitstempel
Zusätzlicher Aufwand für den Unterzeichner	–	–	Anforderung eines 2. Zeitstempels und die Einhaltung von Fristen	gering, die Erstellung einer 2. Signatur
Zusätzlicher Aufwand für den Prüfer	–	–	gering, die Prüfung eines 2. Zeitstempels	gering, die Prüfung einer 2. Signatur des selben Unterzeichners

Tabelle 5.3. Methoden zur Erstellung zeitgestempelter Daten

5.4 Bewertung von Zeitangaben zur Überprüfung digitaler Signaturen

Die Verwendung digitaler Signaturen zur Authentifizierung von Personen und zur Unterstützung von Zugriffskontrollentscheidungen ist heute bereits gängige Praxis [RFC-1421] [IETF 96]. Die Gültigkeit von Signaturen wird bei dieser Klasse von Anwendungen nach der im OSI „Authentication Framework" (X.509) beschriebenen Vorgehensweise überprüft [ISO/IEC 9594-8]. Nach dem X.509 Modell wird zum Zeitpunkt der Überprüfung eine augenblickliche Entscheidung über die Gültigkeit der digitalen Signatur getroffen, die Signatur wird an Hand des aktuell verfügbaren Zertifizierungspfades verifiziert. Das Ergebnis der Gültigkeitsprüfung ist daher grundsätzlich zeitabhängig, weshalb nicht auszuschließen ist, daß eine augenblicklich gültige Signatur bei einer erneuten Prüfung zu einem späteren Zeitpunkt als ungültig verifiziert werden könnte. Zur Unterstützung dieses Gültigkeitsmodells sind vertrauenswürdige Zeitangaben daher keine zwingende Voraussetzung. Bestimmte digital signierte Daten einer Vertrauensinstanz enthalten zwar dennoch Zeitangaben, allerdings nur, um sog. Replay-Attacken zu verhindern. Hiermit soll das unbemerkte Einspielen von für das Verfahren der digitalen Signatur sicherheitsrelevanten, aber zeitlich veralteten Informationen, wie Zertifikate und Sperrlisten, durch einen Angreifer verhindert werden.

Die Gültigkeit einer digitalen Signatur nach dem Signaturgesetz hängt davon ab, in welcher zeitlichen Reihenfolge einzelne gültigkeitsrelevante Aktionen, wie Signierung, Zertifikatserstellung und -sperrung, stattgefunden haben. Dieses Gültigkeitsmodell erfordert daher exakte vertrauenswürdige Zeitangaben zu diesen Aktionen oder entsprechende Bestätigungen. Für Teilnehmer am Verfahren der digitalen Signatur gibt es im allgemeinen nur die Möglichkeit der Verwendung von Zeitstempeln, um den Zeitpunkt der Signaturerstellung bestätigen zu lassen. Lediglich Personen bzw. Instanzen, die als vertrauenswürdig erachtet werden, können auf eine Zeitstempelung ihrer digital signierten Daten verzichten. So brauchen i.d.R. Zertifizierungsstellen keine Zeitstempel für ihre digitalen Signaturen etwa unter Zertifikaten oder Sperrlisten.

Im Prinzip ist das Ergebnis einer Gültigkeitsprüfung unabhängig vom Zeitpunkt der Prüfung, vorausgesetzt die zeitliche Reihenfolge aller für die Gültigkeitsprüfung entscheidenden Aktionen kann exakt bestimmt werden. In Kapitel 6 wird jedoch dargestellt, daß der Zeitpunkt einzelner gültigkeitsrelevanter Aktionen nicht exakt, sondern nur näherungsweise bestimmt werden kann. Ferner sind technisch-organisatorisch bedingte Prozeßlaufzeiten zur Aktualisierung der Statusinformationen von Zertifikaten nicht zu vernachlässigen. Folglich existiert auch bei Gültigkeitsmodellen, die ein gültiges Zertifikat zu einem exakt definierten und unveränderlichen Zeitpunkt, z.B. dem Zeitpunkt der Signaturerstellung, voraussetzen, das Problem der *Insta-*

bilität digitaler Signaturen – die Gültigkeit einer Signatur ist abhängig vom Zeitpunkt der Prüfung bzw. von den beim Prüfen aktuell verfügbaren Statusinformationen zu Zertifikaten (siehe Kapitel 6). Unabhängig vom zugrunde liegenden Gültigkeitsmodell kann das Schutziel der mehrseitigen Sicherheit – *Nachweis der Urheberschaft digital signierter Dokumente* – sowie der Zeitbezug ohne Einschränkungen nur durch die Option „Signieren – Zeitstempeln – Signieren" erreicht werden.

6 Stabilität digitaler Signaturen

Die Gültigkeitsprüfung digitaler Signaturen nach dem Gültigkeitsmodell des Signaturgesetzes sollte unabhängig vom Zeitpunkt der Prüfung stets zum selben Ergebnis führen, denn das Gültigkeitsmodell basiert auf absolut bestimmbaren Zeitpunkten für Aktionen, wie Erstellung einer digitalen Signatur, Sperrung eines Zertifikates und Abruf der Statusinformation eines Zertifikates.

In diesem Gültigkeitsmodell sind jedoch weder *vorhandene Laufzeiten* noch mögliche *Störungen von technisch-organisatorischen Prozessen* im Zusammenhang mit Sperrung und Abruf von Zertifikaten berücksichtigt, deshalb wird in Kapitel 6.1 auf das Problem der Verfügbarkeit aktueller Statusinformationen zu Zertifikaten bei der Gültigkeitsprüfung eingegangen. Die Notwendigkeit zur Berücksichtigung von Prozeßablaufzeiten wird in Kapitel 6.2 in einem Angriffsszenario zur Erstellung instabiler digitaler Signaturen dargestellt.

In Kapitel 6.3 werden Methoden der Gültigkeitsprüfung digitaler Signaturen, die zu einem beständigen Ergebnis der Gültigkeitsprüfung führen und dabei verfahrenstechnische Gegebenheiten berücksichtigen, vorgeschlagen. Abschließend werden in Kapitel 6.4 die Vor- und Nachteile der alternativen Prüfmethoden behandelt und vor allem unter dem Aspekt Praktikabilität einander gegenübergestellt.

6.1 Fiktion der Aktualität von Statusinformationen

Beim Verfahren der digitalen Signatur sind Zertifikate ein wesentlicher Bestandteil der Public-Key-Infrastruktur. Zertifikate werden im allgemeinen von vertrauenswürdigen Instanzen – Zertifizierungsstellen – ausgestellt, bestätigen die Zuordnung eines öffentlichen Schlüssels zum Signaturschlüssel-Inhaber und sind über öffentliche Verzeichnisdienste abrufbar. Da es sich um öffentlich verfüg- und vervielfältigbare elektronische Dokumente der ausstellenden Zertifizierungsstelle handelt, ist ein Verfahren zu deren Sperrung bzw. Rückruf notwendig, falls die im Zertifikat enthaltenen Angaben nicht länger bestätigt werden können. Zudem kann der Signaturschlüssel-Inhaber jederzeit die Sperrung seines Teilnehmer-Zertifikates beantragen, weil er z.B. seine Chipkarte mit dem persönlichen Signaturschlüssel verloren hat oder der Verdacht der Kompromittierung des Schlüssels besteht.

Die ausstellende Zertifizierungsstelle veröffentlicht deshalb neben den Zertifikaten auch Informationen zur Gültigkeit bzw. zum Status eines Zertifikates in Form von Sperrlisten und/oder Antworten des Online-Verzeichnisdienstes. Im Fall der Sperrung eines Zertifikates aktualisiert sie dessen öffentlich abrufbare Statusinformationen und signalisiert damit Außenstehenden, daß dieses nicht länger zur Gültigkeitsprüfung digitaler Signaturen verwandt werden soll. Im allgemeinen kann die Gültigkeit eines Zertifikates nur mittels der aktuellen Statusinformation der ausstellenden Zertifizierungsstelle bestimmt werden. Folglich kann bei der Gültigkeitsprüfung digital signierter Dokumente zwar die kryptographische Korrektheit der digitalen Signatur an Hand des vom Unterzeichner mitgelieferten Zertifikates bestimmt werden, jedoch kann nur durch Abruf der aktuellen Statusinformation bei der ausstellenden Zertifizierungsstelle evaluiert werden, ob das Zertifikat momentan noch gültig ist oder bereits gesperrt wurde. Im Prinzip ist mit jeder Gültigkeitsprüfung daher mindestens die Online-Abfrage der Statusinformationen des Teilnehmer-Zertifikates beim Verzeichnisdienst der Zertifizierungsstelle verbunden. Falls eine Abfrage aktueller Statusinformationen nicht möglich sein sollte bzw. darauf gar verzichtet wird, besteht für den Prüfer grundsätzlich das Risiko, von einer Zertifikatssperrung zu spät oder keine Kenntnis zu erlangen.

Das Verfahren zur Sperrung von Zertifikaten ist ein Prozeß mit technisch-organisatorischen Aspekten und einer räumlich-zeitlichen Dimension. Der Prozeß Zertifikatssperrung ist die Umkehrung der Zertifikatserstellung und hat das Ziel, den Teilnehmern am Verfahren der digitalen Signatur die Beendigung einer zuvor bei der Zertifikatserstellung gegebenen Bestätigung bekanntzugeben, denn Zertifikate als öffentlich verfügbare elektronische Dokumente können insgesamt nicht gelöscht werden, sondern allenfalls durch die Veröffentlichung höher zu wertender Statusinformationen zu Zertifikaten, wie Sperrlisten oder Auskünften von Verzeichnisdiensten, zurückgezogen werden. Im allgemeinen ist die Sperrung eines Zertifikates ein zeitkritischer Prozeß, der meist als Reaktion auf Verlust bzw. Kompromittierung des Signaturschlüssels vom Inhaber initiiert wird. Nur durch die unverzügliche Veröffentlichung aktuellerer Angaben zu seinem Teilnehmer-Zertifikat kann die weitere Akzeptanz von neu-erzeugten digitalen Signaturen mit seinem Schlüssel verhindert werden. Insgesamt ist daher der Zeitpunkt der Verfügbarbeit von Sperrinformationen für Außenstehende – die potentiellen Prüfer digitaler Signaturen – wesentlich.

Prinzipiell kann der Prozeß Zertifikatssperrung jedoch nicht vollständig automatisiert und so die Bearbeitungszeit auf das systemtechnische Minimum reduziert werden, denn die systemtechnische Bearbeitung erfordert die Interaktion von Mitarbeitern der Zertifizierungsstelle. Das Minimum ist ein

Mitarbeiter zur telefonischen Entgegennahme der Sperranträge. Die Anzahl der involvierten Mitarbeiter kann je nach Sicherheitspolitik der Zertifizierungsstelle auch höher sein. So kann für sicherheitsrelevante Tätigkeiten das 4-Augen-Prinzip verbindlich vorgegeben werden. Die Sperrung eines Teilnehmer-Zertifikates ist folglich von zwei sich gegenseitig kontrollierenden Mitarbeitern durchzuführen. Der erste Mitarbeiter nimmt z.B. den Sperrantrag des Teilnehmers entgegen, prüft ihn und initiiert die Zertifikatssperrung auf dem IT-System. Ein zweiter Mitarbeiter kontrolliert den Vorgang und führt bei ordnungsgemäßer Bearbeitung den Prozeß zum Abschluß, etwa, indem er die Signaturkomponente der Zertifizierungsstelle mit dem Schlüssel zum Signieren von Sperrlisten in das IT-System einbringt und frei gibt. Unabhängig von der Art und Weise einer konkreten verfahrenstechnischen Realisierung können die einzelnen Schritte bei einer Zertifikatssperrung wie folgt beschrieben werden:

- Der Antragsteller beantragt die Sperrung eines Zertifikates bei der ausstellenden Zertifizierungsstelle ($t_{Sperrantrag}$).
- Bearbeitung des Sperrantrags bei der Zertifizierungsstelle:
  1. Prüfung der Authentizität des Antragstellers und dessen Autorisierung zur Sperrung des Zertifikates ($t_{Sperrantrag\ geprüft}$).
  2. Statusänderung des Zertifikates in der internen Liste sämtlicher ausgestellter Zertifikate, der Vermerk „gesperrt" wird zum beantragten Zertifikat eingetragen ($t_{Sperreintrag\ erstellt}$).
  3. Erstellung einer neuen Sperrliste ($t_{Sperrliste\ erstellt}$).
  4. Änderung der Daten des Verzeichnisdienstes, die aktualisierten Statusinformationen sind abrufbar ($t_{Sperrung\ veröffentlicht}$).
- Der Empfänger der digital signierten Nachricht verwendet zur Gültigkeitsprüfung die aktuellen Angaben zum Status des Zertifikates des Unterzeichners ($t_{Signaturprüfung}$).

Aus der konzeptionellen Darstellung einer Zertifikatssperrung wird offensichtlich, daß die Prozeßablaufzeit, die Zeitspanne zwischen der Initiierung ($t_{Sperrantrag}$) und deren Abschluß durch die Veröffentlichung der aktualisierten Statusinformationen ($t_{Sperrung\ veröffentlicht}$) in den wenigsten Fällen vernachlässigt werden darf (siehe Abb. 6.1). Das Gültigkeitsmodell des Signaturgesetzes geht implizit von der idealisierenden Annahme der steten Verfügbarkeit korrekter Statusinformationen und der Zeitlosigkeit von technisch-organisatorischen Prozessen aus, denn bei der Gültigkeitsprüfung ist festzustellen, ob das Zertifikat zum Zeitpunkt der Signaturerzeugung gültig war (vgl. §4 Abs. 1 SigV [Reg 97a]) Implizit wird dabei u.a. vorausgesetzt, daß sämtliche Aktionen – vom Eingang des Sperrantrags über dessen Prüfung bis zur Beendigung der Aktualisierung des Verzeichnisdienstes – zeitlich gesehen so dicht aufeinander folgen, daß der Fall einer Gültigkeitsprüfung während der Sperrung des entsprechenden Teilnehmer-Zertifikates nicht betrachtet werden muß. Da jedoch weder im Gesetz noch in der Verordnung und den dazugehörigen Maßnahmenkatalogen zeitliche Anforderungen an diese Prozesse gegeben sind, lohnt sich die Untersuchung einer parallel zur Zertifikatssperrung ablaufenden Gültigkeitsprüfung. Auch beim Gültigkeitsmodell des Signaturgesetzes kann nicht ausgeschlossen werden, daß ein zunächst als gültig verifiziertes digital signiertes Dokument bei einer erneuten Prüfung zu einem späteren Zeitpunkt, wenn aktuellere Statusinformationen zum Zertifikat des Unterzeichners verfügbar sind, als ungültig erkannt wird.

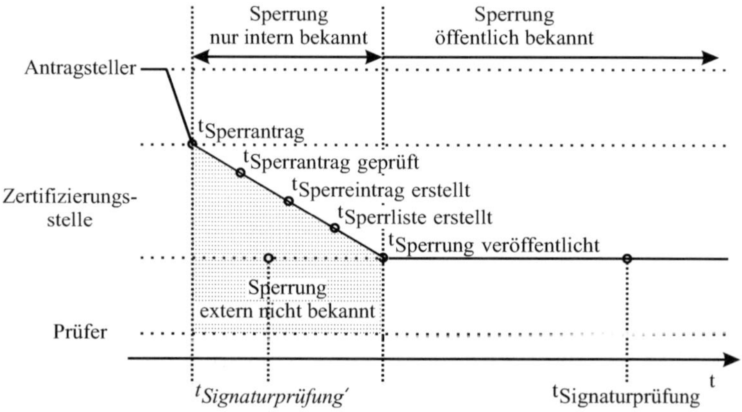

Abb. 6.1. Zeitliche Abhängigkeit der Gültigkeit digitaler Signaturen

6.2 Instabile digitale Signaturen

Voneinander unabhängige Prozesse, wie die Erstellung eines Zeitstempels, der Abruf oder die Sperrung eines Zertifikates, können grundsätzlich zeitgleich vom Signaturschlüssel-Inhaber initiiert werden, so daß sie bei den entsprechenden Diensten einer Zertifizierungsstelle parallel ablaufen. Die Vernachlässigung von Prozeßablaufzeiten kann sich speziell bei einer Überschneidung von Prozessen zur Zeitstempelerstellung und Zertifikatssperrung auf die Gültigkeitsprüfung digitaler Signaturen negativ auswirken. Verzögert sich z.B. nach der Kompromittierung eines Signaturschlüssels die Sperrung des dazugehörenden Zertifikates, werden nach der Kompromittierung erstellte digitale Signaturen so lange noch als gültig akzeptiert, wie die aktualisierten Statusinformationen nicht veröffentlicht sind. Erlangt der Prüfer jedoch später Kenntnis vom Sperrzeitpunkt, wird er sie als ungültig zurückgeweisen.

Die Überschneidung von Prozessen zur Zeitstempelung und Änderung von Statusinformationen kann in digitalen Signaturen, deren Gültigkeit über die Zeit betrachtet unterschiedlich bewertet wird, resultieren. Diese Signaturen werden im weiteren als instabile digitale Signaturen bezeichnet.

Definition: Instabile digitale Signaturen

Die Gültigkeit einer digitalen Signatur wird als instabil bezeichnet, wenn ein Prüfer sie mittels der aktuell verfügbaren Statusinformationen der Verzeichnisdienste zunächst als gültig evaluiert. Bei einer erneuten Prüfung zu einem späteren Zeitpunkt – entweder aufgrund der dann verfügbaren Statusinformationen oder durch die Auswertung von Prozeßprotokollen der beteiligten Zertifizierungsstelle – wird sie im nachhinein jedoch als ungültig identifiziert.

In Anwendungsszenarien, in denen die Signaturerstellung und deren Prüfung zeitlich eng beieinander liegen, hängt die Gültigkeit einer digitalen Signatur davon ab, bei welchem Dienst einer Zertifizierungsstelle der Prozeßablauf schneller erfolgte – Zeitstempelerstellung oder Zertifikatssperrung. Das Problem der Instabilität digitaler Signaturen ist vor allem in Szenarien, wie Online-Börsen bzw. -Auktionen, offensichtlich. Dort müssen digital signierte Nachrichten unmittelbar nach Eingang beim Empfänger überprüft werden, um anschließend sofort bearbeitet werden zu können. Das Angriffsszenario zum Erstellen instabiler digitaler Signaturen gliedert sich in drei Phasen:

1. In der ersten Phase leitet der Unterzeichner die Sperrung seines privaten Signaturschlüssels ein.
2. In der unmittelbar danach folgenden zweiten Phase fordert er für ein von ihm signiertes Dokument einen Zeitstempel an und leitet das zeitgestempelte Dokument zum Empfänger weiter.
3. In der dritten Phase erfolgt die Gültigkeitsprüfung des digital signierten Dokuments durch den Empfänger.

Das Szenario besteht im Detail aus folgenden Schritten:

Phase 1: Sperrung des Signaturschlüssels

1. Der Unterzeichner beantragt bei der Zertifizierungsstelle die unverzügliche Sperrung seines zum Signaturschlüssel gehörenden Zertifikates. Der Zeitpunkt der Antragstellung $t_{Sperrantrag}$ wird von der Zertifizierungsstelle betriebsintern festgehalten.
2. Die Zertifizierungsstelle prüft den Antrag auf Zertifikatssperrung, erstellt einen Sperreintrag und erweitert ggf. die vorhandene Sperrliste um das Zertifikat. Bei der Zertifizierungsstelle ist die Aktualisierung der Statusinformationen des Zertifikates zum Zeitpunkt $t_{Sperreintrag\ erstellt}$ abgeschlossen.

3. Ab dem Zeitpunkt $t_{Sperrung\ veröffentlicht}$ kann die aktualisierte Statusinformation des Zertifikates über den Verzeichnisdienst abgerufen werden.

Phase 2: Signaturerstellung und Zeitstempelung

4. Der Unterzeichner signiert ein elektronisches Dokument D mit seinem privaten Schlüssel K_{User}.
   $D_{signed} = signed_{K_{User}}(D)$
5. Der Unterzeichner fordert für sein signiertes Dokument D_{signed} einen Zeitstempel an. Er übermittelt dem Zeitstempeldienst dazu den Hash-Wert H des Dokuments.
   $H = hash(D_{signed})$
6. Der Zeitstempeldienst TSA bestätigt, daß ihm der vom Unterzeichner übermittelte Hash-Wert H zum Zeitpunkt $t_{stamped}$ vorgelegen hat. Er generiert aus dem Hash-Wert H und der Zeitangabe $t_{stamped}$ den Zeitstempel $TS_{stamped}$ und signiert ihn mit seinem privaten Schlüssel K_{TSA}.
   $TS_{stamped} = signed_{K_{TSA}}(H, t_{stamped})$
7. Der Unterzeichner erhält vom Zeitstempeldienst TSA den Zeitstempel $TS_{stamped}$ zurück. Er fügt diesen Zeitstempel seinem signierten Dokument D_{signed} an und übermittelt es dem Empfänger.

Phase 3: Prüfung der digitalen Signatur

8. Der Empfänger erhält das signierte und zeitgestempelte Dokument und beginnt unmittelbar zum Zeitpunkt $t_{Signaturprüfung}$ mit der Verifizierung der folgenden Punkte:
   a) Der Zeitstempel $TS_{stamped}$ und das Dokument D_{signed} gehören zusammen.
   b) Die digitale Signatur des Zeitstempels $TS_{stamped}$ ist verifizierbar, und zum Zeitpunkt $t_{stamped}$ war das Zertifikat des Zeitstempeldienstes gültig.
   c) Die digitale Signatur des Teilnehmers zum Dokument D_{signed} ist verifizierbar, und zum Zeitpunkt $t_{stamped}$ war das Zertifikat des Teilnehmers gültig.

   Zur Überprüfung des digital signierten Dokuments D_{signed} verwendet er die zum Zeitpunkt $t_{Signaturprüfung}$ verfügbare Sperrliste der Zertifizierungsstelle.

Die Frage nach der Gültigkeit der digitalen Signatur des Unterzeichners kann in diesem Szenario aus mehreren unabhängigen Perspektiven betrachtet werden. Vor allem lohnt es sich zu untersuchen, welche Statusinformationen zum Zeitpunkt der Prüfung für wen verfügbar sind. Daraus resultiert die Problematik der zeitlichen Abhängigkeit der Ergebnisse von Gültigkeitsprüfungen. Die Frage der Gültigkeit dieser digitalen Signatur gemäß dem Gültigkeitsmodell des Signaturgesetzes ist zwar berechtigt, kann jedoch nicht abschließend beantwortet werden, denn nach bisheriger Interpretation ist bei der Signaturprüfung die Gültigkeit des Signaturschlüssel-Zertifikates zum Zeitpunkt der Signaturerstellung zu evaluieren. Dieser Zeitpunkt kann zwar näherungsweise durch einen Zeitstempel bestimmt werden, jedoch gibt es keine allgemeine Interpretation der Ungültigkeit eines Zertifikates. Speziell ist die Frage, nach welcher Aktion oder ab welchem Zeitpunkt ein Zertifikat als ungültig bzw. gesperrt gilt, offen.[1]

Im Szenario wurden die Prozesse Zertifikatssperrung und Zeitstempelung vom Teilnehmer absichtlich nahezu zeitgleich initiiert und da sie keine festen, sondern lediglich zu erwartende typische Ablaufzeiten haben, ist das Ergebnis der Gültigkeitsprüfung einer digitalen Signatur nicht eindeutig im voraus bestimmbar. Prinzipiell unabhängig vom angewandten Gültigkeitsmodell kann der Empfänger einer zeitgestempelten digitalen Signatur zu den folgenden widersprüchlichen Ergebnissen kommen:

1. **Die Signatur ist ungültig**
   Der Prozeß „Sperrung" war zum Zeitpunkt der Zeitstempelerstellung bereits abgeschlossen, und zum Zeitpunkt der Unterschriftsprüfung konnte der Empfänger die aktualisierte Sperrliste abrufen.
   $t_{Sperreintrag\ erstellt} < t_{stamped}$ und
   $t_{Sperrung\ veröffentlicht} < t_{Signaturprüfung}$

2. **Die Signatur erscheint als gültig**
   Bei diesem Ergebnis sind drei Fälle zu berücksichtigen:
   a) Der Prozeß „Sperrung" war zum Zeitpunkt der Zeitstempelerstellung bereits durchgeführt, jedoch war zum Zeitpunkt der Unterschriftsprüfung die aktualisierte Sperrinformation bzw. -liste noch nicht abrufbar. Da eine „veraltete" Statusinformation des Zertifikates verwendet wird, erscheint die digitale Signatur als gültig.
   $t_{Sperreintrag\ erstellt} < t_{stamped}$ und
   $t_{Signaturprüfung} < t_{Sperrung\ veröffentlicht}$
   Würde zu einem späteren Zeitpunkt, wenn die aktualisierte Sperrliste verfügbar ist, eine erneute Prüfung der Signatur stattfinden, käme man zu dem Ergebnis, daß sie ungültig ist.
   b) Der Prozeß „Zeitstempelung" wurde schneller als der Prozeß „Sperrung" durchgeführt, deshalb liegt der Zeitpunkt der Zeitstempelerstellung vor dem der Erstellung des Sperreintrags. Zur Unterschriftsprüfung werden alte Statusinformationen ausgewertet, deshalb wird die Signatur als gültig verifiziert.
   $t_{stamped} < t_{Sperreintrag\ erstellt}$ und
   $t_{Signaturprüfung} < t_{Sperrung\ veröffentlicht}$

[1] zum Vorschlag der Definition eines fairen Sperrzeitpunktes siehe Kapitel 4.7.3

Eine erneute Prüfung der Signatur zu einem späteren Zeitpunkt, wenn die aktualisierten Statusinformationen verfügbar sind, wird zum selben Ergebnis kommen, d.h. die Signatur ist gültig. Bei dieser zweiten Prüfung ist der Zeitpunkt der Sperrung $t_{Sperreintrag\ erstellt}$ jedoch bekannt; denn er ist in der aktualisierten Sperrliste enthalten. Ein Vergleich des Zeitpunkts der Zeitstempelerstellung $t_{stamped}$ mit dem der Sperrung $t_{Sperreintrag\ erstellt}$ würde zeigen, daß sie sehr nahe beieinander liegen. Dies kann als ein Indiz für eine instabile digitale Signatur gesehen werden. Man kann Gewißheit über die Gültigkeit der Signatur erlangen, wenn der Zeitpunkt des Antrags zur Zertifikatssperrung $t_{Sperrantrag}$ bei der Zertifizierungsstelle in Erfahrung gebracht wird. Ein Kriterium für die Ungültigkeit einer digitalen Signatur könnte sein, daß die Zeitstempelerstellung während der Bearbeitung des Sperrantrags erfolgt ist.

$t_{Sperrantrag} < t_{stamped} < t_{Sperreintrag\ erstellt}$

c) Der Zeitpunkt der Zeitstempelerstellung liegt vor dem der Sperrung, aber die Prüfung der Signatur verzögerte sich, bis die aktualisierte Sperrliste abrufbereit war.

$t_{stamped} < t_{Sperreintrag\ erstellt}$ aber

$t_{Sperrung\ veröffentlicht} < t_{Signaturprüfung}$

Bereits die erstmalige Überprüfung der digitalen Signatur liefert das Indiz, daß ihre Gültigkeit instabil ist. Die Signatur erscheint als gültig, weil $t_{stamped} < t_{Sperreintrag\ erstellt}$. Wurde jedoch der Zeitstempel unmittelbar vor dem Sperreintrag erstellt, sind Zweifel an der Stabilität des Prüfergebnisses angebracht. Die Überprüfung der Signatur sollte nur mit Kenntnis des Zeitpunkts, an dem der Antrag zur Zertifikatssperrung $t_{Sperrantrag}$ bei der Zertifizierungsstelle eingegangen ist, erfolgen, denn der Sperrantrag könnte verspätet bearbeitet worden sein.

6.3 Sichere Überprüfung digitaler Signaturen

Das Szenario zum Erstellen instabiler digitaler Signaturen beruht auf verfahrenstechnisch bedingten Prozeßablaufzeiten bei der Erstellung von Zeitstempeln bzw. bei der Sperrung von Teilnehmer-Zertifikaten und ist von einem konkreten Gültigkeitsmodell unabhängig. Darüber hinaus wird angenommen, daß das Wirksamwerden der Sperrung eines Zertifikates entsprechend der Einflußsphäre der Beteiligten fair geregelt ist[2] und deshalb Zertifikate nicht ausschließlich durch ihre Veröffentlichung auf einer Sperrliste ungültig werden

[2] siehe Vorschlag in Kapitel 4.7.3

(vgl. [BSI 97a], „6.4.3 Lösungsvorschläge") sondern daß Zertifikate grundsätzlich dann als gesperrt gelten, wenn ein berechtigter Sperrantrag der Zertifizierungsstelle zugegangen und die vereinbarte Frist zur Bearbeitung verstrichen ist. Der Zeitpunkt, ab dem Dritte von der Sperrung Kenntnis erlangen können, liegt nicht im Verantwortungsbereich des Antragstellers, meist der Signaturschlüssel-Inhaber, daher sind die Folgen verspäteter Kenntnisnahme nicht von ihm zu verantworten.

Es liegt im Ermessen des Prüfers einer digitalen Signatur, sich die neuesten Statusinformationen von der ausstellenden Zertifizierungsstelle des Unterzeichers zu holen. Die zeitliche Überschneidung des Prozesses „Zeitstempelung" mit Prozessen, die zur Änderung des Status von Zertifikaten führen, kann nicht ausgeschlossen werden und ist bei der Überprüfung digitaler Signaturen vom Prüfenden zu berücksichtigen. Die Problematik der instabilen Signaturen kann in Anwendungsszenarien, in denen die Signaturerstellung und deren Prüfung zeitlich eng beieinander liegen, auch durch die Verwendung von Zeitstempeln nicht verhindert werden. Zwar wird in der Begründung des Signaturgesetzes ausdrücklich auf Risiken durch ungetreue Mitarbeiter von Zertifizierungsstellen hingewiesen[3], jedoch sind die Folgen verspätet bearbeiteter Sperranträge nach der gegenwärtigen Interpretation des Gesetzes primär vom Prüfer einer digitalen Signatur zu tragen, weshalb es sinnvoll erscheint, im Rahmen dieses Konzeptes zunächst einmal die Möglichkeiten des Selbstschutzes bei einer Gültigkeitsprüfung zu untersuchen. Es gibt verschiedene alternative Methoden, damit bereits die erstmalige Überprüfung einer digitalen Signatur zum korrekten Ergebnis führt und geringere Risiken bezüglich der Gültigkeit verbleiben:

1. **Signalisierung laufender Sperrprozesse**
   Die Zertifizierungsstelle gibt bekannt, daß momentan Sperranträge bearbeitet werden.

2. **Signalisierung der Sperrung des Teilnehmer-Zertifikates**
   Die Zertifizierungsstelle gibt bekannt, daß momentan ein Antrag zur Sperrung dieses Teilnehmer-Zertifikates bearbeitet wird.

3. **Verzögerter Beginn der Gültigkeitsprüfung**
   Die Gültigkeitsprüfung der digitalen Signatur erfolgt erst dann, wenn ein möglicher Sperrvorgang des Teilnehmer-Zertifikates bei der Zertifizierungsstelle abgeschlossen ist.

4. **Bekanntgabe des Zeitpunkts der Antragstellung**
   Die Zeitpunkte des Eingangs der Sperranträge von Teilnehmern bei der Zertifizierungsstelle werden bekannt gegeben.

[3] vgl. [BT 97a], „V. Wichtige Einzelaspekte", „Hohe Fälschungssicherheit", Punkt 2

Die Methoden dazu werden im folgenden vorgestellt und deren spezifische Vor- bzw. Nachteile, speziell Praktikabilität und Sicherheit, miteinander verglichen.

6.3.1 Signalisierung laufender Sperrprozesse

Die sichere Überprüfung digitaler Signaturen erfordert aktuelle Statusinformationen zu Zertifikaten, deshalb ist die Signalisierung einer momentan laufenden Aktualisierung von Statusinformationen an außenstehende Dritte durch die Zertifizierungsstelle die erste Alternative. So könnten die Zertifizierungsstellen die Anfragenden beim Abruf von Zertifikaten oder Sperrlisten zusätzlich über momentan stattfindende und noch nicht abgeschlossene Zertifikatssperrungen informieren. Dem Prüfenden würde so im Fall laufender Sperrprozesse bei Beginn der Gültigkeitsprüfung ein entsprechender Warnhinweis von seiner Signaturprüfkomponente präsentiert werden, so daß er entscheiden könnte, ob er die Prüfung entweder trotzdem fortsetzt oder sie zunächst unterbricht und bis zum Abschluß der Sperrung wartet, um die aktuellsten Statusinformationen zu nutzen.

Die Idee der Signalisierung laufender Sperrprozesse ohne konkretisierende Angaben zum Zertifikat hat den prinzipiellen Nachteil, daß sich die Anzahl der gesperrten Zertifikate zu den ausgestellten ähnlich proportional verhält wie bei chipkartenbasierten Authentikations- und Zahlungssystemen. Darüber hinaus ist bei kommerziell betriebenen Zertifizierungsstellen zu erwarten, daß die Anzahl der ausgestellten Teilnehmer- und Attribut-Zertifikate eine signifikante Größenordnung erreichen wird, so daß statisch gesehen immer mit irgendeiner momentan ablaufenden Zertifikatsssperrung zu rechnen ist. Die Aktualisierung der Statusinformationen wird folglich ein permanter Vorgang sein, auf dessen Ende ein Prüfer digitaler Signaturen realistischerweise nicht warten kann, zumal die meisten Zertifikatssperrungen keinen Einfluß auf die Gültigkeit der von ihm zu prüfenden digital signierten Daten haben.

6.3.2 Signalisierung der Sperrung des Teilnehmer-Zertifikates

Die zweite Methode zur sicheren Überprüfung digitaler Signaturen beruht auf der Idee, bei Abruf eines Zertifikates bzw. dessen Status die Anfragenden zusätzlich darüber zu informieren, ob momentan Prozesse zur Aktualisierung der angefragten Angaben durchgeführt werden oder nicht. Im allgemeinen kann angenommen werden, daß der Empfänger einer digital signierten Nachricht mit der Gültigkeitsprüfung warten würde, sofern er Kenntnis von einer bereits durch den Unterzeichner beantragten Sperrung seines Zertifikates hat.

Dieser Ansatz hat für den Prüfer den Vorteil, daß er i.d.R. sofort mit der Gültigkeitsprüfung beginnen könnte, da der Unterzeichner die Sperrung seines Teilnehmer-Zertifikates im Normalfall nicht unmittelbar nach dem Versand einer von ihm digital signierten Nachricht initiiert. Nur in dem Sonderfall, daß zeitgleich mit der Abfrage der Statusinformationen zu einem Zertifikat dessen Sperrantrag bearbeitet wird, wäre eine zeitliche Verzögerung des Beginns der Gültigkeitsprüfung, bis die aktuellsten Statusinformationen verfügbar sind, sinnvoll. Die Signalisierung der momentan laufenden Sperrung eines konkreten Teilnehmer-Zertifikates muß nicht zwingend zu zusätzlicher Kommunikation mit der Zertifizierungsstelle führen, sie kann z.B. als weitere Angabe in der Antwort auf eine Statusabfrage des Zertifikates beim Online-Verzeichnisdienst mittels dem Online Certification Status Protocol (OCSP) enthalten sein. In jeder OCSP-Antwort ist das Feld „responseStatus“ enthalten und denkbar wäre, dieses Feld mit dem ebenfalls definierten Wert „tryLater“ zur Signalisierung zu nutzen. Nach einer Wartezeit führt der Prüfer mit einer erneuten Statusabfrage des Teilnehmer-Zertifikates die Gültigkeitsprüfung fort. Die Wartezeit wird durch die von der Zertifizierungsstelle üblicherweise benötigte oder gar garantierte Zeit zur Bearbeitung von Sperranträgen ($\triangle t_{maximale\ Bearbeitungszeit}$) bestimmt.

Entscheidend bei den Methoden mit Signalisierung laufender Sperrprozesse im allgemeinen bzw. konkreter Zertifikate ist, nach welchem Ereignis oder Bearbeitungsschritt des Sperrantrags diese Information von der Zertifizierungsstelle außenstehenden Dritten signalisiert wird. In Betracht kommen prinzipiell folgende vier Zeitpunkte:

1. Antragstellung bei der Zertifizierungsstelle, $t_{Sperrantrag}$
2. Abschluß der Antragsprüfung, $t_{Sperrantrag\ geprüft}$
3. Erstellung des Sperreintrags zum Zertifikat, $t_{Sperreintrag\ erstellt}$
4. Erstellung der neuen Sperrliste, $t_{Sperrliste\ erstellt}$

Nur die beiden erstgenannten Zeitpunkte sind jedoch sinnvoll, denn zu bedenken ist, daß die Signalisierung einer Sperrung als funktionale Erweiterung des Verzeichnisdienstes konzipiert ist. Nachdem die Erstellung des Sperreintrags bzw. der neuen Sperrliste abgeschlossen ist, gibt es bei professionellem Betrieb einer Zertifizierungsstelle nur wenige real anzunehmende Störungen, die beim Verzeichnisdienst zwar dann den Abruf der aktualisierten Statusinformationen, jedoch nicht die Signalisierung eines laufenden Sperrprozesses verhindern. Denkbare Ursachen für derartige Störungen könnten Veränderungen am IT-System während der Wartungsarbeiten bzw. ungenügend ausgetestete einzelne Programmkomponenten sein. Beispielsweise könnte sich durch Austausch des Programms zur Erstellung von Sperrlisten unbeabsichtigt deren Format in Details so ändern, daß das IT-System des Verzeichnisdienstes diese neue Version nicht bearbeiten und zum Abruf bereit halten kann.

Um Außenstehende so früh wie möglich zu informieren, könnte die Zertifizierungsstelle die laufende Sperrung unmittelbar nach Eingang eines Sperrantrags, aber noch vor dessen abschließender Prüfung signalisieren. Allerdings ist eine Signalisierung zu diesem Zeitpunkt ($t_{Sperrantrag}$) problematisch, weil sie gezielte Angriffe auf die Überprüfbarkeit digital signierter Nachrichten einzelner Teilnehmer ermöglicht. Sollte sich bei der weiteren Prüfung der Authentizität des Antragstellers erweisen, daß er nicht zur Sperrung des Zertifikates autorisiert ist, ist der Sperrprozeß beendet und die Signalisierung aufzuheben. Ein Angreifer könnte also erreichen, daß Außenstehenden die momentane Sperrung eines Teilnehmer-Zertifikates von der Zertifizierungsstelle signalisiert wird, indem er mehrere aufeinanderfolgende Anträge zu dessen Sperrung stellt, die zwar alle nach der Prüfung durch die Zertifizierungsstelle als unberechtigt abgewiesen werden. Dem Teilnehmer könnte jedoch dadurch ein Schaden entstehen, wenn in der Zwischenzeit eine von ihm digital signierte Nachricht vom Empfänger wegen einer vermeintlichen Sperrung abgelehnt würde. Eine Zertifizierungsstelle sollte dies also erst nach abgeschlossener erfolgreicher Prüfung des Sperrantrags nach außen signalisieren ($t_{Sperrantrag\ geprüft}$) um die kurzfristige Überprüfbarkeit digitaler Signaturen der Teilnehmer nicht zu gefährden.

6.3.3 Verzögerter Beginn der Gültigkeitsprüfung

Mit der dritten Alternative, den Zeitpunkt der Gültigkeitsprüfung so lange zu verzögern, bis die Ergebnisse von möglicherweise parallel stattfindenden Sperrprozessen abrufbar sind, können bereits bei der erstmaligen Prüfung ungültige bzw. instabile Signaturen identifiziert werden (vgl. Fall 1 und 2(c), S. 183). Die Länge dieser Wartezeit ist abhängig von der Ablaufzeit des Sperrprozesses sowie der Methode, wie die Informationen über den Status von Zertifikaten bei der Zertifizierungsstelle abgefragt werden, d.h. Einzelabfragen [OCSP 98] oder Nutzung von Sperrlisten. Erforderlich ist, daß die Zertifizierungsstelle in ihrer Zertifizierungspolitik die maximale Dauer eines Sperrprozesses ($\triangle t_{maximale\ Bearbeitungszeit}$) sowie den zeitlichen Abstand der regulären Erneuerung der Sperrlisten bzw. die maximale zeitliche Gültigkeit einer Sperrliste ($\triangle t_{Gültigkeitzeitraum\ Sperrliste}$) bekannt gibt. Falls der Status von Zertifikaten einzeln abgefragt wird, ist mit der Gültigkeitsprüfung der zeitgestempelten Signatur so lange zu warten, bis auch der mögliche Sperrprozess abgeschlossen ist, so daß sich ergibt:
$t_{stamped} + \triangle t_{maximale\ Bearbeitungszeit} < t_{Signaturprüfung}$.

Die Nutzung von Sperrlisten zur Gültigkeitsprüfung eröffnet jedoch noch weitere Angriffsszenarien. So könnte ein Angreifer den Abruf der aktualisierten Sperrliste unterdrücken und stattdessen die vorherige Sperrliste senden. Da Sperrlisten von den zertifikatsausgebenden Stellen üblicherweise in periodischen Abständen ($\triangle t_{Gültigkeitzeitraum\ Sperrliste}$) erneuert werden[4], würde

[4] Die Forderung nach unmittelbarer Veröffentlichung einer Zertifikatssperrung ist mittels Sperrlisten nur realisierbar, wenn auch vor dem Ende des Gültigkeitszeitraums einer Sperrliste eine neue Sperrliste erstellt und veröffentlicht wird.

die veraltete Sperrliste bis zum Zeitpunkt der nächsten regulären Erneuerung vom Prüfer akzeptiert werden (siehe Abb. 6.2). Bei der nächsten Gültigkeitsprüfung bzw. Anforderung der Sperrliste nach diesem Zeitpunkt wäre der Angriff offensichtlich. Die veraltete Sperrliste wäre dann zeitlich gesehen ungültig, während die aktualisierte nicht den zu erwarteten Erstellungszeitpunkt hätte. Diesen Angriffen kann begegnet werden, indem der Empfänger einer zeitgestempelten digital signierten Nachricht die Gültigkeitsprüfung so lange hinauszögert, bis die nächste Sperrliste abrufbar ist, d.h.
$t_{stamped} + \triangle t_{maximale\ Bearbeitungszeit} < t_{Sperrliste\ erstellt}$.
Unter Einhaltung dieser Bedingung kann bei periodischer Erneuerung von Sperrlisten spätestens zum Zeitpunkt $t_{stamped} + \triangle t_{Gültigkeitzeitraum\ Sperrliste}$ mit der Signaturprüfung begonnen werden.

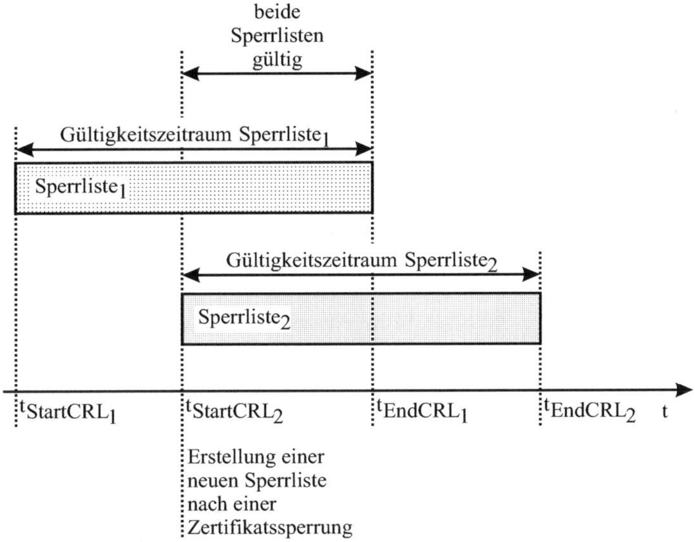

Abb. 6.2. Erneuerung von Sperrlisten

Die unbedingte Verzögerung der Gültigkeitsprüfung bis zur Aktualisierung der Statusinformationen zu Zertifikaten vermeidet den wiederholten Abruf im seltenen Fall zeitgleich ablaufender Sperrprozesse. Jedoch sind instabile digitale Signaturen vom Prüfer nur dann sicher zu erkennen, wenn auch der Zeitpunkt der Antragstellung bekannt gegeben wird (vgl. Fall 2(c), S. 183).

Allerdings resultiert daraus das Problem, daß mehrere Sperrlisten gleichzeitig gültig sind. Festzustellen, ob die jeweils aktuellste Sperrliste abgerufen wurde, ist nicht trivial und wird im allgemeinen von den Verzeichnisdiensten nicht unterstützt.

6.3.4 Bekanntgabe des Zeitpunktes der Antragstellung

Eine weitere Möglichkeit wäre, daß von der Zertifizierungsstelle bei der Sperrung eines Teilnehmer-Zertifikates auch der Zeitpunkt, an dem der Antragsteller den Willen zur Sperrung eines Zertifikates gegenüber der Zertifizierungsstelle geäußert hat ($t_{Sperrantrag}$), erfaßt und veröffentlicht wird. Bisher wird lediglich der Zeitpunkt der Erstellung des Sperreintrags, der nach erfolgreicher Prüfung des Antrags die Statusänderung des Zertifikates abschließt, dem Prüfer mitgeteilt.

Allerdings kann diese zusätzliche Angabe konzeptionell nicht verhindern, daß instabile digitale Signaturen überhaupt entstehen oder bei der erstmaligen Prüfung unentdeckt bleiben (vgl. Fall 2(a) und 2(b), S. 183). Nur in den Fällen, in denen zur Signaturprüfung die aktualisierte Sperrliste verwendet wird (vgl. 2(c), S. 183), könnte die Überprüfung auch das korrekte Ergebnis liefern, d.h., die Signatur ist ungültig.

6.4 Bewertung der Methoden

Digitale Signaturen gewährleisten den Schutz der Integrität und Authentizität von Daten, wenn nachvollziehbar ist, wem der Signaturschlüssel zugeordnet ist und ob – je nach angewandtem Gültigkeitsmodell – das Zertifikat zum Zeitpunkt der Signaturerstellung bzw. -prüfung gültig war. Zertifizierungsstellen bestätigen sowohl die Zuordnung von Schlüsseln zu Personen als auch die Vorlage von Daten zu bestimmten Zeitpunkten. Dienste zur Erstellung von Zeitstempeln oder zur Sperrung von Zertifikaten können unabhängig voneinander genutzt werden. Gleichzeitige Nutzung dieser Dienste ermöglicht die Erstellung digitaler Signaturen, die zwar eine erstmalige Gültigkeitsprüfung bestehen, aber im nachhinein als ungültig identifiziert werden können.

Es gibt mehrere Strategien, um die technisch bedingten Prozeßlaufzeiten der Dienste bei der Gültigkeitsprüfung zu berücksichtigen. Sie unterscheiden sich vor allem durch die beiden Faktoren Dauer bzw. Kosten. So hat die Konzeptidee der zertifikatsbezogenen Signalisierung im Normalfall keine Verzögerung des Beginns der Prüfung zur Folge (Methode 2), und nur im Fall zeitgleicher Sperrprozesse ist eine erneute Abfrage der Statusinformationen notwendig. Dagegen genügt stets nur eine Abfrage, wenn die Gültigkeitsprüfung grundsätzlich verzögert beginnt (Methode 3). Allein die Kenntnis des Zeitpunkts der Antragstellung zur Zertifikatssperrung ist zur Identifizierung instabiler digitaler Signaturen hilfreich, allerdings nicht ausreichend; d.h., die Methode „Bekanntgabe des Zeitpunktes der Antragstellung“ ist entweder mit Methode 2 oder 3 zu kombinieren.

Die heute üblichen PKI-Lösungen bieten nur eingeschränkte Möglichkeiten zum Schutz vor instabilen digitalen Signaturen. Da die Signalisierung laufender Sperrprozesse noch nicht Stand der Technik ist, kann sich der Prüfer vor dem Risiko der nachträglich erkennbaren Ungültigkeit digitaler Signaturen selbst nur durch eine zeitverzögerte Gültigkeitsprüfung schützen (Alternative 3). Das Warten auf die jeweils aktuellsten Statusinformationen schützt ihn also vor instabilen digitalen Signaturen, deren Ursache eine vom Unterzeichner unmittelbar nach der Signaturerstellung initiierte Sperrung sein kann.

Vor dem Risiko, daß Sperranträge bei der Zertifizierungsstelle nicht wie erwartet unverzüglich sondern erst mit signifikanter Zeitverzögerung bearbeitet werden, kann sich der Prüfer jedoch nicht selbst schützen. Er muß bei der Gültigkeitsprüfung auf die Korrektheit der bei der Zertifizierungsstelle abgerufenen Statusinformationen zu Zertifikaten vertrauen können. Sollte die Zertifizierungsstelle dabei ihre Pflichten verletzt haben, müsste ihm zumindest Anspruch auf Schadensersatz gewährt werden.[5]

[5] Von Anfang an wurde im Zusammenhang mit dem Signaturgesetz die Notwendigkeit einer speziellen Haftungsregelung für Zertifizierungsstellen kontrovers diskutiert und speziell das Fehlen von Garantien für Zertifikate kritisiert (vgl. [Roßnagel 97b]). Im Gesetzesentwurf für den modernen Geschäftsverkehr wurde eine derartige Haftungsregelung vorgestellt [BMJ 99a], um Schäden, die bei Dritten durch das Vertrauen auf ein Zertifikat entstanden sind, zu regulieren. Allerdings können Schäden auch durch das Vertrauen auf Statusinformationen zu Zertifikaten entstehen, weshalb zu hoffen ist, daß zukünftig der Sperrzeitpunkt eines Zertifikates fair definiert wird (siehe Kapitel 4.7) und daß Zertifizierungsstellen ggf. bei verzögert bearbeiteten Sperranträgen bzw. verspätet aktualisierten Sperrlisten haften müssen.

7 Nachhaltigkeit digitaler Signaturen

Digitale Signaturen schützen die Integrität und Authentizität von Daten nur so lange, wie die zur Gültigkeitsprüfung notwendigen Kontextinformationen – Erstellungszeitpunkt und Zertifikate – verfügbar und vertrauenswürdig sind. Der Vertrauenswürdigkeit von digitalen Signaturen sind wegen der zugrundeliegenden kryptographischen Verfahren jedoch zeitliche Grenzen gesetzt, zudem darf die Kompromittierung des Schlüssels einer Zertifizierungsstelle innerhalb einer Public-Key-Infrastruktur (PKI) keine Folgen für die Überprüfbarkeit digitaler Signaturen haben, um deren Nachhaltigkeit gewährleisten zu können.

Die zeitlichen Aspekte bei der Nutzung asymmetrischer Authentikationssysteme werden in Kapitel 7.1 dargestellt und vor allem untersucht, ob bzw. welchen zeitlichen Änderungen die Faktoren und Voraussetzungen sicherer digitaler Signaturen unterliegen. Die daraus resultierende Problematik der Überprüfbarkeit digitaler Signaturen und die zeitlichen Grenzen der Verfügbarkeit vertrauenswürdiger Kontextinformationen werden in Kapitel 7.2 beschrieben. In Kapitel 7.3 werden sowohl die bestehenden Verfahren zum langfristigen Schutz digitaler Signaturen vorgestellt als auch alternative Methoden vorgeschlagen. Im weiteren werden die verschiedenen Lösungsansätze einander gegenübergestellt, und abschließend wird in Kapitel 7.4 ihre Eignung zur Wahrung der Nachhaltigkeit digital signierter Daten untersucht.

7.1 Zeitfaktoren digitaler Signaturen

Digitale Signaturen werden in den verschiedensten Anwendungsszenarien zum Schutz der Integrität, Authentizität und Nachweisbarkeit eingesetzt. Die Anwendungen unterscheiden sich durch ihre Anforderungen an die Sicherheitsfunktionen und Infrastrukturen. Wesentliche Merkmale zur Unterscheidung der Anwendungen sind zeitliche Aspekte bei der Nutzung digitaler Signaturen, d.h., welche Zeitspanne zwischen der Erstellung und der Überprüfung einer digitalen Signatur liegt, bzw. wie lange eine digitale Signatur überprüfbar sein muß. Zur Differenzierung der Anwendungsszenarien digitaler Signaturen wird folgendes Klassifikationsschema vorgeschlagen:

1. **Signaturen zur Unterstützung von Augenblicksentscheidungen**
Die Authentifizierung der Teilnehmer erfolgt bei Online-Anwendungen, unmittelbar bevor der Zugriff gestattet wird. Die Gültigkeit der digitalen Signatur ist an Hand der augenblicklich verfügbaren Informationen, wie Zertifikate, Sperrlisten etc., zu prüfen. Aufgrund der eingesetzten Protokolle werden Replay-Attacken verhindert, z.B. [ISO/IEC 9594-8]. Der exakte Erstellungszeitpunkt einer digitalen Signatur ist für die Zugriffsentscheidung daher nicht relevant.

2. **Signaturen zum zeitlich befristeten Schutz von Daten**
Die Überprüfbarkeit digital signierter Daten muß für einen bestimmten Zeitraum nach der Unterschriftserstellung gegeben sein. Der Zeitraum kann durch technische Faktoren, z.B. Nachrichtenlaufzeiten bei asynchroner Kommunikation, oder das Anwendungsszenario, z.B. Einspruchsfristen, bestimmt sein. Die Kenntnis des Erstellungszeitpunktes einer digitalen Signatur kann je nach angewandtem Gültigkeitsmodell eine notwendige Voraussetzung zur Gültigkeitsprüfung sein.

3. **Signaturen zum nachhaltigen Schutz elektronischer Dokumente**
Digitale Signaturen werden zum langfristigen Nachweis der Integrität und Authentizität von archivierten Daten, z.B. elektronisches Grundbuch, eingesetzt. Die nachhaltige Überprüfbarkeit der Signaturen darf weder durch die Kompromittierung eines Schlüssels innerhalb einer Public-Key-Infrastruktur[1] noch durch den Verlust der Verfügbarkeit oder Vertrauenwürdigkeit von Zertifikaten eingeschränkt sein. Die Überprüfbarkeit kann durch die Nutzung spezieller Verfahren bzw. Sicherheitsdienste gewahrt werden.

Ein wesentliches Merkmal der handschriftlichen Unterschriften unter Papierdokumenten ist deren Überprüfbarkeit zu einem beliebigen späteren Zeitpunkt. Sie ist so lange gegeben, wie das Dokument selbst existiert. Die stete Überprüfbarkeit des mittels kryptographischer Verfahren realisierten Integritäts- und Authentizitätsschutzes von elektronischen Daten kann jedoch nicht als gegeben angenommen werden. Zwar ist die Lebensdauer aller elektronischen Datenträger physikalisch begrenzt, und zufällige Fehler bei der Datenspeicherung können niemals ausgeschlossen werden. Doch selbst wenn diese Problematik außer acht gelassen wird, sind Schutzinformationen, wie digitale Signaturen, vergänglich. Das bedeutet nicht, daß sie sich allmählich auflösen, sondern daß sie ab einem bestimmten Zeitpunkt nicht mehr

[1] Die Sicherheit heutiger asymmetrischer Kryptoverfahren (vgl. [FIPS 186 94] [Rivest, Shamir, Adleman 78]) basiert auf der Schwierigkeit der Zerlegung grosser Zahlen in ihre Primfaktoren. Allerdings kann durch Fortschritte in der Technik der Faktorisierung die Sicherheit momentan eingesetzter Verfahren zukünftig in Frage gestellt gestellt sein (vgl. [Buchmann 99]).

verifizierbar und somit wertlos sind.[2] Grundsätzlich existieren bei allen kryptographischen Schutzmaßnahmen die gleichen verfahrensbedingten Grenzen für die Überprüfbarkeit, die von den folgenden Faktoren bzw. Ereignissen bestimmt werden:

- Bei den verwendeten Speichermedien treten aufgrund deren Alterung physikalische Lesefehler auf.
- Eingsetzte Algorithmen werden schwach, d.h. brechbar.[3]
- Eingesetzte kryptographische Parameter, Schlüssel, werden kompromittiert.
- Erforderliche Zertifikate sind nicht länger verfügbar.
- *Den signierten Daten beigefügte Kontextinformationen, Zeitstempel, sind nicht mehr vertrauenswürdig.*

Die technische Entwicklung leistungsfähigerer Computer und neue kryptanalytische Methoden sind die Ursache, daß eine bestimmte Kombination von Algorithmus und Schlüssellänge folglich nur für einen spezifischen Zeitraum als geeignet betrachtet werden kann, da die Möglichkeit einer Schlüsselkompromittierung steigt.[4] Aus diesem Grund sollten Signaturschlüssel nicht beliebig lange genutzt werden, weshalb bei Zertifikaten ein Gültigkeitszeitraum angegeben wird. Zudem ist es gängige Praxis, daß in Schlüsselregistern, wie dem X.500 Directory [ISO/IEC 9594-1], nur die momentan gültigen Schlüssel in Form von Zertifikaten abrufbar gehalten werden. Nach den Vorgaben des X.509 Standards ist vom Empfänger einer digital signierten Nachricht zu prüfen, ob das Zertifikat des Absenders zum Zeitpunkt der Prüfung gültig ist. Für die Gültigkeitsprüfung ist bei X.509 Anwendungen der Zugriff auf „historische“ Zertifikate, d.h. solche, deren Gültigkeitsdauer bereits abgelaufen ist, nicht notwendig.

Das Gültigkeitsmodell des Signaturgesetzes erfordert dagegen, daß das Zertifikat des Unterzeichners zum Zeitpunkt der Signaturerstellung gültig war, weshalb die Verfügbarkeit von Zertifikaten gesetzlich geregelt ist. Der entsprechende Dienst einer Zertifizierungsstelle wird vom Gesetzgeber zwar als „Verzeichnisdienst“ bezeichnet (vgl. §5 Abs. 1 SigG), darf jedoch nicht mit einem X.500 Directory verwechselt werden. Aufgrund der Anforderungen ist

---

[2] Eine Zertifizierungsstelle wird im allgemeinen nur für die Authentizität von Zertifikaten und Zeitstempeln garantieren, solange ihr Signaturschlüssel gültig ist. Nach Ablauf des Gültigkeitszeitraums ihres Schlüssels und vor allem nach Ende der Eignung der Kryptoverfahren kann die Gültigkeit von Zertifikaten und Zeitstempeln nur an Hand von zusätzlich von der Zertifizierungsstelle angelegten Beweisinformationen ermittelt werden. Falls vorhanden, sind diese Informationen speziell bei Zeitstempeln den Prüfern digitaler Signaturen heute nicht zugänglich.

[3] zu Angriffen auf Kryptosysteme, deren Klassifikation und praktische Relevanz siehe [Schneier 96], S. 9ff und Kapitel 1.2.1

[4] zur Entwicklung der Faktorisierungstechnik siehe [Buchmann 99]

er technisch eher mit einem OCSP-Dienst vergleichbar und wird hier als erweiterter Verzeichnisdienst bezeichnet. Obwohl Zertifikate mindestens 35 Jahre lang bei der ausstellenden Zertifizierungsstelle nachprüfbar sein müssen (vgl. §8 Abs. 3 SigV), wird die Gültigkeitsprüfung zwangsläufig scheitern, sobald die dazu notwendigen Kontextinformationen, etwa die Zeitstempel, nicht mehr als vertrauenswürdig anzusehen sind. Ein Zeitstempel ist eine spezielle digital signierte Information einer Zertifizierungsstelle und kann den Zeitpunkt der Signaturerstellung bestimmen, vorausgesetzt, der Schlüssel zur Signierung der Zeitstempel ist und bleibt vertrauenswürdig. Das im nächsten Kapitel dargestellte Szenario ist relevant, wenn bei der Gültigkeitsprüfung auf den Zeitpunkt der Signaturerstellung referenziert wird und betrifft die Anwendung digitaler Signaturen zum zeitlich befristeten Schutz, etwa Online-Shopping und Home-Banking im Bereich des E-Business. Die Anforderung, daß digital signierte Daten nachhaltig geschützt sein müssen, gibt es zudem bei elektronischen Archiven digital signierter Daten, etwa dem elektronischen Grundbuch [Rüßmann 99].

7.2 Überprüfbarkeit von Zeitstempeln

Kryptographische Schutzinformationen, aber auch digitale Signaturen, können letztlich ohne das Mitwirken von zusätzlichen Sicherungsdiensten – Zeitstempeldienst und Verzeichnisdienst mit „historischen" Zertifikaten – nur für Augenblicksentscheidungen genutzt werden, da die Basis der Entscheidung, die Gültigkeit von Zertifikaten, zeitliche Änderungen erfährt. Die Problematik, daß der Authentizitätsschutz von Daten im Augenblick des Ungültigwerdens der Überprüfungsinformationen wertlos wird, kann durch diese beiden zusätzlichen Dienste jedoch nicht prinzipiell gelöst werden, sondern wird auf die Gültigkeit und Überprüfbarkeit der Zertifikate und Zeitstempel verlagert. Die Anforderung an elektronische Daten, einer nachhaltigen Überprüfbarkeit ihrer Integrität und Authentizität standhalten zu müssen, um als Basis des Handelns Beweiswert zu gewährleisten, wird durch bisherige Verfahren nicht erfüllt.

Im allgemeinen werden zur Erstellung von Zeitstempeln größere Schlüssellängen als bei digitalen Signaturen der Teilnehmer eingesetzt, um einen stärkeren kryptographischen Schutz zu bieten. Die Schlüssel von Zertifizierungsstellen können deshalb auch über einen längeren Zeitraum als die Teilnehmerschlüssel genutzt werden. Grundsätzlich basiert aber der Schutz von Zertifikaten, Zeitstempeln und Auskünften der Online-Verzeichnisdienste auf denselben asymmetrischen Kryptoverfahren wie digitale Signaturen „normaler" Teilnehmer und ist somit bezüglich der Überprüfbarkeit von denselben Umständen bedroht. Der Zeitstempel zögert infolgedessen nur den Zeitpunkt, zu dem eine digitale Signatur des Teilnehmers nicht mehr verifiziert werden kann, bis zum Ablauf der Gültigkeit seines eigenen Zertifikates oder bis zur Kompromittierung des dem Zeitstempeldienst zugeordneten Schlüssels hinaus. Der prinzipielle Ablauf der Überprüfung zeitgestempelter digitaler Signaturen ist in Abb. 7.1 dargestellt. Speziell ist zu erkennen, daß die Kompromittierung des Signaturschlüssels des Teilnehmers oder das Ungültigwerden seines Zertifikates ohne Folgen auf die Überprüfbarkeit seiner digitalen Signaturen bleibt.

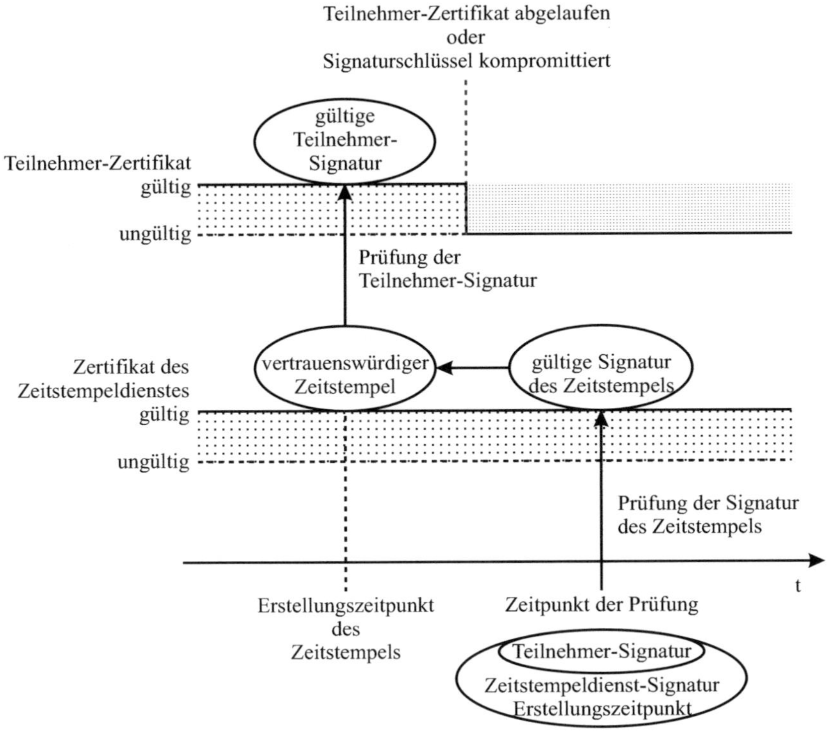

Abb. 7.1. Überprüfung zeitgestempelter digitaler Signaturen

Die Bedeutung eines nachhaltig überprüfbaren Zeitstempels zur Akzeptanz digitaler Signaturen von Teilnehmern wird im folgenden Angriffsszenario aufgezeigt. Das Szenario läßt sich in zwei Phasen gliedern: in der ersten findet eine normale Nutzung des Zeitstempeldienstes statt; in der zweiten Phase, beginnend mit der Kompromittierung des Schlüssels, werden die Folgen des Angriffs, speziell auf zuvor ordnungsgemäß erteilte Zeitstempel, dargestellt.

Phase 1: Normaler Betrieb

1. Der Teilnehmer signiert ein elektronisches Dokument D mit seinem privaten Schlüssel K_{User} und fordert vom Zeitstempeldienst einen dazugehörigen Zeitstempel an. Dazu übermittelt er dem Zeitstempeldienst den Hash-Wert H seines elektronisch signierten Dokuments D_{signed}.
   $D_{signed} = signed_{K_{User}}(D)$
   $H = hash(D_{signed})$
2. Der Zeitstempeldienst TSA generiert für den vom Teilnehmer übermittelten Hash-Wert H zum Zeitpunkt t_i den Zeitstempel TS_i, indem er die Zeitangabe t_i mit dem Hash-Wert H verknüpft und beide zusammen mit seinem privaten Signaturschlüssel K_{TSA1} signiert.
   $TS_i = signed_{K_{TSA1}}(H, t_i)$
3. Der Teilnehmer erhält vom Zeitstempeldienst den Zeitstempel TS_i zurück. Er hat damit eine vertrauenswürdige Bestätigung, daß sein Dokument D zum Zeitpunkt t_i existiert hat. Das signierte Dokument kann jetzt zusammen mit dem Zeitstempel versendet oder archiviert werden.
4. Die Überprüfung des vom Teilnehmer digital signierten Dokuments D_{signed} mit dem Zeitstempel TS_i umfaßt die folgenden Schritte:
   a) Prüfung, ob der Zeitstempel TS_i und das Dokument D_{signed} zusammengehören.
   b) Prüfung, ob der Signaturschlüssel K_{TSA1} des Zeitstempeldienstes momentan vertrauenswürdig ist.
   c) Prüfung der digitalen Signatur des Zeitstempels TS_i, ob sie korrekt ist und zum Zeitpunkt t_i der Schlüssel K_{TSA1} gültig war.
   d) Prüfung der digitalen Signatur des Teilnehmers zum Dokument D_{signed}, ob sie korrekt ist und zum Zeitpunkt t_i der Schlüssel K_{User} gültig war.

   Sind alle oben genannten Punkte erfolgreich verifiziert worden, kann davon ausgegangen werden, daß das elektronische Dokument zum Zeitpunkt t_i dem Zeitstempeldienst vorgelegen hat und die digitale Signatur des Teilnehmers authentisch ist.

Phase 2: Angriff

5. Dem Angreifer wird der geheime Schlüssel des Zeitstempeldienstes K_{TSA1} zum Zeitpunkt t_{attack} bekannt.
6. Der Zeitstempeldienst erlangt von der Kompromittierung seines geheimen Schlüssels K_{TSA1} Kenntnis und initiiert unverzüglich einen Schlüsselwechsel. Der Schlüssel K_{TSA1} wird ab dem Zeitpunkt $t_{K_{TSA1}\,revoked}$ auf der Sperrliste der ausstellenden Zertifizierungsinstanz geführt. Der Zeitstempeldienst ersetzt das „alte" Schlüsselpaar K_{TSA1} durch das „neue" Paar K_{TSA2}. Der „neue" öffentliche Schlüssel des Zeitstempeldienstes wird zertifiziert und ist ab dem Zeitpunkt $t_{K_{TSA2}\,start}$ für die Erstellung

von Zeitstempeln freigegeben. Der „alte" geheime Schlüssel des Zeitstempeldienstes wird sicher vernichtet. Der Schlüsselwechsel des Zeitstempeldienstes ist damit abgeschlossen.

7. Der Angreifer hat prinzipiell die Möglichkeit, ab dem Zeitpunkt t_{attack} falsche Zeitstempel zu erstellen. Der Schlüssel K_{TSA1} des Zeitstempeldienstes war für die Verwendung im Zeitraum $[t_{K_{TSA1}\ start}, t_{K_{TSA1}\ revoked}]$ zertifiziert.
Der Angreifer kann für jedes beliebige elektronische Dokument den dazu passenden Zeitstempel zu einem von ihm frei wählbaren Zeitpunkt t_j – innerhalb des Zertifizierungszeitraums des Zeitstempeldienstschlüssels – erstellen, d.h. fälschen.
$TS_j = signed_{K_{TSA1}}(H, t_j)$ mit $t_j \in [t_{K_{TSA1}\ start}, t_{K_{TSA1}\ revoked}]$
Im allgemeinen werden Zeitstempel für von Teilnehmern digital signierte Dokumente ausgegeben. Der Angreifer kann zwar nicht die digitalen Signaturen dieser Dokumente fälschen, dafür jedoch falsche dazu passende Zeitstempel erzeugen. Die gefälschten Zeitstempel müssen im selben Intervall liegen, in dem sich der Zertifizierungszeitraum des kompromittierten Zeitstempeldienstschlüssels mit dem des Teilnehmerschlüssels überschneidet.
$t_j \in [max(t_{K_{TSA1}\ start}, t_{K_{User}\ start}), min(t_{K_{TSA1}\ revoked}, t_{K_{User}\ end})]$

Wird bekannt, daß der Schlüssel des Zeitstempeldienstes kompromittiert wurde, haben alle digital signierten und zeitgestempelten Nachrichten ihren Beweiswert verloren, da nicht bewiesen werden kann, ob sie vor oder nach der Kompromittierung entstanden sind. Die Differenzierung zwischen echten und falschen Zeitstempeln kann nicht mit technischen Mitteln erfolgen, da der Unterzeichner stets behaupten könnte, daß nachträglich ein gefälschter Zeitstempel an das von ihm signierte Dokument angefügt wurde. Zwar kann in bestimmten Situationen der Entstehungszeitpunkt einer Nachricht aufgrund von nachfolgenden Aktionen zumindest in ein Intervall eingegrenzt werden, etwa wenn eine digital signierte Bestellung zu einer Überweisung durch den Unterzeichner führte, solche Szenarien können jedoch bei der Spezifikation einer Sicherheitsinfrastruktur nicht berücksichtigt werden. In Abb. 7.2 sind die Auswirkungen einer Kompromittierung des Signaturschlüssels bzw. des Ungültigwerdens eines Zertifikates des Zeitstempeldienstes auf die Überprüfbarkeit zeitgestempelter digitaler Signaturen dargestellt.[5]

Der Erfolg dieses Angriffsszenarios setzt nicht voraus, daß der Schlüssel des Zeitstempeldienstes innerhalb des Zertifizierungszeitraums kompromittiert wird. Die Kompromittierung könnte auch zu einem späteren Zeitpunkt stattfinden und würde als Sonderfall die Darstellung des Angriffsszenarios

[5] Mit Archivierung aller ausgestellten Zeitstempel durch den Zeitstempeldienst selbst könnte dieses Szenario ausgeschlossen werden, falls den Prüfern zeitgestempelter digitaler Signaturen darüber hinaus diese archivierten Zeitstempel authentisch zur Verfügung gestellt würden.

erleichtern. In der Beschreibung des Angriffs wurde dieser Punkt dennoch aufgeführt, weil mit dem Wissen, daß eine Kompromittierung eines aktuell gültigen Schlüssels stattgefunden hat, das Schadenspotential offensichtlicher wird.

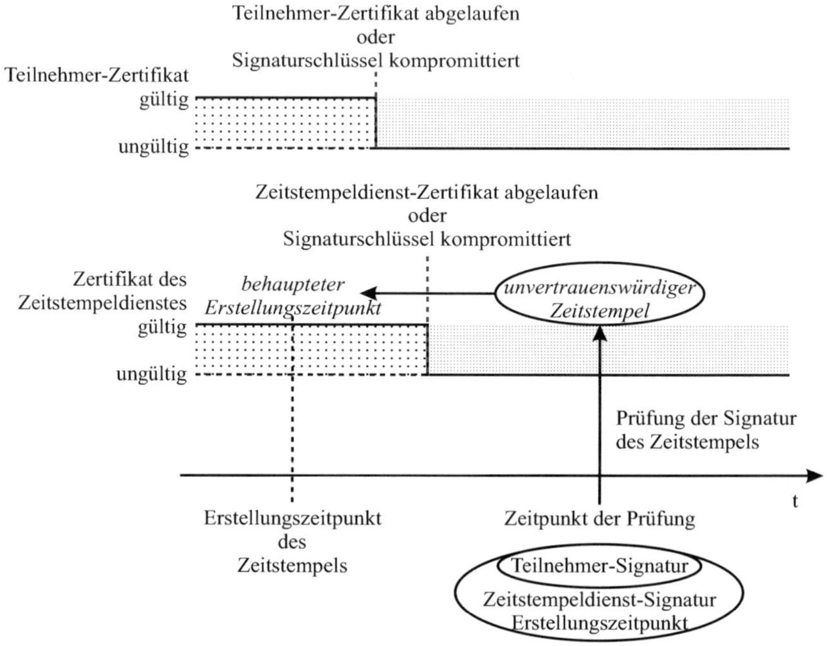

Abb. 7.2. Zeitliche Grenze der Überprüfbarkeit digitaler Signaturen

7.3 Schutz der Nachhaltigkeit digitaler Signaturen

Ist die Gültigkeit einer digital signierten Nachricht davon abhängig, ob zu einem bestimmten Zeitpunkt in der Vergangenheit das Zertifikat des Unterzeichners gültig war oder nicht, dann muß die Angabe dieses Zeitpunktes vertrauenswürdig sein. Beim Gültigkeitsmodell des Signaturgesetzes ist dies der Zeitpunkt der Signaturerstellung. Wird ein Zeitpunkt in Form eines Zeitstempels, eines speziellen digital signierten Dokuments, bestätigt, dann muß er auch zum Zeitpunkt der Prüfung eine fälschungssichere digitale Signatur aufweisen, vor allem muß eine Kompromittierung des vom Zeitstempeldienst verwandten Signaturschlüssels ausgeschlossen werden können. Diese Voraussetzung zur Prüfung des Zeitstempels ist grundsätzlich unabhängig davon, welches Gültigkeitsmodell zur Prüfung der zeitgestempelten Teilnehmer-Signaturen verwandt wird. Die Signatur einer vertrauenswürdigen Instanz unter einem Zeitstempel wird im allgemeinen als sicher angenommen, sofern bis zum Zeitpunkt der Prüfung keines der folgenden beiden Ereignisse eingetreten ist:

1. Die eingesetzten Kryptoalgorithmen sind gebrochen worden.
2. Ein von der Zertifizierungsstelle verwandter Signaturschlüssel, vor allem der des Zeitstempeldienstes, ist kompromittiert worden, bzw. dies kann nicht länger ausgeschlossen werden.

Im allgemeinen endet mit dem regulären Gültigkeitszeitraum eines Signaturschlüssel-Zertifikates auch die Verpflichtung für den Signaturschlüssel-Inhaber, den dazugehörigen Schlüssel geheimzuhalten und ihn bei Verdacht einer Kompromittierung sperren zu lassen. Des weiteren exisitieren i.d.R. keine Verfahren, ein regulär abgelaufenes Signaturschlüssel-Zertifikat zurückzuziehen. Beim Verfahren der digitalen Signatur gibt es also nach dem regulären Ende des Gültigkeitszeitraums eines Zertifikates keine direkte Möglichkeit zu entscheiden, ob die digitale Signatur unter einem Dokument vertrauenswürdig ist oder ob nach Ende des Gültigkeitszeitraums der Signaturschlüssel kompromittiert und die digitale Signatur von einem Angreifer erstellt wurde.

Die „normalen" Teilnehmer am Verfahren der digitalen Signatur haben die Möglichkeit, sich den Zeitpunkt der Signaturerstellung, angenähert durch einen Zeitstempel, bestätigen zu lassen, damit ihre digitalen Signaturen auch im Fall einer Schlüsselkompromittierung und nach Ende der Gültigkeit ihres Signaturschlüssel-Zertifikates überprüft werden können. In diesen Fällen kann der Nachweis der Existenz von beliebigen Daten eines jeden Unterzeichners durch die Methode der Zeitstempelung mit einer einzigen Einschränkung prinzipiell erbracht werden:

> *Der Nachweis des Zeitpunktes der Erstellung und Signierung von Daten kann durch den Zeitstempel selbst nur so lange erbracht werden, wie die Kompromittierung des dazu eingesetzten Signaturschlüssels ausgeschlossen werden kann.*

Die Konsequenz daraus ist, daß der Prüfer eines digital signierten Dokuments, dem zwar ein Zeitstempel beigefügt, dessen Zertifikat aber bereits regulär abgelaufen ist, den Zeitpunkt der Signaturerstellung nicht bestimmen kann, da es ihm nicht möglich ist zu entscheiden, ob der Zeitstempel vertrauenswürdig ist oder nicht.

Um den beschriebenen verfahrenstechnischen Grenzen der Überprüfbarkeit digitaler Signaturen zu begegnen, sind unterschiedliche Strategien denkbar:

1. **Re-Signierung**
   Bestehende digitale Signaturen, deren Schlüssel bzw. Zertifikate in naher Zukunft ablaufen, werden durch stetiges Hinzufügen von weiteren digitalen Signaturen mit aktuellen Schlüsseln erneuert (Kapitel 7.3.1).
2. **Verkettete Zeitstempel**
   Die Angabe zum Erstellungszeitpunkt wird in Beziehung zu anderen vertrauenswürdigen Zeitangaben gesetzt (Kapitel 7.3.2).
3. **Zeitstempeldienst mit Archiv**
   Dem Verlust der Überprüfbarkeit von Zeitstempeln kann auch durch die vorgeschlagene Erweiterung der Funktionalität des Zeitstempeldienstes um ein Archiv der Zeitstempel entgegengewirkt werden (Kapitel 7.3.3).
4. **Notariatsdienst mit Archiv**
   Zum nachhaltigen Schutz der Überprüfbarkeit digitaler Signaturen wird das Konzept eines neuen Dienstes einer vertrauenswürdigen dritten Instanz – Notariatsdienst mit Archiv – vorgestellt (Kapitel 7.3.4).

Abschließend werden dann die spezifischen Vor- und Nachteile der Verfahren bzw. Vorschläge analysiert und bewertet.

7.3.1 Re-Signierung

Im Zusammenhang mit dem gesetzlichen Verfahren der digitalen Signatur wurde die Methode zur Re-Signierung, d.h. der erneuten Signierung einer bereits vorhandenen Signatur, vorgestellt:

> *Werden Daten über längere Zeit in signierter Form benötigt, als die für ihre Erzeugung und Prüfung eingesetzten Algorithmen und zugehörigen Parameter nach §17 Abs. 2 als geeignet beurteilt sind, so sind die Daten vor Ablauf des Zeitpunktes der Eignung der Algorithmen und zugehörigen Parameter mit einer neuen digitalen Signatur zu versehen. Diese muß mit neuen Algorithmen oder zugehörigen Parametern erfolgen, frühere digitale Signaturen einschließen und einen Zeitstempel tragen.*
> *§18 Erneute digitale Signatur SigV*

Der Gesetzgeber hält erneute digitale Signaturen nur dann für erforderlich, wenn aufgrund der technischen Entwicklung und neuer kryptowissenschaftlicher Erkenntnisse die eingesetzten Algorithmen und Parameter ihre Eignung verlieren und deshalb die Sicherheitsvermutung gesetzeskonformer Signaturen nicht länger aufrecht erhalten werden kann. Somit lohnt es sich zu untersuchen, in wieweit dieses Verfahren zum nachhaltigen Schutz digitaler Signaturen prinzipiell geeignet ist und welche Folgen ein möglicherweise kompromittierter Schlüssel des Zeitstempeldienstes auf die Überprüfbarkeit zeitgestempelter Dokumente hat. Das Konzept dieses Verfahrens ist, den kryptographischen Integritäts- und Authentizitätsschutz von Daten immer dann durch das Anfügen von neuen Schutzinformationen zu ersetzen oder zu ergänzen, wenn die bisherigen Schutzinformationen durch das Ungültigwerden der Überprüfungsinformationen ihren Wert zu verlieren drohen. Die prinzipielle Struktur re-signierter Daten ist in Abb. 7.3 dargestellt.

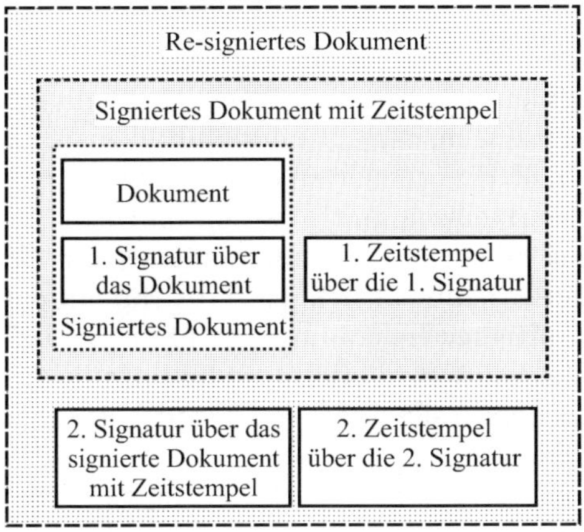

Abb. 7.3. Re-Signiertes Dokument

Das Verfahren zur Wahrung der Überprüfbarkeit der digitalen Signatur eines elektronischen Dokuments läßt sich wie folgt beschreiben:

1. Das Dokument wird digital signiert und mit einem Zeitstempel versehen.
2. Das Dokument zusammen mit allen bisher dazu erstellten digitalen Signaturen und angeforderten Zeitstempeln wird immer dann erneut digital signiert und mit einem neuen Zeitstempel versehen, bevor
   - □ die eingesetzten kryptographischen Algorithmen nicht ihre Eignung verloren haben;
   - □ *das Zertifikat des zuletzt angeforderten Zeitstempels abgelaufen ist.*

Das Prinzip ist, Zeitstempel, die in nächster Zukunft nicht mehr überprüfbar sind, weil ihr Zertifikat abläuft, durch solche zu ergänzen, deren Zertifikate noch längere Zeit gültig sind, damit eine ununterbrochene Kette von einem aktuell überprüfbaren Zeitstempel zurück zum ersten Zeitstempel der digitalen Signatur entsteht. Die Überprüfung einer digitalen Signatur und Bestimmung ihres Erstellungszeitpunktes ist an Hand einer solchen Kette von Zeitstempeln möglich und läuft in umgekehrter Reihenfolge wie ihre Erstellung ab:

1. Prüfung des letzten Zeitstempels TS_n, ob er momentan vertrauenswürdig ist;
2. Prüfung aller digitaler Signaturen S_i und Zeitstempel TS_{i-1} mit $i \in [n, 2]$, ob sie zum Zeitpunkt der Erstellung des nachfolgenden Zeitstempels TS_i gültig waren;
3. Prüfung der ursprünglichen digitalen Signatur S_1, ob sie seinerzeit, nämlich zum Zeitpunkt der Erstellung des ersten Zeitstempels TS_1, gültig war.

Zwingende Voraussetzungen an die Public-Key-Infrastruktur sind beim Verfahren der Re-Signierung erstens ein Verzeichnis mit Statusinformationen zu *„historischen" Zertifikaten*, denn bei der Gültigkeitsprüfung muß nachvollzogen werden können, ob die erneuerten digitalen Signaturen und Zeitstempel zum Zeitpunkt ihrer Erstellung gültig waren, und zweitens ein Zeitstempeldienst der mindestens über *zwei Signaturschlüssel zur Erstellung von Zeitstempeln* verfügt. Diese Schlüssel müssen dabei für unterschiedliche, jedoch sich überlappende Gültigkeitszeiträume zertifiziert sein. Die Zeitspanne, in der beide Zeitstempeldienst-Schlüssel gemeinsam gültig sind, muß so groß bemessen sein, daß jedem Teilnehmer genügend Zeit zur Re-Signierung seiner Dokumente verbleibt.

Dieses Verfahren, bestehende digitale Signaturen durch das Hinzufügen von aktuelleren Signaturen und Zeitstempeln über die Zeit gesehen verifizierbar zu halten, hat jedoch eine durch nichts zu kompensierende konzeptionelle Schwäche:

> *Der Zeitpunkt, zu dem ein Zeitstempel unüberprüfbar wird und deshalb durch einen weiteren zu ergänzen ist, kann nicht sicher im voraus bestimmt werden.*

Das Zertifikat des Zeitstempeldienstes läuft zwar planmäßig zu einem vorhersehbaren Zeitpunkt aus, kann aber im Fall einer Kompromittierung des Schlüssels zur Erstellung der Zeitstempel auch schon früher zurückgezogen werden. Die daraus resultierende Gefahr, daß ein Zeitstempel nicht rechtzeitig ergänzt wurde und somit die stetige Kette von Zeitstempeln unterbrochen wird, kann prinzipiell niemals ausgeschlossen werden.

Zwar gibt es Anwendungsszenarien für digital signierte Dokumente, bei denen ein Bruch in der Kette der gültigen Zeitstempel nicht automatisch zum Verlust des Wertes eines Dokuments führen muß. So kann ein Dritter das signierte und zeitgestempelte Dokument mit dem ungültig gewordenen ursprünglichen Zeitstempel dadurch schützen, indem er die gesamten Daten mit seinem eigenen aktuell gültigen Schlüssel signiert sowie ggf. erneut einen Zeitstempel anfordert. Die Korrektheit der Angaben zum Zeitpunkt der erstmaligen Signierung und zur Identität des ursprünglichen Unterzeichners des Dokuments werden ausschließlich von diesem Dritten geprüft und bestätigt, während der neue Zeitstempel lediglich den Zeitpunkt der erneuten Signaturerstellung bestätigen kann. Allerdings ergibt sich dann das Problem, daß weder die Authentizität des digital signierten Dokuments noch der Zeitpunkt der erstmaligen Signierung nachvollzogen werden können, da der ursprüngliche Zeitstempel keine vertrauenswürdige digitale Signatur mehr hat bzw. sie fehlt. Es sei denn, der Dritte wird aufgrund seiner Person bzw. Funktion generell als so vertrauenswürdig erachtet, daß seine Bestätigung der Angaben zum Ursprung von Dokumenten als korrekt angenommen werden kann. Im allgemeinen ist die Technik des Re-Signierens aufgrund des verfahrensbedingten Restrisikos jedoch nur eingeschränkt zur Schaffung einer zeitunabhängigen Basis für die Überprüfbarkeit digitaler Signaturen geeignet.

7.3.2 Verkettete Zeitstempel

Verkettete Zeitstempel [Haber, Stornetta 91] stehen mit vorherigen und nachfolgenden in Beziehung, d.h., wer einen Zeitstempel anfordert, erhält zusätzlich die Informationen, welcher Teilnehmer wann die benachbarten Zeitstempel erhalten hat. Die Verkettung der Zeitstempel untereinander soll vor dem nachträglichen Hinzufügen bzw. Abstreiten von Zeitstempeln schützen und die Sicherheitsanforderungen an den Zeitstempeldienst reduzieren. Das Schema der verketteten Zeitstempel ist in Abb. 7.4 dargestellt, deren Erstellung läuft prinzipiell wie folgt ab:

1. Der Teilnehmer erstellt mit seinem Signaturschlüssel eine digitale Signatur zu einem elektronischen Dokument und fordert vom Zeitstempeldienst einen Zeitstempel an. Dazu übermittelt er diesem Dienst neben dem Hash-Wert seines digital signierten Dokuments auch eine persönliche Adressangabe, etwa seine E-Mail Adresse.
2. Der Zeitstempeldienst generiert den angeforderten Zeitstempel, indem er die vom Teilnehmer übermittelten Angaben – Hash-Wert und E-Mail Adresse – mit der aktuellen Zeitangabe sowie einer Link-Information verknüpft und alles zusammen mit seinem Signaturschlüssel signiert. Die Link-Information bezieht sich auf den unmittelbar zuvor erstellten Zeitstempel. Aus ihr wird ersichtlich, wann der Zeitstempel erstellt worden ist und welcher Teilnehmer ihn angefordert hat; d.h., sie umfaßt i.d.R. dessen E-Mail Adresse. Der Zeitstempeldienst erstellt aus dem soeben erstellten Zeitstempel eine neue Link-Information und ersetzt damit die bisher gespeicherte.
3. Der Teilnehmer erhält vom Zeitstempeldienst den Zeitstempel zurück und damit die Bestätigung, daß das von ihm digital signierte Dokument zum im Zeitstempel angegebenen Zeitpunkt existiert hat. Das digital signierte und zeitgestempelte Dokument kann jetzt versendet werden. Der Teilnehmer besitzt zudem die Information, wo er den zuvor erstellten

Zeitstempel abrufen kann, da die dazu notwendige Adressangabe Bestandteil des von ihm angeforderten Zeitstempels ist.

4. Der Zeitstempeldienst generiert für einen weiteren Teilnehmer einen neuen Zeitstempel und fügt die gespeicherten Link-Informationen auf den Zeitstempel des Teilnehmers ein. Aus dem neuen Zeitstempel werden erneut Link-Informationen erstellt, die die bisher gespeicherten ersetzen.
5. Der Teilnehmer erhält vom Zeitstempeldienst die neuen Link-Informationen mit den Adressangaben der Person, die den nachfolgenden Zeitstempel angefordert hat. Die Kette der Zeitstempel kann damit in beide Richtungen rekonstruiert werden.

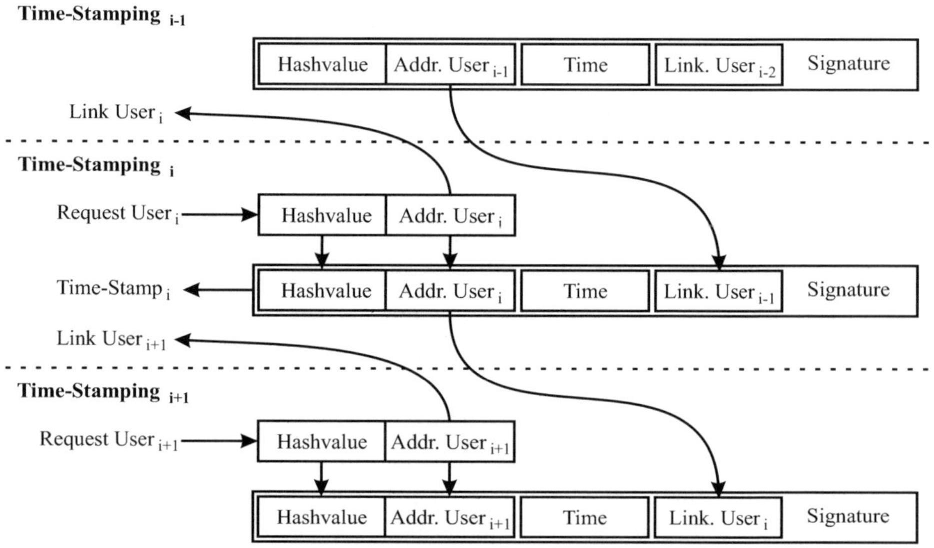

tslink

Abb. 7.4. Prinzip der verketteten Zeitstempel

Eine konzeptionelle Schwäche dieses Verfahrens zur Zeitstempelung ist, daß es notwendigerweise mit dem Erfassen personenbezogener Daten verbunden ist. Auf die daraus resultierende datenschutzrechtliche Problematik wird hier nicht weiter eingegangen. Des weiteren ist in [Just 97] ein Angriffsszenario beschrieben, wie unter Beteiligung des Zeitstempeldienstes der Aufbau einer „falschen“ Kette von Zeitstempeln möglich ist. Solche Angriffe können durch alternative Verkettungsmethoden [Buldas et al. 98], regelmäßige Veröffentlichung der Zeitstempel oder Nutzung mehrerer unabhängiger Zeitstempeldienste abgewehrt werden. Dennoch verlangen alle diese Varianten des

Verfahrens letztendlich eine langfristige Speicherung der Zeitstempel durch die Teilnehmer selbst.

7.3.3 Zeitstempeldienst mit Zeitstempelarchiv

Das Konzept des Zeitstempeldienstes mit angeschlossenem Zeitstempelarchiv ist, den Nachweis, daß bestimmte Daten zu einem spezifizierten Zeitpunkt bei einem vertrauenswürdigen Dritten vorgelegen haben, so zu gestalten, daß die dabei eingesetzten digitalen Signaturen des Zeitstempeldienstes und die zukünftige Verfügbarkeit von dessen Zertifikat keinen Einfluß auf die langfristige Überprüfbarkeit der Bestätigung haben. Der Betrieb eines solchen erweiterten Zeitstempeldienstes kann in zwei Phasen gegliedert werden:

1. Erstellung von Zeitstempeln
2. Bestätigung von bereits ausgestellten Zeitstempeln

In der ersten Betriebsphase sind aus der Sicht der Anwender keine Unterschiede zwischen diesem Zeitstempeldienst und jenen Diensten auszumachen, die z.B. als Time Stamping Authority (TSA) [ETSI TS 101 861] oder gemäß dem Maßnahmenkatalog für Zertifizierungsstellen nach dem SigG [RegTP 98a] betrieben werden. Dem Anwender wird ein Zeitstempel für die von ihm vorgelegten Daten erstellt und übergeben, jedoch wird der Zeitstempel zusätzlich noch im Zeitstempelarchiv abgelegt. Die Überprüfung einer digitalen Signatur mit Zeitstempel, beginnend mit der Bestimmung ihres Erstellungszeitpunktes, erfolgt wie bisher, solange das Zertifikat des Zeitstempeldienstes noch gültig ist. Sobald das Zertifikat regulär abgelaufen oder aufgrund einer Kompromittierung des Signaturschlüssels des Zeitstempeldienstes zurückgezogen worden ist, können damit erstellte Zeitstempel nicht länger als authentisch angesehen und dürfen deshalb nicht mehr zur Überprüfung von digitalen Signaturen verwandt werden. Für solche Fälle bietet dieser Dienst eine zweite Betriebsphase.

Der Zeitstempeldienst mit Zeitstempelarchiv hat Kenntnis von allen bereits in der Vergangenheit erteilten Zeitstempeln. Auf Anfrage bestätigt er einen „historischen" Zeitstempel erneut inhaltlich, d.h., ob er zum spezifizierten Zeitpunkt durch ihn erteilt wurde. Die Antwort des Zeitstempeldienstes mit Archiv enthält mindestens die beiden folgenden Angaben und wird mit dessen jetzt gültigem Signaturschlüssel unterzeichnet:

1. Wiedergabe des angefragten Zeitstempels
2. Angabe des Erstellungszeitpunktes dieser Auskunft

Die digitalen Signaturen werden bei diesem Verfahren zum Integritäts- und Authentizitätsschutz von Zeitstempeln und zu deren erneuter Bestätigung verwandt. Der Schutz durch die digitale Signatur muß jedoch nur kurze

Zeit Bestand haben, konkret für die Dauer der Übertragung vom Zeitstempeldienst zum Anfragenden und der anschließenden Auswertung durch ihn. Der Fall, daß Zeitstempel wegen der Verwendung von ausgelaufenen oder gar kompromittierten Signaturschlüsseln unbrauchbar geworden sind, bleibt ohne Folgen, da sie erneut angefordert werden können. Die digitale Signatur des Zeitstempels hat nur noch die Funktion einer Transportsicherung von Informationen. Der Schutz des Faktums, daß Daten zu einem bestimmten Zeitpunkt einem vertrauenswürdigen Dienst vorgelegen haben, ist durch die Methode der Archivierung der Zeitstempel zu erbringen. Redundante, verteilte Speicherung von Zeitstempeln (vgl. [Anderson 96]), auch in Kombination mit Zeitstempelketten und Quorenverfahren bei der Abfrage, können hier geeignete Ansätze sein.

Konzeptionell ist es beim Zeitstempeldienst mit Archiv notwendig, daß das Erstellen von Zeitstempeln für Anwender als Vorgang erfaßt wird. Aus den protokollierten Vorgängen ergibt sich das Nutzungsprofil des Zeitstempeldienstes. Das Mißbrauchsrisiko, daß ein anwenderbezogenes Nutzungsprofil aus dem Profil des Dienstes gewonnen wird, kann so lange ausgeschlossen werden, wie nur die Zeitstempel selbst archiviert werden.[6] Zeitstempel sind lediglich die Verbindung einer Hashsumme mit einer Zeitangabe durch einen vertrauenswürdigen Dritten und nicht mit dem Anwender in Verbindung zu bringen. Es ist anzunehmen, daß Zeitstempeldienste nicht frei verfügbar sind, sondern daß sie nur kostenpflichtig bzw. geschlossenen Benutzergruppen zur Verfügung stehen. Identifizierungs- und Autorisierungsinformationen der Anwender gegenüber dem Anbieter des Zeitstempeldienstes dürfen keinesfalls Bestandteil des Zeitstempelarchivs werden, um das Entstehen personenbezogener Nutzungsprofile zu verhindern.

7.3.4 Notariatsdienst mit Archiv

Die Idee eines Notariatsdienstes mit online abrufbarem Archiv ist, daß eine vertrauenswürdige dritte Instanz die Korrektheit einer von einem Teilnehmer vorgelegten digitalen Signatur nach einem vorgegebenen Gültigkeitsmodell prüft, deren Gültigkeit in Form eines speziellen digital signierten Dokuments – einem Notariats-Token – bestätigt und vor allem das Ergebnis dieser Gültigkeitsprüfung archiviert und authentisch online abrufbar hält. Das Konzept

[6] Der Entwurf des Maßnahmenkatalogs zur digitalen Signatur erwähnt im Zusammenhang mit der Sicherheitsbox des Zeitstempeldienstes eine einmal beschreibbare Protokollierungskomponente (vgl. [BSI 97a], „M-TSS 9"). Diese könnte eine Basis für das Archiv des Zeitstempeldienstes darstellen, müßte jedoch mindestens um einen online verfügbaren Auskunftsdienst erweitert werden. Es ist allerdings nicht zu erwarten, daß ein langfristig geführtes und verfügbares Archiv in die Protokollierungskomponente der Sicherheitsbox eines Zeitstempeldienstes paßt. Zudem ist das automatische Außerbetriebgehen der Box bei einem erschöpften Protokollspeicher kritisch zu sehen.

des hier vorgeschlagenen Notariatsdienstes unterscheidet sich von anderen spezifizierten Notariatsdiensten (vgl. [Notary 97, DCS 98]) wesentlich durch die zusätzlichen Dienstmerkmale – die Archivierung und authentische Bereitstellung des Ergebnisses einer Gültigkeitsprüfung durch den Notariatsdienst. Diese Funktionalität kann den langfristigen Nachweis über den Urheber digital signierter Daten gewährleisten. Die Integrität und Authentizität des Notariats-Tokens kann auch dann noch überprüft werden, wenn die bei der Erstellung des Tokens eingesetzten kryptographischen Verfahren bzw. Parameter nicht länger als geeignet bzw. vertrauenswürdig anzunehmen sind. Des weiteren kann an Hand eines Notariats-Tokens zu einer digital signierten Nachricht deren Urheber zukünftig auch dann noch bestimmt werden, wenn die zur Prüfung der digitalen Signatur erforderlichen Zertifikate bei der ausstellenden Zertifizierungsstelle schon nicht mehr abrufbar sind oder als vertrauenswürdig angenommen werden können, da ein Notariats-Token das authentisch archivierte Ergebnis einer Signaturprüfung durch einen vertrauenswürdigen Dritten auf Basis der zum Zeitpunkt seiner Erstellung verfügbaren Zertifikate, Sperrlisten etc. ist. Konzeptionell besteht ein Notariatsdienst mit Archiv aus drei getrennt zu betrachtenden Teilfunktionen:

1. **Signaturprüfung und Erstellung von Notariats-Token**
   Der Notariatsdienst prüft eine vorgelegte digitale Signatur gemäß einem spezifizierten Gültigkeitsmodell sowie ggf. weiterer anwendungsspezifischer Gültigkeitskriterien und bestätigt das Ergebnis dieser Gültigkeitsprüfung durch einen Notariats-Token.
2. **Archivierung der Notariats-Token**
   Der Notariatsdienst archiviert die ausgestellten Notariats-Token während eines spezifizierten Zeitraums – Archivierungszeitraum.
3. **Bestätigung der Notariats-Token**
   Der Notariatsdienst prüft einen vorgelegten Notariats-Token und bestätigt ggf. dessen Authentizität durch einen neuen – inhaltlich gleichen – Notariats-Token während des Archivierungszeitraums.

Zwischen der ersten Teilfunktion dieses Dienstes und der Funktionalität anderer Notariatsdienste, wie [DCS 98], bestehen keine prinzipiellen Unterschiede. Dem Nutzer wird das Ergebnis der Gültigkeitsprüfung einer vorgelegten digitalen Signatur bzw. digital signierter Nachrichten als ein authentizitätsgeschütztes elektronisches Dokument übermittelt. Die Art der Gültigkeitsprüfung sowie deren Umfang durch den Notariatsdienst kann prinzipiell variieren. So ist die Gültigkeitsprüfung digitaler Signaturen gemäß dem Gültigkeitsmodell des Signaturgesetzes bzw. des X.509 Standards eher an technisch-organisatorischen Aspekten der Technik asymmetrischer Kryptographie orientiert. Jedoch kann die Akzeptanz einer digital signierten Nachricht von der Erfüllung zusätzlicher, in einem bestimmten Anwendungskontext relevanter, anwendungsspezifischer Gültigkeitskriterien abhängig sein, die vom Empfänger der Nachricht selbst nur mit grossem Aufwand oder gar nicht geprüft werden können, etwa der Bonität des Unterzeichners einer Bestellung in Form einer digital signierten Nachricht. Somit sind mindestens die folgenden Aspekte bei der ersten Teilfunktion „Signaturprüfung und Erstellung von Notariats-Token“ seitens des Notariatsdienstes zu unterscheiden:

- Prüfung der digitalen Signatur nach dem Gültigkeitsmodell des SigG bzw. X.509 Standards
- Prüfung von Eigenschaften des Unterzeichners, die nicht im Signaturschlüssel-Zertifikat bestätigt sind bzw. werden können.

Die beiden anderen Teilfunktionen eines archivierenden Notariatsdienstes

- die Archivierung des Notariats-Tokens in einem von der Vertrauensinstanz geführten Archiv und
- die erneute inhaltliche Bestätigung vorgelegter Notariats-Token

bilden die technisch-organisatorische Grundlage für den nachhaltigen Nachweis durchgeführter Gültigkeitsprüfungen. Prinzipiell unterliegen die zur Prüfung einer digitalen Signatur notwendigen Informationen, vor allem die Zertifikate, zeitlichen Änderungen, d.h., sie ändern ihren Gültigkeitsstatus oder sind nicht länger verfügbar. Diesem Umstand kann entweder allgemein durch die Verpflichtung der ausstellenden Zertifizierungsstelle zur Erfassung und Dokumentation aller zeitlichen Änderungen oder gezielt durch die Nutzung von Notariatsdiensten entgegengewirkt werden, da mit der Erstellung eines Notariats-Tokens die für eine konkrete digitale Signatur notwendigen, aktuell verfügbaren Statusinformationen erfaßt und „eingefroren“ werden. Aufgrund der Möglichkeit, bereits erstellte Notariats-Token von der sie ausstellenden Instanz inhaltlich erneut bestätigt zu bekommen – d.h., ob die Gültigkeitsprüfung mit dem bestätigten Ergebnis zum angegebenen Zeitpunkt von ihr durchgeführt wurde – kann die Integrität und Authentizität dieser Token auch dann noch verifiziert werden, wenn der vom Notariatsdienst eingesetzte Signaturschlüssel nicht länger vertrauenswürdig ist, da das dazugehörige Signaturschlüssel-Zertifikat entweder regulär abgelaufen ist oder vorzeitig wegen einer Schlüsselkompromittierung zurückgezogen wurde.

Von vertrauenswürdigen dritten Instanzen betriebene Dienste zur Gültigkeitsprüfung sind beim Verfahren der digitalen Signatur immer dann erforderlich, wenn:

- der Empfänger einer digital signierten Nachricht nicht über die erforderlichen technischen Komponenten und Verfahren zur Prüfung einer bestimmten digitalen Signatur verfügt; z.B. hat der Unterzeichner ein Signaturverfahren basierend auf elliptischen Kurven verwandt, der Empfänger kann jedoch nur Signaturen, die auf dem RSA-Algorithmus basieren, prüfen.

- der Prüfer der digitalen Signatur nicht die erforderlichen Signatur- und Attribut-Zertifikate des Unterzeichners abrufen kann; z.B. steht der Verzeichnisdienst nur einer geschlossenen Gruppe von Benutzern zur Verfügung, weshalb ein Mitglied der Gruppe mit der Gültigkeitsprüfung dieser digitalen Signaturen beauftragt wird.
- der Prüfer der digitalen Signatur nicht die erforderlichen Zertifikate des Unterzeichners überprüfen kann, da kein vertrauenswürdiger Zertifizierungspfad von der Zertifizierungsstelle des Unterzeichners zur Zertifizierungsstelle des Prüfers existiert; z.B. die Signaturschlüssel-Zertifikate des Unterzeichners und des Prüfers wurden von unterschiedlichen Zertifizierungsstellen ausgestellt, die sich weder unter einer gemeinsamen Wurzel-Instanz befinden, noch sich gegenseitig direkt zertifiziert haben (Cross-Zertifizierung) oder deren Zertifikate nur über mehrere aufeinanderfolgende Cross-Zertifikate indirekt überprüft werden könnnen.

Neben den Fällen, daß der Empfänger aus verfahrenstechnischen Gründen die Gültigkeitsprüfung einer digitalen Signatur nicht selbst durchführen bzw. die Erfüllung anwendungsspezifischer Gültigkeitskriterien seitens des Unterzeichners nicht selbst bestimmen kann und deshalb auf vertrauenswürdige Dienste zur Gültigkeitsprüfung angewiesen ist, kann die Nutzung von Notariatsdiensten auch allgemein vorteilhaft sein. Sie reduzieren vor allem die Aufwände, wie Kommunikationskosten und ggf. Dienstnutzungsgebühren, seitens des Prüfers. So sind bei der Verifikation der Gültigkeit einer digital signierten Nachricht nach dem Gültigkeitsmodell des Signaturgesetzes mindestens sechs Signaturen relevant – die Signatur des Unterzeichners, diejenige unter dem Zeitstempel, die unter den Zertifikaten des Teilnehmers, des Zeitstempeldienstes, der Zertifizierungsstelle und der Wurzel-Instanz.

Dagegen sind bei der Gültigkeitsprüfung mittels Notariats-Token nur drei Signaturen zu verifizieren – die Signatur unter dem Notariats-Token sowie die unter den Zertifikaten des Notariatsdienstes und der Wurzel-Instanz. Da im allgemeinen Zertifikate von Vertrauensinstanzen nicht bei jeder Signaturprüfung sondern nur periodisch verifiziert werden, reduziert sich der Aufwand bei Nachrichten mit Notariats-Token meist auf die Prüfung seiner digitalen Signatur. Ein vom Unterzeichner selbst angeforderter Notariats-Token für seine signierten Nachrichten kann deren Akzeptanz erhöhen, da die Kosten für die Erstellung des Notariats-Tokens vom Unterzeichner getragen werden, während die Aufwände für die Prüfung beim Empfänger minimiert sind.[7]

[7] zur Unterstützung einer fairen Gültigkeitsprüfung digitaler Signaturen durch Notariatsdienste siehe Kapitel 8.3

7.4 Bewertung der Verfahren

Der Einsatz digitaler Signaturen zum Integritäts- und Authentizitätsschutz von Daten ist stets mit Aufwand – dem Überprüfbarhalten von Schutzinformationen oder dem Rekonstruieren der Bedingungen bei der Signaturerstellung – und damit auch Kosten verbunden. Es gilt, bei der Nutzung dieser Verfahren zwischen den prinzipiell möglichen und den unter praktisch-ökonomischen Aspekten erreichbaren Schutzzielen abzuwägen. Die Anforderungen, beispielsweise an die Nachweisbarkeit der Aktionen, können durch mehrere Faktoren bestimmt sein:

- individuelle zeitliche Faktoren
- gesetzliche Aufbewahrungsfristen
- Gewährleistungsfristen

Die Verfahren zur Wahrung der Überprüfbarkeit digitaler Signaturen – Re-Signierung, Zeitstempelketten, Zeitstempel- oder Notariatsdienste mit Archiv – bringen spezifische Vor- und Nachteile bzw. Anforderungen an Teilnehmer und die PKI mit sich (siehe Tabelle 7.1). Daher gilt es, ihre Eignung für den konkreten Anwendungsfall nach technischen und ökonomischen Kriterien zu untersuchen bzw. umgekehrt, geeignete Klassen von Anwendungen zu bestimmen. Dabei ist die zentrale Frage zu klären, welche Aufgaben und Dienstleistungen von der jeweiligen Sicherungsinfrastruktur erbracht werden können oder müssen.

Das Verfahren der *Re-Signierung* bzw. der erneuten digitalen Signatur gemäß §18 SigV kann theoretisch die Nachhaltigkeit digitaler Signaturen wahren, vorausgesetzt, die nachfolgenden Signierungen und Zeitstempelungen erfolgten stets so rechtzeitig, daß zum jeweiligen Zeitpunkt der Erneuerung das Zertifikat des Zeitstempeldienstes noch gültig war und die eingesetzten Verfahren als geeignet beurteilt wurden. Des weiteren ist ein Verzeichnisdienst, bei dem Angaben zur Gültigkeit „historischer“ Zertifikate abrufbar sind, erforderlich. Gemäß den Anforderungen des Signaturgesetzes ist die Nachprüfbarkeit von Zertifikaten bei der ausstellenden Zertifizierungsstelle 35 Jahre lang gewährleistet (§8 Abs. 3 SigV), weshalb die Nachhaltigkeit einer digitalen Signatur nach diesem Verfahren im allgemeinen auf diesen Zeitraum begrenzt wird. Der Nachteil der Re-Signierung ist, daß als Konsequenz einer möglichen Kompromittierung des Schlüssels eines Zeitstempeldienstes keiner der damit signierten Zeitstempel mehr vertrauenswürdig ist und ohne vertrauenswürdige Zeitangaben keine digitalen Signaturen nach dem Gültigkeitsmodell des Signaturgesetzes verifiziert werden können.

Das Verfahren der *verketteten Zeitstempel* erfordert wie die Re-Signierung, daß die ausstellende Zertifizierungsstelle ein Verzeichnis mit „historischen“ Zertifikaten führt und darüber hinaus, daß den Teilnehmern am Verfahren der digitalen Signatur pseudonyme E-Mail Adressen zur Verfügung gestellt werden, denn die Erstellung verketteter Zeitstempel erfordert die Erfassung teilnehmerbezogener Daten durch den Zeitstempeldienst. Die Vertraulichkeit des Vorgangs der Zeitstempelung digital signierter Daten ist daher grundsätzlich gefährdet, sofern reale und nicht pseudonyme Angaben zur Person des Teilnehmers verwandt werden.

Der *nachhaltige Schutz digital signierter Daten* ist beim Verfahren der verketteten Zeitstempel dann gegeben, wenn zum Zeitpunkt der Signaturprüfung eine genügende Anzahl benachbarter Zeitstempel verfügbar ist, um einen ausreichend großen bzw. langen Abschnitt der Zeitstempelkette rekonstruieren zu können. Da bei diesem Verfahren die Speicherung der Zeitstempel einzig in der Verantwortung der Teilnehmer, die sie angefordert haben, liegt, besteht das Risiko, daß aufgrund fehlender Zeitstempel die Rekonstruktion der Zeitstempelkette nicht im erforderlichen Maße erfolgen kann. Zwar können durch alternative Verkettungsmethoden [Buldas et al. 98] die Folgen des Fehlens einzelner Zeitstempel auf die Rekonstruierbarkeit der Zeitstempelkette minimiert werden, jedoch unabhängig vom eingesetzten Verkettungsschema bleibt die Frage offen, wie viele benachbarte Zeitstempel notwendig sind, um nachzuweisen zu können, daß ein Zeitstempel authentisch ist, auch wenn das Zertifikat des Zeitstempeldienstes regulär abgelaufen bzw. der Signaturschlüssel als kompromittiert zurückgezogen worden ist. Beim Verfahren der verketteten Zeitstempel bleibt für jeden Nutzer dieses Dienstes das Risiko, darauf zu vertrauen, daß andere Nutzer, mit denen er i.d.R. kein vertragliches Verhältnis hat und die ihm u.U. sogar namentlich nicht bekannt sind, ihre Zeitstempel langfristig speichern und ggf. bereit sind, deren Authentizität zu bestätigen, damit der Nutzer den Nachweis der Authentizität des von ihm selbst angeforderten Zeitstempels erbringen kann.

Der Vorschlag, die funktionale Erweiterung des Zeitstempeldienstes um ein langfristig geführtes und online abrufbares *Archiv der ausgestellten Zeitstempel*, schützt den im Zeitstempel bestätigten Zeitpunkt nachhaltig, da die Authentizität des Zeitstempels stets durch Nachfragen beim ausstellenden Zeitstempeldienst geprüft werden kann. Dies ist vor allem dann erforderlich, wenn die erstmalige digitale Signatur des Zeitstempeldienstes nicht mehr überprüfbar ist, d.h. im Fall der Kompromitterung des Signaturschlüssels und/oder nach dem regulären Ende der Gültigkeit des Zertifikates. Da die Erstellung und Archivierung der Zeitstempel sowie die Bestätigung angefragter Zeitstempel durch den ausstellenden Dienst, eine vertrauenswürdige Instanz, selbst erfolgt, kann davon ausgegangen werden, daß sie wie „normale" Zeitstempel bei Verfahren, die zur Bestimmung der Gültigkeit einer digitalen Signatur auf deren Erstellungszeitpunkt referenzieren, eingesetzt werden können.

Dieser Vorschlag setzt – wie die beiden anderen Verfahren mit Zeitstempeln auch – ein *Verzeichnis mit „historischen" Zertifikaten* voraus. Eine derartige Anforderung an die Public-Key-Infrastruktur, alle Zertifikate bei der ausstellenden Zertifizierungsstelle über einen vorab spezifizierten Zeitraum nachprüfbar zu halten, berücksichtigt nicht die Notwendigkeit konkreter digitaler Signaturen zur Wahrung von deren Überprüfbarkeit, sondern orientiert sich bei der Bestimmung des Zeitraums an den zeitlich längsten Erfordnissen aller möglichen digital signierten Informationen. Auch für digitale Signaturen, die nur zur augenblicklichen Identifizierung und Autorisierung von Benutzern bei Online-Anwendungen oder zum zeitlich befristeten Schutz von Daten verwandt werden, werden die Voraussetzungen zur längerfristigen Überprüfbarkeit geschaffen, obwohl dies aufgrund des Anwendungskontextes nicht notwendig wäre. Verfahren, die eine langfristige Verfügbarkeit aller Zertifikate unabhängig vom Verwendungszweck der konkreten digitalen Signatur erfordern, sind daher im allgemeinen nicht ökonomisch, denn die vertrauenswürdige Archivierung von Zertifikaten durch die ausstellende Zertifizierungsstelle ist mit technisch-organisatorischem Aufwand und Kosten verbunden. Prinzipiell würde sich die Nutzung digitaler Signaturen zur Authentifizierung bei Online-Anwendungen und zum kurzfristigen Schutz von Daten verteuern, da die Aufwendungen der Zertifizierungsstelle zur Führung eines Verzeichnisses mit historischen Zertifikaten nicht einzelnen digitalen Signaturen zugeordnet werden können, sondern als Kosten für die Erstellung eines Signaturschlüssel-Zertifikates von allen Teilnehmern am Verfahren der digitalen Signatur zu tragen wären.

Der Vorschlag eines *Notariatsdienstes mit Archiv* zur Gültigkeitsprüfung digitaler Signaturen kann die Überprüfbarkeit digital signierter Daten nachhaltig schützen, denn durch die anschließende Archivierung der Prüfergebnisse und die Möglichkeit zu deren inhaltlicher Neubestätigung bleiben all jene Fälle ohne Folgen, in denen die Verfügbarkeit von Zertifikaten des Unterzeichners bzw. des Dienstes langfristig nicht besteht oder die vom Dienst erzeugten digitalen Signaturen nicht länger als authentisch angesehen werden können. Konzeptionell ist die Aufgabe dieses Dienstes mit der einer Zertifizierungsstelle vergleichbar, denn letztere bestätigt die Zuordnung eines Signaturschlüssels zu einer Person, während ersterer die Zuordnung einer digitalen Signatur zu einer Person bestätigt. Somit sind beim Betrieb eines Notariatsdienstes ähnliche technisch-organisatorische Gefahren- und Störungsquellen wie bei einer Zertifizierungsstelle vorhanden, weshalb ein vergleichbares Sicherheitsniveau gewährleistet werden muß.

Im Vergleich zu den anderen Verfahren unterscheidet sich das Konzept des Notariatsdienstes mit Archiv wesentlich dadurch, daß die Aufwendungen zur Wahrung der Nachhaltigkeit digitaler Signaturen nur bei diesem speziellen Dienst anfallen und daß keine weiteren Eigenschaften der PKI, die zusätzliche Kosten verursachen, wie langfristige Verfügbarkeit von Zertifikaten, vorausgesetzt werden. Die Separierung dieses Dienstes einer PKI von denen zur Erstellung und Verwaltung von Zertifikaten während deren Gültigkeitzeitraum und damit auch deren Kosten ist ökonomisch sinnvoll, denn digitale Signaturen werden meist zur Authentifizierung von Benutzern bzw.

Methode	Re-Signierung	Verkettete Zeitstempel	Zeitstempel-dienst+Archiv	Notariats-dienst+Archiv
Anforderungen an den Dienst	mindestens 2 gültige Signaturschlüssel des Zeitstempeldienstes	Zeitstempel mit zusätzlichen Adressinformationen	Zeitstempeldienst mit erweiterter Funktionalität	neuer Dienst einer vertrauenswürdigen Instanz
Anforderungen an die PKI	Verzeichnisdienst mit „historischen" Zertifikaten	Verzeichnisdienst mit „historischen" Zertifikaten	Verzeichnisdienst mit „historischen" Zertifikaten	–
Anforderungen an die Teilnehmer	Einhaltung von Fristen bei der Signaturerstellung	Verwendung pseudonymer E-Mail Adressen	–	–
Zeitraum, in dem die Nachhaltigkeit gewahrt wird	begrenzt durch die Verfügbarkeit der Zertifikate und die Vertrauenswürdigkeit der Zeitstempel	begrenzt durch die Verfügbarkeit der Zertifikate und die Vertrauenswürdigkeit der Zeitstempel	begrenzt durch die Verfügbarkeit der Zertifikate	individuell vereinbar, bestimmt durch den Archivierungszeitraum des Notariats-Tokens

Tabelle 7.1. Methoden zum Schutz der Nachhaltigkeit digitaler Signaturen

zum kurzfristigen Schutz von Nachrichten verwandt. Die ursächlichen Kosten für nachhaltige Signaturen können deshalb direkt an die Erstellung von Notariats-Token gebunden werden. Digital signierte Nachrichten, denen bereits vom Unterzeichner ein Notariats-Token angefügt wurde, reduzieren zudem den Aufwand des Empfängers zu deren Prüfung und können die faire Gültigkeitsprüfung elektronischer Willenserklärungen unterstützen (siehe Kapitel 8.3 und [Bertsch 2000]).

8 Fairness bei elektronischen Willenserklärungen

Mit der fortschreitenden Verbreitung neuer Informations- und Kommunikationstechniken, wie dem Internet, erlangen elektronisch erstellte und übermittelte Willenserklärungen als Basis für Rechtsgeschäfte zunehmend an Bedeutung und verdrängen die herkömmliche Art und Weise der Erstellung und Übergabe von Willenserklärungen. Seit dem Inkrafttreten des Gesetzes zur digitalen Signatur ist es prinzipiell möglich, elektronische Willenserklärungen mittels digitaler Signaturen gegen Manipulationen und Fälschung des Inhalts zu schützen.

In diesem Kapitel erfolgt zunächst eine Differenzierung zwischen den verschiedenen Formen einer „elektronischen Willenserklärung“ (Kapitel 8.1). Auf geltende gesetzliche Regelungen und bisherige Vorschläge zum Wirksamwerden elektronisch übermittelter Willenserklärungen wird danach eingegangen (Kapitel 8.2). Zur Gültigkeitsprüfung digitaler Signaturen werden bislang jedoch idealisierte verfahrenstechnische Rahmenbedingungen angenommen, weshalb zunächst eine Definition der fairen Kenntnisnahme digital signierter Nachrichten vorgeschlagen wird (Kapitel 8.3) und dann sowohl bestehende alternative technische Lösungen als auch neue Konzepte untersucht und bewertet werden (Kapitel 8.4).

8.1 Formen elektronischer Willenserklärungen

Der Begriff „elektronische Willenserklärungen“ wird zwar in der Wissenschaft und der Rechtslehre seit langem verwendet,[1] jedoch existiert weder eine allgemein anerkannte noch gesetzlich festgelegte Definition dieses Begriffs.

Aus dem Begriff elektronische Willenserklärung wird ersichtlich, daß damit grundsätzlich Willenserklärungen im Sinne des Bürgerlichen Gesetzbuchs (BGB) bezeichnet werden sollen. Zusätze wie „elektronisch“, „digital“ oder „automatisch“ sollen nur verdeutlichen, daß bei der Kundgabe, Zustellung,

[1] Verwandt als Kurzform für „elektronisch übermittelte Willenserklärungen“ [Larenz 97] sowie synonym „EDV-gestützte Erklärungen“ (vgl. [Kuhn 91], S. 54ff) und „Telekommunikationserklärungen“ [Heun 94].

Aufbewahrung der Erklärung eine neue, noch nicht allgemein übliche Technik verwendet wurde. Elektronische Techniken bieten heute vielfältige Nutzungsmöglichkeiten und können in allen Phasen einer Willenserklärung Anwendung finden; d.h., sie unterstützen die Erstellung, Abgabe oder den Zugang von Willenserklärungen. Eine allgemein gültige Definition der elektronischen Willenserklärung, die alle möglichen Kombinationen der Datenverarbeitungs- und kommunikationstechniken umfaßt, ist schwierig, stattdessen ist eine fallweise Eingrenzung des Begriffs sinnvoll.

Der Begriff der elektronischen Willenserklärung sollte vielmehr als ein abstrakter Oberbegriff verstanden werden, denn elektronische Techniken erfüllen jeweils spezifische Funktionen, die allgemein betrachtet unabhängig voneinander sind. Die Konkretisierung des Oberbegriffs kann in Abhängigkeit vom Verwendungszweck einer elektronischen Technik erfolgen, so daß vorgeschlagen wird, die folgenden vier unabhängigen Formen elektronischer Willenserklärungen zu unterscheiden:

1. Elektronisch übermittelte Willenserklärungen
2. Elektronisch archivierte Willenserklärungen
3. Automatisch erstellte Willenserklärungen
4. Digital signierte Willenserklärungen

Die oben aufgeführten Formen bezeichnen Willenserklärungen, bei denen elektronische Techniken nur in einer bestimmten zeitlichen Phase, beispielsweise der Übermittlung, eingesetzt wurden. Dies schließt jedoch nicht aus, daß verschiedene elektronische Techniken miteinander kombiniert werden und somit mehrere Phasen einer Willenserklärung unterstützen. Motiviert durch das Inkrafttreten des Signaturgesetzes, wird die Kombination von elektronischen Übermittlungstechniken und der Technik der digitalen Signatur zum Authentizitäts- und Integritätsschutz zukünftig wohl am häufigsten verwendet werden. Fraglich ist jedoch, ob man in diesem Zusammenhang dann von digital signierten und elektronisch übermittelten Willenserklärungen spricht oder ob man nicht vielmehr implizit davon ausgeht, daß die Anwendung der Technik digitaler Signaturen zum Schutz von Willenserklärungen dabei stets auch elektronische Übermittlungs- und/oder Archivierungstechniken beinhaltet. Auf digital signierte Willenserklärungen wird an dieser Stelle nicht weiter eingegangen, während die anderen drei unabhängigen Formen elektronischer Willenserklärungen in den folgenden Kapiteln (8.1.1-8.1.3) dargestellt werden.

8.1.1 Elektronisch übermittelte Willenserklärungen

In der Rechtslehre werden Erklärungen, die durch den Einsatz von IT-Systemen, Telekommunikationsdiensten und -medien vom Erklärenden zum

Empfänger übermittelt werden, verschieden bezeichnet. Den Begriff der „Telekommunikationserklärung" führte bereits Kuhn im Zusammenhang mit der rechtlichen Untersuchung des Btx-Dienstes ein:

> *Wenn der Erklärende selbst die konkrete Willensbildung vornimmt, die Erklärung inhaltlich festlegt und das EDV- und Telekommunikationssystem nur im rechtstatsächlichen Bereich zur Textverarbeitung, Speicherung und Übermittlung einsetzt („Telekommunikationserklärung", „EDV-unterstützte Erklärung"), ...*
> *[Kuhn 91], S. 86*

Eine technik-neutralere Begriffsdefinition der Telekommunikationserklärung ist die von Heun: „Erklärungen, die vom Erklärenden (auch unter Zuhilfenahme von EDV) selbst formuliert und im Wege der Telekommunikation übermittelt werden" ([Heun 94], S. 595). Allerdings kann die Notwendigkeit der Etablierung eines eigenen Begriffs für derartige Erklärungen grundsätzlich bezweifelt werden, daher wird in der neueren Rechtslehre stattdessen von elektronisch übermittelten Willenserklärungen gesprochen (siehe [Larenz 97], §30(52)).

8.1.2 Elektronisch archivierte Willenserklärungen

Der Begriff „elektronisch archivierte Willenserklärung" ist zwar nicht allgemein gebräuchlich, jedoch werden bereits heute in gesetzlichen Vorschriften, wie der Abgabenordung (AO), elektronische Daten inhaltlich und funktional so charakterisiert, daß sie mit diesem Begriff treffend bezeichnet werden könnten.

Nach dem deutschen Handelsrecht besteht für jeden Kaufmann die Verpflichtung, Bücher zu führen (§238 HGB). Der Gesetzgeber hat bereits mit der Abgabenordnung vom 16. März 1997 den Einsatz neuer Formen der Aufbewahrung von Geschäftsunterlagen zugelassen, damit Kaufleute im Zusammenhang mit der Buchführung weiteres Rationalisierungs- und Einsparpotential freisetzen und den zunehmenden Problemen bei der Archivierung großer Mengen schriftlicher Dokumente durch die elektronische Archivierung begegnen können.

Die Aufbewahrung von Unterlagen, wie Buchungsbelege, Handels- und Geschäftsbriefe, kann gemäß der Abgabenordnung (AO) auch durch Aufzeichnung auf einem Speichermedium erfolgen, vorausgesetzt

> *daß die Wiedergabe oder die Daten mit den empfangenen Handels- oder Geschäftsbriefen und den Buchungsbelegen bildlich und mit den anderen Unterlagen inhaltlich übereinstimmen, wenn sie lesbar gemacht werden, ...*
> *§147 Abs. 2 AO*

Nach der Aufzeichnung und Archivierung der Unterlagen auf einem Bild- bzw. Datenträger werden die Originale nicht mehr benötigt; sie können vernichtet werden. Allgemeine Voraussetzung ist, daß das Aufzeichnungsverfahren die *Grundsätze ordnungsmäßiger Buchführung* (GoB) erfüllt.

Bei empfangenen Handels- und Geschäftsbriefen ist wegen deren Beweisfunktion nur der Einsatz von Verfahren, die eine bildhafte übereinstimmende Wiedergabe des Originals ermöglichen, zulässig. Derartige Archivierungsverfahren sind die Mikroverfilmung sowie die Speicherung auf Bildplatten.

Für die Archivierung sonstiger Dokumente, wie abgesandte Handels- und Geschäftsbriefe, ist gemäß der AO ausreichend, wenn das Verfahren die Darstellung der auf einem Datenträger gespeicherten Dokumente inhaltsgetreu zum Original ermöglicht. Unter einem Datenträger wird jedes Medium verstanden, das die jederzeitige Wiedergabe der gespeicherten Daten gewährt; dies ist in der Regel bei digitalen bzw. elektronischen Speichermedien, wie CD-ROMs, Festplatten und Magnetbändern, gegeben.

Geschäftsbriefe enthalten im allgemeinen Willenserklärungen von Kaufleuten; abgesandte Geschäftsbriefe enthalten z.B. die Erklärung eines Angebots für den Empfänger oder die Erklärung der Annahme bzw. Ablehnung eines Angebots.

Ein abgesandter Geschäftsbrief enthält also die Willenserklärung eines Kaufmanns. Wird dieser Brief aufgrund der Buchführungspflicht und gemäß deren Grundsätzen auf einem digitalen Datenträger inhaltlich reproduzierbar gespeichert, kann man von der digital gespeicherten oder „elektronisch archivierten Willenserklärung“ einer Person sprechen.

8.1.3 Automatisch erstellte Willenserklärungen

In der Rechtslehre sind neben den von Personen geäußerten Erklärungen seit langem auch die von Automaten oder IT-Systemen abgegebenen Willenserklärungen bekannt (vgl. [Palandt 99], „Einf. vor §116(1)“). Technische Geräte, wie der Fahrkartenautomat oder der Computer eines Online-Shops, können dahingehend programmiert werden, ereignisgesteuert Erklärungen abzugeben bzw. ihnen entgegengebrachte Erklärungen sinnhaft zu verarbeiten und darauf entsprechend durch Zustimmungs- bzw. Ablehnungshandlungen zu reagieren. In der Rechtsliteratur ist zudem noch der Begriff der „Computererklärung“ bekannt:

> *Erklärungen, die von der EDV des Erklärenden automatisiert erstellt und übermittelt werden (Computererklärung).*
> *[Heun 94], S. 595*

Allerdings können die sog. Computererklärungen als Unterfall der automatisch erstellten Willenserklärungen eingeordnet werden (vgl. [Larenz 97], §30(56)). Zudem ist der Begriff Computererklärung irreführend. Die automatisch erstellte Erklärung geht nicht unmittelbar von einem technischen

System aus, auch wenn dies bei äußerlicher Betrachtungsweise so erscheint, sondern ist als Erklärung dem Betreiber des Automaten bzw. IT-Systems zuzurechnen. Auf die Frage, wie bei Vertragsverhandlungen automatisch erstellte Erklärungen gegenüber Personen bzw. von Personen gegenüber einem Automaten geäußerte Willenserklärungen in das Konzept der Trennung von An- und Abwesenheit einzuordnen sind, argumentiert Larenz, daß

> *bei einem Datenverarbeitungsgerät, das Erklärungen empfangen, sinnhaft verarbeiten und beantworten kann, grundsätzlich von Vertragsverhandlungen unter Anwesenden auszugehen* (ist).
> *[Larenz 97], §30(59)*

8.2 Wirksamwerden digital signierter Willenserklärungen

Der Zugang und das Wirksamwerden von Willenserklärungen wird im Bürgerlichen Gesetzbuch (BGB) geregelt.[2] Wesentlich ist dabei die Differenzierung zwischen empfangsbedürftigen Willenserklärungen unter Anwesenden bzw. Abwesenden. So ist von einem Zugang unter Anwesenden auszugehen, wenn die Willenserklärung telefonisch übermittelt wurde (§147 Abs. 1 BGB), aber von einem Zugang unter Abwesenden, wenn die Willenserklärung auf einen Anrufbeantworter gesprochen oder per Fax versendet wurde (vgl. [Larenz 97], §26(26)). Die Unterscheidung zwischen An- bzw. Abwesenheit erfolgt vor allem nach dem Kriterium, wie schnell der Empfänger einer Willenserklärung Kenntnis nehmen und darauf reagieren kann. Für diese Unterscheidung ist daher nicht relevant, ob die Personen physikalisch am selben Ort anwesend sind oder nicht. Diese Argumentation liegt auch den bisherigen Vorschlägen zur Regelung des Wirksamwerdens elektronisch übermittelter und digital signierter Willenserklärungen zugrunde. Allerdings, was unter der Möglichkeit der Kenntnisnahme bei diesen Erklärungen zu verstehen ist, wurde bis jetzt nicht näher ausgeführt. Zunächst werden die Probleme bei Kenntnisnahme von elektronischen Dokumenten und digital signierten Willenserklärungen dargestellt (Kapitel 8.2.1), dann die Prüfung digital signierter Nachrichten analysiert (Kapitel 8.2.2) und abschließend ein Modell der fairen Möglichkeit zur Kenntnisnahme digital signierter Nachrichten vorgeschlagen (Kapitel 8.3.1).

[2] Zur Empfangstheorie siehe §130 BGB, [Palandt 99], §130(5) und Kapitel 2.2.4

8.2.1 Kenntnisnahme digital signierter Willenserklärungen

Die bisher durch das Bürgerliche Gesetzbuch (BGB) vorgenommene konzeptionelle Trennung zwischen An- bzw. Abwesenheit scheint zunächst bei Nutzung elektronischer Kommunikationstechniken zur Abgabe und Übermittlung von als digitale Informationen dargestellten Willenserklärungen überholt zu sein, da aufgrund der hohen Datenübertragungsraten Abgabe und Zugang dieser digitalen Information nahezu zeitgleich erfolgen können. So wird in der Rechtslehre die unmittelbare Möglichkeit der Kenntnisnahme von elektronisch übermittelten Willenserklärungen als Merkmal für Anwesenheit gesehen, und Larenz stellt die These auf:

> *Ein Zugang unter Anwesenden ist nicht nur bei gleichzeitiger körperlicher Präsenz zweier Personen am selben Ort gegeben, sondern auch beim Gespräch am Telefon und bei einem Dialog zweier Personen an ihren PCs auf elektronischem Weg. Von einer Erklärung unter Anwesenden ist auch bei Erklärungen von einem Automaten auszugehen, ebenso bei Erklärungen gegenüber einem Automaten, weil und sofern dessen Reaktion unmittelbar wahrgenommen werden kann.*
> *[Larenz 97], §26(27)*

Bei einer solchen Sichtweise bleibt jedoch unberücksichtigt, daß bei offenen Kommunikationsinfrastrukturen, speziell dem Internet, bedingt durch deren Architektur und Abhängigkeit von der Verfügbarkeit zentraler Dienste, wie etwa den Domain Name Services (DNS), eine Vielzahl von Störungsursachen bzw. Angriffsmöglichkeiten existieren. Nur in den seltensten Fällen kann deshalb die Übertragung konkreter Nachrichten an sich garantiert bzw. die dafür erforderliche Zeit im voraus bestimmt werden. Allenfalls kann von typischen zu erwartenden Übertragungszeiten, die zudem vom jeweiligen Anbieter des Kommunikationsdienstes abhängig sind, ausgegangen werden. Des weiteren wird vor allem bei komplexer strukturierten elektronischen Dokumenten mit einer Willenserklärung kaum eine automatische Reaktion des empfangenden Systems möglich sein, sondern dieses wird dem Erklärenden allenfalls den Eingang seiner Nachricht und vielleicht noch deren syntaktische Korrektheit signalisieren können.

Der Gesetzesentwurf des Bundesministeriums der Justiz „zur Anpassung der Formvorschriften des Privatrechts an den modernen Rechtsgeschäftsverkehr“ [BMJ 99a] geht deshalb folgerichtig bei elektronisch übermittelten Willenserklärungen zunächst von Erklärungen unter Abwesenden aus und nur bei besonderen äußeren Gegebenheiten von Anwesenheit:

> *Wird eine Willenserklärung auf elektronischem Wege abgegeben und Online übermittelt, handelt es sich regelmäßig um eine Erklärung unter Abwesenden, auf die §130 des Bürgerlichen Gesetzbuchs Anwendung findet. Eine solche Erklärung wird wirksam, wenn sie derart*

in den Machtbereich des Empfängers gelangt ist, daß bei Annahme gewöhnlicher Umstände der Empfänger die Möglichkeit ihrer Kenntnisnahme hat. ... Lediglich in den Fällen, in denen die verwendete Kommunikationstechnologie eine Situation schafft, in der die Parteien unmittelbar „von Person zu Person" kommunizieren, finden die Regelungen über Willenserklärungen unter Anwesenden Anwendung. [BMJ 99b], Begründung des Gesetzesentwurfs, S. 4

Ungeachtet der Problematik der Einordnung elektronisch übermittelter Willenserklärungen in die Systematik des Bürgerlichen Gesetzbuchs (BGB) kann die Kenntnisnahme des Inhalts einer digital signierten Nachricht selbst dann noch scheitern, nachdem die Nachricht in den Machtbereich des Empfängers gelangt ist. Ob ein technisch lesbares elektronisches Dokument auch tatsächlich vom Empfänger gelesen werden kann, hängt von den verschiedensten Faktoren ab, neben dem Format und der Größe des Dokuments sowie der technischen Ausstattung beim Empfänger vor allem aber von seinem Wissen und der Erfahrung im Umgang mit seinem IT-System. Mögliche IT-spezifische bzw. verfahrenstechnische Gründe des Scheiterns sind:

- Inkompatible Nachrichtenformate
- Inakzeptable Nachrichteninhalte bzw. -anhänge
- Inkompatible Signaturformate bzw. -algorithmen
- Inakzeptable Zertifizierungsrichtlinien der das Unterzeicher-Zertifikat ausstellenden Zertifizierungsstelle
- Fehlende Möglichkeit zur Gültigkeitsprüfung der digitalen Signatur

Zur Erstellung elektronischer Dokumente werden die unterschiedlichsten Programme mit komplexen, meist proprietären Dateiformaten verwandt. Dagegen sind allgemein akzeptierte Standardformate für Dokumente weder existent noch bei den Anwendern durchsetzbar. Ausnahmen sind allenfalls für bestimmte digital signierte Dokumente denkbar, etwa für die Steuererklärung in elektronischer Form (siehe „Elster" [Reg 99]).

Beim Verfahren der digitalen Signatur ist die Verwendung von X.509-Zertifikaten zwar weitestgehend akzeptiert, dennoch kann von einer Interoperabilität dieser Zertifikate generell nicht ausgegangen werden, da gemäß dem X.509-Standard Version 3 Zertifikate optional auch proprietäre Erweiterungen enthalten können, siehe „extensions"-Feld [ISO/IEC 9594-8]. Ebenso befindet sich die systemtechnische Darstellung einer digitalen Signatur zu einem multimedialen Dokument noch im Prozeß der Vereinheitlichung bzw. Standardisierung, z.B. im Zusammenhang mit der EU-Richtlinie für elektronische Signaturen durch die European Electronic Signature Standardization Initiative [EESSI 99]. Die Etablierung eines allgemein akzeptierten Standards zeichnet sich momentan nur bei einigen wenigen Anwendungsszenarien ab, z.B. S/MIME für sichere E-Mail [RFC-2311]. Allerdings kann auch hier die

Interoperabilität von Anwendungsprogrammen unterschiedlicher Hersteller trotz Standardkonformität kaum gewährleistet werden.

Zu Problemfällen dürften besonders elektronische Dokumente mit eingebetteten ausführbaren Programmteilen bzw. aktiven Dokumentelementen, wie Makros und Scripts, führen. Diese funktionalen Erweiterungen können auch sog. Computer-Viren enthalten, die auf dem IT-System des Empfängers bzw. Telediensteanbieters potentiell Schäden verursachen. Generell kann sich der Empfänger mittels sog. Antivirus-Programme gegen virenbefallene elektronische Nachrichten schützen. Diese Programme warnen den Anwender vor dem Öffnen solcher Nachrichten zunächst durch einen entsprechenden Hinweis, versuchen dann, den Virus aus dem Dokument zu entfernen und falls dies nicht gelingt, lassen sie sich das Öffnen eines möglicherweise schadenverursachenden Dokuments explizit vom Anwender bestätigen. Dabei ist zu berücksichtigen, daß die Reaktionsweise der Empfänger von Dokumenten mit aktiven Elementen, den potentiellen Computerviren, grundsätzlich nicht verallgemeinert werden kann. Zum einen gibt es Computerexperten, die mit speziellen Software-Werkzeugen den Inhalt beliebiger – auch virenverseuchter – Dokumente gefahrlos lesen können, während „normale" Anwender gut beraten wären, wenn sie die Annahme aller Dokumente mit eingebetteten Makros oder Scripts grundsätzlich ablehnen würden. Allerdings kann nicht abschließend geklärt werden, ob die prinzipielle Annahmeverweigerung solcher elektronischen Dokumente durch einen Nicht-IT-Experten von der Rechtsprechung als berechtigt bzw. unberechtigt erachtet wird, da einerseits entsprechende Erfahrungen fehlen und andererseits sich noch keine diesbezüglichen Gepflogenheiten im Rechtsverkehr etabliert haben.

Allgemein stellt sich daher die Frage, welche formalen Eigenschaften Erklärungen in elektronischer Form aufweisen müssen und welche Rahmenbedingungen bei Empfängern derartiger Erklärungen angenommen werden dürfen, damit der Absender mit dem Zugang seines digital signierten elektronischen Dokuments rechnen kann und nicht Gefahr läuft, daß der Empfänger stets das Scheitern des Zugangs einer Nachricht aufgrund von Unlesbarkeit auf seinem IT-System oder Nicht-Verfügbarkeit von notwendigen Prüfinformationen vorgeben kann.

Im Bürgerlichen Gesetzbuch (BGB) sind Zugang und Kenntnisnahme von elektronischen Willenserklärungen zur Zeit noch nicht geregelt. Infolgedessen existiert auch keine gesetzliche Regelung zum Wirksamwerden digital signierter und elektronisch übermittelter Willenserklärungen. Diese Regelungslücke soll durch den Gesetzesentwurf des Bundesministeriums der Justiz (BMJ) „zur Anpassung der Formvorschriften des Privatrechts an den modernen Rechtsgeschäftsverkehr" geschlossen werden [BMJ 2000]. Dieser Entwurf ist nach der Zustimmung des Bundeskabinetts am 6. September 2000 dem Bundesrat und dem Deutschen Bundestag zugeleitet worden.

Nach der Begründung zum Gesetzesentwurf sind elektronisch übermittelte Willenserklärungen Erklärungen unter Abwesenden gemäß §130 BGB (vgl.

die neuen §§126a, b in [BMJ 2000]). Jedoch wird im Gesetzesentwurf bewußt auf besondere Regelungen über den Zugang elektronischer Willenserklärungen verzichtet. Stattdessen werden in diesem Zusammenhang die allgemeinen Vorschriften im BGB sowie die in der Rechtsprechung bzw. -lehre entwickelten Auslegungskriterien auch für die elektronisch übermittelten und digital signierten Willenserklärungen als ausreichend erachtet (vgl. [BMJ 99b], S. 4). Allerdings konnten bis jetzt noch keine ausreichenden Erfahrungen im Umgang mit digital signierten Nachrichten, insbesondere deren Überprüfung, in der Praxis gewonnen werden. Somit bleibt die Frage offen, was im Fall digital signierter elektronischer Dokumente unter der Möglichkeit der Kenntnisnahme zu subsumieren ist. Zudem werden bislang idealisierte Annahmen zu den technischen Rahmenbedingungen beim Verfahren der digitalen Signatur getroffen und die in der Realität vor allem für Prüfer digitaler Signaturen bestehenden Risikopotentiale – Stabilität und Nachhaltigkeit digitaler Signaturen (Kapitel 6, 7) – unterbewertet. Daher lohnt sich die Diskussion eines fairen Modells der Kenntnisnahme digital signierter Nachrichten.

8.2.2 Prüfung digital signierter Nachrichten

Im allgemeinen benötigt der Empfänger einer digital signierten Nachricht zur Überprüfung der digitalen Signatur des Absenders aktuelle Informationen durch den Verzeichnisdienst der ausstellenden Zertifizierungsstelle, um sich so über die Gültigkeit des Teilnehmer-Zertifikates des Erklärenden zu vergewissern. Die Gültigkeitsprüfung digital signierter und zeitgestempelter Dokumente läuft prinzipiell wie folgt ab, wobei die Reihenfolge einzelner Schritte variieren kann. So könnte etwa der Abruf sämtlicher benötigter Zertifikate auch zu Beginn erfolgen, oder es könnte auf die erneute Prüfung der Zertifizierungsrichtlinien einer Zertifizierungsstelle, die bereits während einer anderen Gültigkeitsprüfung verifiziert und akzeptiert wurden, verzichtet werden:

1. Abruf des Zeitstempeldienst-Zertifikates
2. Prüfung der digitalen Signatur unter der Auskunft nach dem Zeitstempeldienst-Zertifikat
3. Prüfung der digitalen Signatur des Zeitstempeldienst-Zertifikates
4. Prüfung der Zertifizierungsrichtlinien zu dem Zeitstempeldienst-Zertifikat
5. Prüfung der digitalen Signatur des Zeitstempels
6. Abruf des Teilnehmer-Zertifikates
7. Prüfung der digitalen Signatur unter der Auskunft nach dem Teilnehmer-Zertifikat
8. Prüfung der digitalen Signatur des Teilnehmer-Zertifikates

9. Prüfung der Zertifizierungsrichtlinien zu dem Teilnehmer-Zertifikat
10. Prüfung der digitalen Signatur des Teilnehmers unter seinem Dokument
11. Abruf des Zertifizierungsstellen-Zertifikates
12. Prüfung der digitalen Signatur unter der Auskunft nach dem Zertifizierungsstellen-Zertifikat
13. Prüfung der digitalen Signatur des Zertifizierungsstellen-Zertifikates
14. Prüfung der Zertifizierungsrichtlinien zu dem Zertifizierungsstellen-Zertifikat
15. Prüfung der digitalen Signatur des Verzeichnisdienst-Zertifikates
16. Prüfung der digitalen Signatur des Zertifikates der Wurzel-Instanz

Das Abrufen dieser Informationen – Zertifikate, Sperrlisten oder OCSP-Auskünfte – beim Verzeichnisdienst der jeweiligen Zertifizierungsstelle ist ein technischer Prozess, bei dem allerdings die Möglichkeit besteht, daß einzelne oder sämtliche daran beteiligte IT-Systeme und Telekommunikationsdienste gestört sein können. So können Verzeichnisdienste etwa aufgrund von Systemüberlastung, Programmier- oder Netzwerkfehlern ausgefallen bzw. nicht erreichbar sein. Ob eine digitale Signatur überprüft werden kann, wird nicht allein von Faktoren innerhalb der Einflußsphäre des Empfängers bestimmt, sondern er ist von Diensten Dritter abhängig, deren jederzeitige Verfügbarkeit nicht, wie u.a. in der Begründung zum Gesetzesentwurf vorausgesetzt, ohne Weiteres angenommen werden kann (vgl. [BMJ 99b], S. 20 Abs. 1).

Zwar ist es richtig, daß Zertifizierungsstellen gemäß dem Signaturgesetz verpflichtet sind, alle von ihnen ausgestellten Signaturschlüssel- und Attribut-Zertifikate „jederzeit für jeden über öffentlich erreichbare Telekommunikationsverbindungen nachprüfbar und mit Zustimmung des Signaturschlüssel-Inhabers abrufbar zu halten“ (vgl. §5 Abs. 1 SigG), jedoch kann aus dieser Verpflichtung keinesfalls abgeleitet werden, daß Zertifizierungsstellen die Dienstleistung „Abruf von Zertifikaten“ jedermann auch kostenlos zur Verfügung stellen.[3] Aus den gesetzlichen Anforderungen an Zertifizierungsstellen lassen sich des weiteren nur abstrakt funktionale Eigenschaften von Verzeichnisdiensten ableiten, aber keine hinsichtlich der technischen Realisierung und Qualität des Dienstes, speziell dessen Reaktionszeit auf Anfragen. Die Interoperabilität von digitalen Signaturen, Zertifikaten und Diensten verschiedener Zertifizierungsstellen kann trotz der Einhaltung von gesetzlichen Anforderungen nicht angenommen werden, da jede Zertifizierungsstelle für ihre öffentlich anzubietenden Dienste und abrufbaren Informationen technisch-proprietäre Protokolle und Formate einsetzen kann. So wird etwa eine Zertifizierungsstelle durchaus konform zum Signaturgestz sein, wenn sie zur Beantwortung von Anfragen nach der Gültigkeit von Zertifikaten eine nicht zu

[3] vgl. im Ablauf der Gültigkeitsprüfung Punkt 1, 6, 11, S. 225.

vernachlässigende – etwa mehrstündige bis mehrtägige – Bearbeitungszeit beansprucht oder gar grundsätzlich Anfragen von Dritten, d.h. von Personen, denen sie kein Zertifikat ausgestellt hat, nur in schriftlicher Form akzeptiert und beantwortet.

Mit dem Abruf von Statusinformationen zu Zertifikaten zur Gültigkeitsprüfung digitaler Signaturen sind neben verfahrenstechnischem Aufwand stets auch Kosten für den Prüfer verbunden. Zum einen sind das Kosten für die Kommunikation mit dem Verzeichnisdienst und zum anderen eventuelle Dienstnutzungsgebühren. Ein durchaus realistisches Geschäftsmodell von Betreibern einer Zertifizierungsstelle wäre, die sekundenaktuelle Gültigkeitsabfrage von Zertifikaten, beispielsweise mittels OCSP-Auskünften, gebührenpflichtig anzubieten, während dagegen der Abruf von periodisch aktualisierten Sperrlisten kostenfrei sein könnte. Die Häufigkeit der Aktualisierung von Sperrlisten hängt von der jeweiligen Zertifizierungsstelle ab und ist in deren Certification Pratice Statement (CPS) bzw. Sicherheitspolicy angegeben. Übliche Aktualisierungsperioden liegen im Bereich von Stunden und Tagen, können aber auch bis zu einer Woche betragen. Prinzipiell könnte der Empfänger einer digital signierten Nachricht durch einen um die Aktualisierungsperiode zeitverzögerten Beginn der Gültigkeitsprüfung mittels Sperrlisten anstelle von OCSP-Auskünften einerseits seine eigenen Kosten für die Signaturprüfung reduzieren, andererseits wäre beim Abruf von kostenfreien Sperrlisten keine Identifizierung und Authentifizierung des Empfängers durch die Zertifizierungsstelle notwendig, die zur Erfassung der individuellen Dienstnutzung zwecks späterer Rechnungsstellung dient.

Ausgehend von einer Situation, daß Statusinformationen zu Zertifikaten von ausstellenden Zertifizierungsstellen nicht jedermann kostenfrei zur Verfügung gestellt werden, stellt sich die Frage, wie die Rechtslehre und zukünftig auch die Rechtsprechung die Fälle der Zugangsverhinderung von Willenserklärungen in Form digital signierter Nachrichten beurteilen werden, wenn Empfänger aufgrund der für sie im Prozeß der Gültigkeitsprüfung potentiell anfallenden Kosten die Annahme verweigert haben. Die grundsätzliche Beurteilung dieser Fälle von Zugangsverhinderung ist vor allem im Kontext des elektronischen Rechtsgeschäftsverkehrs wesentlich. Digital signierte Nachrichten werden zwar in den Machtbereich der Empfänger gelangen, und es wird zumindest theoretisch die Möglichkeit zur Kenntnisnahme des Inhalts bestehen. Die möglichen Rechtsfolgen für den Unterzeichner – Erklärenden – und den Prüfer – Erklärungsempfänger – werden davon abhängig sein, ob die Annahmeverweigerung digital signierter, bei der Prüfung für den Empfänger Kosten verursachender Willenserklärungen bzw. Nachrichten als berechtigt oder unberechtigt angesehen wird.

In der Rechtslehre werden verschiedene Fälle der Annahmeverweigerung differenziert (vgl. [Larenz 97], §26(40)). Vom Gesetzgeber wurde diese Problematik, und allgemeiner die der Zugangsverhinderung, nicht geregelt. Allerdings kann nach der herrschenden Meinung von Rechtslehre und -sprechung im Zusammenhang mit dem Zugang verkörperter Willenserklärungen unter Abwesenden, etwa die schriftliche Erklärung in einem Brief, davon ausgegangen werden, daß der Empfänger die Annahme eines nicht ausreichend frankierten Briefs verweigern kann und dabei kein Zugang der Willenserklärung erfolgt ist; d.h., der Empfänger muß kein Strafporto bezahlen. Der Erklärende muß erneut die Zustellung seines Briefs versuchen und trägt außerdem eventuelle Risiken, die aus einer verspäteten Kenntnisnahme durch den Empfänger resultieren können.

Für den Einsatz eines gesetzlich geregelten Verfahrens der digitalen Signatur im Rechtsgeschäftsverkehr wird die Beantwortung der Frage, ob die Annahmeverweigerung im Fall einer digital signierten Nachricht, deren Gültigkeitsprüfung mit Kosten für den Empfänger verbunden ist, mit der im Fall des unzureichend frankierten Briefs vergleichbar ist oder nicht, entscheidend werden. Ohne diese juristische Fragestellung beurteilen oder gar abschließend klären zu können, wird im weiteren eine Vergleichbarkeit beider Fälle angenommen. Dann jedoch sind die bisherigen Konzepte und gesetzlichen Regelungen zur allgemeinen Nutzung digitaler Signaturen bei Rechtsgeschäften als nicht ausreichend zu erachten. Aufgrund fehlender Vorgaben an die Betreiber von Zertifizierungsstellen ist die Zuordnung der Kosten gemäß dem Verursacherprinzip zwischen Unterzeichner und Prüfer keinesfalls gewährleistet. Insbesondere sind Kosten für den Prüfer bei erstmaliger Gültigkeitsprüfung digital signierter Nachrichten oder bei der späteren Prüfung archivierter Dokumente keineswegs ausgeschlossen.

Nachdem die verschiedenen Formen elektronischer Willenserklärungen fallweise eingeführt, die rechtlichen Aspekte zum Wirksamwerden einer Willenserklärung dargestellt und die gesetzlichen Regelungen zum Verfahren der digitalen Signatur sowohl analysiert als auch deren verbleibende Risikopotentiale identifiziert wurden, wird nun von idealisierten Rahmenbedingungen abstrahiert und eine Definition der fairen Kenntnisnahme digital signierter Nachrichten vorgeschlagen.

8.3 Faire Gestaltung der Gültigkeitsprüfung digitaler Signaturen

Die Gültigkeitsprüfung digital signierter Daten ist insgesamt betrachtet zunächst ein technischer Prozeß mit verfahrensbedingten Prozeßlaufzeiten und -kosten. Solange sich aus den gesetzlichen Anforderungen an Zertifizierungsstellen, insbesondere deren Diensten zur Prüfung von Zertifikaten, keine funktionalen Mindeststandards ableiten lassen, ist die Möglichkeit zur Gültigkeitsprüfung einer konkreten digitalen Signatur bzw. deren Durchführung prinzipiell von der ausstellenden Zertifizierungsstelle des Unterzeichners und der Bereitschaft des Prüfers, Aufwände und eventuell entstehende Kosten zu tragen, abhängig.

Die noch offenen Probleme beim Verfahren der digitalen Signatur bzgl. der Gültigkeitsprüfung sind weniger technischer Natur als vielmehr die Aufgabe, eine gesellschaftlich akzeptierte Lösung zu finden, die sowohl die Aufwände als auch die verbleibenden Risiken beim Einsatz digital signierter Nachrichten und Daten entsprechend der Einflußsphäre des Unterzeichners bzw. Prüfers verteilt. Zunächst wird eine Möglichkeit der fairen Kenntnisnahme digital signierter Nachrichten definiert (Kapitel 8.3.1). Der Ansatz digitaler Signaturen mit beigefügten Prüfinformationen wird anschließend dargestellt (Kapitel 8.3.2), dann die alternative Konzeptidee der vertrauenswürdig bestätigten digitalen Signaturen vorgestellt (Kapitel 8.3.3) und abschließend deren jeweilige Vor- und Nachteile untersucht und bewertet (Kapitel 8.4).

8.3.1 Faire Möglichkeit zur Kenntnisnahme digital signierter Nachrichten

Die bisherigen Ansätze und gesetzlichen Regelungen zum Wirksamwerden digital signierter Nachrichten gehen von einer Fiktion der universellen und unmittelbaren Prüfbarkeit digitaler Signaturen aus. Bestehende technisch-funktionale Unterschiede einzelner Lösungen für die Erstellung und Prüfung digitaler Signaturen sowie für die Dienste einer Zertifizierungsstelle sind weitestgehend unberücksichtigt geblieben. Zwar kam die Bundesregierung in ihrem Evaluierungsbericht zum Signaturgesetz zu der Einschätzung, daß zu grundlegenden Änderungen von Gesetz und Verordnung keine Veranlassung besteht [BT 99], jedoch bleibt vor allem wegen der momentan noch geringen Erfahrungen mit digital signierten Nachrichten offen, ob die idealisierenden Annahmen speziell zur Gültigkeitsprüfung in der Praxis und der folgenden Rechtsprechung Bestand haben werden.

Im allgemeinen kann nicht erwartet werden, daß Empfänger potentiell auf die Prüfung verschiedener Arten digital signierter Nachrichten technisch vorbereitet sind. Ebensowenig realistisch ist die Annahme, daß Empfänger bei der Prüfung digitaler Signaturen auf die Wahrung der Vertraulichkeit ihrer Kommunikation verzichten werden.[4] Die Akzeptanz einer digitalen Signatur ist daher prinzipiell fraglich, wenn die notwendige Gültigkeitsprüfung aus Sicht des Prüfers (Empfängers) nicht fair ist, beispielsweise charakterisiert durch:

- ☐ **Prüfungskosten**
  Die Gültigkeit der digitalen Signatur kann vom Prüfer nur durch den kostenpflichtigen Abruf erforderlicher Statusinformationen zum Zertifikat bestimmt werden.

[4] zu den Schutzzielen der mehrseitigen Sicherheit siehe [Müller, Rannenberg 99]

- ☐ **Prüfungsaufwände**
  Die Gültigkeit der digitalen Signatur kann vom Prüfer nur nach Beschaffung zusätzlicher Prüfkomponenten bestimmt werden.
- ☐ **Verlust der Vertraulichkeit kommunikativer Handlungen**
  Die Statusinformationen zu Zertifikaten können vom Prüfer erst nach Identifizierung durch den Verzeichnisdienst abgerufen werden.

Insbesondere ist zu berücksichtigen, daß der Empfänger einer digital signierten Nachricht nach deren Zugang erst eine sowohl von individuellen als auch äußeren Rahmenbedingungen abhängige zeitliche Spanne zur Gültigkeitsprüfung benötigt, bevor er auf deren Inhalt reagieren kann und wird. Des weiteren kann auch nicht davon ausgegangen werden, daß der Empfänger einer digital signierten Nachricht die schnellste Methode zur Gültigkeitsprüfung der angefügten digitalen Signaturen und Zeitstempel wählen wird. In Abb. 8.1 ist das Modell des Wirksamwerdens schriftlicher Willenserklärungen[5] der Kenntnisnahme digital signierter Nachrichten, zusammen mit dem notwendigen Prozeß für deren Gültigkeitsprüfung, zeitlich gegenübergestellt.

Die Untersuchung und Entwicklung neuer Konzepte und technischer Verfahren zur Überprüfung und Akzeptanz digital signierter Nachrichten ist daher prinzipiell lohnend. Unter Berücksichtigung der Maxime der mehrseitigen Sicherheit [Müller, Rannenberg 99] könnte die Definition der fairen Möglichkeit zur Kenntnisnahme digital signierter Nachrichten wie folgt lauten:

Definition: Faire Kenntnisnahme digital signierter Nachrichten
Eine digital signierte Nachricht wird wirksam, wenn sie so in den Machtbereich des Empfängers gelangt ist, daß dieser unter den von ihm zuvor genannten Rahmenbedingungen die Möglichkeit hat, vom Inhalt der Nachricht Kenntnis zu nehmen und die Gültigkeit der digitalen Signatur des Unterzeichners zu prüfen sowie eine zuvor vereinbarte Frist zur Gültigkeitsprüfung verstrichen ist. Die persönlichen Rahmenbedingungen und Fristen sind zuvor vom Empfänger (Prüfer der Signatur) allgemein bekanntzugeben oder können in einem individuellen Verhandlungsprozeß mit dem Sender (Signaturersteller) angemessen vereinbart werden.

Zur Unterstützung einer fairen Kenntnisnahme digital signierter Nachrichten sind verschiedene Lösungen denkbar, die sich durch ihre organisatorischen bzw. technischen Komponenten unterscheiden. Prinzipiell könnten lediglich die Rahmenbedingungen einer Gültigkeitsprüfung digitaler Signaturen vereinbart und auf zusätzliche technische Unterstützung des Prüfers bei diesem Prozeß verzichtet werden. Jedoch ist für die faire Verwendung digitaler Signaturen, vor allem auch in Anwendungsszenarien zur Unterstützung von Augenblicksentscheidungen, die Vereinbarung von Zeiten und Fristen der Gültigkeitsprüfungen nicht ausreichend, sondern darüber hinaus sollten die

[5] vgl. Empfangstheorie gemäß §130 Abs. 1 BGB und Kapitel 2.2.2

Aufwände der Prüfer digitaler Signaturen durch zusätzliche verfahrenstechnische Maßnahmen seitens der Unterzeichner reduziert werden. Im folgenden werden deshalb technische Lösungen bzw. Konzeptideen vorgestellt und ihre Eignung zur Unterstützung der fairen Kenntnisnahme untersucht.

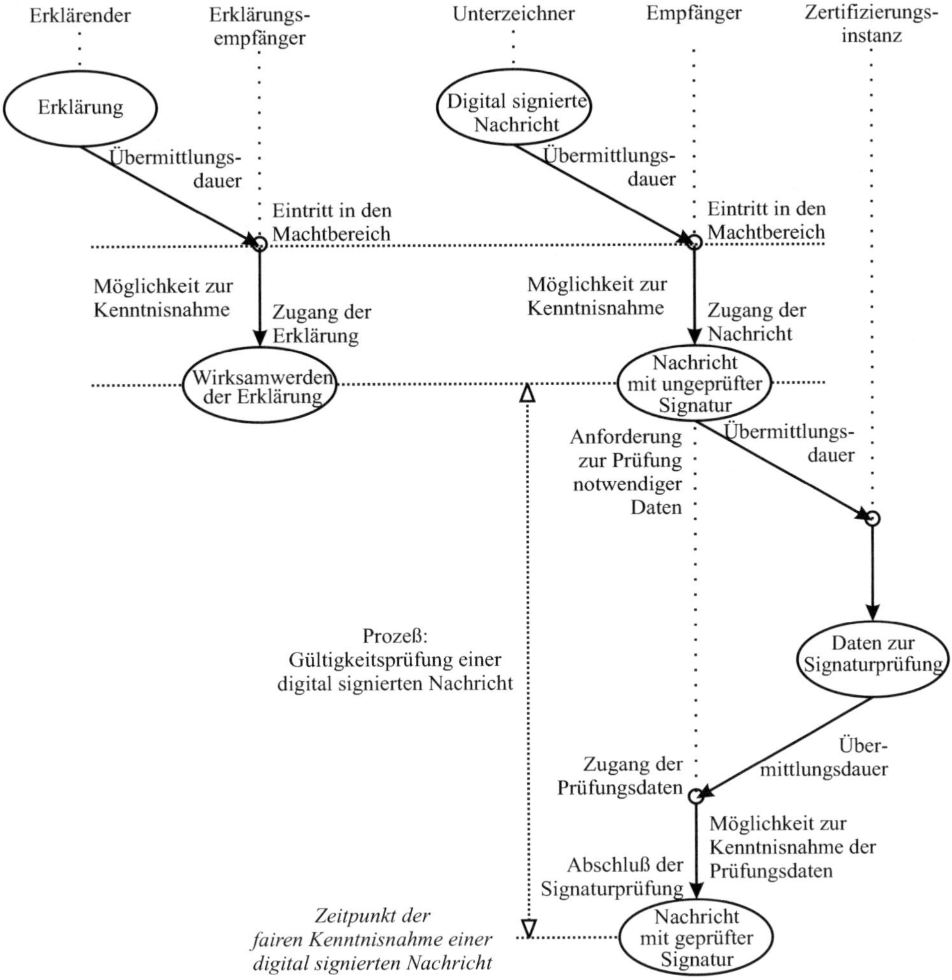

Abb. 8.1. Wirksamwerden schriftlicher Erklärungen vs. faire Kenntnisnahme digital signierter Nachrichten

8.3.2 Digitale Signaturen mit beigefügten Prüfinformationen

Ein Ansatz zur Reduzierung der Aufwände des Prüfers bei der Gültigkeitsprüfung digital signierter Nachrichten ist, daß der Unterzeichner alle zur Verifikation notwendigen Statusinformationen zu seinem Teilnehmer-Zertifikat, dem Zertifikat seiner ausstellenden Zertifizierungsstelle oder dem des Zeitstempeldienstes bei den entsprechenden Verzeichnisdiensten abruft und seiner Nachricht beifügt, so daß der Prüfer lediglich die Verifikation der digitalen Signatur unter der Nachricht und den jeweiligen Signaturen unter den beigefügten Zertifikaten, Sperrlisten oder OCSP-Auskünften durchführen muß. Entsprechend erweiterte Formate digitaler Signaturen wurden bereits von internationalen Standardisierungsgremien diskutiert und definiert (vgl. [ETSI TS 101 733], „Electronic Signature with Complete validation data" (ES-C) und Abb. 8.2).

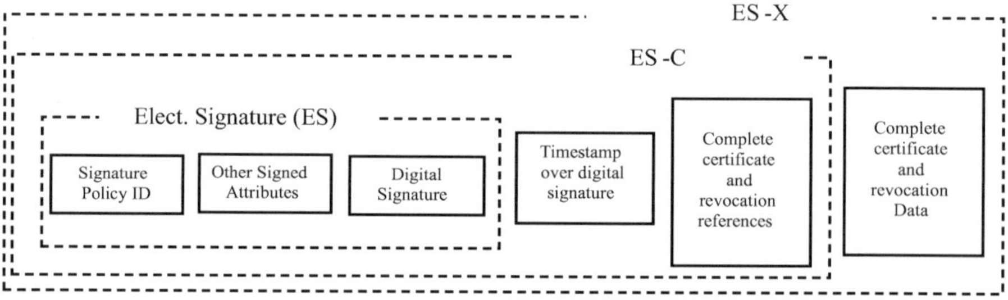

Abb. 8.2. Elektronische Signatur mit beigefügten Prüfinformationen

Allerdings hat der Ansatz – digitalen Signaturen, die zur Gültigkeitsprüfung erforderlichen Statusinformationen beizufügen – eine konzeptionelle Schwäche. Da im allgemeinen zur Gültigkeitsprüfung digitaler Signaturen nur die aktuellsten Statusinformationen vom Prüfer akzeptiert werden, darf zwischen deren Abruf durch den Unterzeichner und deren Übermittlung an den Prüfer nur eine kurze Zeitspanne liegen, weshalb dieser Ansatz nur für die Anwendungsfälle geeignet ist, in denen digital signierte Nachrichten bzw. Daten zur Unterstützung von Augenblicksentscheidungen eingesetzt werden. Allerdings kann in den anderen beiden Fällen, in denen digitale Signaturen entweder zum zeitlich befristeten oder nachhaltigen Schutz von Daten dienen, keine wesentliche Reduzierung der Aufwände bei der Gültigkeitsprüfung erreicht werden, da die Vertrauenswürdigkeit beigefügter Statusinformationen, wie Zertifikate, Sperrlisten, etc., längerfristig grundsätzlich nicht gewährleistet ist, weshalb der Prüfer i.d.R. zum Zeitpunkt der Signaturprüfung vertrauenswürdige Informationen aktuell anfordern wird[6].

[6] zur zeitlichen Klassifikation digitaler Signaturen siehe Kapitel 7.1

8.3.3 Vertrauenswürdig geprüfte digitale Signaturen

Die konzeptionelle Idee der vertrauenswürdig geprüften digitalen Signaturen beruht auf der Annahme, daß vertrauenswürdige dritte Instanzen etabliert sind, die sowohl die kryptographische Korrektheit einer digitalen Signatur eines beliebigen Unterzeichners prüfen als auch die Erfüllung von spezifizierten Gültigkeitskriterien durch den Unterzeichner selbst, der sein Teilnehmer-Zertifikat ausstellenden Zertifizierungsstelle etc. verifizieren können. Das Ergebnis sämtlicher Prüfungen wird von dieser Instanz in einem speziellen elektronischen Dokument bestätigt und durch ihre digitale Signatur integritäts- und authentizitätsgeschützt. Implizit wird dabei auch die Existenz des digital signierten Dokuments durch die Vorlage der digitalen Signatur bei der Instanz bestätigt. Aufgrund der Gültigkeitsbestätigung einer Vertrauensinstanz können dann andere auf eine eigne Überprüfung der digitalen Signatur des Unterzeichners selbst verzichten.

Vertrauensinstanz zur Unterstützung der fairen Kenntnisnahme digital signierter Nachrichten	Notariatsdienst – Data Certification Server Protocols (DCS)
1. Der Unterzeichner signiert seine Nachricht	
2. Der Unterzeichner läßt die Gültigkeit seiner digitalen Signatur durch die Vertrauensinstanz prüfen und bestätigten	2. Der Unterzeichner sendet seine digital signierte Nachricht an den Empfänger
3. Der Unterzeichner sendet seine digital signierte Nachricht zusammen mit der Gültigkeitsbestätigung an den Empfänger	3. Der Empfänger läßt die Gültigkeit der digitalen Signatur durch die Vertrauensinstanz prüfen und bestätigen
4. Der Empfänger prüft die von der Vertrauensinstanz ausgestellte Gültigkeitsbestätigung	

Tabelle 8.1. Gültigkeitsprüfung digitaler Signaturen durch Vertrauensinstanzen

Die Idee ist, daß der Unterzeichner eines digital signierten Dokuments selber eine Gültigkeitsbestätigung für seine digitalen Signaturen bei einer vertrauenswürdigen dritten Instanz anfordert, diese seinem Dokument vor der Übermittlung an den Empfänger beifügt und so die Aufwände zur Gültigkeitsprüfung seiner Signatur durch andere bereits im voraus auf ein verfahrenstechnisches Minimum – Prüfung der digitalen Signatur einer Vertrauensinstanz – reduziert. Dagegen wird in den bekannten Anwendungskonzepten mit Signaturprüf-Instanzen von der Erstellung einer Gültigkeitsbestätigung, vor allem zwecks Verlängerung der Überprüfbarkeit digitaler Signaturen und zur nachhaltigen Bestätigung eines Zertifikatsstatus, ausgegangen (vgl. [DCS 98], APPENDIX B und C). Die prinzipiellen Unterschiede der beiden Szenarien zeigt Tabelle 8.1.

Allgemeine Voraussetzungen zur Reduzierung der Aufwände des Empfängers für die Gültigkeitsprüfung einer digital signierten Nachricht eines beliebigen Unterzeichners mit Gültigkeitsbestätigung sind:

- Die Vertrauensinstanz hat die Gültigkeit einer vorgelegten digitalen Signatur so geprüft und bestätigt, daß der Prozeß der Gültigkeitsprüfung den Anforderungen des Empfängers entspricht.
- Das Zertifikat der Vertrauensinstanz zum Signieren der Gültigkeitsbestätigungen wurde von einer Zertifizierungsstelle ausgestellt, deren Zertifizierungsrichtlinien der Empfänger bereits als vertrauenswürdig akzeptiert hat.

Ist dies gegeben, dann würden sich die Aufwände des Empfängers insgesamt auf die zur Prüfung der digitalen Signatur einer ihm vertrauten Instanz reduzieren. Allgemein sind für den Empfänger die Aufwände mit denen zur Prüfung digitaler Signaturen unter Zertifikaten der Instanz, die auch seine Teilnehmer-Zertifikat ausgestellt hat, vergleichbar.

In Wissenschaft und Forschung werden seit langem die Konzepte vertrauenswürdiger dritter Instanzen zur Gültigkeitsprüfung digitaler Signaturen entwickelt und diskutiert.[7] Des weiteren sind die entsprechenden Dienstprotokolle (vgl. [DVCS 2000]) bereits im Prozeß der internationalen Standardisierung. Für die Annahme, daß zukünftig online Signaturprüfdienste zentral realisiert werden, sprechen insbesondere die Fälle, in denen der Empfänger einer digital signierten Nachricht entweder aus technisch-organisatorischen oder verfahrensbedingten Gründen die Prüfung nicht selbst vornehmen kann, etwa weil er nicht über die dazu notwendigen technischen Komponenten verfügt oder keinen Zugang zu den zur Gültigkeitsprüfung erforderlichen Statusinformationen zum Zertifikat des Signaturerstellers hat. Neuerdings wird vor allem untersucht, ob durch den Einsatz dieser zentralen Prüfinstanzen auch bestehende Interoperabilitätsprobleme zwischen verschiedenen eigenständigen Public-Key-Infrastrukturen bzw. -hierarchien sowie technisch unterschiedlichen Realisierungen gelöst werden können.[8]

Auch privatwirtschaftliche Sicherheitskonzepte der Finanzindustrie, wie Identrus, deren Fokus der globale Einsatz digitaler Signaturen zum Schutz

---

[7] vgl. [Notary 97, DCS 98]

[8] So ist z.B. in den USA geplant, daß bisher eigenständige Zertifizierungshierarchien von verschiedenen Ministerien und staatlichen Organisationen unter einer gemeinsamen technischen Struktur, einer sog. *Federal Bridge Certification Authority* (FBCA), mit einheitlichen organisatorischen Rahmenbedingungen, zusammengeschlossen werden [NIST 2000]. Das Ziel ist die gegenseitige Anerkennung der Zertifikate der kooperierenden Partner. Eine vergleichbare Initiative haben auch die Deutsche Telekom und die Deutsche Bank gestartet, die zukünftig auch die PKIn anderer Unternehmen einschließen soll (siehe [DTAG 2000]).

von Informationen und Transaktionen ist, basieren technisch gesehen auf zentralen Prüf- und Bestätigungsdiensten (vgl. [Identrus 99]). Im Kontext von Identrus ist eine Signaturprüfung bei Finanztransaktionen nur durch diese Dienste möglich, da Statusinformationen zu Zertifikaten nicht frei verfügbar sind. Dabei wird durch einheitliche Nutzungsvorgaben sowie verbindliche Schadensregulierungen eine Unabhängigkeit von divergierenden nationalen zivilrechtlichen Regelungen gewährleistet.

Konzeptionell läuft die Erstellung einer digital signierten Nachricht mit allen für den Empfänger zur fairen Gültigkeitsprüfung notwendigen Informationen durch Nutzung eines Notariatsdienstes seitens des Unterzeichners wie folgt ab:

1. Der Unterzeichner erstellt die digitale Signatur zu seiner Nachricht.
2. Der Unterzeichner übermittelt dem Notariatsdienst seine digitale Signatur und gibt das zur Gültigkeitsprüfung anzuwendende Gültigkeitsmodell an.
3. Der Notariatsdienst prüft die vorgelegte digitale Signatur gemäß einem spezifizierten Gültigkeitsmodell.
4. Der Notariatsdienst bestätigt mit dem Notariats-Token das Ergebnis der Gültigkeitsprüfung, den Zeitpunkt der Vorlage dieser digitalen Signatur sowie den öffentlichen Schlüssel des Unterzeichners.
5. Der Notariatsdienst übermittelt dem Unterzeichner den Notariats-Token.
6. Der Unterzeichner fügt den Notariats-Token seiner digital signierten Nachricht an und übermittelt diese dem Empfänger.
7. Der Empfänger prüft die Gültigkeit der digitalen Signatur des Notariatsdienstes unter dem Notariats-Token.
8. Der Empfänger prüft, ob das angewandte Gültigkeitsmodell seinen Anforderungen entspricht.
9. Der Empfänger prüft, ob die Gültigkeit der digitalen Signatur des Unterzeichners durch den Notariats-Token bestätigt wird.
10. Der Empfänger prüft die Zusammengehörigkeit der bestätigten digitalen Signatur und Nachricht mit Hilfe des im Notariats-Token bestätigten öffentlichen Schlüssels.

8.4 Bewertung der Konzepte

Aus Sicht der Benutzer sind bisherige Konzepte und Verfahren zur digitalen Signatur nicht fair, da Kosten und Aufwände nicht gemäß dem *Verur-*

sacherprinzip zwischen den Anwendern verteilt sind. Die Nutzung digitaler Signaturen verursacht verfahrensbedingt *Kosten* – Beantragung eines Zertifikates – und *Aufwände* – Zeitstempelung einer digitalen Signatur, die vom Unterzeichner zu tragen sind. Des weiteren sind jedoch insbesondere noch die Aufwände für den Empfänger bei der Gültigkeitsprüfung einer digital signierten Nachricht hervorzuheben – wie Abruf aktueller Statusinformationen zu Zertifikaten bei der ausstellenden Zertifizierungsstelle ggf. verbunden mit Dienstnutzungsgebühren –, weil sie zur Ablehnung digital signierter Nachrichten führen können. Daher gilt es, bisherige Technik-Konzepte kritisch zu analysieren und neue verfahrenstechnische Lösungsideen zu entwickeln, die vor allem die Aufwände nach dem Verursacherprinzip zwischen Unterzeichner und Prüfer verteilen sowie sie insgesamt möglichst noch reduzieren (siehe Tabelle 8.2).

Das Konzept der digitalen Signaturen mit beigefügten Prüfinformationen basiert auf der Idee, Daten nicht nur Schutzinformationen – die Signatur und ggf. einen Zeitstempel –, sondern auch alle zur Gültigkeitsprüfung erforderlichen Statusinformationen zu Zertifikaten beizufügen. Dies führt für die Prüfer digitaler Signaturen zwar nicht zu einer allgemeinen Reduzierung der Prüfungsaufwände auf das absolut erreichbare Minimum, jedoch zu einer wesentlichen Reduzierung bei zeitkritischen Anwendungen im E-Commerce. So wird der Prozeß der Gültigkeitsprüfung unmittelbar nach Eingang einer digital signierten Information vor allem dadurch zeitlich beschleunigt, daß für den Prüfer der Kommunikationsaufwand zum Abruf aktueller Statusinformationen bei der ausstellenden Zertifizierungsstelle entfällt, sofern er die vom Unterzeichner beigefügten Informationen als vertrauenswürdig erachtet. Ebenso gehen eventuelle Kosten für den Abruf dieser Informationen nicht zu Lasten des Empfängers, sondern sind vom Unterzeichner zu tragen. Insgesamt betrachtet reduziert dieses Konzept die Aufwände nicht absolut, da lediglich die erforderlichen Aufwände vom Unterzeichner statt vom Prüfer zu tragen sind. Allerdings entspricht diese Verteilung der Kosten eher dem Verursacherprinzip als die der bestehenden Verfahren.

Die unmittelbare Gültigkeitsprüfung nach Empfang einer digital signierten Nachricht ist Bestandteil vieler Szenarien des E-Commerce. Eine Beschleunigung des Prozesses der Gültigkeitsprüfung kann zur Erhöhung der Akzeptanz dieses Sicherungsverfahrens in zeitkritischen kommerziellen Anwendungen, wie dem Online-Brokerage führen. Falls jedoch digitale Signaturen die Integrität und Authentizität von Daten längerfristig schützen müssen, können bei einer späteren Gültigkeitsprüfung erneut Aufwände und Kosten für den Prüfer entstehen, wenn die vom Unterzeichner selbst beigefügten Statusinformationen nicht mehr als vertrauenswürdig zu erachten sind. Allerdings kann dann auch nicht mehr ausgeschlossen werden, daß die prinzipielle zeitliche Grenze der Überprüfbarkeit einer Teilnehmer-Signatur überschritten wurde[9], weshalb die Integrität und Authentizität der Signatur selbst nicht länger gewährleistet ist.

Zur Erstellung digitaler Signaturen existieren alternative kryptographische Algorithmen, und zur system-technischen Darstellung von Signaturen, Zeitstempeln sowie signierten Daten im allgemeinen konkurrieren verschiedene Realisierungsvarianten miteinander. Grundsätzlich führt diese Situation zu dem Problem, daß der Prüfer allein zur Verifikation der technischen Gültigkeitskriterien einer digitalen Signatur über entsprechende, auf die vom Unterzeichner eingesetzten Signaturalgorithmen abgestimmte, Prüfkomponenten verfügen muß. Der Ansatz des Beifügens sämtlicher Prüfinformationen zur digital signierten Nachricht trägt zur Lösung dieses Problems weder bei noch unterstützt er den Prüfer bei der Verifikation von sicherheits- bzw. anwendungsspezifischen Gültigkeitskriterien[10]. Allgemein betrachtet kann dieser Ansatz daher lediglich in Fällen der sofortigen Gültigkeitsprüfung nach Empfang einer digital signierten Nachricht, in denen Prüfer und Unterzeichner ihre Zertifikate von der selben Zertifizierungsstelle bzw. von Zertifizierungsstellen unter einer gemeinsamen Wurzel-Instanz ausgestellt bekommen haben, den Aufwand bei der Gültigkeitsprüfung reduzieren und zeitlich beschleunigen. Der Prüfer braucht dann zum einen für die Verifikation der technischen Gültigkeitskriterien keine aktuellen Statusinformationen zum Zertifikat des Unterzeichners abzurufen, und zum anderen kann aufgrund gemeinsamer bzw. vergleichbarer Zertifizierungsrichtlinien von einer Erfüllung der sicherheits- bzw. anwendungsspezifischen Gültigkeitskriterien ausgegangen werden.

Die Konzeptidee vertrauenswürdig geprüfter digitaler Signaturen ist eine verfahrenstechnische Unterstützung der fairen Möglichkeit zur Kenntnisnahme digital signierter Nachrichten, da die Aufwände und Kosten des Empfängers zur Gültigkeitsprüfung einer digital signierten Nachricht auf das verfahrenstechnische Minimum – die Prüfung der Signatur einer Vertrauensinstanz – reduziert werden. Erzielt wird die Reduktion dadurch, daß der Unterzeichner selbst eine Gültigkeitsbestätigung für seine digitale Signatur von einer vertrauenswürdigen Instanz anfordert und seiner Nachricht beifügt. Aufgabe der Vertrauensinstanz ist, die vom Unterzeichner vorgelegte digitale Signatur an Hand spezifizierter Gültigkeitskriterien zu prüfen und deren Gültigkeit durch ihre eigene Signatur zu bestätigen. Entsprechen diese vorgegebenen Prüfkriterien einem dem Empfänger bekannten und von ihm akzeptierten Gültigkeitsmodell, dann muß der Empfänger nur noch die Authentizität dieser Bestätigung prüfen, jedoch nicht mehr die Signatur des Unterzeichners. Einerseits entfällt so der Abruf von Statusinformationen zum Zertifikat des Unterzeichners, andererseits muß der Empfänger nur digitale Signaturen der Vertrauensinstanz prüfen können und braucht keine entsprechenden Prüfkomponenten für alternative technische Realisierungen digitaler Signaturen.

[9] zur Thematik der Nachhaltigkeit digitaler Signaturen siehe Kapitel 7
[10] zur Klassifikation der Kriterien siehe Kapitel 4.3

Funktional betrachtet, wird durch die Vertrauensinstanz eine Teilnehmer-Signatur durch ihre eigene ersetzt. Eine Signaturersetzung ist stets dann notwendig, wenn die ursprüngliche digitale Signatur mit einem dem Prüfer nicht zur Verfügung stehenden kryptographischen Verfahren erzeugt wurde bzw. der Prüfer nicht die Konformität der Signatur und dazugehöriger Zertifikate zu seinem akzeptierten Gültigkeitsmodell verifizieren kann. Allgemein wird ein Prüfer ohne weitergehende Kenntnisse nur die Gültigkeit einer Signatur verifizieren können, wenn sich die eigene Zertifizierungsstelle und die des Unterzeichners in einer gemeinsamen Public-Key-Infrastruktur (PKI) befinden und gleiche Zertifizierungsrichtlinien verwenden. Eine vergleichende Bewertung anderer Richtlinien als Voraussetzung zu deren Akzeptanz wird i.d.R. nur Experten möglich sein. Die Etablierung vertrauenswürdiger Prüfinstanzen ist allein deshalb eine praktische Notwendigkeit, weil von einer Vielzahl unterschiedlicher Zertifizierungsstellen mit spezifischen Zertifizierungsrichtlinien auszugehen ist. Des weiteren können funktional erweiterte Prüfinstanzen auch die Wahrung der Nachhaltigkeit digitaler Signaturen unterstützen (siehe Kapitel 7.3.4).

Die Kommunikationsaufwände für den Unterzeichner erhöhen sich durch dieses Konzept nicht, da je nach zugrundeliegendem Gültigkeitsmodell der Nachweis des Zeitpunkts der Signaturerstellung zwingende Voraussetzung

Methode	Digitale Signaturen mit beigefügten Prüfinformationen	Vertrauenswürdig geprüfte digitale Signaturen
Anforderungen an die PKI	–	neuer Dienst einer vertrauenswürdigen Instanz
Anforderungen an den Dienst	–	Sicherheitsanforderungen an den Dienst vergleichbar mit denen an eine Zertifizierungsstelle
Anforderungen an den Unterzeichner (Sender)	zusätzlich Abruf aller aktuellen Statusinformationen zur Verifikation des Teilnehmer-Zertifikates	Anforderung einer Gültigkeitsbestätigung für seine digitale Signatur, dagegen Verzicht auf deren separate Zeitstempelung
Anforderungen an den Prüfer (Empfänger)	ggf. Prüfkomponenten für alternative technische Realisierungen digitaler Signaturen, Zertifikate etc.	–
Verfahrenskosten	Kosten für den Abruf von Statusinformationen sind vom Empfänger zu tragen	Kosten für die Erstellung der Gültigkeitsbestätigung trägt der Unterzeichner

Tabelle 8.2. Konzepte zur fairen Gültigkeitsprüfung digitaler Signaturen

ist. Der Unterzeichner hat für seine Signatur statt eines Zeitstempels einfach eine Gültigkeitsbescheinigung von einem Vertrauensdienst anzufordern. Allerdings sind dabei eventuell anfallende Kosten für die Erstellung dieser Bescheinigung vom Unterzeichner zu tragen. Im Vergleich zu bekannten Verfahren der digitalen Signatur führt diese Konzeptidee zu einer Umkehrung der Kostenverteilung gemäß dem Verursacherprinzip und ist vor allem deshalb vorteilhaft, da nicht von einer uneingeschränkten Akzeptanz der Empfänger zur Kostenübernahme bei Gültigkeitsprüfung digital signierter Nachrichten ausgegangen werden kann.

Fazit und Ausblick

Der elektronische Datenaustausch in verteilten Anwendungen, sei es innerhalb der eigenen Organisation oder zwischen verschiedenen unabhängigen Instanzen, wird bisherige Formen der Arbeit und Zusammenarbeit ersetzen und effektiver gestalten.[11] Die Grundlage des Handelns bilden die dabei ausgetauschten Daten. Voraussetzung dafür ist aber, daß diese Daten bezüglich ihrer Authentizität, Integrität und Verbindlichkeit den papiergebundenen Dokumentformen in nichts nachstehen. Außerdem muß die Möglichkeit zur vertraulichen elektronischen Kommunikation gegeben sein.

Die Basistechnologie zur sicheren Nutzung offener Kommunikationsinfrastrukturen, vor allem des Internets, sind asymmetrische Kryptosysteme, speziell Verfahren der digitalen Signatur. Die Ungewißheit eines jeden Empfängers über die Integrität und Authentizität der empfangenen Informationen läßt sich erst durch den Einsatz digitaler Signaturen seitens der Absender beseitigen. Dieses Verfahren eröffnet dem Empfänger die Möglichkeit zur Überprüfung der Unversehrtheit der Information und der Identität des Absenders. Beim Einsatz digitaler Signaturen stellt ein unabhängiger vertrauenswürdiger Dritter, eine Zertifizierungsstelle, für die Anwender unverzichtbare Dienstleistungen, wie Zertifizierung von Signaturschlüsseln der Anwender und Abruf von Zertifikaten, zur Verfügung. Sie können von den einzelnen Anwendern nicht selbst erbracht werden, weil einerseits die technischen Mittel fehlen, vor allem aber, weil die gegenseitige Unabhängigkeit von Dienstanbieter und Nutzer dann nicht mehr gegeben wäre.

Der Gesetzgeber hat 1997 mit dem Signaturgesetz (SigG) die Rahmenbedingungen vorgegeben, um die Technik der digitalen Signatur zur Abgabe rechtsverbindlicher elektronischer Unterschriften einsetzen zu können. Zur Vorbeugung gegen möglichen Mißbrauch und zur Minimierung der Risiken beim Verfahren der digitalen Signatur wurde der klassische Weg gewählt:

> *Wenn Gefahren drohen, sind entsprechende Gegenmaßnahmen zu ergreifen, um das tatsächliche Eintreten zu verhindern.*

[11] Umsatzsteigerung und Kostensenkung werden von einer Mehrheit der Unternehmen zwar als wichtigste Ziele angegeben (vgl. [ECE 2000]), allerdings konnte durch empirische Untersuchungen deren Realisierung nur teilweise bestätigt werden (vgl. [ECE 98]).

Gemäß dieser Vorgehensweise wurden bei dem Verfahren der digitalen Signatur Risiken und mögliche Bedrohungen a-priori bestimmt, um entsprechende Sicherheitsmaßnahmen definieren und in Form der Maßnahmenkataloge veröffentlichen zu können. Das Signaturgesetz regelt durch seine Vorschriften die technischen Anforderungen sowohl an Zertifizierungsstellen als auch an Anwender und läßt damit kaum noch konzeptionellen Gestaltungsspielraum für unterschiedliche technische und organisatorische Lösungen. Rechtswirkung und Wirksamwerden digitaler Signaturen, im Signaturgesetz selbst nicht geregelt, sollen durch das Gesetz zum modernen Rechtsgeschäftsverkehr [BMJ 2000] festgelegt werden.

Die geltenden gesetzlichen Rahmenbedingungen zielen auf universell nutzbare Zertifizierungsinfrastrukturen, die allerdings eine wirtschaftliche Nutzung digitaler Signaturen nur bedingt ermöglichen.[12]

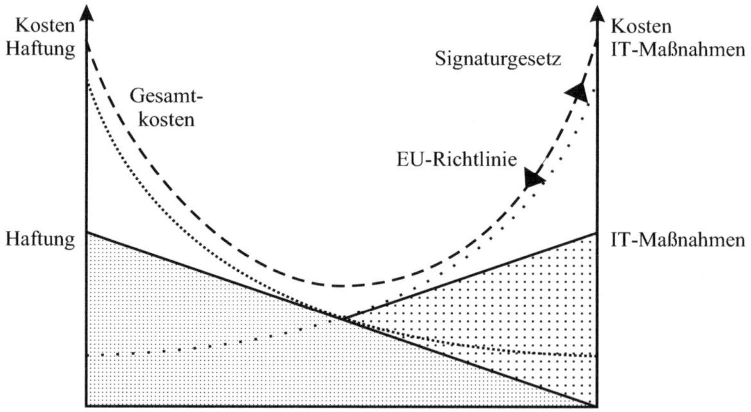

Abb. 8.3. Sicherheitsfaktoren – IT-Maßnahmen vs. Haftung

So könnte auf die generelle Anforderung, alle Zertifikate bei der ausstellenden Zertifizierungsstelle 35 Jahre lang nachprüfbar zu halten, verzichtet werden, wenn stattdessen zur Wahrung der langfristigen Nachhaltigkeit konkreter Signaturen – wie vorgeschlagen – spezielle Dienstleistungen vertrauenswürdiger Instanzen, etwa Notariatsdienste, zum Einsatz kämen.

Im Internet ist Sicherheit bei allen angebotenen Dienstleistungen wesentlich. Das Verfahren der digitalen Signatur ist eine Basistechnologie zum Schutz von Informationen und Transaktionen. In dieser Arbeit wurden aller-

[12] Die Sicherheit beim Verfahren der digitalen Signatur kann durch die zwei unabhängigen Faktoren „Haftung" und „IT-Sicherheitsmaßnahmen" erreicht werden. Allerdings kann nur durch eine auf das konkrete Anwendungsszenario und die dort real vorhandenen Risikofaktoren abgestimmte Lösung eine insgesamt ausgewogene Kostenstruktur erreicht werden (siehe Abb. 8.3).

dings bei den bisherigen Konzepten und Regelungen Risikopotentiale identifiziert. So ist weder die Unabhängigkeit der Gültigkeit einer digitalen Signatur vom Zeitpunkt der Gültigkeitsprüfung noch die stete Überprüfbarkeit einer digitalen Signatur gegeben. Vor allem sind bisher die Anforderungen und Risiken beim Zugang digital signierter Nachrichten zwischen Absender und Empfänger nicht fair verteilt, sondern benachteiligen vor allem den Empfänger, da er bei der Gültigkeitsprüfung digitaler Signaturen von der Verfügbarkeit und korrekten Funktionsweise zentraler Dienste abhängig ist. Deshalb wurden nach den Maximen der mehrseitigen Sicherheit [Müller, Rannenberg 99] konzeptionelle Ergänzungen entwickelt und als alternative Lösungen vorgeschlagen, vor allem das Modell der fairen Kenntnisnahme digital signierter Nachrichten. Insbesondere wird durch diesen Vorschlag erreicht, daß sowohl die Risiken beim Zugang einer digital signierten Nachricht entsprechend den Eingriffsmöglichkeiten und der Verantwortungssphäre zwischen Absender und Empfänger als auch die bei der Gültigkeitsprüfung entstehenden Kosten und Aufwände nach dem Verursacherprinzip verteilt werden können.

Literaturverzeichnis

[ABA 96] American Bar Association (ABA), Section of Science and Technology, Electronic Commerce and Information Technology Division, Information Security Committee. *Signature Guidelines Legal Infrastructure for Certification Authorities and Secure Electronic Commerce*, 1. August 1996. ISBN 1-57073-250-7.

[AG Hannover 97] AG Hannover. *Mißbrauch der PIN-Nummer*. Computerrecht (CR), Seite 742–743, 1998.

[Anderson 96] R. J. Anderson. *The Eternity Service*, Pragocrypt 1996. `http://www.cl.cam.ac.uk/ftp/users/rja14/eternity.ps.Z`

[AWV 94] Arbeitsgemeinschaft für wirtschaftliche Verwaltung (AWV). *Deutscher EDI-Rahmenvertrag*. AWV-Eigenverlag, Eschborn, 1994.

[Bauer 97] F. L. Bauer. *Entzifferte Geheimnisse – Methoden und Maximen der Kryptologie*. Springer-Verlag, Heidelberg, 1997. ISBN 3-540-62632-8.

[Baum 99b] M. Baum. *Die elektronische Identität? – Der Namen als Zertifikatsbestandteil – ein Interpretationsvorschlag*. Datenschutz und Datensicherheit (DuD), Seite 511–513, Heft 9, 1999.

[Berthold, Federrath 2000] O. Berthold, H. Federrath. *Identitätsmanagement*. In H. Bäumler (Hrsg.), *E-Privacy*. Vieweg, 2000. ISBN 3-528-03921-3.

[Bertsch 2000] A. Bertsch. *Zur Gültigkeit, Nachhaltigkeit und wirtschaftlichen Relevanz digitaler Signaturen*. Wirtschaftinformatik (WI), Seite 509–516, Heft 6, 2000.

[Bertsch 97] A. Bertsch. *Konzept für den operationalen Betrieb von TrustCentern*. Abteilung Telematik, Institut für Informatik und Gesellschaft (IIG), Universität Freiburg, 1997.

[Bertsch 99] A. Bertsch. *On Sustainable Digital Signatures*. In G. Müller, K. Rannenberg (Hrsg.), *Multilateral Security in Communications – Technology, Infrastructure, Economy*, Seite 269–282, München, 1999. Addison-Wesley. ISBN 3-8273-1360-0.

[Bertsch, Pordesch 99] A. Bertsch, U. Pordesch. *Zur Problematik von Prozeßlaufzeiten bei der Sperrung von Zertifikaten*. Datenschutz und Datensicherheit (DuD), Seite 514–519, Heft 9, 1999.

[Bertsch, Rannenberg 99] A. Bertsch, K. Rannenberg. *Lean Infrastructures for Sustainable Digital Signatures*. In S. Fischer-Hübner, G. Quirchmayr, L. Yngström (Hrsg.), *User Identification & Privacy Protection*, Seite 173–189. International Federation for Information Processing (IFIP), 1999. ISBN 99-7153-909-3.

[Bertsch, Rannenberg, Bunz 99] A. Bertsch, K. Rannenberg, H. Bunz. *Nachhaltige Überprüfbarkeit digitaler Signaturen.* In P. Horster (Hrsg.), *Sicherheitsinfrastrukturen*, Seite 39–50. Vieweg, 1999. ISBN 3-528-05709-2.

[BGH 95] BGH. *Beweiskraft des Sendeberichts für Telefaxzugang.* Computerrecht (CR), Seite 143–147, 1995.

[Bieser 96] W. Bieser. *Bundesregierung plant Gesetz zur digitalen Signatur.* Computerrecht (CR), Seite 564–567, 1996.

[Bieser 97] W. Bieser. *Begründung und Überlegungen zum Signaturgesetz.* In G. Müller, A. Pfitzmann (Hrsg.), *Mehrseitige Sicherheit in der Kommunikationstechnik – Verfahren, Komponenten, Integration*, Seite 399–410, München, 1997. Addison-Wesley. ISBN 3-8273-1116-0.

[Bizer 95] J. Bizer. *Voraussetzungen und Bedingungen für die rechtliche Anerkennung digital signierter Dokumente.* In P. Horster (Hrsg.), *Trust Center*, Seite 26–39. Vieweg, 1995. ISBN 3-528-05523-5.

[Bizer, Hammer 93] J. Bizer, V. Hammer. *Elektronisch signierte Dokumente als Beweismittel.* Datenschutz und Datensicherheit (DuD), Heft 11, 1993.

[BK 96] Bundeskabinett. *Entwurf eines Gesetzes zur Regelung der Rahmenbedingungen für Informations- und Kommunikationsdienste (Informations- und Kommunikationsdienste-Gesetz – IuKDG) – Beschluß des Bundeskabinetts vom 11. Dezember 1996.* BR-Drs. 966/96 vom 20. Dezember 1996.

[BMBF 97] Bundesministerium für Bildung und Forschung (BMBF). *Verordnung zur digitalen Signatur (Signaturverordnung – SigV) – Entwurf*, 7. Juli 1997.

[BMI 95] Bundesministerium des Innern. *Verordnung über die Anerkennung von Verfahren zur elektronischen Unterschrift (Verordnung über die Elektronische Unterschrift – VEU) Stand: 24. Oktober 1995.* Computerrecht (CR), Seite 319–324, 1996.

[BMI 96] Bundesministerium des Innern. *Signaturgesetz – Vor-Entwurf, Stand: 19. August 1996.* Computerrecht (CR), Seite 578–580, 1996.

[BMJ 2000] Bundesministerium der Justiz (BMJ). *Entwurf eines Gesetzes zur Anpassung der Formvorschriften des Privatrechts an den modernen Rechtsgeschäftsverkehr*, Zustimmung des Bundeskabinetts am 6. September 2000.

[BMJ 99a] Bundesministerium der Justiz (BMJ). *Entwurf eines Gesetzes zur Anpassung der Formvorschriften des Privatrechts an den modernen Rechtsgeschäftsverkehr*, 19. Mai 1999.

[BMJ 99b] Bundesministerium der Justiz (BMJ). *Entwurf eines Gesetzes zur Anpassung der Formvorschriften des Privatrechts an den modernen Rechtsgeschäftsverkehr – Begründung*, 19. Mai 1999.

[BNotK 95] Bundesnotarkammer. *Vorschlag zum Par 126a BGB*, Dezember 1995. Auch [Eber-Faller 96]
`http://www.fitug.de/archiv/presse/para126a.html`

[BNotK 97] Bundesnotarkammer. *Entwurf eines Gesetzes über den Elektronischen Rechtsverkehr*, Stand: 29. April 1997.
`http://www.bnotk.de/geselrev.htm`

[Bröhl 97] G. M. Bröhl. *Rechtliche Rahmenbedingungen für neue Informations- und Kommunikationsdienste*. Computerrecht (CR), Seite 73–79, 1997.

[BSI 97a] Bundesamt für Sicherheit in der Informationstechnik (BSI). *Entwurf: Maßnahmenkatalog für digitale Signaturen – auf Grundlage von SigG und SigV*. Bonn, 18. November 1997 – Version 1.0.

[BSI 97c] A. Bonnard, C. Wolff. *Gesicherte Verbindung von Computernetzen mit Hilfe einer Firewall*. Siemens AG – Zentralabteilung Technik. Im Auftrag des Bundesamtes für Sicherheit in der Informationstechnik (BSI), Bonn, 1997.

[BSI 98] Bundesamt für Sicherheit in der Informationstechnik (BSI). *IT-Grundschutzhandbuch 1998 – Maßnahmenempfehlungen für den mittleren Schutzbedarf*. Bundesanzeiger-Verlag, Köln, 1998.
`http://www.bsi.bund.de`

[BT 97a] Deutscher Bundestag. *Amtliche Begründung zum Informations- und Kommunikationsdienstegesetz (IuKDG)*. BT-Drs. 13/7385 vom 9. April 1997.

[BT 97b] Deutscher Bundestag. *Gesetz zur Regelung der Rahmenbedingungen für Informations- und Kommunikationsdienste (Informations- und Kommunikationsdienste-Gesetz – IuKDG)*. BT-Drs. 13/7934 vom 11. Juni 1997.

[BT 97c] Deutscher Bundestag. *Entschließungsantrag der Fraktion CDU/CSU und FDP zu dem Gesetzentwurf der Bundesregierung – Drucksachen 13/7385, 13/7934*. BT-Drs. 13/7935 vom 11. Juni 1997.

[BT 97d] Deutscher Bundestag. *Gesetz zur digitalen Signatur (Signaturgesetz – SigG), Art. 3 IuKDG in der Fassung des Beschlusses vom 13. Juni 1997*. BT-Drs. 13/7934 vom 11. Juni 1997.

[BT 99] Deutscher Bundestag. *Bericht der Bundesregierung über die Erfahrungen und Entwicklungen bei den neuen Informations- und Kommunikationsdiensten im Zusammenhang mit der Umsetzung des Informations- und Kommunikationsdienste-Gesetzes (IuKDG)*. BT-Drs. 14/1191 vom 18. Juni 1999.

[Buchmann 99] J. Buchmann. *Faktorisierung grosser Zahlen*. Spektrum der Wissenschaft, September 1996.

[Buldas et al. 98] A. Buldas, P. Laud, H. Lipmaa, J. Villemson. *Time-Stamping with Binary Linking Schemes*. In *Crypto '98*, LNCS 1462. Springer-Verlag, 1998.

[CCEB 96] Common Criteria Editorial Board (CCEB). *Common Criteria for Information Technology Security Evaluation (CC)*, Version 1.0, 31. Januar 1996. Auch BSI-Dokument 7213.
`http://www.cse.dnd.ca/cse/english/cc.html`

[CCITT 88] CCITT, Melbourne. *Recommendation X.500 – The Directory: Overview of Concepts, Models, and Services*, 1988.

[Costales, Allman 95] B. Costales, E. Allman. *Sendmail*. O'Reilly, Sebastopol(CA), 1997. ISBN 1-56592-222-0.

[CR 97] E. Ehmann (Editor). *IuKDG*. Computerrecht (CR), Seite 515, 1997.

[DCS 98] C. Adams, R. Zuccherato. *Data Certification Server Protocols – DCS*. IETF PKIX Working Group – Internet Draft, September 1998.

[DFN 97] DFN-PCA. *Zertifizierungsrichtlinien des Projekts „PCA im DFN“.* In DFN-PCA (Hrsg.), *DFN-Bericht Nr.82*, Seite 46, Hamburg, 29. April 1997. http://www.pca.dfn.ca/dfnpca/policy

[DIN NI-27/135-99] DIN NI-27. *Text for ISO/IEC WD 18014, Information technology – Security techniques – Time stamping services*, 10. Mai 1999.

[DTAG 2000] Deutsche Telekom. *Deutsche Telekom und Deutsche Bank entwickeln Internet-kompatiblen Standard füür Sicherheit im e-Business*, 10. Oktober 2000. http://www.telekom.de/dtag/presse/artikel/0,1018,x960,00.html

[DVCS 2000] C. Adams, P. Sylvester, M. Zolotarev, R. Zuccherato. *Data Validation and Certification Server Protocols – DVCS.* IETF PKIX Working Group – Internet Draft, Oktober 2000.

[Eber-Faller 95] S. Eber-Faller. *Die „elektronische Unterschrift“ im Rechtsverkehr.* In A. Glade, H. Reimer, B. Struif (Hrsg.), *Digitale Signatur & Sicherheitssensitive Anwendungen*, Seite 115–132. Vieweg, 1995. ISBN 3-528-05519-7.

[Eber-Faller 96] S. Eber-Faller. *Gesetzgebungsvorschläge der Bundesnotarkammer zur Einführung elektronischer Unterschriften.* Computerrecht (CR), Seite 375–380, 1996.

[ECE 2000] H. Eggs, J. Englert, P. Welchering. *Empirische Untersuchung zum Business-to-Business Electronic Commerce im deutschsprachigen Raum.* Electronic Commerce Enquête – Executive Research Report, Konradin-Verlag, Stuttgart, 2000. Universität Freiburg/Institut für Informatik und Gesellschaft (IIG-Telematik), Computer Zeitung, Gemini Consulting. http://www.iig.uni-freiburg.de

[ECE 98] D. Schoder, R. Strauß, P. Welchering. *Empirische Studie zum betriebswirtschaftlichen Nutzen von Electronic Commerce für Unternehmen im deutschsprachigen Raum.* Electronic Commerce Enquête – Executive Research Report, Konradin-Verlag, Stuttgart, 1998. Universität Freiburg/Institut für Informatik und Gesellschaft (IIG-Telematik), Computer Zeitung, Gemini Consulting. http://www.iig.uni-freiburg.de/~schoder/ece/ece.html

[EESSI 99] European Electronic Signature Standardization Initiative (EESSI). *Final Report of the EESSI Expert Team*, 20. Juli 1999. http://www.ict.etsi.org/eessi/Final-Report.pdf

[Esslinger, Fox 99] B. Esslinger, D. Fox. *Public Key Infrastructures in Banks – Enterprise wide PKIs.* In G. Müller, K. Rannenberg (Hrsg.), *Multilateral Security for Global Communications – Technology, Infrastructure, Economy*, Seite 283–300, München, 1999. Addison-Wesley. ISBN 3-8273-1360-0.

[ETSI TS 101 733] European Telecommunications Standards Institute (ETSI). *Electronic Signature Formats – Technical Specification*, Version 1.2.2 – Dezember 2000.

[ETSI TS 101 861] European Telecommunications Standards Institute (ETSI). *Time Stamping Profile – Technical Specification*, Version 1.1.4 – Oktober 2000.

[EU Kom 91] Kommission der Europäischen Gemeinschaften, EU-Beratergruppe SOG–IS (Senior Officials Group – Information Systems Security). *Kriterien für die Bewertung der Sicherheit von Systemen der Informationstechnik, Information Technology Security Evaluation Criteria (ITSEC)*, Vorläufige Form der harmonisierten Kriterien – Version 1.2, 28. Juni 1991. Amt für amtliche Veröffentlichungen der Europäischen Gemeinschaften, Luxembourg. ISBN 92-826-3003-X.

[EU Kom 97] Kommission der Europäischen Gemeinschaften. *Sicherheit und Vertrauen in elektronische Kommunikation – Ein europäischer Rahmen für digitale Signaturen und Verschlüsselung*, 8. Oktober 1997. KOM (1997) 503.

[EU Kom 98] Kommission der Europäischen Gemeinschaften. *Vorschlag für eine Richtlinie des Europäischen Parlaments und des Rates über gemeinsame Rahmenbedingungen für elektronische Signaturen*, 13. Mai 1998. KOM (1998) 297.

[EU Par 99a] Das Europäische Parlament. *Änderungen des Parlamaments vom 13. Januar 1999*, 14. April 1999. Amtsblatt der Europäischen Gemeinschaften C 104/49.

[EU Par 99b] Das Europäische Parlament und der Rat. *Richtlinie des Europäischen Parlaments und des Rates über gemeinsame Rahmenbedingungen für elektronische Signaturen*, 30. November 1999. 98/0191(COD) PE-CONS 3625/99.

[EU Rat 99] Rat der Europäischen Union. *Gemeinsamer Standpunkt (EG) Nr. 28/1999 vom Rat festgelegt am 28.Juni 1999*, 27. August 1999. Amtsblatt der Europäischen Gemeinschaften C 243/33.

[FIPS 140-1 94] Federal Information Processing Standards (FIPS) Publication 140-1. *Security Requirements for Cryptographic Modules*, 11. Januar 1994. `http://csrc.nist.gov/fips/fips1401.htm`

[FIPS 186 94] Federal Information Processing Standards (FIPS) Publication 186. *Digital Signature Standard (DSS)*, 19. Mai 1994. `http://www.itl.nist.gov/fipspubs/fip186.htm`

[FIPS 46-2 93] Federal Information Processing Standards (FIPS) Publication 46-2. *Data Encryption Standard (DES)*, 30. Dezember 1993. `http://www.itl.nist.gov/fipspubs/fip46-2.htm`

[Fox 98] D. Fox. *Zu einem prinzipiellen Problem digitaler Signaturen.* Datenschutz und Datensicherheit (DuD), Seite 386–388, Heft 7, 1998.

[Fox 99] D. Fox. *Ein kritische Würdigung des SigG.* Datenschutz und Datensicherheit (DuD), Seite 508–510, Heft 9, 1999.

[GMX 99] GMX Gesellschaft für Datenkommunikation mbH. *Die GMX-Policy*, 1999. `http://www.gmx.de/policy.html`

[Götzer 93] K. Götzer. *Bürokommunikation als integraler Bestandteil des Informationsmanagements.* In A.-W. Scheer (Hrsg.), *Handbuch Informationsmanagement: Aufgaben – Konzepte – Praxislösungen*, Seite 433–462, Wiesbaden, 1993. Gabler. ISBN 3-409-19938-1.

[Haber, Stornetta 91] S. Haber, W.S. Stornetta. *How to Time-Stamp a Digital Document.* Journal of Cryptology, 3(2):99–111, 1991.

[Hermanns, Sauter 99] A. Hermanns, M. Sauter. *Electronic Commerce – Grundlagen, Potentiale, Marktteilnehmer und Transaktionen.* In A. Hermanns, M. Sauter (Hrsg.), *Management-Handbuch Electronic Commerce: Grundlagen, Strategien, Praxisbeisiele*, Seite 13–29. Vahlen, 1999. ISBN 3-8006-2323-4.

[Heun 94] S.-E. Heun. *Die elektronische Willenserklärung*. Computerrecht (CR), Seite 595–600, 1994.

[I PD 97] (Italienischer) Presidential Decree No. 513 of 10 November 1997. *Regulations establishing criteria and means for implementing Section 15(2) of Law No. 59 of 15 March 1997 concerning the creation, storage and transmission of documents by means of computer-based or telematic systems*. Englische Übersetzung: `http://www.aipa.it`

[IBM 97] IBM. *Transaction Security System General Information Manual*. GA34-2137-08, März 97.
`http://www.ibm.com/security/cryptocards/html/library_tsspubs.htm`

[Identrus 99] Identrus. *Global Trust Online*, 1999.
`http://www.identrus.com`

[IETF 96] A. Freier, P. Karlton, P. Kocher. *The SSL Protocol: Version 3.0*. IETF Internet-Draft, (work in progress), November 1996.

[IN 97] Individual Network e.V. *Certification Policy*, 10. März 1997.
`http://www.in-ca.individual.net/policy.html`

[IN, DFN 97] Individual Network e.V, Verein zur Föderung eines deutschen Forschungsnetzes e.V (DFN-Verein). *Weiterer Schritt für besseren Schutz der Privatsphäre im Internet*, 5. November 1997.
`http://www.in-ca.individual.net/presse/1997-11-05.in-ca`

[ISIS 99] Arbeitsgemeinschaft Trust-Center für digitale Signaturen. *Industrial Signature Interoperability Specification (ISIS)*, Version 1.2, 3. Dezember 1999.

[ISO 7498-1] ISO 7498-1, Geneva. *Information Processing Systems – Open Systems Interconnection – Basic Reference Model, Part 1: Basic Reference Model*, 1984.

[ISO/IEC 9594-1] ISO/IEC 9594-1. *Information Technology – Open Systems Interconnection – The Directory: Overview of concepts, models and services*, 1993. Auch ITU-T Recommendation X.500.

[ISO/IEC 9594-7] ISO/IEC 9594-7. *Information Technology – Open Systems Interconnection – The Directory: Selected Object Classes*, 1993. Auch ITU-T Recommendation X.521.

[ISO/IEC 9594-8] ISO/IEC 9594-8. *Information Technology – Open Systems Interconnection – The Directory: Authentication Framework*, 1993. Auch ITU-T Recommendation X.509.

[Jurečič 96] M. Jurečič. *Datenschutz und Datensicherheit in offenen Rechnernetzen*. Shaker, Aachen, 1996. ISBN 3-8265-1239-1.

[Just 97] M. Just. *Some Timestamping Protocol Failures*. Technical Report – TR-97-16, Carleton University, Ottawa, Canada, August 1997.

[Kohnfelder 78] L. M. Kohnfelder. *Towards a Practical Public-key Cryptosystem*. Massachusetts Institute of Technology (MIT), Mai 1978.

[Kuhn 91] M. Kuhn. *Rechtshandlungen mittels EDV und Telekommunikation*. C. H. Beck, München, 1991. ISBN 3-406-35651-6.

[Larenz 97] K. Larenz, M. Wolf. *Allgemeiner Teil des Bürgerlichen Rechts*. C. H. Beck, München, 1997. ISBN 3-406-42351-5.

[LG Berlin 95] LG Berlin. *Keine Beweiskraft des Telefaxsendeberichts für Zugang.* Computerrecht (CR), Seite 27, 1995.

[Luckhardt 97] N. Luckhardt. *Zeichensetzung, c't startet Krypto-Kampagne.* c't – Magazin für Computertechnik, Seite 32, April 1997.
`http://www.heise.de/ct/pgpCA`

[Luckhardt, Donnerhacke 97] N. Luckhardt (c't-CA), L. Donnerhacke (IN-Root-CA). *Erste gegenseitige Zertifizierung zweier „Trust Center" in Deutschland - Wichtiger Schritt zum Schutz der Privatsphäre.* Presse-Information, Aachen, 28. September 1997.
`http://www.in-ca.individual.net/presse/1997-09-28.in-ca`

[Meinhold, Luckhardt 98] M. Meinhold, N. Luckhardt. *Echtzeits-Zertifikat – Digitale Signaturen mit beweiskräftigem Zeitstempel.* c't – Magazin für Computertechnik, Heft 8, 1998.
`http://www.heise.de/ct/pgpCA`

[Müller 2000] G. Müller. *Sicherheit und Verlässlichkeit der Verwaltungsinformationssysteme.* In H. Reinermann (Hrsg.):, *Regieren und Verwalten im Informationszeitalter: Unterwegs zur virtuellen Verwaltung*, Seite 128–142. R. v. Decker, 2000. ISBN 3-7685-2199-0.

[Müller, Rannenberg 99] G. Müller, K. Rannenberg. *Multilateral Security in Communications – Technology, Infrastructure, Economy.* Addison-Wesley, München, 1999. ISBN 3-8273-1360-0.

[NIST 2000] W. T. Polk, N. E. Hastings. *Bridge Certification Authority: Connecting B2B Public Key Infrastructures.* National Institute of Standards and Technology (NIST), Gaithersburg, MD 20899, Oktober 2000.
`http://csrc.nist.gov/pki/rootca`

[Notary 97] C. Adams, R. Zuccherato. *Notary Protocols.* IETF PKIX Working Group – Internet Draft, Februar 1997.

[NS 2000] Land Niedersachsen. *Ihr Vorteil Multimediastandort Niedersachsen – Digitale Signatur*, Februar 2000.
`http://www.vorteil.niedersachsen.de/1_0.htm`

[Ö BK 2000] (Österreichischer) Bundeskanzler. *Verordnung des Bundeskanzlers über elektronische Signaturen (Signaturverordnung – SigV).* Bundesgesetzblatt für die Republik Österreich 30/2000 vom 2. Februar 2000.

[Ö NR 99] (Österreichischer) Nationalrat. *Bundesgesetz über elektronische Signaturen (Signaturgesetz – SigG).* Bundesgesetzblatt für die Republik Österreich 190/1999 vom 19. August 1999.

[OCSP 98] M. Myers, R. Ankney, A. Malpani, S. Galperin, C. Adams. *Online Certificate Status Protocol – OCSP.* IETF PKIX Working Group – Internet Draft, August 1998.

[OLG Hamm 97] OLG Hamm. *Mißbrauch von EC-Karten.* Computerrecht (CR), Seite 339–343, 1997.

[OLG Köln 89] OLG Köln. *Zugang bei BTX.* Computerrecht (CR), Seite 323–325, 1990.

[Palandt 99] O. Palandt. *Bürgerliches Gesetzbuch.* 58. Auflage. C. H. Beck, München, 1999. ISBN 3-406-43596-1.

[Pausch 97] M. Pausch. *Die Sicherheit von Magnetstreifenkarten im automatischen Zahlungsverkehr.* Computerrecht (CR), Seite 147–180, 1997.

[Pfitzmann 2000] A. Pfitzmann. *Sicherheit in Rechnernetzen – Mehrseitige Sicherheit in verteilten und durch verteilte Systeme.* Faktultät Informatik, TU Dresden, 2000.

[Pfitzmann 94] A. Pfitzmann. *Sicherheit in Rechnernetzen – Sicherheit in verteilten und durch verteilte Systeme.* Institut Theoretische Informatik, TU Dresden, 1994.

[Pfitzmann 99] A. Pfitzmann. *Datenschutz durch Technik.* Datenschutz und Datensicherheit (DuD), Seite 405–408, Heft 7, 1999.

[PKCS #7 98] B. Kaliski. *Public Key Cryptography Standard #7: Cryptographic Message Syntax Standard.* Version 1.5, auch RFC-2315, März 1998.

[Pordesch 94] U. Pordesch. *Elektronische Signaturverfahren rechtsgemäß gestaltet.* Datenschutz und Datensicherheit (DuD), Heft 2, 1994.

[Provet 96] Provet e.V. (J. Bizer, V. Hammer, U. Prodesch, A. Roßnagel). *Entwurf gesetzlicher Regelungen zum Datenschutz und zur Rechtssicherheit in Online-Multimedia-Anwendungen*, 15. Februar 1996.
`http://www.provet.org/bib/mmge`

[Rannenberg 98] K. Rannenberg. *Zertifizierung mehrseitiger Sicherheit: Kriterien und organisatorische Rahmenbedingungen.* Vieweg, 1998. ISBN 3-528-05666-5.

[Reg 2000a] Deutsche Bundesregierung. *1. Verordnung zur Änderung der Signaturverordnung (1. SigVÄndV) in der Fassung des Beschlusses vom 31. Mai 2000.*

[Reg 97a] Deutsche Bundesregierung. *Verordnung zur digitalen Signatur (Signaturverordnung – SigV) in der Fassung des Beschlusses vom 8. Oktober 1997.*

[Reg 97b] Deutsche Bundesregierung. *Begründung zur Verordnung zur digitalen Signatur*, 8. Oktober 1997.
`http://www.iid.de/rahmen/sigv_begr.html`

[Reg 99] Deutsche Bundesregierung. *Innovation und Arbeitsplätze in der Informationsgesellschaft des 21. Jahrhunderts – Aktionsprogramm der Bundesregierung*, 1999.
`http://www.iid.de/aktionen/aktionsprogramm`

[RegTP 98a] Regulierungsbehörde für Telekommunikation und Post (RegTP). *Maßnahmenkatalog nach §12 Abs. 2 der Verordnung zur digitalen Signatur.* Bonn, 25. März 1998 – Version 2.0a.
`http://www.regtp.de/imperia/md/content/tech_reg_t/digisign/6.pdf`

[RegTP 98b] Regulierungsbehörde für Telekommunikation und Post (RegTP). *Maßnahmenkatalog nach §16 Abs. 6 der Verordnung zur digitalen Signatur.* Bonn, 1. April 1998 – Version 2.0a.
`http://www.regtp.de/imperia/md/content/tech_reg_t/digisign/7.pdf`

[RegTP 98c] Regulierungsbehörde für Telekommunikation und Post (RegTP). *Jahresbericht.* Bonn, 1998.
`http://www.regtp.de/Aktuelles/Jahresbericht/inhalt.htm`

[RegTP 98d] Regulierungsbehörde für Telekommunikation und Post (RegTP). *Geeignete Kryptoalgorithmen gemäß §17 Abs. 2 SigV*. Bonn, 14. Februar 1998.

[RegTP 99] Regulierungsbehörde für Telekommunikation und Post (RegTP). *Digitale Signatur – Fragen und Antworten (FAQ's)*. Bonn, Stand 10. April 1999. `http://www.regtp.de/Fachinfo/Digitalsign/neu/kontakti.htm`

[Reisen 98] A. Reisen. *Interoperable Gültigkeitsmodelle für SigG/SigV*. Diskussionspapier, 17. August 1998. `http://www.bsi.de/aufgaben/projekte/pbdigsig/download/g-modell.pdf`

[RFC-1421] J. Linn. *Privacy Enhancement for Internet Electronic Mail: Part I Message Encipherment and Authentication Procedures*. RFC-1421, Februar 1993.

[RFC-1422] S. Kent. *Privacy Enhancement for Internet Electronic Mail: Part II Certificate Based Key Management*. RFC-1422, Februar 1993.

[RFC-1459] J. Oikarinen, D. Reed. *Internet Relay Chat Protocol*. RFC-1459, Mai 1993.

[RFC-1777] W. Yeong, T. Howes, S. Kille. *Lightweight Directory Access Protocol*. RFC-1777, ersetzt RFC-1487, März 1995.

[RFC-1939] J. Myers, M. Rose. *Post Office Protocol – Version 3*. RFC-1939, ersetzt RFC-1725, Mai 1996.

[RFC-2060] M. Crispin. *Internet Message Access Protocol – Version 4 Rev. 1*. RFC-2060, Dezember 1996.

[RFC-2311] S. Dusse, P. Hoffmann, B. Ramsdell, L. Lundblade, L. Repka. *S/MIME Version 2 Message Specification*. RFC-2311, März 1998.

[RFC-821] J. B. Postel. *Simple Mail Transfer Protocol*. RFC-821, August 1982.

[RFC-822] D. H. Crocker (Editor). *Standard for the Format of ARPA Internet Text Messages*. RFC-822, August 1982.

[Rihaczek 95] K. Rihaczek. *Schriftform – Elektronische Form*. In A. Glade, H. Reimer, B. Struif (Hrsg.), *Digitale Signatur & Sicherheitssensitive Anwendungen*, Seite 133–152. Vieweg, 1995. ISBN 3-528-05519-7.

[Rivest 98] R. L. Rivest. *Can We Eliminate Revocation Lists?*, 1998. `http://theory.lcs.mit.edu/˜rivest/revocation.ps`

[Rivest, Shamir, Adleman 78] R. L. Rivest, A. Shamir, L. Adleman. *A method for obtaining digital signatures and public-key cryptosystems*. Communications of the ACM, 2(21):120–126, Februar 1978.

[Roßnagel 97a] A. Roßnagel. *Stellungnahme zum Gesetz über die digitale Signatur*, 2. Mai 1997.

[Roßnagel 97b] A. Roßnagel. *Kritische Anmerkungen zum Entwurf eines Signaturgesetzes*. In G. Müller, A. Pfitzmann (Hrsg.), *Mehrseitige Sicherheit in der Kommunikationstechnik – Verfahren, Komponenten, Integration*, Seite 453–463, München, 1997. Addison-Wesley. ISBN 3-8273-1116-0.

[Roßnagel 99] A. Roßnagel. *Signaturgesetz: Internationale Kompatibilität und Handlungsbedarf*. In J. Eberspächer (Hrsg.), *Vertrauenswürdige Telekommunikation*, Seite 173–193. Hüthig, 1999. ISBN 3-7785-3917-5.

[RSA 99] RSA Inc. *Factorization of RSA-140*, 2. Februar 1999.
http://www.rsasecurity.com/rsalabs/challenges/factoring/rsa140.html

[Rüßmann 99] H. Rüßmann. *Zu den Sicherheitsanforderungen für elektronisch geführte Grundbücher*. Internet-Zeitschrift für Rechtsinformatik (JurPC), Web-Dok. 149/1999.
http://www.jura.uni-sb.de/jurpc/aufsatz/19990149.htm

[Schneier 96] B. Schneier. *Angewandte Kryptographie – Protokolle, Algorithmen und Sourcecode in C*. Addison-Wesley, Bonn, 1996. ISBN 3-8273-854-7.

[SECUDE 2000] SECUDE. *SECUDE für BaanERP – Projekt P53 – Land Niedersachsen*, Februar 2000.
http://www.secude.de/pdfdateien/p53landniedersachsen.pdf

[Seidel 97] U. Seidel. *Das Recht des elektronischen Geschäftsverkehrs*. Vieweg, Braunschweig/Wiesbaden, 1997. ISBN 3-528-05505-7.

[SigI 99] Bundesamt für Sicherheit in der Informationstechnik (BSI). *Spezifikation zur Entwicklung interoperabler Verfahren und Komponenten nach SigG/SigV – Signatur-Interoperabilitätsspezifikation (SigI)*, 1999.
http://www.bsi.de/aufgaben/projekte/pbdigsig/index.html

[SigI-A1 99] Bundesamt für Sicherheit in der Informationstechnik (BSI). *Signatur-Interoperabilitätsspezifikation – Zertifikate*, Version 4.0, 30. April 1999.
http://www.bsi.de/aufgaben/projekte/pbdigsig/download/sigi-a1.pdf

[SigI-A4 99] Bundesamt für Sicherheit in der Informationstechnik (BSI). *Signatur-Interoperabilitätsspezifikation – Zeitstempel*, Version 3.0, 31. März 1999.
http://www.bsi.de/aufgaben/projekte/pbdigsig/download/sigi-a4.pdf

[SigI-A5 99] Bundesamt für Sicherheit in der Informationstechnik (BSI). *Signatur-Interoperabilitätsspezifikation – Verzeichnisdienst*, Version 3.0, 30. April 1999.
http://www.bsi.de/aufgaben/projekte/pbdigsig/download/sigi-a5.pdf

[SigI-A6a 99] Bundesamt für Sicherheit in der Informationstechnik (BSI). *Signatur-Interoperabilitätsspezifikation – Gültigkeitsmodell*, Version 0.9, 25. Januar 1999.

[SigI-A6b 99] Bundesamt für Sicherheit in der Informationstechnik (BSI). *Signatur-Interoperabilitätsspezifikation – Gültigkeitsmodell*, V. 1.1, 18. Juni 1999.
http://www.bsi.de/aufgaben/projekte/pbdigsig/download/sigi-a6.pdf

[TSP 98] J. Adams, P. Cain, D. Pinkas, R. Zuccherato. *Time Stamp Protocols – TSP*. IETF PKIX Working Group – Internet Draft, 4. Juni 1998.

[Utah 97a] Utah. *Digital Signature Act*, 1. Mai 1995.
http://www.le.state.ut.us/~code/TITLE46/46_03.htm

[Utah 97b] Utah. *Digital Signature Administrative Rules*, 1. November 1997.
http://www.rules.state.ut.us/publicat/code/r154/r154-010.htm

Abkürzungsverzeichnis

ABA	American Bar Association
AO	Abgabenordnung
ARPA	Advanced Research Project Agency
BDSG	Bundesdatenschutzgesetz
BGB	Bürgerliches Gesetzbuch
BGBl	Bundesgesetzblatt
BMJ	Bundesministerium der Justiz
BNotK	Bundesnotarkammer
BSI	Bundesamt für Sicherheit in der Informationstechnik
CA	Certification Authority
CC	Common Criteria for Information Technology Security Evaluation
CCITT	Comité Consultatif International Téléphonique et Télégraphique
CMS	Cryptographic Message Standard
CPS	Certification Practice Statement
CRL	Certification Revocation List
DAP	Directory Access Protocol
DCS	(PKIX) Data Certification Server Protocols
DES	Data Encryption Standard
DIN	Deutsches Institut für Normung
DIR	(X.500) Directory
DN	Distinguished Name
DSA	(Utah) Digital Signature Act
DSS	Digital Signature Standard
ECE	Electronic Commerce Enquête
EDI	Electronic Data Interchange
EESSI	European Electronic Signature Standardization Initiative
ETSI	European Telecommunications Standards Institute
EU-RelS	Europäische Richtlinie über elektronische Signaturen
FBCA	Federal Bridge Certification Authority
FIPS	Federal Information Processing Standards
GoB	Grundsätze ordnungsmäßiger Buchführung
HTTP	Hypertext Transfer Protocol
IEC	International Electrotechnical Commission
IETF	Internet Engineering Task Force

IMAP4	Internet Message Access Protocol – Version 4
ISIS	Industrial Signature Interoperability Specification
ISO	International Organization for Standardization
IT	Informationstechnologie
ITSEC	Information Technology Security Evaluation Criteria
ECE	Electronic Commerce Enquête
IuKDG	Informations- und Kommunikationsdienste-Gesetz
LDAP	Lightweight Directory Access Protocol
NIST	National Institute of Standards and Technology
MIME	Multipurpose Internet Mail Extensions
OCSP	(PKIX) Online Certification Status Protocol
ORA	Organizational Registration Authorities
OSI	Open System Interconnection
PCA	Policy Certification Authority
PEM	Privacy Enhancement for Internet Electronic Mail
PGP	Pretty Good Privacy
PIN	Personal Identification Number
PKIX	(IETF) Internet Public Key Infrastructure
POP3	Post Office Protocol – Version 3
PSE	Personal Security Environment
RA	Registration Authority
RegTP	Regulierungsbehörde für Telekommunikation und Post
RFC	Request for Comments
RSA	Rivest Shamir Adleman (-Algorithmus)
SigG	(Deutsches) Signaturgesetz
SigI	(BSI) Signaturinteroperabilitätsspezifikation
SigV	(Deutsche) Signaturverordnung
S/MIME	Secure Multipurpose Internet Mail Extensions
SMTP	Simple Mail Transfer Protocol
SSL	Secure Sockets Layer (Protocol)
TC	TrustCenter
TDDSG	Teledienstedatenschutzgesetz
TDG	Teledienstegesetz
TS	Time Stamping
TSA	Time Stamping Authority
TSP	(PKIX) Time Stamp Protocol
VwZG	Verwaltungszustellungsgesetz
WWW	World Wide Web
ZPO	Zivilprozeßordnung

Sachverzeichnis

Druck (Computer to Film): Saladruck, Berlin
Verarbeitung: H. Stürtz AG, Würzburg